한 가족의 삶에 드리운

100년 동안의 폭풍우

한 가족의 삶에 드리운

100년 동안의 폭풍우

- THE LONG ROAD to the SIXTH ROK -

지은이 Dr. Young Ran Kim
옮긴이 김영수

문학공원

지은이 Dr. Young Ran Kim

저자는 일본강제통치 시 한국에서 태어났다. 양친은 모두 교육자로 부친은 충남 홍성 출신이고 모친은 전남 광주 분이었으나 부친이 일본 당국의 요시찰 인물이었기에 서울에 있지 못하고 평양에서 직장을 구하였던 시절 평양에서 태어났다.

그 후 만주 등지에서 독립군 자손들의 교육에 헌신하던 부친은 만주에서 얻은 모친의 병을 치료하기 위해 거주지를 서울로 옮긴다. 부모를 따라온 저자 역시 서울에서 살다가 해방을 맞게 되고, 그 후 정부 수립과 6.25동란 등 폭력이 난무했던 혼란기를 겪게 된다.

이 책 『100년 동안의 폭풍우』는 미국에서 『The Long Road to Sixth ROK』라는 제목으로 출간되었는데, 어둡고 폭력이 난무하던 시절 작가와 작가 가족의 생존을 위한 투쟁의 기록이다.

해방과 미 군정청의 통치 그리고 제1공화국 정부의 수립과 참혹했던 전쟁, 4.19민주혁명으로 들어섰다가 5.16으로 무너진 제2공화국, 그때마다 가족에게 닥친 위기 등 이 책은 제6공화국이라는 진정한 민간 정부가 한국에 세워질 때까지의 기간 동안 대한민국과 저자의 가족 모두의 생존을 위한 몸부림의 기록이다.

저자는 생존을 위한 또 하나의 방법으로 60년 전 미국 유학길에 올라 과학과 기술 분야의 학업을 계속하며 세포학과 혈액학 분야의 박사학위와 생화학 분야의 석사학위, 그리고 화학 분야의 학사학위를 미국에서 취득한다. 이후 저자는 의학 분야에서 매우 의미 있는 기여를 하게 된다. 과학 분야 잡지에 게재된 22개의 논문과 면역학 및 혈액학과 연관된 자동혈액분석기 관련 33개의 공동 명의 특허가 저자의 인류에 대한 기여도를 알게 한다.

그러나 저자는 말하고 있다. 이 책을 쓰는 것이 저자의 인생에 있어 가장 중요한 일이었다고. 역사에 대한 올바른 인식이야 말로 힘 있는 세계의 지도자들로 하여금 사태에 대한 더 정확한 판단을 하게하고 각종의 정치 지형학적 문제들에 있어 보다 장기적으로 적용될 수 있는 정책을 수립하게 할 수 있다고 세계를 향해 외치고 있는 것이다. 우리는 보다 평화적인 지구를 원한다. 지속되는 전쟁과 핵으로 인한 문명파괴로부터 자유로운 지구를.

험난한 폭풍우 속에서 우리 모두를 안전하게 키워주신 부모님께 이 책을 바칩니다.

더글라스 맥아더 장군과 한국전쟁에서 명예로운 유엔 깃발 아래 전사해 영원히 잠든 모든 용사들에게 감사드립니다.

책을 펴내며

제2차 세계대전이 끝난 후 한반도를 온통 뒤흔들어놓은 정치적 혼돈은 죄 없는 많은 사람들을 희생시켰다. 그러나 그 많은 사건의 진실은 여러 가지 이유로 은폐되고 왜곡되어 왔다. 나는 바로 그 혼돈의 회오리 한가운데서 어린 시절을 보냈다. 잊으려 해도 결코 잊혀지지 않는 그 어린 시절의 여러 기억들이 그곳을 떠나 미국으로 온지 60년이 다 되어가는 지금도 생생하게 나에게 남아있다. 내 개인적으로 보면 그것들은 부모를 잃을 뻔한 상태에서 다섯 형제자매에 대한 모든 책임이 어린 여자 아이였던 나에게 귀착될 수도 있었을 끔직한 사건들이었다.

참담했던 그 혼돈의 세계를 뒤로 하고 내가 미국으로 온 때는 1960년이었다. 죄 없는 민초들 그리고 내 가족이 범죄로부터 보호되는 그런 곳에 살고 싶다는 열망 하나로 태평양을 건넜던 것이다. 내가 그 후 과학 분야 3개의 학위를 받고 낯선 미국이라는 경쟁의 땅에서 살아남기 위해 치열하게 다투며 살아온 그 많은 세월 동안에도 나는 한국의 내 가족과 한반도의 주민들에게 일어났고 일어나고 있는 일들에 대해 잊어본 적이 없다. 제국주의의 사슬에서 풀려나 신생 독립하며 민주국가를 세워가는 과정이 순탄할리 만은 없었을 것이다. 그러나 그 과정 중에 일어난 각종 정치적 범죄행위들에 대한 반성 없이는 진정한 의미의 민주주의는 꽃필 수 없을 것이다. 나는 항상 이들 범죄행위를 추적하여 숨겨져 온 진실을 밝혀야 되겠다는 생각을 해왔다. 이를 밝히는 것은 그들 범죄 행위로 사라져간 많은 민초들, 그리고 같은 이유로 감내하기 어려운 고통을 받은 나의 아버지에 대한 나의 하나의 도덕적 책무이기도 했다. 나는 은퇴 이후 여러 해 동안 국가안보상 비밀이라는 이유로 또는 얽히고설킨 정치적 이유로 잘 숨겨지고 심하게 사실관계가 왜곡되어온 각종 사건들과 그 책임자들에 대한 정보를 끈질기게 수집해왔다.

대한민국은 지금 '한강의 기적'으로 세계에 알려져 있던 '개발도상국에서 산업화에 성공한 선진국가'가 되어있다. 그러나 이 선진국의 그림자 안에는 아직도 핏빛이 감돌고 있다. 수많은 사람들이 죽고 다치고 행방불명이 되었음에도 자기들이 당한 일에 대해 말 한마디 못하고 침묵하며 살기를 강요받던 시절이 있었었다. 민주국가를 이루기 위한 그 핏빛어린 쟁투의 세월 동안 대한민국은 여섯 번의 정치체제의 변화를 겪는다. 그 어둡고 폭력적이었던 시절 내 가족의 생존 투쟁과 관련된 나 자신의 기억들과 여러 해에 걸친 탐구의 이 기록이 2차 대전 이후 미국과 소련 간 냉전의 재속에 파묻혀 오랫동안 침묵을 강요당해온 생령(生靈)들의 명예회복에 조금이나마 기여하기를 바란다. 나는 지난 세기의 부패하고 폭력적이었던 정치 세계의 미로 속을 항해하려 한다. 그리고 숨겨지고 왜곡되어온 수만에 달하는 죄 없는 시민의 학살사건 그리고 민중의 사랑을 받던 민족지도자의 암살사건 등 비밀의 장막 뒤에 가려진 폭력적 범죄 행위들을 내 아버지와 내 가족의 시선과 기록을 통하여 들추어낼 것이다. 정치적이기도 하고 개인적인 기록이기도 한 이 책은 수십 년에 걸친 폭력과 부패라는 암흑기를 지나 민주 국가의 탄생에

Author, Young Ran Kim, was born in Korea. She grew up in Seoul during the politically chaotic period after WWII. The Long Road to The Sixth ROK, the gripping personal memoire of her family's survival during those dark and violent times where twenty percent of the nation's population perished, seeks to recover the long-silenced lives, buried in the ashes of the Cold War between the US and the USSR post WWII, USAMGIK, The First ROK, Korean War, followed by two Coup d'états. From the political to the personal, The Long Road journeys through a terrifying environment of violence to the ultimate survival of the nation, as lived by her and her family. She came to the US for her academic pursuit in science and technology. She holds a Ph.D. in Cell Biology and Anatomy, a M.S. in Biochemistry and a B.S. in Chemistry. She has made significant contributions in the filed of medical science before her retirement. She has published 22 scientific papers in peer-reviewed journals and authored or co-authored 33 technical patents related to automated blood analyzers in chemistry, hematology and immunology, issued in the United States, Europe and Japan. But she considers writing this book as the most important project in her life. Accurate historical facts are good reference points for all the powerful world leaders to develop better judgment and implement wiser long-term sustainable policies to resolve complicated geopolitical problems. We need a more peaceful world indeed a new paradigm, free of the constant threat of war and the nuclear destruction of civilization of the only planet we know.

Barcode Area

We will add the barcode for you

Made with Cover Creator

▲ 미국에서 발간 당시의 보도자료

이르는 전 과정의 역사기록이기도 하다.

이 책은 일제로부터의 해방에 뒤이은 미 군정청의 통치, 이승만에 의한 제1공화국의 설립, 6.25동란의 시기를 거치며 나의 아버지에게 실제로 발생한 일들의 기록이기도 하다. 학문이 높으시고 양심적 교육자이셨던 나의 아버지는 한국전쟁 기간 동안 이승만 정권 하에서 막강한 권력을 휘두르던 그야말로 냉혈한이었던 정보부대(특무부대)장에게 공산주의자로 몰려 생명이 경각에 달하는 고문과 기아의 고통 끝에 크고 아름다웠던 집마저 빼앗긴 후 여섯 아이들과 길가로 내몰리는 일을 당한다. 이것들은 내가 실제로 내 눈으로 보고 겪은 고통스러웠던 일들의 얽히고설킨 기억들이다. 이러한 모든 고난 속에서도 나의 아버지는 끝까지 그의 위엄을 잃지 아니하셨고 아이들도 잘 교육시켜 사회의 양식 있는 일원으로 키우셨다. 이 책의 이야기는 나의 가족사를 통해 본 지난 세기 동안의 대한민국의 역사다. 대한민국은 그 기간 동안 여섯 번이나 그 정체가 바뀌는 격랑의 과정을 거치며 이제 확실한 민간 주도의 민주국가로 성장했다.

이곳에 쓰여진 이야기가 마치 오르웰리안(Orwellian)이라는 가상의 지하 세계에 살던 사람들 또는 파시스트(fascist) 정권 하에 살던 사람들의 이야기처럼 들릴지도 모른다. 그러나 이들은 실제로 지난 세기 동안 한반도에 있었던 일로서 지난 수년간의 나의 연구 조사 결과 찾아낸 사실들이다. 이들은 정부가 바뀌고 시대가 바뀌면서 잊혀지고 국가 안보상 비밀이라는 이유로 철저히 숨겨진 한반도에 있었던 정치적 범죄 행위의 편린들이기도 하다. 이 이야기를 읽는 독자들에게는 충격적이기도 하고 믿기 어렵기도 하겠지만 그러나 이들 모두는 이웃사촌에 대한 최소한의 연민이 있는 사회라면 다시는 절대 되풀이 되어서는 안 되겠기에 여기에 기록한다.

왜 지금 이 이야기를 꺼내어 세상에 알리는가? 이 모든 일들은 한반도를 두 쪽으로 쪼개어 남북으로 갈라서게 한 미국과 구소련이라는 두 개의 초강대국에 의해 초래된 정치적 게임의 운명적 결과물이었기에 지금이라도 이들을 명료히 밝혀 지난 세기를 정리하고 넘어가야 한다고 생각해서이다. 거기에 더하여 일본의 압제로부터 해방시켜준 영웅의 나라로 환영 받던 미국이 저지른 많은 어리석고 무책임한 실수들이 민중들 가운데 반미적 정서를 심어주었다는 것을 이야기하고자 한다. 2009년 당선된 버락 오바마 미국 대통령은 이러한 정서에 대하여 미국이 현지의 이야기들에 귀기울이지 않고 자기들의 뜻대로 밀어붙인 결과 초래된 국제 정치 무대에서의 잘못이라고 인정한 바 있다. 이 책의 이야기도 대부분 오바마가 이해하고 있는 원인들로 초래된 사건들의 기록이다.

또한 지난 세기 동안 미국의 정치 지도자들이 범한 잘못을 질책하고자 이 책을 쓰는 것은 결코 아니다. 다만 잘못 계산되고 근시안적인 정책이 초래한 역사적 결과물들에 대해 얘기하고자 하는 것이다. 이를 통해 세계의 정치지도자들, 특히 미국의 지도자들이 세계의 복잡한 지정학적 문제를 다룰 때에 좀 더 장기적인 안목으로 현명하고 올바른 판단을 해 주기를 바라는 마음이 있을 뿐이다. 이 지구상에 사는 우리 모두는 전쟁의 위협과 핵으로 인한 인류문명의 파괴로부터 해방되어 서로 살육하는 일 없이 신이 우리에게 주신 평화롭게 공존하는 세계라는 꿈과 희망을 실현할 새로운 명제를 필요로 하고 있다.

Dr. Young Ran Kim

한글 번역본을 읽으시는 독자 분들께

이 책은 지난 100년 간 험난했던 한반도 정세와 얽히고설켜 살아온 우리 가족의 회고록입니다. 저자 서문에서도 밝힌 바와 같이 저는 해방 전후 혼돈의 시기에 어린 시절을 평양과 만주 그리고 서울 등지에서 보내고 피란 시절 이곳저곳을 전전하다가 60년 전에 미국으로 유학을 와서 학업을 이룬 후 지금은 미국시민으로 살고 있습니다. 지난 세월 인류의 안녕을 위해 작은 기여는 했다고 생각하지만 막상 선진국이 되어 있는 대한민국을 위해서는 개인적으로 기여한 것이 없습니다. 그렇지만 지난 세월의 혼돈과 무질서를 딛고 분연히 일어나 오늘날의 번영을 이룩한 대한민국이 자랑스럽고 또 이를 지켜야 하겠다는 생각에는 한국에 사시는 분들과 다를 바 없습니다.

불행하게도 한국인들은 2차 세계대전 이후에 조국의 운명을 결정할 힘이 없었습니다. 이런 까닭에 한반도의 분단은 당시 두 강대국에 의해 결정되었습니다. 하지만 대부분의 한국인들이 정확한 지식과 올바른 판단력을 가지고 있었다면 분단도 극복할 수 있었을 것이며 특히 수많은 사상자와 강토의 황폐화를 초래한 전란도 피할 수 있었을 것입니다. 독재적인 공산주의 국가에서 살고 있는 대부분의 사람들이 자유 없이 억압받고 있으며 경제적으로 곤핍하다는 것은 너무나 명백합니다. 그럼에도 공산주의가 노동자들의 천국을 만든다고 믿는 사람이 있는 아직도 이유는 무엇입니까? 자유가 없어도 굶어서 죽어가도 공산주의를 버리지 못하는 것은 평생 받아온 세뇌 때문입니다. 세뇌로 인해 머리가 잠들어 버려 판단력을 잃은 것입니다.

2021년 1월 6일 여기 미국에서 일어난 의사당 난입사건은 세계를 충격에 빠트렸습니다. "조국을 위해 싸우기 위해 의사당으로 가라"는 트럼프의 명령에 따라 그에 충성하는 폭도들이 국회의사당을 습격한 것이었습니다.

이 사건은 시민들에게 진실과 거짓을 구별하는 현명한 판단력 없이 지도자의 말을 맹목적으로 따른다면 민주 정부를 유지하기가 어렵다는 것을 극명하게 가르쳐주고 있습니다. 미국은 200년 동안 민주적으로 선출된 정부를 유지하는 실험에 성공했습니다. 따라서 이와 같은 대규모 반역적 소요 사태가 수도에서 일어날 것이라곤 어느 누구도 예상하지 못했습니다. 격동의 정치시기 한국에서 성장한 나였기에 이 소요는 커다란 우려를 일으켰습니다. 왜냐하면 이러한 상황은 한국에서 있었던 것처럼 독재정치, 인권침해, 개인의 자유 억압이라는 결과물을 잉태하고 있기 때문이었습니다. 조사된 바에 의하면 이 나라에는 큰 거짓말을 기꺼이 믿고 진실을 추구하기를 거부하는 사람들의 비율이 믿을 수 없을 정도로 높아 거의 40%에 이르고 있습니다. 그런 까닭에 이와 같은 반민주적 소요사태가 일어났고 비슷한 상황아래에서는 언제 어디서나 일어 날수 있다는 개연성을 우리 모두에게 얘기해주고 있습니다. 민주주의를 지키는 것은 깨어있는 시민들의 임무입니다. 항상 깨어있으려면 올바른 역사의식에 기초한 판단력을 가지고 있어야 합니다.

6.25동란과 같은 비극이 다시는 한반도에서 일어나지 않기를 바라는 마음 간절하고 공산주의와 독재가 민중을 짓눌러오는 상황이 다시금 발

생해서는 아니 되겠다는 염원 또한 하늘에 닿기에 지난 세월 한반도를 둘러싸고 일어났던 일들을, 그 중에서도 비밀의 장막에 가려졌던 일들을 파헤쳐 이 책으로 정리해서 남깁니다.

선진 대한민국의 미래 세대가 우리 격동기의 역사를 이해하고 미래에 대한 올바른 선택을 하는데 이 책이 조금이나마 도움이 되었으면 하는 마음입니다.

2021년 가을

Young Ran Kim

YOUNG RAN KIM

한국의 독자여러분께서 저의 이 이야기를 읽고 질문해주신다면 감사한 마음으로 그 답을 보내드리겠습니다.

E-mail : Youngkay43@gmail.com

번역을 마치며

김 영 수

이 책을 번역하는 일은 역자 자신의 가족사를 한글로 남기는 일이기도 했다. 역자는 본문에서 '수'로 불리어진 저자의 동생이다. 영어로 쓰여져 미국에서 출판된 이 책을 처음 대하는 순간부터 이 책을 번역하는 것은 반드시 해야 할 나의 피할 수 없는 의무로 다가왔다. 저자와는 11살 차이의 동생이어서 대략적으로 같은 시기를 살아왔음에도 6.25동란 당시의 기억이 별로 없는 역자에게는 저자가 언급한 당시 일들에 놀라고 그 일들이 한 국가의 선택에 직접적 영향을 받아 발생한 일들이었음에 충격을 받는다. 지난 세월 이루어진 국가의 선택들이 자유민주주의를 위해 거쳐 온 격동의 회오리들이었음에 그 회오리에 휩쓸려 뒹굴며 길바닥에 내동댕이쳐진 한 가족의 역사 역시도 날줄과 씨줄로 엮인 피어린 우리 헌정사의 한 조각이었음 깨닫게 되었다. 예전 같으면 나라의 선택에 개인들은 그저 운명으로 알고 살았겠지만 요즘처럼 개인이 국가를 선택할 수 있는 세상에서는 국가의 선택은 더욱 중요해졌다. 국가의 선택이 마음에 들지 않으면 개인들은 국가를 떠나는 것이다. 우리의 헌정사는 참으로 격동의 현장이었다. 그 역사는 동시에 피가 강이 되어 흐른 역사요 그 피의 강이 꽃으로 마무리된 역사이기도 한 것이다. 그 꽃은 우리 자신들의 피뿐만 아니라 세계 각국에서 자유수호라는 이름으로 참전한 수많은 젊은 영혼들의 피가 피워낸 꽃인 것이다. 그럼에도 오늘날 우리 상황을 돌아보면 이 꽃을 꽃이라 부르지 않고 피흘림이라 부르며 모든 성취를 부정하는 무리들이 있어 나라에 또다시 회오리가 일고 있음을 느낀다. 변화는 중요한 것이다. 그러나 여러 나라의 역사는 이야기한다. 그 변화에는 두 가지가 있음을. 하나는 개인의 자유가 보장되는 번영이요 또 다른 하나는 전제적 힘으로 개인 개인을 그저 무능한 하나의 조각으로 만드는 파멸의 어두움임을.

이 책을 읽는 독자들이 책 속 우리의 현대사를 대하며 현명하게 우리의 미래를 선택하기 바라는 마음 간절하다. 이 책을 번역하며 역자가 제일 어려움을 느꼈던 것은 'KOREA'였다. 코리아를 때로는 대한민국으로 어떤 경우에는 남한으로 또 다른 경우에는 조선이나 더 고대의 나라 이름들로 번역해야만 했던 것이다. 'South Korea' 역시도 남한이 되었다가 대한민국이 되었다가 한반도의 남쪽이 되기도 했다. 우리의 강역을 얘기함에 있어서도 한반도라고 얘기하는 것이 옳은지에 대한 의문 역시도 나를 떠나지 않았다. 세계 속의 우리로 보느냐 반도 내의 우리로 보느냐 장구한 역사 속의 우리를 일컫는가에 따라 모두 달라지는 것이었다. Korea 또 Korean은 세계라는 날줄 씨줄의 조직 어느 부분에 어떻게 그려진 무늬인가? 우리의 할 일이 많음을 새삼 느낀다. 이 날줄 씨줄은 우리가 하기에 따라 변하는 것이기에 더욱 그렇다.

이 책 영문 본이 미국에서 출판되었을 때 이를 본 몇 명의 주변 분들이 이 책은 반드시 한국어로 번역 출판되어 많은 한국인들이 읽도록 해야 한다고 나에게 압력을 가하고 동시에 여러 형태의 격려도 있었기에 이 한글본이 탄생할 수 있었음을 밝힌다.

옮긴이는 살아오면서 부러웠던 것, 가지고 싶었던 것이 하나 있다. 고관대작이 되는 것도 이름을 얻는 것도 아니다. 그것들은 다 부질없는 무엇일 뿐이고, 내가 가지고 싶었던 것은 선조들의 문집을 수백 년이 지나도록 보존하고 있는 가문이었다. 이제 그런 문집 중 하나를 후대에 남길 수 있게 되어 무척이나 홀가분하다. 모든 것의 끝은 항상 시작이었다.

2021. 가을

김 영 수

옮긴이 김 영 수

시인, 수필가, 여행작가, 저술가, 번역가
서울대학교 법대 졸업, 한국스토리문리문인협회 자문위원, 스토리문학상 수상
저서 『내가 본 네모진 하늘』, 『에덴으로 가는 길』 『내가 본 아름다운 마을들』, 『서울 사람 시골 살기 시골사람 서울 통근하기』 외 다수
시집 『지금 내 눈앞에』, 『있는 것과 없는 것』

〈추천의 글〉

김영란의 『100년 동안의 폭풍우』를 읽고

주 광 일

이 책은 저자 개인의 80여 년 인생사를 정리한 회고록이다. 또 8명의 자녀를 낳아 훌륭하게 키워낸 부모의 이야기를 담담히 서술한 책이다. 뿐만 아니라 이 책은 개인과 가족의 이야기를 뛰어넘어 지난 100여 년 동안 한반도에서 일어났던 정치적, 사회적 상황을 저자 특유의 시각으로 그려내고 있다. 그래서 이 책은 대하소설 못지않은 흡인력을 가지고 독자들의 흥미를 불러일으킨다.

저자가 20대에 미국 유학길에 올라 세포 생물학 박사가 되어 미국에서 살면서도 한국의 부모에 대한 효도를 다한, 배달의 자손인 한 여인의 미국 이민사이기도 하다.

내용 중에는 선뜻 동의하기 어려운 이념적 시각이 보이기도 하지만 그것이 저자가 어린 시절을 보내던 8.15해방 직후의 사회상을 그대로 보여주는 면이 있어, 오히려 자료로서의 가치도 적지 않을 듯하다.

주 광 일

변호사(한국, Washington DC), 시인, 법학박사
전 국민고충처리위원장, 전 서울 고등검찰청 검사장

차 례

지은이 김영란(Dr. Young Ran Kim) 4
책을 펴내며 8
한글 번역본을 읽으시는 독자 분들께 13
번역을 마치며 / 김영수 16
추천의 글 / 주광일 19

폭력적 20세기 문턱에 선 아버지 24
배움 위한 열망과 아버지 32
부모님의 결혼과 평양 40
공포의 무법지대, 만주시절 50
해방의 기억들 58
분단의 서곡 70
소련의 북한점령과 김일성 등장 90
미 군정청과 여운형 100
미 군정청 하의 우리 가족 120
국토 분단과 제주4.3사건 140
덫에 걸린 아버지와 김구 암살 152
눈이 먼 장군과 준군사 살인부대 168
한국의 로렌스와 수원 집단학살 178

6.25동란과 보도연맹 학살사건 190
죽음의 경계를 넘나들며 214
6.25동란의 새로운 전개 240
김창룡 암살 262
동란 후 대한민국과 문선명 등장 268
자유의 땅으로, 제1공화국의 몰락 284
뉴햄프셔의 겨울, 무너진 제2공화국 306
제3공화국 시절의 고국 방문 318
미국 위스콘신주에서의 삶 332
내 기업경력의 시작 342
두 번째 쿠데타와 5.18 352
성지순례, 캘리포니아의 꿈 364
제6공화국과 햇볕정책 380
양친 생애의 마지막 날들 394

저자 후기 418
독자의 평 · 1 425
독자의 평 · 2 428
이 책을 읽으신 분들께 430

폭력적 20세기 문턱에 선 아버지

폭력적 20세기 문턱에 선 아버지

나의 아버지는 1907년 이 세상에 오셨다. 그해는 일본제국에 의해 대한제국(조선)이 병합되기 3년 전이었다. 그 사연 많고 굴곡 많았던 대한제국의 마지막 시기에 그는 어린 시절을 충청남도에서 보냈던 것이다. 그 시기 대한제국 정부는 사실상 정부로서의 통제력을 잃고 있었다. 관료들의 부패와 사회적 불의 그리고 지주들의 가학적 수탈이 만연하여 민중들은 신음하고 있었다. 이런 상황에 항거하여 1894년 폭력적으로 궐기한 동학혁명군과 정부 간의 화의가 실패로 귀결되자 정부는 동학군 진압을 위해 청나라 군대를 끌어들였고 이에 대항하여 일본 역시 군대를 파병하게 되니 동학군은 현대식 병기로 무장한 일본군과 이의 지휘를 받던 관군에 패퇴한다. 그 충돌 현장이 바로 농경지가 많았던 충청남도를 비롯한 전라도 지역이었다. 양반들이 소유하고 있던 농경지들은 동학혁명군에 의해 몰수되어 소작인들에게 재분배되고 그 소용돌이 속에서 살길을 찾아 지주 양반들은 몸을 피했다. 이 시기는 지주였던 양반들에게는 너무나 힘든 시기였고 나의 아버지의 가족도 그 중 하나였다.

같은 시기에 태어난 다른 아이들에게도 이 시기 그리고 노쇠한 대한제국이라는 공간은 역시 힘든 시기요 공간이었다. 20세기 초라고 하는 시기는 폭력의 시대였다. 특히 한반도를 포함한 동아시아 지역에 있어서는 더욱 그러하였다. 세기가 시작되기 얼마 전인 1895년 10월 8일 대한제국(조선)의 황후였던 민비(閔妃)는 일본영사 미우라 고로의 지휘를 받고 경복궁을 월경한 일군의 일본인 암살자들에 의해 살해당하고 불 태워졌다. 1904년부터 1905년에 걸쳐 만주와 한반도에 대한 영토적 야망이 있던 러시아와 일본 간에 분규가 생기고 급기야 러일전쟁이라는 폭력적 사태가 발생한다. 1895년 청일전쟁 이후 러시아와 일본 간의 영토 확장을 위한 갈등은 러시아의 패배로 끝나 그 결과 동아시아 지역에서의 일본의 우월적 지위가 공고화되고 세계무대에서의 일본의 정치적 지위 역시 극적으로 향상되어진다. 러시아 제국의 이 당황스런 패배는 급기야 러시아 민중들의 부패한 차르(Tsarist) 왕정에 대한 항거로 표출되어 1905년 1월 22일 '페테르부르크(St. Peterburg)의 피의 일요일'로 알려진 러시아혁명의 시작으로 이어진다.

일본의 극동지역에 있어서의 영토적 야심은 부분적으로 러시아와 중국의 공산혁명에 원인을 제공한 결과가 되었다. 일본제국과의 계속적인 전쟁은 이들 노쇠한 두 제국의 예산과 자원을 급격히 소진시켜 결과적으로 국내 문제에 적절히 대응할 수 없도록 작용했던 것이다. 노일 전쟁을 끝맺게 되는 포츠마우스(Portsmouth)협약은 1905년 9월 5일 미국 뉴햄프셔주의 해군 기지가 있던 포츠마우스에서 루즈벨트 대통령의 중재로 이루어진다. 이 성공으로 루즈벨트 대통령은 1906년 노벨 평화상을 받게 된다. 이 협약이 있기 바로 전인 같은 해 7월에 미국과 일본은 테프트 카츠라(Taft-Katsura) 협약을 체결한다. 이 협약으로 미국은 일본의 한반도에 대한 권리를 인정하고 일본은 미국의 필리핀에 대한 권리를 인정하게 된다. 이로서 미국의 대한제국(조선)에 대한 영향력은 소멸되어 간다. 1882년 미국과 대한제국(조선) 사이에 기초되고 1884

년 양국 간에 체결된 한미우호통상조약을 위배해가며 체결된 이 근시안적인 데프트 카츠라 협약에서 미국이 실제로 얻은 것은 어처구니없는 것이었다. 이 협약에 의해 대한제국을 합병한 일본은 그 후 영토확장의 야심을 계속하더니 급기야는 협약의 당사자인 미국마저 공격하게 된다. 이것이 곧 1941년 12월 7일 하와이 진주만에 대한 공격이다. 이에 그치지 아니하고 일본은 바로 그 다음날 필리핀을 침범하여 필리핀에서 미국 세력을 축출하게 된다. 이들 공격은 아무런 선전포고마저 없이 행해졌다. 그 후 3년 반이라는 기간 동안 바탄(Batan)지역에서의 죽음의 행진 등, 포로수용소를 비롯한 여러 곳에서 반인륜적이고 잔혹하며 야만적이었던 수많은 행위들이 일본에 의해 자행된다. 데프트 카츠라 협약은 결과적으로 아시아로의 영토를 확장하기 위한 넓은 문이었을 뿐 아니라 미국 자신에 대한 공격의 문 역시도 일본에게 열어준 결과가 되었으니 참으로 어이없는 협약이었다.

물론 테프트 카츠라 협약이 대한제국, 조선왕조의 몰락을 가져온 주요 원인은 아니다. 그 외에도 많은 원인들이 있다. 예를 들면 나라를 망하게 할 정도의 당파싸움, 대원군에 의한 쇄국정책, 완고하게 옛 것에 집착한 왕들, 13세기의 임진왜란을 비롯한 오래도록 계속되어온 일본의 침략행위 들도 그 원인이 될 수 있다. 오랫동안 지속된 일본의 침략 행위는 국부를 소진시키고 농경지를 황폐화시키는 결과를 초래했다. 이들 모두가 서서히 조선왕조의 몰락을 불러왔다. 1592년부터 1598년까지 사이에 계속된 도요토미 히데요시가 벌인 조선침략, 즉 임진왜란은 세계에 잘 알려져 있지 않다. 비난 받아 마땅한 일본의 만행이 유명한 도요토미 히데요시의 '코들의 산'으로 불리는 불탑에 남아있다. 이 탑에는 임진왜란 중 일본군에 포로가 되었거나 죽임을 당한 수많은 조선인들의 코가 담겨져 있다. 그들은 참전한 사람들의 전적, 용감성의 증거로 조선인들의 코를 베어 소금에 절인 후 도요토미 히데요시에게 승전보고 겸하여 보내어진 것들이었다. 일본인들의 이 전쟁광적인 침략행위는 긴 역사에서 지속적으로 반복되어 2차 대전 종료 시까지 계속되었다. 이들 전쟁광들의 야만적 침략행위에 종지부를 찍고 일본인들로 하여금 이웃의 평화적인 살 권리를 존중하게 만든 사람은 바로 그들로부터 무조건적 항복을 받아낸 미국의 더글라스 맥아더 장군이다. 미국의 승전은 결과적으로 한반도사람들이 오랫동안 고통을 당해온 주요 문제들 중 하나를 부수적으로 해결한 셈이 되었다.

나의 아버지는 바로 이 문제 많은 나라의 한 가정에서 13명의 아이들 중 한 명으로 태어났는데 이들 13명 중 오직 3명 만 살아남아 성인이 되었고 아버지는 그들 세 명 중 막내였다. 유아 사망률이 높던 시절로 적절한 의과적 치료를 기대할 수 없었던 까닭에 형제들이 어려서 많이 사망했고 그 결과 형제간에 나이 차이가 현격하게 났다.

1910년에 이르기까지 일본인으로서 조선 땅으로 이주한 인원은 17만 명에 달했는데 이는 일본인들의 해외이주사(海外移住史)에 기록된 가장 큰 숫자였다. 많은 이주 일본인들은 조선의 기름진 땅을 소유하고자 하였는데 당시 총독이었던 데라우치 마사타케의 농지재정비 시도는 이에 크게 기여하였다. 많은 토지가 총독부에 의해 몰수되고 특별하게 싼 가격에 이들 이주 희망 일본인들에게 재분배되었다. 이 정책으로 인해 조선인 농지소유자들은 부당한 세금으로 철저하게 수탈당하고 그 결과 농지를 잃고 떠돌이 신세가 된 반면 일본인들은 조선 땅에 대한 소유를 늘려갔다.

나의 아버지는 당시 양반계급의 자녀들이 누렸을 그런 환경에서 자라지 못했다. 정치적 환경 이외에도 집안에 불행한 일이 있었다. 아버지가 소년이었을 당시 아버지의 아버지인 할아버지는 같은 집에 살고 있지 않았다. 한일합방에 이은 새로운 농지제도의 압박 등 새로운 환경에 살 길을 모색하던 할아버지는 어느 해 가을 추수철이 되자 마을에서 추수된 미곡을 전부 사들인 후 자신의 논에서 생산된 미곡과 합하여 서울에 가서 파는 일종의 무역상을 시도하셨는데 이 일을 맡은 일선 책임자가 그 판매대금을 다 가지고 도주한 사건이 발생했다. 이 사건으로 모든 것을 잃게 된 할아버지는 그 도둑을 추적하여 전국을 떠돌게 되었고 그 결과 나의 아버지는 사실상 아버지 없는 상황 아래 어린 시절을 가난하게 보내게 되었다. 이러한 어려운 상황 아래서 자랐지만 나의 아버지는 꼭 불쌍하고 불행했던 어린 시절을 보냈던 것은 아니었던 것 같다. 내가 한때 아버지에게 아버지의 어린 시절에 대한 이야기를 물었을 때 그는 어머니(나에게는 할머니)의 심부름으로 쌀을 사러 시장에 갔을 때의 원숭이 쇼 사건을 이야기 해주시곤 했다. 아버지가 할머니에게서 부탁받은 쌀을 한 포대 사들고 오는데 시장에서는 마침 원숭이 쇼가 벌어지고 있었다. 그 쇼가 너무 재미있어 정신이 팔려 있던 사이 들고 있던 쌀 포대가 사라진 것이었다. 작지만 할아버지의 쌀 사건이 아들인 자신에게도 발생한 것이라고 그 희한한 운명적 사건을 웃으며 얘기하셨었다. 내가 어렸을 때 어느 여름방학을 맞았는데 아버지는 나와 내 동생, 준을 데리고 고향을 찾으셨던 일이 있었다. 고향집으로 가는 길 도중에 4-50대로 보이던 동네 아낙들이 모여 빨래를 하고 있던 어느 개울가를 지나가게 되었다. 그 옆을 지나가는데 아낙들이 소곤거리는 소리가 들렸다. "그 말썽 많던 장난꾸러기 소년이 참 훌륭하게 컸구나."라고 하는 소리였다. 이로 미루어보면 '말썽부리며 어렵게 자랐던 아버지가 지금은 이들이 경탄할 정도로 성공하신 분이 되었다.'는 것을 알 수 있는 장면이다.

집을 나가 전국을 떠돌던 할아버지는 나의 부모님이 결혼하실 때가 되어서야 집으로 돌아오셨다. 내가 아버지의 손에 이끌려 고향을 찾았을 때 할아버지는 한의사이셨던 나의 큰 아버지 소유의 넓고 훌륭한 한옥 한켠에서 거주하고 계셨다. 그 방에는 수많은 책이 있었다. 할아버지는 나에게 붓글씨를 쓰셔가며 붓 사용법을 가르쳐 주셨다. 할아버지의 가르침 아래 나는 내 이름을 붓글씨로 쓰곤 하였던 기억이 난다. 할아버지께서는 조금도 내 남동생과 나를 차별하지 않으셨다. 당시는 연세가 높으신 분들에게 남존여비의 사상이 강하게 남아있던 시절이었는데도 할아버지는 전혀 그렇지 않으셨던 것이다. 할아버지가 외출을 하실 때면 하얀 한복 두루마기에 높은 갓을 쓰고 나가시곤 하였던 모습이 눈에 선하다.

우리 집안은 나의 할아버지 대에 이르기까지 상당히 부유한 지주였으나 동학과 한일합방 등 격랑의 세월을 거치는 동안 어려워지고 위에 언급한 사건으로 할아버지는 사실상 아무것도 할 수 없는 빈손지주로 변해 있었다. 그럼에도 아버지는 한 번도 할아버지를 비난하거나 우리에게 그 어려워진 사정을 해명하려 하신 적이 없다. 아버지의 성격은 지나가버린 어려웠던 시간들에 매어 불평이나 하며 현재를 망각하는 그런 분이 아니셨다. 그러나 나는 나의 가족사가 궁금하여 할아버지에게 묻곤 하였다. 그러면 할아버지는 우리의 선조가 금관가야를 세운 김수로왕이었다는 것과 그의 부인이 인도 아유타국(國) 공주였다는 사실을 얘기 해주시곤 하였다. 2,000년 전 옛날에 인도에서 동남아시아를 거쳐 한반도까지 배로 여행하며 시집왔다니 참 믿기 어려운 일이었지만 수로왕과 이 공주님의 무덤은 현재 한반도 동남부에 위치한 김해시에 실재하고 있고 후손들에 의해 제사가 모셔지고 있다.

13세기에 쓰여진 고대의 역사서 『삼국유사』 중 「가야국기」 편의 '금관가야' 조에 보면 수로왕은 하늘에서 내려온 황금색 바구니 안에 붉은 천에 싸여있던 6개의 알에서 태어난 왕자들 중 한 명이었다고 한다. 이들 6왕자는 각기 6가야의 왕이 되었고 이들은 가야 연맹을 형성하게 되는데 수로는 맏형으로서 그 연맹의 수장이 되었다고 한다. 수로왕과 부인인 허황옥 사이에 10명의 왕자와 2명의 공주가 태어났다고 한다. 가야 연맹은 약 500년 간 한반도의 남부에서 활약하다 신라에 통합되는데 그 과정에서 많은 사람들이 오늘날의 일본 지역으로 건너가 고대 일본을 개척하게 된다. 고구려와 백제를 무너뜨리고 삼국통일을 한 신라의 명장 김유신은 바로 금관가야의 마지막 왕, 구해의 손자다. 신라 무열왕과 문무왕, 두 대에 걸쳐 출사하며 통일과업을 완수한 김유신은 그의 사후에 왕으로 추존되고 경주에 있는 그의 무덤 앞에는 많은 사람들이 지금도 그의 업적과 충성심을 기리며 참배를 위해 줄을 서고 있다.

배움 위한 열망과 아버지

(1914-1932)

배움 위한 열망과 아버지

(1914-1932)

아버지가 기초 교육을 받을 나이인 여덟 살을 넘겨 아홉 살이 되었지만, 그의 두 형들은 동생(나의 아버지)을 초등학교에 보내기 위해 필요한 적령아동등록을 하지 않았다. 할아버지는 그때까지도 집안을 몰락시킨 그 도둑을 잡기 위해 전국을 떠돌고 계셨으니 집으로 돌아오실 리 만무하였기에 이미 성인이 된 두 형들이 이를 챙겼어야 했지만 현실은 그렇지 못했던 것이다. 그러던 어느 날 아버지는 돌연 그와 함께 놀던 동네 친구들이 다 학교에 가버리고 혼자만 남았다는 사실을 깨닫게 된다. 이에 놀란 아버지는 직접 관련 관청을 찾아가 필요한 등록을 하고 곧 학교공부를 시작하시게 된다. 5학년이 되었을 때 남보다 늦게 시작한 그 세월을 따라잡기 위해 초등학교를 퇴교하고 홀로 서울로 올라가 중등학교를 갈 수 있는 검정고시에 도전하게 되고 이내 합격하게 되어 중등학교 학생이 된다. 중등학교 3학년 재학 시 또다시 검정고시를 보아 대학입학자격을 획득하고 이어서 당시 유일한 관립대학이었던 경성제국대학에 입학하게 된다. 그것도 수석으로 입학하였고 그 사실이 경성제국대학 학보에 게재되었는데 그 게재된 신문 스크랩을 나의 어머니가 가족앨범 속에 간직하고 계셨다. 그 앨범을 6.25동란으로 인한 그 어려웠던 피란 시기에도 어머니가 계속 가지고 다니셨기에 나는 그것을 볼 수 있었고 어머니가 돌아가신 후에도 그 신문기사는 앨범 속에 남아 있었다. 그 기사는 나의 아버지 김충선, 시골뜨기가 경성제국대학에 일등으로 입학하였음을 명료하게 증명하고 있었다. 그 기사에는 아버지 기사 이외에도 20명의 다른 1930년도 합격자 명단도 있었는데 그 중에는 유명한 국문학자 이숭령 박사, 철학자 고형곤 박사(총리를 지낸 고건 씨의 부친) 이름도 있었고 아버지의 평생 친구였던 의사 조규찬 박사도 있었다.[1)]

아버지의 입학 기수는 4회였고 당시 입학한 사람들은 극소수의 한국인을 제외하곤 전부 일본인들이었다. 당시 경성제국대학의 총 재학생수는 160명이었다.

아버지는 부유한 집의 가정교사를 해가며 대학을 졸업하셨다. 나는 항상 아버지가 어떻게 어린 시절의 어려움을 이기고 학교를 들어가고 또 홀로 서울에 올라와 가족들의 아무런 도움 없이 당시 최고의 대학에 입학하고 졸업하였는지가 궁금하였다. 그래서 아버지에게 그 과정을 묻곤 하였다. 하루는 나는 그가 왜 이공계가 아닌 영문학을 택하였는지 아버지에게 물었다. 그 이유는 내가 고등학교 시절 물리, 화학, 수학 등과 관련하여 아버지에게 물으면 항상 명쾌한 해석과 지도를 받을 수 있었을 정도로 아버지의 이공계에 대한 이해의 도는 놀라운 수준이었고 특히 물리와 수학 분야는 막히는 것이 없을 정도였다. 그 때문에 나는 그가 잘하는 이공계를 버리고 영문학을 택한 것이 더 궁금하였었다. 내

1) 아버지와 같이 입학한 한국인들의 명단 : 이숭령, 방종현, 고형곤, 신기석, 이종주, 김태호, 신순언, 조규찬, 홍봉진, 이국주, 조평재, 김성환, 문인주, 최정헌, 김승현, 문영회, 이중업, 박정철, 김재하

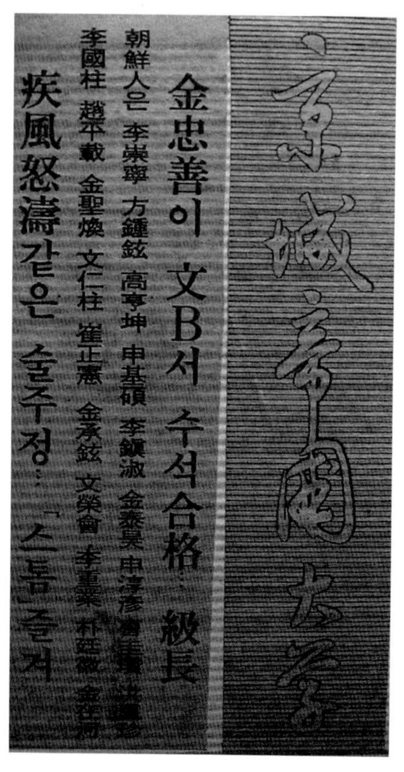
京城帝國大學

金忠善이 文B서 수석合格… 級長

朝鮮人은 李崇寧 方鍾鉉 高亨坤 申基碩 李鎭淑 金泰昊 申滉彦

李國柱 趙平載 金聖煥 文仁柱 崔正憲 金承鉉 文榮會 李重業

疾風怒濤같은 술주정… 「스톰」즐겨

▲ 아버지가 경성제대에 1등으로 합격하였다는 신문기사

가 고등학교를 다니던 시절은 6.25 동란이 끝난 후여서 전쟁기간 동안 나는 제대로 학교수업을 받을 수가 없던 시절이 너무 오래 되어서 수학과, 물리 등 과목에서 항상 어려움을 겪곤 하였는데 그 까닭에 아버지에게서 가르침을 받을 수밖에 없었고 그런 이유로 나는 아버지의 그 분야에 대한 지식 정도를 잘 알고 있다. 아버지가 대학을 다니던 시절은 경성 제대에 이공계가 없었기에 공부할 수 없었고 당시 일본 제국주의자들은 점령지사람들에게 과학과 기술을 가르치는 것을 꺼려하기도 하여 대학에 이공계 학과를 설치하지 않았다고 한다. 그런 이유로 나의 아버지는 인문계 공부를 하실 수밖에 없으셨다고 한다.

교양학부인 신입생 시절의 여름방학 동안 나의 아버지는 역사서, 철학서 종교 등과 관련 된 영문 서적들을 많이 읽으셨다고 한다. 그 독서 기간 동안 그는 그가 접해보지 못한 서구문명의 매력에 깊이 빠지게 된다. 몰랐던 외부세계에 대한 폭 넓은 접촉을 가지고자 하였으나 일본사람들로부터 얻는 정보는 너무나 제한된 범위에 국한된 것이었다. 그 까닭에 미국인 선교사들이 주도하고 있던 주간 영어성경공부반에 참여하였고 이를 통해 서구문화와 기독교문명에 대한 갈증을 조금이나마 해소할 수 있었다고 한다. 그는 항상 새로운 세계에 대한 정보에 굶주려 했고 조금이라도 더 많이 공부하려고 했다. 이런 연유로 아버지는 영문학뿐만 아니라 서구의 역사와 문화, 철학 그리고 종교에 대한 깊은 이해를 갖게 되었다.

내가 경료한 모든 생명과학 부분의 선진교육, 예를 들면 "발전된 발생학, 면역학, 해부학, 분자 생물학, 생명공학, 영양학, 생화학, 생명조직학 등"에 비추어 보아도 그 어려웠던 환경에서 나의 아버지가 어떻게 그토록 해박한 학문적 소양을 갖게 되었는지 나는 아직도 이해가 되지 않는다. 바로 이 점이 나로 하여금 항상 아버지에게 경탄하고 그를 존경하게끔 만들었다. 도대체 어떻게 하셨을까? 나는 안다. 자라나는 아이들의 두뇌 발달을 위해서는 영양 공급이 잘 되어야 하고 지식에 대한 욕구를 지속적으로 충동하는 환경이 주어져야 한다는 것을. 그러나 아버지의 성장 시기에 그 가족의 현실은 전혀 그렇지 못했다. 물론 두뇌의 발달의 초기단계에서는 유전적 요소가 크게 작용한다지만 이 유전적 요소가 두뇌를 형성하는 모든 요소는 아니다. 이 유전적 요소는 주변 환경에서 입력된 것들에 의해 반응하고 조정되게 되어있다. 아버지의 다방면에 걸친 이 천재적 두뇌는 아마도 나의 아버지가 항상 즐겨 드셨던 다양한 콩류 제품 때문일 것이라는 것이 나의 유일한 추론일 뿐이다. 콩류에 포함되어있는 양질의 식물성단백질과 그 속에 포함된 라이신이나 메티오닌 같은 아미노산 등이 아마도 역할을 하지 않았을까 생각한다. 아버지는 콩국과 두부 그리고 콩나물 등을 즐겨 드셨다. 그 뿐 아니라 상추, 배추 그리고 보리 등 비타민 A, B 그리고 C 등과 미네랄

▲ 동숭동에 있던 경성제국대학의 모습

과 오메가3가 풍부한 음식 등을 주로 좋아하셨는데 이들이 그의 두뇌 성장에 크게 도움이 되었을 것으로 생각한다. 또 한 가지는 아버지가 어머니의 젖을 7살 때까지 먹었다는 사실이었는데 이것이 아마도 그의 건강과 두뇌 발전에 크게 기여하였던 것이 아닌가 생각한다.

언제인가 아버지는 나에게 꿈에 풀어낸 수학문제 이야기를 해 주신 적이 있었다. 아무리 해도 풀 수 없는 문제 하나가 있었는데 이를 풀다가 그만 책상에 엎드려 잠이 들었다는 것이다. 그런데 꿈속에서 그 해답을 얻었고 잠이 깨어 꿈에 했던 방법으로 하였더니 저녁 내 풀려고 해도 풀 수 없었던 그 어려웠던 문제가 그만 풀렸었다는 것이다.

여러 해가 지난 후 오거스트 케쿨레(August Kekule)의 1890년 독일 화학협회에서의 연설에서 비슷한 이야기를 듣게 된다. 그는 마차 여행 중 잠이 들었는데 꿈속에서 꼬리를 붙잡고 있는 뱀을 보았는데 여기에서 벤젠의 구성 배열에 관한 영감을 얻었다는 것이다. 나의 아버지의 경우처럼 케쿨레는 어떻게 탄소와 수소의 6개의 원자가 안정성을 유지하고 있는가를 오랫동안 고심해 왔었다는 것이다. 나는 나의 아버지나 케쿨레처럼 꿈에서도 문제 해결 방법을 찾을 정도로 집중성을 가지고 문제 해결에 임하는 부류의 사람들이 있음을 알고 있다. 만약에 나의 아버지가 다른 세상이나 다른 시기에 태어나셨더라면 인간 세상을 위해 의미 있는 더 많은 일을 하셨을 만큼 지적능력이 특별했음을 나는 항상 아쉬워했다. 아버지는 대학졸업식 때 졸업생 대표로 연설했는데 그때에 한반도를 점령하고 있는 일본의 부당한 통치 행위에 대해 언급하셨다. 그 결과 학내에 들어와 사찰하던 일본치안당국(비밀경찰)의 주목을 받게 되었고 일상적으로 일어나는 이 사찰행위로 인해 아버지는 대학졸업 후 서울에 있을 수가 없었다.

부모님의 결혼과 평양

부모님의 결혼과 평양

나의 양친은 1933년 당시 일반적인 관행이던 중매에 의해 결혼하셨다. 나의 어머니는 전라남도의 한 독실한 기독교 가정에서 1914년에 태어나셨고 기독교적 환경에서 성장하셨다. 나의 외할머니는 훤칠한 외모에 명석한 두뇌의 소유자로서 현지에 파견된 미국선교사들에게 한글을 가르치셨고 역으로 그들에게서 영어를 배우셨다고 한다. 외할머니의 가계 역시도 전부가 기독교도였다. 일반사람들보다 훨씬 큰 키였던 외할머니는 오늘날 개념으로는 날씬했던 몸매 덕분에 사람들로부터 놀림을 받으셨다. 그래서 항상 키를 줄이기 위해 허리를 굽히고 다니셨다고 한다. 너무나 오랜 기간 동안 허리를 굽히고 다니셨기에 종국에는 허리를 펼 수가 없게 되어 'ㄱ'자 허리가 되셨다. 오늘날 개념으로는 완벽한 아름다운 몸매이셨을 우리 외할머니는 그래서 장애인 아닌 장애인으로 사셨다.

나의 외할머니는 자신과 외할아버지의 가계 모두 역사 깊은 양반 가계였음을 항상 자랑스러워하셨다. 내가 어린 시절 나도 다른 아이들과 마찬가지로 알고 싶은 것들이 많아 주위 분들에게 항상 무엇인가를 묻곤 하였는데 외할머니에게는 가계 역사에 대하여 묻곤 하였다. 외할머니는 훌륭한 이야기꾼이었다. 오늘날 개념으로 스토리텔러였던 외할머니에게서 나는 부유한 지주였던 외할아버지의 가족들이 1894년 동학농민혁명 당시 모든 것을 버리고 숨 가쁘게 순천을 빠져나오던 때의 이야기를 듣곤 하였다. 외할아버지 가족은 그 혼란한 시기에 생명에 대한 위협을 받고 살던 순천을 탈출한 후 그곳으로 돌아가지 않고 광주에 정착을 하게 된다. 외할머니의 가계에 대해서도 이야기를 들려주시곤 하였는데 외할머니 가계의 남자들이 임진왜란 때 어떻게 일본군에 대항하여 의병을 조직하고 또 싸웠는지에 대하여 자주 이야기해주셨다. 임진왜란 시기 유일하게 왜군이 침범하지 못한 곳이 전라도였었는데 그 이유는 이순신 장군이 수군통제사로 있어 지역사령관 역할을 하며 왜군의 진입을 막았기 때문이기도 하지만 이들 의병들의 활동이 이 지역을 지켜낸 것이기도 하다며 항상 자랑스럽게 이야기하셨다. 그 긍지는 대단하셨다.

외할머니는 해군제독 이순신을 영웅시하여 많은 이야기를 하셨다. 이순신은 1591년 전라도 여수에 새로운 해군기지를 건설하였는데 그곳에서 그는 차후에 일본의 침입 시 최전선에서 싸울 해군의 배들을 건조하고 군대를 조련하였다. 유명한 철갑선인 거북선의 건조도 이곳에서 이루어졌다. 일본해군에 대한 그의 수많은 승리는 결과적으로 한 척의 일본 배도 이곳을 지나 북으로 올라가지 못하게 하였고 그 결과 일본은 패퇴하였다. 전장에서 그리고 일상에서 보여준 그의 완벽성으로 인해 그는 한국에서도 일본에서도 존경받는 해군 제독이 되어있다. 수많은 승리의 기록은 역사가들로 하여금 그를 스페인의 무적함대를 괴멸시킨 영국의 넬슨 제독에 비유하게 하였지만 막상 넬슨 자신은 '나는 이순신에 미치지 못한다.'고 술회하였다고 한다. 육상에서는 승승장구하였지만 일본군은 이순신에 의해 바다에서는 연전연패하여 결국 육상에서마저 패퇴되었다.

양반이었던 나의 외할아버지는 그의 가족의 생존을 위해 사업가가 되었다. 그의 사업은 잘 되었다. 그러나 수차례에 걸쳐 무장 강도들로부터 수난을 당한 후 그 사업은 중단되게 되고 그의 사업을 양도해서 얻은 수익금으로 전당포를 열게 된다. 그의 전당포는 지역 은행과도 같은 역할을 했다. 당시 한국을 지배하던 일본사람들의 은행을 신용하지 않았던 한국의 중소 상공인들은 사채를 쓸 수가 있는 이 전당포를 많이 찾았다. 당시에는 생계 수단으로 오로지 의지하고 있던 땅을 빼앗긴 지주가 할 수 있는 사업이란 별로 없었다. 그는 교회의 장로로도 오랫동안 그리고 열심히 일했다. 나의 외할아버지는 딸들이 공부하는 것을 허용하지 않으려던 고루한 분이셨으나 외할머니는 반대로 적극 교육을 주장하여 딸들을 모두 학교에 보내었다. 6명의 딸들과 한 명의 아들이 있었고 나의 어머니는 두 번째로 태어났다. 유일한 아들이었던 나의 외삼촌은 음악을 공부하였고 국립 서울대학교를 졸업한 후 그의 아름다운 목소리를 무기로 오페라 가수가 되고자 하였으나 탈장 수술을 받은 후 오페라 가수로서의 높은 음을 낼 수 없음을 알고 꿈을 포기하고 중고등학교의 음악교사가 되었다.

나의 어머니는 전라도 광주지역 학생들의 독립운동, 즉 광주학생의거가 일어났던 1929년 11월 당시에 광주여고에 다니던 학생이었다. 이 운동은 1919년의 3.1만세운동에 이은 일제강점기 치하에서 두 번째로 중요한 독립운동으로 여겨지고 있다. 이후 광주학생독립운동은 전국으로 확산되어 나갔다. 이 운동을 진압하기 위해 일본경찰은 학교 안으로 진입하여 학생들을 체포하고 무자비하게 폭력을 휘둘렀으며 이 운동에 참여한 학생들은 모두 퇴학 또는 정학 조치되었다. 이러한 조치들은 오히려 학생운동을 더욱 촉발하게 되어 곧 전국단위의 독립투쟁으로 확대

되어나간다. 비록 당시 이 운동은 혹독한 일본당국의 억압으로 진압되어갔지만 전국단위의 독립운동을 촉발하였고 장기적으로는 한국에서의 학생운동의 선구적 역할을 하게 된다.

해방 후 1953년 대한민국의 국회는 이 광주 학생의거가 일어났던 11월 3일을 '학생의 날'로 정하고 매년 이를 기념하기로 하였다가 2006년에는 이름을 '학생독립운동의 날'로 고쳐 기념하기로 하였다. 이상하게도 나의 어머니는 이 학생운동에 대하여 별로 나에게 이야기하지 않으셨다. 그런데 말년, 폐암으로 투병하며 고통을 잊기 위해 모르핀 주사를 맞은 상태에서 어머니는 학교에 난입하여 학생들을 구타하고 체포하던 일본경찰 이야기를 하며 두려워 떨며 소리를 지르곤 하셨다. 당시의 기억은 어머니가 의도적으로 일생 동안 잊고 싶었던 고통스런 기억이었던 모양이지만 그녀의 의식 속 깊은 곳에 지워지지 않았던 어두운 기억이었음이 분명하다.

일본경찰은 학생운동을 야만적으로 진압하여 그 기억이 오래도록 어머니의 뇌리에 남는 고통이 되었지만 어머니와 일본인 체육선생과의 사이는 좋았던 듯하다. 어머니는 이 체육 선생이 권유한대로 발레의 프리마 발레리나가 되고 싶어 하셨다. 어머니는 계란 모양의 갸름한 얼굴, 큰 눈, 완벽한 크기의 코와 예술 같은 입술을 가지고 있는 아름다운 여인이었다. 체육 선생은 어머니에게 발레리나로서 필요한 육체와 재능이 있음을 설명하며 장학금을 구해줄 것이니 일본에 가서 공부를 계속할 것을 권유했다고 한다. 그러나 엄격하게 자식들을 키워온 외할머니에 의해 그 꿈은 제지되고 그 대신 결혼을 권유 받게 된다. 나의 아버지는 어머니의 사촌이며 아버지와 경성제국대학 동기였던 분의 중매로 외할머니에게 소개되고 이어 어머니를 만나게 되었다고 한다. 고등교육을 인품을 판단하는데 중요한 요소로 여겼던 외할머니는 경성제국대학 출신에게 딸을 시집보내는 것을 영예로 생각하시고 결혼할 것을 어머니에게 권유하셨지만 어머니는 왠지 내키지가 않으셨다고 한다. 그러나 나의 아버지는 어머니를 한 번 본 후 결혼 허락이 없으면 돌아가지 않겠다고 버티었다고 한다. 그 결과 어머니는 제쳐놓고 외할머니에 의해 결혼이야기가 급속히 진행되어 이내 약혼이 이루어지고 나서야 아버지는 당시 직장이 있던 평양으로 돌아 가셨다고 한다. 몇 달 후 아버지의 고향인 충청남도 홍성에서 결혼식은 거행되게 되었다.

어머니는 결혼식 날 벌어진 일을 평생 머릿속에서 지워 버릴 수 없었는지 여러 차례 그 이야기를 자식들에게 하시곤 하였다.

당시의 관습대로 결혼식을 아버지의 고향 마을에서 마친 어머니는 식 후 남편의 가족들이 기다리고 있는 집으로 인사 차 가야 했다. 그 길은 논들 사이로 난 작고 습한 길이었는데 그 길의 끝에 아주 작은 초가가 하나 눈에 들어왔다. “아니! 저기 저 초가가 내가 오늘 첫날밤을 보내야 하고 친척들이 기다리고 있는 사람이 사는 집이란 말인가?” 어머니는 믿을 수가 없어 몇 번인가 고개를 내저으며 그럴 리가 없다고 부정도 해보았으나 염려는 현실이 되어 나타났다. 시부모와 시형제들, 그리고 두 명의 동서들에게 차례로 인사를 드린 후에 안내된 방은 너무나도 작고 초라하여 ‘사람이 누울 수 있을까?’ 의심이 갈 정도였다. 그 방에는 뒤뜰로 난 작은 문이 하나 있었는데 대나무로 뼈대를 이루고 한지를 그 위에 발라놓아 첫날밤에 동네 여인들이 그 한지로 된 창에 작은 구멍을 내고 신혼부부들 방에서 무엇이 진행되고 있는지 들여다볼 수 있게 되어있었다. 그 다음에 무슨 일이 벌어졌는지에 대하여는 설명하지 않으셨지만 설명할 필요가 무엇이 있겠는가? 어머니의 이 첫날 밤 이야기는 오늘날 더 이상 존재하지 않는 사라진 관습이지만 당시에는 어느 곳에서나 벌어지는 일들이었다.

위에서도 이야기하였지만 대학을 졸업할 때 아버지는 졸업생 대표로 연설을 하게 되었는데 그 연설에서 일본의 부당한 식민지배에 대하여 비난하였고 그 후로는 일본형사들이 아버지를 계속 감시하며 따라다녔기에 서울에서 더 이상 있을 수 없게 되었다. 그래서 아버지는 서울로부터 멀어지기 위해 제2의 수도였으며 해방 후 북한의 수도가 된 평양에서 직장을 구하게 된다. 그는 많은 독립투사들을 배출한 명문, 평양 숭실중학교에서 첫 직장생활을 시작하게 된다.

어머니가 평양에 도착하여 아버지가 머물고 있던 장소에 도착해서 보니 작은 방 안에는 책상 하나와 아버지의 책들 말곤 아무것도 없었다고 한다. 아버지는 봉급을 받아 고향에 있는 조카들의 교육비를 보내고 있었기에 어떤 가구도 장만할 수가 없었던 것이다. 당시의 관습으로는 족보상의 대를 이을 형님들의 아들을 교육하는 일은 가족 구성원의 중요한 책무였던 것이다. 족보도 또 족보를 이어가는 것 역시도 무척이나 중요한 것이었다.

이 족보라고 하는 것에는 여성들은 별로 언급되어있지 않았고 남성들 중심으로 되어있는데 때로는 후대에 전해져야 할 어느 개인의 성취 결과, 관직이나 주요 업적에 대하여도 적혀있다. 근래에 이르러서야 여성들에 대하여도 결혼날짜, 생년월일, 사망일자 등을 기록해놓는 경향이 생길 정도로 당시는 남성 중심의 폐쇄된 사회였다.

어머니는 아버지가 조카들의 학비조달의 책임을 지고 있는 것에 대해 불만이었다. 아버지가 공부할 때 가족 중 어느 누구도 경제적인 도움을 주지 않았던 그 가족 구성원들이 나의 아버지에게 경제적 지원을 요청하는 것은 온당치 않다고 생각했던 것이다. 그렇지만 아버지는 조카들에 대한 지원을 계속하였고 집이라도 장만하고 싶었던 어머니는 하는 수 없이 직업을 구할 수밖에 없었다. 어머니는 초등학교 선생이 되었고 열심히 저축하여 돈을 모은 어머니는 대동강이 내려다보이는 아름다운 모란봉 언덕 기슭에 아담하고 아름다운 집을 구하게 되었고 그곳이 내가 태어난 곳이다.

어느 날 어머니가 퇴근하여 집에 돌아와 보니 집에 입주하여 일 하던 가정부가 아직 아기인 나를 뜨거운 온돌방에 혼자 둔 채 달랑 편지 한 장을 남겨놓고 사라져버린 현장을 보게 된다. 편지에는 어머니에게서 받은 봉급으로 연인과 같이 결혼하기 위해 불가피 떠나가야 된다는 이야기가 적혀 있었다고 한다. 당시 추운 겨울에는 난방을 위해 온돌방에 군불을 때야 되었는데 지나치게 잔뜩 불을 때놓고 사라져버린 까닭에 어린아이였던 나는 뜨거워진 온돌에 발가락을 데이게 되었고 그 덕에 지금도 내 발가락에는 그 흉터가 남아있다. 어머니는 그 일로 인해 분노하셨지만 아무런 다른 방도가 없었다.

나에게는 평양 집에 대한 기억이 남아있지 않다. 그러나 내 생전에 통일이 되어 자유롭게 통행할 수 있다면 꼭 한 번 가보고 싶다. 어머니는 매우 사교적이고 자상하셨기에 직장 동료들과 곧 친해지셨고 일이 끝나면 이들과 탁구를 같이 즐기는 등 직장에서도 가정에서도 행복하게 지나고 계셨다. 그러나 한 가지 예외가 있었으니 가끔 오셔서 오래 머물곤 하셨던 시어머니의 존재다. 당시 관습으로는 시어머니와 며느리의 관계는 어느 집이나 편치 못하였는데 시시콜콜 집안일에 관여하시는 시

어머니 덕에 어려운 상황이 발생되고 생활의 리듬도 단속되었는데 이러한 고부간의 관계는 당시 일반적인 행태였고 특히 결혼초기에 심했다.

평양에서의 어린 시절과 관련하여 또 다른 기억이 있다. 어느 날 내가 아직 어머니에게 안겨 다닐 때 어머니는 나를 안고 길가에서 아버지를 기다리고 계셨는데 한 아주머니가 지나가며 나를 들여다보고 나서 하는 말이 "이 아이는 장성하여 멀리 갈 운명입니다. 아주 독립적인 생활을 하고 크게 성공도 하겠지만 인생에서 중요한 한 가지 운, 즉 부자 남편을 만날 운은 없는 듯합니다."라고 하였다고 한다. 생각해보면 아마도 이 아주머니는 신들린 관상가였거나 점술가였던 모양인데 주술이 지배하던 오랜 옛날부터 영의 세계와 대화가 가능하였던 이들은 오늘날에도 많은 사람들이 찾아 닥쳐올 운명을 묻곤 하는 존재들이다.

독실한 기독교 신자였던 어머니는 그 말의 내용에 따른 호불호보다는 지나가며 툭 던지고 간 그 태도가 불쾌하였었다고 하는데 그럼에도 이를 잊지 못하셨던 듯하다. 내가 미국으로 공부하러 떠나올 때 어머니는 오래된 기억 속에서 이 이야기를 꺼내시며 여자가 멀리 공부하러 간다는 것은 상상도 할 수 없었던 당시에 그 아주머니가 왜 그런 애기를 했었을까 의아해하셨다. 염려하시는 어머니에게 나는 "걱정 마시라, 돈 많은 남편감을 찾을 생각은 아예 없다."라고 말씀드리고 한국을 떠나 왔는데 그렇지만 지금 생각해도 당시에 점술가로 짐작되는 그 아주머니가 젖먹이 나를 보고 어떻게 수십 년 후의 내 모습을 애기할 수 있었을지 사뭇 의아하다.

아버지 역시도 평양에서의 교편 활동을 좋아하셨던 듯하다. 그는 가르치는 것에 만족하고 있었으며 동료 그리고 학생들과도 좋은 관계를 유지하고 계셨던 듯하다. 세월이 많이 지난 후 우리 집에 찾아온 당시의 동료들과 애기하시며 추억하시던 일 중 하나는 학교에서 책임을 맡고 있던 농구팀 이야기였다. 농구팀의 성적이 너무너무 좋아 그들을 도쿄에 보내 큰 무대에서 시합의 기회를 갖게 하자고 학교장에게 건의하였는데 거부당하신다. 그 이유는 비용 때문이기도 했지만 평양의 일본 당국이 당시 피지배 국민이었던 조선의 학생들이 지배자인 일본사람들로 구성된 농구팀을 깨뜨리는 상황을 염려했기 때문이었다고 한다. 학교로부터 공식적인 지원을 받지 못한 아버지는 사비를 털고 공감대를 형성한 다른 사람들의 지원을 받아 학생들을 이끌고 도쿄로 가서 모든 일본 팀들을 패배로 몰아넣고 우승 트로피를 안고 돌아오셨다고 한다. 이 승리는 억압받던 조선사람들에게는 그야말로 기쁜 소식이었고 참가자들에게는 더할 나위 없는 영광이었다. 이처럼 옳다고 믿는 일은 뒤돌아보지 않고 밀어붙이고 끝내 결과를 보고 마는 것이 나의 아버지의 성격이었다. 그러나 바로 이런 성격 탓으로 귀국 후 당국과의 사이에 긴장 관계가 형성되게 된다.

공포의 무법지대, 만주시절

(1938-1942)

공포의 무법지대, 만주시절
(1938-1942)

당국과의 긴장관계 형성에도 불구하고 평양에서의 생활이 나름대로 안착되어 가던 무렵 아버지는 만주 쉔양의 조선족 사회로부터 한 제안을 받게 된다. 그곳에는 조선족들이 많이 살고 있어 아이들을 조선인답게 가르칠 학교를 세우려 하는데 막상 교사가 없으니 와서 학교도 세우고 가르침도 줄 수 없느냐는 제안이었다. 쉔양은 원래 목단이라 불리었는데 랴오닝(요령)성의 수도다. 랴오닝성이 있는 랴오둥(요동)반도에는 많은 조선족들이 살고 있었는데, 역사적으로 볼 때 BC 1281년부터 BC 4세기 후반에 연나라가 이곳을 침탈하여 점령하였을 때까지 이곳은 고조선의 영역이었다. 그 이후에도 부여, 고구려, 발해 등 제국이 이 지역(길림성과 블라디보스토크를 포함하여)에서 일어나고 스러지고 하였는데 AD 926년 발해가 멸망할 때까지 이 지역은 한민족의 터전이었다. 그 후 한민족의 땅이었던 이 북쪽 영토에서는 요(堯)나라와 금(金)나라가 일어난다.2)

근대에 이르러 이 지역은 국제적인 영토확장의 각축장이 되는데 특히 러시아와 일본 간에 여순 항을 둘러싸고 그 분쟁은 격화된다. 현재 조

2) 요나라와 금나라는 발해의 후예들과 옛 말갈족들이 대종을 이루고 있고 그 창업자들은 신라의 후예로 알려져 있다.(김위현 저, 요금사 연구, 유풍출판사, 1985)

선족 자치구인 연변 지역은 바로 이 각축장의 현장인 중국령 지린성에 있고 이곳은 쉔양 북쪽 320km에 위치하고 있다. 이곳에는 고고학적으로 대단히 중요한 발해국의 정효 공주의 묘를 비롯한 수많은 발해시대의 고분들이 밀집되어있다.

이런 까닭에 이 지역은 한민족에게는 낯설지 않은 곳이다. 조선이 일본에 의해 병합된 1910년 이후 이곳 만주와 시베리아 일대는 한민족의 독립투쟁의 주요 무대가 된다. 한 예로 잘 알려진 민족주의자 여운형 선생은 이 지역의 민족주의자들과 관계를 맺기 위해 상해에서 이곳, 지린성과 블라디보스토크 지역을 방문하게 된다. 그 결과 그는 이 지역의 많은 독립운동 조직들을 통합하여 임시정부를 구성하고 1919년 2월 15일 시베리아의 니콜스크에서 대한의 독립을 선언하게 된다. 이 니콜스크의 임시정부는 1919년 4월 상해 대한민국 임시정부 수립에 앞선 지역 정부의 성격이었다.

쉔양은 폭력적이고 복잡했던 근대 역사의 중심에 서있는 곳이다. 일본 제국이 어떻게 이곳 만주를 집어 삼켰는지 살펴보자. 러일전쟁이 끝난 후 일본은 광동성 일부의 조차지와 남만주 기차선로가 있던 곳들을 얻게 된다. 새로이 획득한 이 지역을 방어하기 위해 1906년 관동연대가 편성되어 주둔하고 이 연대는 1919년 관동군으로 확대 개편된다. 이 관동군이 1928년 당시 만주 지역을 장악하고 있던 군벌 장소린을 암살하고 이어서 목단사건을 일으켜 1931년에는 만주 전 지역으로 그 영향력을 확대해나간다. 1932년 일본은 만주국을 세우고 관동군은 이 만주국을 그 통제 하에 두게 된다. 관동군사령관이 만주국의 황제 푸이를 괴뢰로 삼아 사실상 모든 결정권을 행사하게 된 것이다. 이 관동군은 계속 증강되어 1941년에는 70만 명의 대 군단이 된다. 이 대 군단

▲ 만주 쉔양에 살던 시절의 가족사진

이 제2차 중일전쟁을 일으키고 북 중국과 내몽골 지역을 일본의 세력권 아래에 두는데 그 중심역할을 하게 된다.

청나라 마지막 황제였던 푸이는 1924년 군벌 펑유시안에 의해 폐위되었다. 그 후 일본에 의해 푸이는 만주국 황제로 옹립되는데 그 대관식이 1934년 거행되었다. 그러나 일본제국의 식민지배의 한 형태로 황제의 주거지는 지린성 웨이후앙공으로 제한되고 그의 동생 푸지가 태제가 된다. 이어서 푸지는 일본천황 히로히토의 먼 사촌뻘인 히로사가와 결혼하게 된다. 이는 일본계 후계를 생산하기 위한 조치였다. 이것은 조선을 집어삼킨 것과 유사하게 조직적으로 잘 짜여진 각본에 의한 만주 지역의 식민지배가 이루어져가는 한 과정이었다. 1987년에 개봉되어 아카데미 9개 부문 상을 수상한 베르나르도 베르토루치의 영화, <최후의 황제(The Last Emperor)>에 보면 일본이 만주국의 후계를 끊기 위해 황후가 해산하자마자 그 아기를 죽이고 황후로 하여금 아편 중독에 빠져들게 하는 장면이 있는데 영화의 스토리는 현장에서 진행된 사실과 크게 다르지 않다.

나의 양친이 만주에 도착하였을 때는 이미 관동군의 세력이 막강하여 확실하게 정복군으로 역할을 하고 있었는데 영토 확장 목적 이외에 그들 관동군의 또 하나의 업무는 이곳 만주지역에 살고 있는 조선사람들에 대한 압박과 통제였다. 아버지는 수많은 기회에 관동군 소속 군인들이 현지사람들을 죽도록 폭행하는 장면을 목격하게 되는데 이를 보면서 나의 아버지는 이러한 야만적이고 반인륜적인 만행에 대하여 이유여하를 불문하고 극도의 증오를 느끼셨다. 이러한 상황을 접하며 아버지는 한국의 미래를 짊어질 만주지역 한국인 아이들을 교육하기 위해 학교를 설립할 것과 아이들 교육을 책임질 것을 결심하게 된다.

평양에서 겨우 안정된 생활이 시작된다며 기뻐하던 어머니는 생면부지의 땅인 만주로 간다는 것이 죽도록 싫었기에 평양에 남아있고 싶어 했다. 그러나 당시로서는 모든 큰일은 남편의 결정에 따르는 것이 관습이었고 보호자 없이 젊고 아름다운 어머니를 평양에 놔두고 가는 것이 불안 하였던 아버지께서 집을 팔아 버렸기에 어쩔 수 없게 된 어머니는 나를 데리고 아버지를 따라 만주로 가게 된다. 지금 생각해도 아버지의 그 일방적 결정에 나는 동의할 수 없지만 그럼에도 그것이 결국은 잘한 행동이었음이 후에 판명되게 된다.

나의 아버지는 유능한 행정가였기에 곧 새로운 학교를 설립하게 되었고 그 이름을 동쪽의 빛이라는 뜻으로 동광(東光)이라고 지으셨다 그는 한국에 있던 지인들을 설득하여 만주로 오게 하여 훌륭한 교사들과 행정 조직을 완성한 후 개교하게 되었다. 초치된 인사 속에는 그의 대학교 친구이며 어머니와의 결혼 중매를 선 최규택 씨도 포함되어있었다. 내 기억에 이 학교의 교사들과 학생들의 관계는 참 좋았던 것 같다. 많은 세월이 지난 후 서울의 우리 집에 당시의 학생들이 찾아오고 아버지는 이들을 반기곤 하셨는데 이는 이들 사제 간의 관계가 좋았음을 나타내는 것이다.

나하고 세 살 터울인 동생 준은 이곳 쉔양에서 태어났으니 내가 쉔양에 있을 때 내 나이는 세 살이었음이 틀림없다. 희미한 내 기억 속에 커다란 앞뜰이 있고 크고 엄중하게 잠긴 문을 열고 나가면 바다처럼 넓고 커다란 호수가 있었던 모습이 자리 잡고 있다. 내 기억 속에는 분명 바다로 인식되어있는데 어머니의 말씀은 그것이 호수였다고 한다. 내 뇌리에 남아있는 그곳은 참으로 춥고 바람이 많이 불어오는 곳이었다. 밖에서 놀다가 손가락에 동상이 걸리기도 하였다. 하루는 마차를 타고 어머니와 함께 병원에 가는 길이었는데, 말을 탄 어떤 사람이 다가오더니 내가 들고 있던 어머니의 핸드백을 채어 달아나려 하였는데 내가 뺏기지 않으려고 놀라 울며 꽉 붙들고 있었던 기억도 난다.

당시 만주는 참으로 두려울 정도로 무법천지였다고 부모님은 말씀하시곤 하였다. 당시의 중국은 빈부의 차이가 극심하여 극소수의 부자들에게 부가 쏠려 있고 대부분의 민중은 극도의 빈한함 속에 놓여져 있었다. 부자는 재산처럼 부인을 열 명도 넘게 거느리고 있다가 마작 등 도박에서 잃으면 부인도 돈 대신 내주곤 하였다. 그 바람에 빈손이던 쿨리라 불리던 가난한 노동자들은 결혼할 여성을 찾을 수 없었다. 이들 쿨리들은 단체집합소 같은 곳에서 살고 있었는데 속이 채워지지 않은 작은 만두 같은 것들을 쪄서 양파와 같이 먹으며 마작들을 하며 고된 하루의 기억을 잊으려 하였다. 이들 중에는 아편에 중독된 사람들이 많아 무장 강도로 쉽게 변할 수 있었기에 중국인들 가운데는 집 벽에 공간을 만들어 보석 같은 귀중품들을 보관하고 겉으로는 벽처럼 도배하여 비상시국에 대비하는 사람들도 많았다. 이처럼 어렵게 살아가는 사람들이 부자들만 보호하고 가난한 사람들을 위해서는 아무런 대책이 없는 그들의 지배자에게 항거하는 것은 너무나 필연적인 것이었다. 혁명은 피할 수 없는 상황이었다. 그들은 대안이 없었다.

나의 부모님들은 아편에 연유된 많은 공포스런 범죄행위들을 지켜보셨다고 한다. 아버지는 아편을 중국에 보급시킨 영국을 비난하셨다. 18세기 중국으로부터 대규모로 차를 수입하던 영국의 동인도회사는 대 중국 무역의 적자를 메우기 위해 아편을 청(淸)나라에 팔기 시작했다. 청나라가 그 폐해를 인식하게 되어 아편 수입을 제한하려 하자 1839년 제1차 아편전쟁이 발발한다. 이 전쟁은 1842년까지 계속되고 또다시 1856년부터 1960년간에 제2차 아편 전쟁이 발발한다. 원래 고대 한국인들의 영토이기도 했고 한때 몽골의 지배 하에도 있었던 블라디보스토크와 사할린은 당시 청나라 땅이었는데 아편전쟁으로 국력을 소모한 청이 이를 지킬 수가 없었기에 1858년 아디군조약(Treaty of Adigun)에 의해 러시아의 영토로 된다. 아편전쟁으로 통제력을 잃은 정부 때문에 만주지역은 아편거래의 천국이 되어갔다. 어느 날 부모님이 만주에서 서울을 방문하셨을 때 서울역에서 목격한 일이다. 한 여인이 아이를 업고 있는데 뒤에 달랑거리는 두 다리가 힘없이 매달려 있었다고 한다. 이를 수상히 여긴 경찰이 심문과정에서 죽은 아이를 업고 있었음이 밝혀지고 아이의 몸속에는 아편이 채워져 있었다고 한다.

만주지역의 당시 정치적 상황은 물론이고 기후 환경도 사람들이 사는 데는 적합하지 않았다. 쉔양 지역은 여름에는 몬순의 영향으로 몹시 덥고 습기가 높은 기후였고 겨울에는 시베리아의 한랭기류의 영향 하에 들어 몹시 춥고 건조하였다. 대부분의 비는 7월과 8월에 집중되었다.

그곳은 사람들이 살기에 특히 약한 여성들이 살기에는 적당한 곳이 아니었다. 몇 년 지나지 않아 어머니는 바로 이 덥고 추운 기후 덕분에 건강에 이상을 일으키게 된다.

이와 같은 열악한 기후 조건 이외에도 현지인들이 만들어내는 환경도 어머니를 더 지치게 했다. 어머니도 나도 내 동생도 건강에 이상이 생겼다. 오직 어린 시절을 혹독한 환경에서 자라고 또 유전적으로 강한 요소를 가지고 있던 아버지만이 홀로 건강을 지켜나갈 수 있었다. 어머니의 건강이 계속 악화되자 아버지는 모든 가족을 대동하고 서울로 와 어머니를 세브란스병원에 입원시키고 수술을 받게 할 수밖에 없었다. 만약 이때 서울로 옮겨오지 않았더라면 우리 가족은 마오쩌뚱의 공산혁명에 휩쓸려 2차 대전 종료 후 만주에 붙잡혔을 것이고 우리가 평양에서 만주로 옮기지 않았더라면 해방 후 북한의 김일성 치하에 들어가 정치범수용소에 유배되었을 것이니 사람 일이란 참으로 새옹지마 같아 한 치 앞의 일을 알 수가 없는 것이다. 다행스럽게도 서울에서 어머니의 건강은 차츰 나아졌다.

해방의 기억들

(1942-1945)

해방의 기억들
(1942-1945)

서울에서의 내 어린 시절 기억은 4, 5살 때로부터 시작된다. 우리 가족이 살던 집은 종로구 혜화동의 북쪽에 있었는데 환경은 아주 깨끗한 곳이었고 주민들은 교양 있는 중산층들로 구성되어있었다. 일본인은 전혀 없었다. 아직도 내 기억 속에는 투명할 정도로 맑고 깨끗했던 푸른 하늘, 달콤하기마저 했던 신선한 공기, 손으로 잡을 수 있을 정도로 낮게 날아다니던 아름다운 무늬날개가 있던 나비들, 그리고 속이 투명하게 들여다보이는 날개로 높게 낮게 날아다니던 자줏빛 몸체의 잠자리들이 너무나도 명료하게 자리 잡고 있다. 망사로 만든 잠자리채를 들고 뛰어다니며 쉽게쉽게 이들을 잡던 기억도 난다. 휘영청 밝은 보름달 속에서 토끼가 계수나무 아래서 절구질을 하는 그림자를 보며 어른들부터 꿈같은 옛날 얘기를 듣던 기억들, 밤하늘 가득 명멸하던 수많은 별들을 올려다보며 화성에 사는 무섭고 못생긴 우주인들이 지구를 내습하는 상황을 연상하고 얘기를 만들어 가던 기억도 난다. 나는 그 상상 속 이야기를 만화 형태의 그림으로 그려 이웃 아이들에게 나누어주곤 했었다.

우리 집은 작은 언덕 기슭에 위치하고 있었는데 아름답게 가꾸어진 소나무들이 마을을 에워싸고 있었고 그 뒤로 산들이 겹겹이 물결을 이루며 아득하게 멀리멀리 펼쳐지고 있었다. 그 산속에 인공으로 만든 동굴들이 있었는데 전쟁 중 미군의 폭격에 대비한 피란 반공호로, 폭격 대비 훈련을 할 때에는 그곳으로 긴급 피란을 하곤 하였다. 그러나 이 피란 호들은 한 번도 실제로 사용된 적은 없었다. 그 이유는 2차 대전 기간 중 미군폭격기에서 빈 기름통이 서울에 떨어진 단 한 번의 사건을 제외하곤 실제 공중폭격을 당한 적이 없었기 때문이다. 그 사건은 아마도 장난기 어린 조종사가 사람들에게 겁을 주기 위해 벌인 사건이 아닌가 한다. 나는 여러 번에 걸쳐 극히 작고 하얗게 빛나는 비행물체가 푸른 하늘에 높게 떠서 나르는 광경을 목격한 적이 있다. 그럴 때면 아버지의 얼굴에 밝은 미소가 떠오르며 아마도 미국 정찰기가 지상 사진을 찍고 있을 것이라고 말씀하시곤 하였다. 발달된 미국의 기술이 틀림없이 전쟁광인 일본 제국주의자들을 패퇴시킬 것으로 믿고 계시는 듯했다. 아버지는 과학과 기술이 이룩한 업적에 대해 항상 흥분하며 이야기하셨다. 그러나 불행하게도 그는 이 과학과 기술에 대한 관심과 타고난 재능을 현실에서 발전시킬 기회를 갖지 못했다.

아버지는 당시 서울에 있는 휘문고등학교에 교사로 재직하고 계셨다. 일본군국 당국은 때때로 교사와 학생들을 시골로 보내 현장 일을 하게 했는데 일이 끝나면 노임으로 쌀 한 포대씩을 주곤 하였다. 뜨거운 태양이 내려 쪼이는 여름 한낮 땀을 흘리며 노동을 한 아버지의 등에는 붉은 반점들이 부어오르고 있었다. 전장에 있는 일본군들을 먹이기 위해 그리고 일본 민간인들에게 우선 영양가 있는 음식을 공급하여야 했기에 식민지인 한국인들에게는 고기와 생선과 같은 영양가 있는 것들이 공급되지 않았다. 이러한 배급제도 아래에서는 네 번째 아이를 임신하고 있는 어머니 같은 임신부들은 큰 문제에 직면하고 있었다. 세 번째 아이인 내 동생 '옥'은 이러한 곤핍이 생기기 3년 전에 태어났다. 아버지와는 다르게 어머니는 된장찌개를 별로 좋아하지 않으셨다. 그런 까닭에 어머니는 자라나고 있는 태아의 두뇌발달에 필요한 단백질을 충분히 섭취하지 못하고 계셨다. 당시 냉장고라는 존재를 알지 못했던 까닭에 아버지는 어머니의 단백질원으로 두 마리의 고등어를 처마 밑에 메달아 놓았는데 이 고등어를 채가려고 얼쩡거리는 고양이를 쫓던 아버지의 모습이 눈에 선하다.

당시는 사람들이 마시고 몸을 씻고 주위를 깨끗이 할 물마저 부족했다. 우리 집은 언덕 바로 밑에 있었기에 수도 시스템으로부터 물을 공급받는 것이 그래도 수월한편이었지만 언덕에서 조금 멀리 떨어진 대부분의 집들은 수압이 낮아 물을 공급받지 못하고 있었다. 그래서 이웃들은 우리 집으로 물을 받기 위해 모여들고 부모님은 흔쾌히 그들이 우리 수도에서 물을 받아 가도록 허용하셨다. 나는 끊임없이 들락거리며 길게 줄을 서서 물을 받아 가던 이웃들의 모습이 지금도 눈에 선하다. 그 결과 비싼 수도료 부담은 우리 집에서 했겠지만 부모님은 한 번도 수도료에 대해 이웃들에게 말씀하신 적이 없으셨다. 그런 등의 이유로 부모님은 이웃들에게 인기가 있었고 어머니는 마을 대표로 선출되셨다. 마을 대표로서 어머니는 당국의 요청에 따라 방공훈련의 지휘 또는 식품배급 등 일상적인 마을 일을 일선에서 맡아 하셨다. 그러시던 어머니가 어느 날인가 공출 대상이 되어있는 금속류 기물을 어떻게 숨길 것인가에 대해 마을여인들과 의논하시는 것을 보았는데 나는 이를 의아하게 생각했던 일이 있다. 당시 주민들은 밥을 하고 국을 끓이기 위해 이들 금속류 식기구들이 절대 필요했고 일본당국은 전쟁물자로 이들 금속류를 공출 받아야 했기에 생긴 현상이었다. 전쟁에서 패퇴 중이던 일본에게는 비행기 등 전쟁 무기들을 다시 만들기 위한 구리나 철, 주석, 그리고 알루미늄 같은 물자들이 절실했기에 당국은 눈에 띄기만 하면 이들을 빼앗아 갔다. 태평양이란 무대에서는 매일같이 미국전투기들에 의한 일본기가 격추되고 있었던 것이다.

일본 당국은 젊은 한국인들을 전쟁터로 징집해갔는데 그 중에는 나의 사촌 영기도 있었다. 극히 비난받아야 할 또 다른 전쟁범죄는 일본제국주의자들이 그들 군인들의 성노예로 젊은 한국의 여성들을 강제로 끌어갔다는 사실인데 대부분은 십대의 죄 없는 처녀들이었다. 끌려간 여성들이 성 노예가 되는 것에 저항이라도 하면 무자비한 폭력이 가해졌다. 그 과정 중에 많은 여성들이 자살하고 전쟁이 끝났을 때 처참히 망가진 몸으로 고국으로 돌아온 이들은 유교적 한국 사회에서 미래가 없었다. 얼굴에 홍반이 생긴 한 귀국 여성은 강제로 구금당하고 굶어죽었다. 이 이야기는 전쟁 후 살아 돌아온 이들의 증언에서 기록으로 남은 이야기다.

이 처녀징집을 당하지 않기 위해 나의 외할머니는 아직 시집가지 않고 있던 십대의 딸(내 이모)을 서둘러 결혼시키려 하셨다. 나의 이모는 당시 서울의 숙명여중 학생이었는데 이 저주받을 징집을 피하기 위해 나의 아버지가 서둘러 중매하여 그의 학교 제자 한 사람에게 이모를 시집보내셨다. 당시 이모는 17살의 어린 나이었다. 10대의 딸을 둔 많은 한국 가정에서는 같은 이유로 이처럼 서둘러 딸들을 시집보내는 일들이 많았다. 딸이 있는 많은 한국인 가정에서는 대문을 두드리는 소리에 자지러지곤 하였다. 다음은 내가 실제 경험한 일이다.

저녁나절이 되면 이웃의 어른들이 우리 집에 모여 당시 협박과 강제에 의해 일본 본토로 끌려가는 징용에 어떻게 대처할 것인가를 의논하곤 하였다. 당시 노동력이 심각하게 부족하던 일본당국은 공장과 광산 등에서 일할 노동력을 조달하기 위해 점령지인 한국의 인적자원에까지 강제동원령의 효력을 확대하였다. 그 결과 540만의 한국인들이 강제징용되었고 이 중에서 67만 명이 현재는 러시아의 사할린인 카라후토를 포함한 일본으로 보내졌다. 이들은 참혹한 환경아래서 강제노동을 하였기에 일본 본토징용자 중 약 6만 명이 1939년에서 1945년 사이에 반인륜적 작업 환경과 연합군 폭격의 부수적 피해 등으로 사망하였다. 한국과 만주국에서 일 한 사람들까지 포함하면 50만 명 정도가 강제노동 중 사망한 것으로 알려져 있다. 카라후토(사할린)에서 노동하던 4만3천의 한국인 징용자들은 전 후 이곳을 점령한 소련에 의해 일본이나 한국으로의 송환이 좌절되자 결국 나라 없는 사람들이 되어 그곳 사할린에 강제로 유배되는 결과가 되는데 이들이 사할린 한국인의 시조가 된다. 조국이 망해 보호해줄 나라 없이 간난 속에서 20세기의 긴 터널을 지나온 이 많은 불쌍한 영혼들의 이야기를 접하면 접할수록 우리의 가슴은 찢어진다.

1939년이 되자 많은 한국인들은 한국식 이름을 일본식으로 개명(창씨개명)을 하라고 요구를 받게 되는데 공식적으로는 희망자에 한한 것으로 되어있지만 실제로는 이 창씨개명을 하지 않는 사람들에게 강제와 협박 그리고 차별 대우가 가해졌다. 나의 가족도 성(性)인 '김'을 일본식인 '오모토'로 바꾸어야 했는데[3] 이 바꾼 이름은 우체부나 기타 일반 사람들이 볼 수 있도록 문패로 대문에 게시해야 했다. 당국에 의해 한국어로 된 책은 불태워지고 학교에서는 오직 일본글자만 교육되게 되었다. 마치 한국이라는 나라는 역사에 존재했던 일이 없었던 것처럼 한국

3) '오모토'란 대본(大本)이라는 뜻이었으니 비록 성을 바꾸어도 우리의 위대한 본(本)은 잊을 수 없다는 의미로 아버지가 고육지책으로 선택한 이름이다.

어로 된 역사책들은 불태워졌다. 학교의 교과서는 일본어로 쓰여진 것만 사용할 수 있었다. 일본인들은 철저하게 한국의 역사를 변조해갔다. 그들은 자국의 어린 세대들에게도 거짓된 자신들의 역사를 가르치는데 이미 익숙해 있는 사람들이었다.

아버지는 작은 판지 위에 한글 철자를 쓰시고 이것으로 우리들에게 한글 교육을 하셨다. 이 한글 교육용 판지는 사용되지 않을 때에는 큰 장롱 속에 숨겨져 있었다. 한글은 14개의 자음과 10개의 모음으로 구성된 표음 문자다. 한글은 15세기 중엽에 세종대왕과 그의 출중한 일군의 신하들에 의해 창제되었고 현재는 남북한과 만주의 연변지역 조선족 자치구에서 국어로 사용하고 있다. 연변지역은 고구려 멸망 후 대조영의 발해가 건국한 곳이다.

1943년 나는 미국 선교사들이 운영하던 혜화유치원에 입학하게 된다. 매일 아침 아버지는 나를 데리고 집을 나서 약 30분쯤 걸어 도착하는 이 유치원에 나를 인계하곤 전차를 타고 직장인 학교에 가시곤 하였다. 내가 다니던 유치원의 교사들은 전부 한국인들이었고 원장 선생님은 다른 사람이 아닌 미국 맨해튼대학교를 졸업한 독실한 가톨릭신자, 장면 박사였다. 나는 아버지가 유치원장, 장면 박사를 만났을 때 나에게 그를 칭찬하시던 말이 생각난다. 아버지에 의하면 장 박사는 존경할만한 사람이라는 것이었다. 실제로 장 박사는 대한민국이 건국한 후 초대 주미대사로 활약하였고 1949년에서 1951년 그리고 1959년 각기 부통령으로 당선되어 재직하였다. 학생들의 4.19민주화의거로 이승만 대통령이 하야하고 물러난 후 그는 1960년 제2공화국 헌법(의원 내각제 헌법) 아래서 초대 총리가 되었다. 그러나 5.16군사쿠데타로 정치 일선에서 물러나게 되고 제2공화국도 그 운명을 다하게 된다.

유치원에서는 선생, 학생 구분 없이 누구나 한국어로만 이야기하였다. 노래도 배우고 춤도 배우고 크레용으로 그림 그리는 것도 배웠다. 첫날 나는 병아리를 데리고 있는 닭에게 모이를 주는 소녀를 그렸다. 나의 그림을 본 선생님은 미소를 지으며 잘 그렸다고 칭찬하고 집에 가지고 가서 어머니에게 보여드리라고 하였다. 그래서 나는 그 그림을 들고 집에 돌아와 어머니에게 자랑스럽게 내보였다. 내 그림을 보신 어머니는 배를 잡고 웃으셨다. 왜 웃으시는지 의아했던 나는 그 이유를 물었다. 어머니가 나에게 마당에 가서 닭들 다리가 몇 개인지 살펴보라 하셨기에 나는 우리 집 마당에서 병아리들과 놀고 있던 닭을 살펴보았는데 그때서야 나는 어머니가 웃으셨던 이유를 알았다. 내가 그린 닭들은 다리가 네 개였는데 마당에서 놀고 있던 닭들은 그 다리가 모두 두 개뿐이었던 것이다. 이 사건은 나로 하여금 그 후 사물을 관찰하는데 주의를 기울이게 하였고 내가 성장하여 과학분야 공부를 할 때에도 때때로 그 생각을 하며 주의에 주의를 다하곤 하였다. 미국 속담에 "악마는 세항목(細項目) 속에 숨어있다"고 했던가? 아무튼 주의 깊은 관찰은 과학을 하는 사람에게는 기본적 학습 태도임이 분명하다.

나의 어린 시절 기억 중 가장 명료한 기억은 1945년 8월 15일의 일이었다. 그날의 기억은 내가 아직도 마치 오늘 일어난 일처럼 영화의 한 장면같이 분명하게 기억하고 있는 몇 안 되는 기억들 중 하나다. 아버지는 그날 책상 앞에 앉아 라디오에 귀를 기울이고 계셨는데 라디오에서는 연합국에 대한 일본 천황 히로히토의 무조건 적 항복 방송이 흘러나오고 있었다. 전투에 참가한 군인들 뿐 아니라 민간인 등 수 백만의 인명을 희생시킨 전쟁이 끝난 것이다. 그날의 그 방송은 현생 신으로 추앙받던 히로히토 천황이 그 자신도 신이 아닌 우리와 똑 같은 보통 사람임을 여실히 말해주는 순간이었다. 나는 아버지가 그토록 밝게 활짝 웃으시는 모습을 그날 이전에는 본 적이 없었다. 수많은 이웃 아이들이 밖으로 뛰어나와 작은 태극기를 손에 손에 들고 흥분하여 만세를 부르던 모습을 분명히 기억한다. 아버지는 장롱 속에 깊이 간직하고 있던 우리들 한글 교육용 카드보드를 꺼내셨다.

일본의 히로시마와 나가사키에 원자폭탄이 떨어지고 소련이 대일 선전포고를 하게 되자 더 이상 버틸 수 없다고 판단한 일본의 천황이 항복 선언을 하게 되었다. 이로서 그 길고 길던 2차 세계대전이 종료되게 된 것이다. 소련 육군의 장교를 지내고 시베리아에 유배되어 자신의 그 참혹했던 경험을 『수용소 군도』라는 책을 써서 노벨문학상을 수상한 알렉산더 솔제니친도 주장하는 바이지만 미국이 소련을 전쟁에 참여시킨 것은 크나큰 실수였다. 스탈린의 전략적 수단을 잘 알고 있던 솔제니친의 눈에는 원자폭탄마저 가지고 있던 미국이 소련을 전쟁에 불러들이지 않고도 전쟁을 종식시킬 수 있었는데도 루즈벨트 대통령이 판단 잘못으로 소련이 발을 들여 놓게 했다는 것이다. 실제로 소련은 별로 전쟁에서 한 일이 없다. 태평양에서의 이 전쟁으로 수백만의 사람들이 싸우다가 또는 굶주림으로 아니면 질병으로 죽었다. 살아남은 사람들은 이러한 희생을 초래한 일본의 잔혹성을 입을 모아 이야기한다. 어떤 이들은 원자폭탄이라는 잔혹한 무기를 사용한 미국을 비난하기도 한다. 죄 없는 수많은 일본의 민간인들이 희생을 당한 것은 정말로 비극적인 일이다. 그러나 이 희생은 소위 제국이라는 거대한 빌딩을 지어 가려는 그들 지도자들의 헛된 야망과 이를 위해 동원된 잔혹한 수단들이 초래한 비극이다.

만일 일본이 제2차 세계대전에서 승리하였다면 어떻게 되었을까? 아마도 세계는 오늘날과 엄청나게 달랐을 것이다. 의심할 여지없이 일본의 제국주의적 팽창야욕은 정복활동을 통해 영토적 확장으로 나타났을 것이고 그곳에 사는 많은 아시아 사람들과 그밖에 사람들이 제국이라는 절대적 전제권력의 지배하에 놓여 잔혹한 굴종을 강요받았을 것이다. 이러한 모습은 지구상에서 영원히 사라져야 할 것들이다. 나는 이러한 제국주의자들의 잔혹함으로부터 우리를 구해준 연합국에 무한히 감사한다.

일본의 지도자들은 국민들을 철저히 세뇌하였다. 일본인들은 범접할 수 없는 천황이라는 권위를 위해 자발적으로 그들의 생명을 희생하며 싸우도록 교육되었다. 자살공격이라는 전술은 Al Kaeda나 ISIS에 의해 창시된 것이 아니다. 자살공격은 바로 일본에 의해 고안된 것이다. 카미카제라는 자살공격 형태가 바로 그것이다. 일본의 군사 당국은 항공기와 잠수정, 인간 폭뢰, 쾌속정 그리고 잠수사들을 동원한 자살공격을 기획하였다. 패배나 굴종을 당하기보다는 죽음을 택한다는 전통은 일본의 군사문화에 깊이 뿌리내리고 있는데 이는 바로 일본 사무라이 문화이기도 했고 그들의 부시도라는 생활 관습이기도 했다. 이러한 관습을 가지고 있는 일본을 상대로 싸운다는 것은 어쩔 수 없이 어느 정도의 피해를 감수할 수밖에 없는 것이었다.

1941년 12월 7일에 있었던 일본의 진주만 공격은 미국에 대한 일본의 유일한 공격이 아니었다. 일본은 사실상 북아메리카대륙을 직접 공격한 최초의 나라였다. 2차 대전 때에 주축 국들에 의한 북아메리카 대륙에 대한 공격은 아메리카대륙이 유럽이나 아시아로부터 멀리 떨어져 있었기에 어려운 일이었다. 1942년 6월 3일에 있었던 일본제국 군대에 의한 알류샨열도에 대한 공격은 그 열도가 알라스카 본토에서 남서쪽으로 뻗어나간 알라스카의 연장선상에 있었다는 점에서 분명 미국에 대한 공격이었음에도 많은 미국사람들이 그 사실을 모르고 있다는 점은 놀랍다. 미국은 이곳 열도 중 아투섬에서 일본군과 교전하였고 1943년 다시 통제권을 회복할 때까지 사이에 수백 명이 사망하는 등 손실을 입었다. 이런 점에서 일본제국주의자들의 침략행위는 어떤 의미에서든 막아야 했고 더 이상의 침략이 없도록 전제 통치자들의 손길로부터 세계가 구제되어야 항 당위성은 높아져 있었다.

시대와 생활양식의 변화는 일본적 사고방식을 바꾸었다. 오늘날 일본인들은 과거의 사무라이들이 가지고 있던 영토확장에 대한 야심을 드러내고 있지 않다. 그러나 일본의 아베 수상과 같이 지난 시대의 압제에 대해 잘못을 시인하고 적절한 사과를 하지 않는 사람들을 보는 것은 가슴 아픈 일이다. 그는 10대 또는 그보다 더 어린 정복지의 죄 없는 여인들을 군대를 위한 성적 노예로 이용하였다는 역사적 사실조차 부인하고 있다. 그뿐만이 아니다. 일본의 내각 장관들 중 중추가 되는 3인은 2차 대전 종전 70주년을 기념하기 위해 반시대적인 야스쿠니 신사에 참배하고 있다. 이 신사는 중국 한국 필리핀 등 이웃 나라들에게는 과거 일본 군국주의의 상징처럼 여겨지고 있는 곳이다. 대부분의 신세대 일본인들은 그렇지만 세계시장에서 자신들의 제품을 팔기 위해 노력을 집중하고 있고 이에 매우 성공하고 있다.

일본 통치로부터 벗어난 후 점령군인 미군은 1946년 10월 23일 '이름 되찾기와 관련된 포고'를 발령한다. 이로서 한국인들은 잃었던 한국식 이름을 공식적으로 되찾을 수 있게 된다.

35년 간 해외에서 투쟁했던 많은 한국의 독립운동가들이 하나둘 귀국하기 시작했다. 그들은 새로운 희망에 차있던 많은 국내 거주 국민들의 환영을 받았다. 당시는 젊었거나 나이 들었거나 막론하고 나의 아버지가 그랬던 것처럼 하나 같이 새로운 희망과 부품 꿈에 차있었다. 독립운동이 한창일 때에 대한민국 임시정부가 중국의 상하이에 세워졌다. 그 임시정부는 대한민국의 국제적 의무를 다하기 위해 나름대로 최선을 다했다. 2차 대전 당시 임시정부는 연합국들과 손잡고 대 일본 선전포고를 하였다. 1945년 11월 23일 귀국할 때까지 27년 동안 이 임시정부는 한국민을 대표하는 기관이었다. 이 임시정부는 대한민국 정부가 수립된 1948년 해산되게 된다. 일본 치하에서 해방되었을 당시 이 임시정부의 수반은 김구였고 부수반은 김규식이었다. 이들 둘 이외에도 자신들의 삶을 송두리째 조국광복에 바친 많은 지도자들이 있었다. 그러나 그들이 그토록 바라던 조국의 광복이 통일된 대한민국의 모습으로 나타날 지에 대하여는 나의 아버지를 포함한 많은 사람들이 확신하지 못하고 있었다.

분단의 서곡

(1945-1946)

분단의 서곡
(1945-1946)

일본제국주의의 통치로부터 벗어난 그 기쁨의 순간부터 나의 아버지는 순조롭고 평화로운 통일정부의 설립으로 나아갈 수 있을까에 대해 걱정하기 시작했다. 해방된 시점인 8월의 한국의 기후는 매우 덥고 습기가 많아 모기들이 기승을 부리는 시기다. 해방 순간부터 우리 가족이 잘 알고 지내던 이웃 사람들은 저녁이면 우리 집 앞마당에 모여 모기를 쫓기 위해 마른 풀들을 태우며 이런 얘기 저런 얘기들을 하곤 하였는데 그 주제는 바로 조국의 미래에 대한 걱정들이었다. 나는 지금도 당시 그들이 나누던 흥미 있던 이야기들을 기억하고 있다. 그들은 국내외를 막론하고 독립운동을 하던 많은 지도자들에 대해 얘기하며 새로운 정부를 수립함에 있어 그들이 각기 어떤 역할을 할 수 있을 지에 대해 의견 교환을 하곤 하였다. 해외에서 발간되는 영문 책자들을 접할 수 있었기에 대 다수의 일반사람들에 비해 국제 정세에 밝았던 나의 아버지는 카이로와 얄타 회담에서 무슨 일이 있었는가를 설명하기도 하셨다. 아버지께서는 이 두 회담에서 일본의 항복은 조건이 없어야 한다는 점과 항복 후 분명하게 한국이 일본의 통치로부터 벗어나야 한다는 결정이 있었음을 기뻐하셨다. 일본제국주의 통치자들은 한국을 통치하며 한반도와 그곳에 사는 주민들을 일본화하려고 온갖 수단을 동원하였다. 성과 이름을 일본식으로 바꾸게 강제하고, 한국의 역사서를 불태우고, 자기들의 관점에서 학교에서 가르칠 역사서를 개작하였을 뿐 아니라, 학교교재들도 전부 일본어 교본으로 바꾸었다. 일본화 노력이 이처럼 집요하였기에 아버지는 일본의 패망 후에도 조국 광복이 이루어지지 못할 것을 걱정해 왔었는데, 그 두 회담에서 결정된 한국의 분립 결정에 안도하셨던 것이다. 그러나 그 회담의 상세한 내용, 연합국들이 구체적으로 어떻게 새로운 한국을 만들어갈 것인지에 대해 알지 못하던 아버지는 통일된 민주정부의 수립과정 중 발생할 수도 있는 복잡한 문제에 대해 걱정하고 계셨다.

1943년 11월 22일부터 26일 사이에 이집트 카이로에서 열렸던 회의에서는 2차 대전이 종료되었을 때를 가정해 연합국의 대 일본에 대한 입장을 언급하고 있었다. 그 속에 한국, 그리고 아시아에 대한 결정들을 포함하고 있었다. 그 회의에는 미국을 대표한 프랭클린 루즈벨트 대통령과 영국의 윈스턴 처칠 수상, 중국의 장개석 총통이 참석하였는데 소련의 죠셉 스탈린 수상은 중국을 대부분 지배하고 있던 공산당의 마오쩌뚱 대신 장개석이 참석한다는 사실에 이 회의 참석을 거부하였었다.

1943년 12월 1일 발표된 카이로선언은 한국문제에 대해 "적절한 절차를 거쳐 한국은 자유롭게 독립되어야 한다."라고 명시하고 있었는데 이 '적절한 절차'라는 뜻을 당시 한국인들은 "일본으로부터의 독립"으로 해석하고 있었다. 그렇지만 프랭클린 대통령의 생각은 일본지배 하에 있던 한국을 포함한 아시아의 국가들은 자유와 독립을 향유할 정도의 수준에 있지 못하다는 것이었는데, 그렇기 때문에 이들은 일정 시간 연합국의 지도 아래 독립과 민주적 자유를 향유할 수 있는 수준이 될 때까지 일정한 교육과 훈련기간이 필요하다는 것이었다. 이를 미루어보면 루즈벨트는 분명 한국이 일본에 병합된 1910년 이전 비록 때때로 통일되지 못한 적도 있었지만 찬란한 5,000년의 자주적 문화 국가였다는 사실을 인지하고 있지 못했던 것으로 보인다. 일본의 대 한반도 지배와 미국의 대 필리핀 지배가 상호 용인된 1905년의 미국과 일본 간의 태프트 카츠라 협정이 일본에게 한반도 지배를 실현시켜준 것은 분명하다. 미국이 대영제국의 지배로부터 벗어나려 독립 전쟁을 시작했을 당시만 해도 미국 독립의 아버지들조차 당시 대부분의 미국인들은 독립과 민주주의를 향유할 정도로 깨어있지 못하다고 생각했다. 이러한 증거들이 미국의 역사기록물로 남아있음에도 독립 후 미국인들은 200년이 넘도록 그들의 민주적 제도를 잘 유지해오고 있다. 이 사실이 당시 루즈벨트의 한국인들에 대한 생각이 얼마나 잘못되었는가를 단적으로 얘기해주고 있다.[4)]

현재 대한민국이라고 불리는 이 나라는 그 국가이름이 때로는 조선(고조선), 한, 고구려, 백제, 신라, 고려, 조선, 대한제국 등으로 호칭되었으나 대외적으로는 언제나 코리아라고 불리는 독립된 나라였고, 독립된 문화가 있었다. 이러한 역사는 36년 간 일제에 의해 강제통치가 시작되던 시점까지 계속되어 왔다. 일제의 통치시절 기간 동안에도 상하이 임시정부가 있었고 그 정부는 장제스 국민당정부가 중국공산당 정부에 의해 쫓겨 충칭까지 몰렸을 때는 충칭에 그 실체가 있었다. 임시정부는 1919년 4월 13일 상하이에서 설립되었다. 이는 같은 해에 있었던

4) 번역본을 위한 저자의 Note : 트럼프 지지자들의 2021년 1월 6일 봉기는 200년 이상의 미국 역사에서 첫 번째 사건이다. 한국의 쿠데타와 달리 세심하게 조직된 미국정부 구조 때문에 그들 봉기는 성공하지 못했다. 현재 Biden 행정부는 이러한 사태가 미래에 또다시 발생하지 않도록 제도 개선에 노력하고 있다.

국내의 3.1독립만세운동으로 촉발된 것이었다. 이 독립만세운동은 또한 우즈로우 윌슨(Woodrow Wilson) 미국대통령의 식민통치를 종식시키고 새로운 민주적인 세계질서를 만들어가자는 14개 항목의 선언에 자극되어 일어난 것이다. 이러한 특별한 상황 아래에 있던 당시 일본식민통치하의 한국인들은 발전적이고 민주적인 독립정부에 대한 기대를 갖게 되었다. 이러한 인식은 조선 말기의 경제사회적 문제점들에 대한 확실한 인식을 가지고 있던 여러 애국적인 지도자들로부터 시작되어 점차 민중 속으로 확산되어갔다. 민족지도자들은 이들 문제점들을 근본적으로 뜯어 고칠 민주적 정부를 설립하기 위해 변화할 준비가 되어있었다. 루즈벨트 미국 대통령은 그러나 불행하게도 대한민국 임시정부와 그 민족지도자들이 새로운 세계를 향해 준비해나가고 있었다는 상황, 그리고 코리아의 오랜 역사에 대해 어두웠다.

임시정부는 1910년부터 1945년까지 계속된 일본의 한국통치기간 내내 독립을 위한 투쟁을 계속해왔다. 1920년대와 30년대에 걸쳐 그들은 1920년 10월 김좌진 장군이 지휘한 청산리전투, 그리고 1932년 4월 상하이에서 있었던 일본군수뇌부에 대한 윤봉길 의사의 폭탄 공격 등에서 보는 것처럼 일본에 대한 군사적 저항을 계속해왔다. 이와 같은 치열한 투쟁의 결과로 1940년에 이르러서는 해외에서 활동하고 있는 모든 군사적 조직을 통합한 대 일본 저항군, 대한해방군을 조직하게 된다. 이 대한 해방군은 중국과 동남아 일대에서 연합군의 대 일본 작전에 참여하게 된다. 이 대한 해방군은 2차 대전 종료 전 미국 전략군과 연합하여 한반도 내에 주둔하고 있는 일본군에 대한 공격을 계획하게 되는데 1945년 8월 15일의 일본의 무조건적 항복으로 그 계획은 불필요한 작전이 되어 결국 실행되지 못하게 된다. 대한민국의 헌법 전문에 보면 새로이 설립된 대한민국은 1919년부터 1948년까지 존재하였던 이 임시정부의 법통을 잇고 있음을 선언하고 있다. 상하이와 충칭에 있었던 임시정부의 청사는 지금은 박물관으로 되어있다.

1945년 2월 4일부터 11일까지 기간 동안 소련의 크림(Crimea) 반도 내 얄타(Yalta)에 가까운 리바디아(Livadia) 궁전에서 열렸던 얄타회담에는 미국, 영국 그리고 소련의 지도자들이 모였다. 중국의 장제스 총통은 초대받지 못하였다. 당시는 장제스 국민당 정부가 중국 공산당의 공격으로 사실상 와해되기 직전에 있었다. 이 회담에서 미국의 루즈벨트 대통령은 대 일본 전쟁에 소련이 연합군의 일원으로 참전해 줄 것을 요구하는 중대한 잘못을 범하게 된다. 당연히 소련의 스탈린은 그 제안을 기쁘게 받아들였고 이어서 그들은 전쟁의 막바지에 참전을 하게 된다. 그 시기는 2차 대전에서 독일이 항복한 후 3개월이 지난 시점이었는데 이 시점의 일본군은 사실상 전투를 계속하기 힘든 상황에 처해 있었다. 루즈벨트의 이러한 제안은 미국의 정책결정자들이 당시 전투상황을 비관적으로 보고 소련의 참전이 없으면 승리할 수 없다고 판단하였기 때문이기도 하다.

미국의 정책 결정자들의 잘못은 만주에 주둔하고 있던 일본 관동군의 전력을 지나치게 과대평가한 것과 일본의 "마지막 한 명까지"라는 대미항전의 표어를 현실적 위협으로 받아들인 것에 기인한다. 일본 관동군은 당시 그처럼 위협을 가할 정도의 세력이 아니었다. 당시 일본의 전력 자원은 태평양지역의 전투에 집중 투입되고 있었기에 기타 지역의 일본군들의 전투력은 사실상 상실되다시피 되고 있었다. 관동군 역시도 전투력 있는 인적자원과 중요한 전략물자들을 상실하고 사실상 껍질만 남아있었다. 이 군단은 훈련되지 않은 예비 병력과 속 빈 강정 같은 작은 단위의 집단으로 바뀌어있었고 장비들도 모두 구식 장비뿐이었다. 그 허깨비 군단이 루즈벨트 대통령으로 하여금 그 존재가 두려워 소련의 참전을 요청하게 한 바로 그 군단이었다. 당시 미국 정책결정자들이 동아시아의 지역적 상황이나 그들의 역사를 잘 알지 못하고 있었음은 이를 미루어 명백하다.

1945년 7월 17일부터 8월 2일까지 기간 동안 개최된 포츠담회담에는 미국의 트루먼 대통령, 영국의 애틀리 수상, 그리고 소련의 스탈린 수상이 참석하였는데 1943년 카이로선언 당시의 루즈벨트 대통령은 그 사이 사망하였고 영국의 처칠 수상은 선거에서 패배하였기에 각기 새로운 인물들이 회담에 참석하게 되었다. 이 회담에서 연합국은 일본의 무조건적 항복을 끌어내기 위한 최후통첩을 하게 된다. 만일 이 통첩에도 일본이 당장 항복하지 않는다면 대 일본 군사적 공동작전을 하기로 미국과 소련 정상 간에 합의를 하게 된다. 이 합의에 따라 소련은 8월 8일 일본에 선전포고를 하고 즉각적인 군사적 작전을 전개하게 된다. 이 참전 행위는 1945년 8월 6일에 있었던 히로시마에 대한 미국의 원자폭탄(Little Boy) 투척일 후 이틀이 지난 시기였고 두 번째 원자폭탄(Fat Man)이 나가사키에서 폭발한 8월 9일보다 하루 전이었다.

스탈린을 아는 사람들이거나 노벨문학상을 수상한 알렉산더 솔제니친(Alexander Sozhenitsyn) - 소련혁명 시 적군의 장교출신이지만 후에 사회주의적 사고에 동의하지 못하고 반사회주의활동을 하다 시베리아의 노역장에 유배된 - 같은 사람들의 눈에는 소련에게 대 일본 참전을 요청한 미국의 결정은 큰 잘못으로 인식되고 있다. 솔제니친의 소설, 『수용소 군도(The Gulag Archipelago)』에서 그는 이 문제를 다음과 같이 서술하고 있다.

"루즈벨트와 처칠은 각기 그들의 나라에서는 지혜로운 통치자 그 자체처럼 존경 받고 있지만 우리들 러시아의 지옥 같은 수용소에 버려진 사람들 사이에서는 극도로 단견이고 놀라울 정도로 어리석은 그들의 몇 가지 결정이 끊임없이 회자되곤 했다. 어떻게 동부 유럽의 독립에 대해 보장받는 것에 실패하였다는 말인가? 후에 서방에게 아킬레스건이 될 베를린의 4개 구역을 차지하는 조건으로 드넓은 독일의 삭손 지방과 투링기아 지방을 내줄 수 있었는가? 수십만에 달하는 항복을 거부하는 소비에트의 무장 항쟁 시민들을 스탈린의 손에 맡겨 철저히 괴멸시킨 정치적, 군사적 안목은 도대체 어떻게 된 것인가? 수용소 감옥에 유배된 사람들 사이에서는 이 모든 결정이 소련의 대 일본 참전에 대한 대가로 스탈린에게 주어진 보상이라고 인식되고 있었다. 완성된 원자 폭탄이 이미 수중에 있었음에도 서방의 두 지도자들은 스탈린이 만주 지역을 점령하지 않을 조건으로 마오쩌뚱의 권력 기반을 강화시켜주는 것과 김일성에게 한반도의 반을 통치시키는 것 등을 대 일본 선전포고의 대가로 지불하였던 것이다."

나는 제2차 대전 시기의 유럽의 상황에 대해 잘 모른다. 그러나 일본을 상대로 싸운 태평양 전쟁에 대해서는 솔제니친의 견해에 전면적으로 찬동을 한다. 루즈벨트와 처칠이 스탈린에게 너무 많은 양보를 한 것이다. 그것은 짧은 안목으로 당시의 어려움을 덜어버려는 생각에 기인한 것이지만 긴 안목으로 보면 결국 큰 실수였고 얻는 것보다 잃는 것이 더 많은 양보였으며 오랜 동안의 냉전을 초래한 이유이기도 했다. 스탈린은 그가 원하던 동부 유럽, 사할린군도, 그리고 북한, 이들 모두를 수중에 넣었다. 전쟁의 말기에 소련이 전후세계 처리에 참여하였기에 통일된 비 공산국가 대한민국의 꿈은 사라졌다. 대한민국의 운명은 이미 얄타 회담에서 결정되었다. 극도의 병마에 시달리고 있던 쇠약해진 루즈벨트가 수백만 명의 러시아인들을 죽인 잔인한 독재자 스탈린과의 협상에서 스탈린을 몰아붙이지 못하고 그만 많은 양보를 하고 말았던 것이다.

2009년 나는 모스크바 법원의 한 판사가 스탈린의 손자, 예브게니 쥬가슈빌리가 제기한 청구를 기각하며 스탈린을 평한 말이 노바야 가제타의 뉴스에 나왔던 것을 기억하고 있다. 그 판사는 스탈린을 가리켜 "피에 굶주린 살인마"라고 칭했던 것인데 그 말은 바로 내가 스탈린을 부르고 싶은 이름이기도 했다. 그렇다, 스탈린은 정말 피에 목 말라 한 인육을 먹는 살인마였다. 스탈린은 한국인들의 안녕에 대해서는 전혀 관심도 없었다. 그는 러시아에 살던 수천의 죄 없는 한국인들을 수용소 군도로 보냈다. 그뿐 아니라 그는 고구려, 발해 때부터 살아오던 블라디보스토크 지역의 한국인들을 카자흐스탄 지역 등으로 강제로 이송하고 태평양전쟁 때 일본에 의해 강제노역장에 끌려온 사할린지역의 한국인들의 존재 자체를 부인하여 그들의 조국, 대한민국으로의 귀환을 허용하지 않았다. 공산주의사상의 확산이라는 생각에만 사로잡혀 있어 전체 한반도를 그의 통제 하에 두려고 시도하던 스탈린의 머릿속에 한민족의 안녕이라는 개념은 없었을 것이다.

1945년 8월 9일 유럽에서 이동해온 100만의 소련군대가 만주의 일본군을 급습하여 빠르게 관동군을 제압하고 무장을 해제시켰다. 그리곤 멈추지 않고 진격하여 한반도의 북쪽을 점령하였다. 그들은 영구적으로 만주 지역을 점령할 생각이 없는 듯 한국으로의 진격을 서둘렀는데 북한지역의 점령은 얄타회담에서 거론된 바가 없었다.

한반도에 있던 일본군에 대한 대규모 공격에 이어 8월 10일 소련군은 함경도 청진과 나남에 발을 들였다. 당시는 아직 미군이 한반도에서 600마일이나 떨어진 일본지역에 있을 때였는데 이 소련군의 진격은 마치 한반도 전체를 차지할 기세였던 것이다. 이에 놀란 미국은 소련의 진격을 막기 위해 소련에게 군사적 경계선을 북위 38도선에 설정하자고 제안하고 스탈린은 이에 동의하게 된다. 이에 따라 소련군은 38도 이북 지역을 점령하게 된다. 아마 처음부터 스탈린은 당시 소련군의 장교로 있던 김일성을 내세워 한반도 전체를 그의 통제 하에 두려고 시도했던 것으로 보인다. 이로써 소련군의 38도 이북에 대한 점령이 이루어지고 이어서 9월에 미군의 38도선 이남지역 진군도 있게 된다. 이러한 진군은 소련과 미국연합국이 전체 한반도를 공동으로 통치한다는 합의가 전제되어있었기에 이루어진 것이었다.

이 합의는 미국 지도자가 현실을 직시하지 못하고 저지른 잘못된 또 다른 하나의 판단이었다. 합의가 이루어질 당시 소련군은 이미 한 달 전에 진주하여 한반도의 북쪽 지역을 폭풍처럼 휩쓸고 있던 상황이었었다. 왜 스탈린이 한반도로의 진군을 서둘렀겠는가? 그것은 공산화였다. 그런 소련의 지도자의 의중을 간과하고 38선 이북의 소련 통치를 용인하며 미국은 한반도의 공동 통치에 동의한 것이었다. 당시 상황을 보면 한반도 내에는 관동군이 존재하지 않았다. 소련군이 상대할 무장세력이 없던 한반도에 소련이 진군할 사유가 될 수도 있는 혼란이나 치안 상의 문제도 없었다. 이미 당시는 한국의 민족지도자 여운형 선생이 일본 총독과 사이에 퇴각할 일본인들의 안전과 일본인 재산의 한국인들에 대한 배분에 관하여 합의에 이르러 있었고 구금 중이던 모든 정치범들도 이미 풀려나있던 상황이었다.

여운형(1886. 5. 26-1947. 7. 19) 선생은 근대 한국의 역사에서 가장 민중들로부터 사랑받던 민족지도자였다. 일제강점기 말기, 저녁이면 우리 집에 모여 미래에 대해 토론하던 동네어른들 사이에서 자주 언급되던 이름이 여운형 선생이었다. 내가 아직도 그의 이름을 명료히 기억하고 있는 까닭은 그런 이유에서이다. 선생은 서울 근교인 경기도 양평에서 지방 호족, 양반의 아들로 태어났다. 그의 호는 꿈과 빛을 의미하는 '몽양(夢陽)'이었다. 선생은 1907년부터 성경을 배우기 시작하여 이내 미국 선교사, 찰스 알렌 크락(Charles Allen Clark)과 친구가 되었다. 그리고 이 선교사의 도움으로 1909년 기독교학교인 광동학교를 설립하게 된다. 1910년 선생은 당시까지 일반화되어있던 집안의 노비를 모두 해방시킨다. 그것은 당시의 관행에 반하는 아주 급진적인 결정이었다. 1911년 그는 평양의 장로회신학교에 입학하여 공부하다가 1914년 중국 난징으로 가 그곳의 금릉학원에서 영문학을 공부하고 1917년 졸업을 한다. 그리곤 상하이로 가서 대한민국임시정부에 합류한다.

1918년 여운형 선생은 우즈로우 윌슨(Woodrow Wilson) 미국 대통령의 특사로 상하이에 와있던 찰스 크레인(Charles Crane)을 만나 한국의 독립을 청원한다. 찰스 크레인의 당시 임무는 윌슨의 14개 조 선언에 대한 홍보였다. 윌슨은 1918년 1월 8일 한 연설에서 세계 평화를 위한 14개조의 선언을 하게 되었는데 그의 이 선언은 일차대전 종료 후 전후 평화회담에서 정신적 준거가 된다. 이 선언 14개조 중 제5항에서 그는 식민시대의 모든 주권적 권리, 지배국가와 피지배민족의 권리는 동등한 입장에서 철저히 새롭게 고찰되고 고려되어 마음을 열어놓고 주권의 내용이 원점에서 다시 결정되어야 한다고 하였다. 이 민족자결주의선언을 여운형 선생이 알게 되었고 따라서 이처럼 독립청원을 하게 된 것이다.

여운형 선생은 우즈로우 윌슨의 이 선언을 액면 그대로 믿고 한국의 독립을 확신하게 된다. 찰스 크레인의 권유로 여운형과 장덕수 선생은 공동으로 한국의 독립청원서를 작성하여 크레인에게 주며 윌슨 대통령에게 전달해줄 것을 부탁한다. 크레인은 한국 측에서 파리 평화회담에 대표를 파견해야 한다는 권유를 하게 된다. 1919년 1월 여운형은 한국 대표로 김규식을 파리 평화회담에 파견한다. 그러나 이 회담과 윌슨의 민족자결주의 선언은 억압받던 아시아 지역 민족을 위하는 것이 아니었다.

한편, 여운형 그리고 그와 뜻을 함께하는 일군의 투사들은 1919년 파리 평화회담과 맞추어 한국 국내에서 독립을 위한 평화 시위를 기획하고 또 실행하게 되는데 당시 이들은 미국과 일본 그리고 프랑스 간에 내밀하게 일본과 프랑스가 식민 하고 있던 한반도와 인도차이나 지역이 윌슨의 선언을 기초로 한 파리 평화회담 대상에서 사실상 제외되어 있었음을 알지 못하고 있었다.

▲ 김규식 선생

나의 연구에 따르면 윌슨의 14개조 선언문에는 루마니아, 세르비아, 몬테네그로, 오토만 제국 내의 투르크족 영역, 그리고 폴란드 등의 언급은 있으나 코리아나 인도차이나 지역에 대한 언급은 전혀 없었다. 호치민의 프랑스로부터의 독립을 위한 그 많은 노력도 파리 회담 참가자들에게는 마이동풍이 되었고 김규식으로 대표되는 한국대표단 역시도 회담 주최 측으로부터 그 존재 자체를 부인당했을 뿐이다.

그럼에도 윌슨의 14개조 선언과 1919년의 파리 평화회담은 한반도에서 일어난 3.1만세운동의 기폭제가 되었고 그 결과 많은 인적 희생을 초래하게 된다. 기독교 목사들과 기타 민족지도자들에 의해 인도된 수십만의 민중, 주로 학생들은 집에서 만든 수제 태극기를 들고 거리로 나와 대한독립 만세를 외쳤다. 영민하셨던 나의 외할머니는 당시 그녀의 삼촌, 사촌 등 그녀의 친족들과 교회사람들이 어떻게 그 운동에 참여하였으며 어떻게 일본 당국에 끌려가 고문당했는가를 상세히 기록해 놓으셨다. 이 기록과 외할머니가 수집한 임진왜란 당시 전라도지방 민중의 왜군에 대한 항쟁 기록은 외할머니 생전에 나의 아버지에게 전달되었고 나의 아버지에 의해 아버지의 친구가 대표로 있던 국립도서관에 전달, 보관되었다. 3.1운동 당시 일본군과 경찰은 비무장시위 학생들에게 발포하고 사람들이 예배를 보고 있던 교회에 불을 질러 교인들을 산채로 태워 죽였으며 수많은 사람들은 체포되어 고문당하였다. 기록에 의하면 6,670명이 사살되거나 칼에 참수되었고 14,611명이 다치고 52,770명이 체포되었다.

파리평화회담 건은 미국정부를 신뢰하였던 여운형 선생에게 큰 실망을 안겨준 첫 번째 사건이었고 미국정부의 계속되는 대 한국정책 결정들이 초래할 비극들의 시작일 뿐이었다. 그 14개조에 한국이나 베트남 등이 제외되게 된 동기가 윌슨 자신에게서 연유된 것인지, 아니면 그의 지지자들인 공화당 내부 주요 인사들의 일본이나 프랑스 같은 식민주의자 동맹국들에 대한 배려 때문이었는지 여부는 관련 자료만 보아서는 불분명하다. 당시 식민주의시대의 한가운데서 그에 반하는 14개조를 공표한 용기로 나의 극도의 찬양을 받던 윌슨 대통령 자신이 이 결정에 관여하였다면 이것은 나에게는 커다란 실망이 될 것이다. 최근에 불거진 윌슨의 인종차별주의적 흔적들을 나는 알고 있으며 이와 더불어 '그가 파리 평화회담에서 한국과 베트남을 제외하는데 어떤 인식을 가지고 있었던 것이 아닌가?'하고 나는 의심하고 있다.

미국의 28대 대통령(1913-1921), 우즈로우 윌슨(Woodrow Wilson)은 미국 대통령 중 유일하게 박사학위 소지자였다. 그는 진보적 사고를 가지고 있던 사람으로 개혁운동의 지도자였다. 명백하게 식민주의에 반대하였고 자신의 원칙에 확신을 가지고 있던 지도자였다. 그는 1902년부터 1910년 간 프린스턴대학교의 총장을 지냈는데 그 시기는 이승만의 프린스턴대학교 수학시절과 겹친다. 그러기에 아마도 윌슨은 일본으로부터 독립을 하고자 분투하고 있던 한국인들의 이야기를 들었을 가능성도 있다. 이승만이 코리아의 현대화와 개조를 위한 주요한 전제들이라는 부제를 달은 『독립정신』이라는 책을 발간하였던 시기와도 겹친다. 나의 부모님처럼 우즈로우 윌슨은 헌신적인 개신교 신자였다. 그는 근본이 되는 도덕적 원리를 국제관계에도 도입하였는데 미국이 세계의 중심에서 이 도덕적 책임을 다하여야 한다고 믿고 있었다. "국제연맹(the League of Nations)"을 탄생시킨 과정에 있어서의 그의 스폰서적 역할로 인해 그는 1919년 노벨평화상을 수상한다. 그러나 그의 이 진보적 생각은 의회를 장악하고 있던 공화당의 지속적 저항을 받게 되었고 그 생각을 현실화함에 있어 큰 어려움을 겪었을 것으로 생각된다. 그들 공화당 의원들은 윌슨의 진보적 행동으로 영향을 받게 될 미국의 동맹국들, 주로 식민주의자들과 적대시하게 되는 것을 원하지 않았던 것으로 보인다. 이러한 상황이 한국이나 인도차이나가 파리 평화 회담의 의제 대상에서 제외되게 된 이유가 아니었을까 생각한다.

여운형 선생은 1919년 상하이 임시정부수립에 참여하여 의원으로 봉직한다. 독립운동에 참여하였던 많은 다른 한국인들과 마찬가지로 선생 역시도 좌우 양측으로부터 도움을 받았다. 그것은 독립운동의 모체인 임시정부를 유지해나갈 자금조달을 위하여 어쩔 수 없는 선택이었다. 그는 1924년 우파정부인 중화민국 국민당에 가입하여 한중 협력을 위해 일한다. 1929년 그는 영제국의 식민통치 정책에 대한 비판을 하였다가 영국 경찰에 의해 체포되어 일본 당국에 인계되고 이어서 국내로 들어와 구금된다. 영국경찰이 독립운동을 하는 코리안 투사를 체포하여 일본에 인계하기를 조금도 주저하지 않을 정도로 당시는 영제국의 시대였고 힘없는 독립투사들은 그들의 전 지구적 지배력에 몸으로 항거할 수밖에 없었다. 이렇게 하여 중국에서 독립운동을 하던 여운형은 국내로 들어오게 된다.

3년이 지난 1932년 그는 출옥하게 되는데 그 이후로 일본 당국은 그가 이 땅을 떠나는 것을 허락하지 않았다. 그 결과 그는 국내에서 신문매체나 운동들을 통해 반 일본 운동을 하게 된다. 1936년 당시 베르린 올림픽에서 손기정 선수가 마라톤에서 우승을 하게 되었을 때 여운형 선생이 편집장으로 있던 '조선중앙일보'는 손 선수의 우승장면 사진을 게재하게 되는데 이때 손 선수의 가슴에 있던 일장기를 지워버렸다. 이로 인해 일본당국은 손기정 선생을 체포하고 조선중앙일보 폐간을 명한다. 여운형의 정치적 견해는 윌슨 대통령 스타일의 민주주의와 기독교정신의 혼합체였다. 그러나 그는 조선조 말기의 민중의 궐기과정과 오랜 반정부적 행동의 역사 등을 고려할 때에 미국적 자본주의는 우리에게 맞지 않다고 생각하고 있었다. 그는 공산주의자와는 거리가 먼 사람이었다. 그는 존경받는 스포츠맨이었고 끊임없는 훈련으로 잘 단련된 육체와 잘 다듬어진 얼굴의 소유자였으며 그의 웅변술과 쉽게 사람들의 인기를 끄는 인간적 매력은 사람들의 주의를 그에게 돌리게 했다.

일본이 포츠담회담 결과인 최후통첩을 받을 지음에 일본제국의 조선총독 엔도 류사쿠는 여운형에게 접근했다. 그리곤 만일의 경우 일본의 항복 이후 발생할지도 모를 무질서와 폭력 행위로부터 치안 상태를 유지하고 재한 일본인들의 안녕을 지켜줄 정치적 기구를 설립하자고 제시했다. 류사쿠는 여운형의 대 국민 영향력을 알고 있었고 또 그가 이미 1944년 비밀 조직인 '한국 독립을 위한 연합'이라는 단체를 설립하여 운영 중인 것을 알고 있었기 때문이기도 했다. 여운형은 그에게 일본인 등의 신체적 안녕에 대한 확신은 주었으나 재산적 안녕에 대해서는 그렇지 않았다. 1945년 8월 15일 국내에 있던 모든 정치범들은 석방되었다. 여운형은 한반도 내에서의 일본인들의 안녕을 지켜주었다. 소련의 군대가 한반도 내로 진군하기 전에 건국준비위원회가 여운형에 의해 설립되었고 이 위원회에는 온건한 민족주의자, 사회주의자, 극우파 그리고 좌파 정치인들이 섞여 있었다. 이 건국준비위원회는 중앙정부의 역할을 그리고 지방위원회는 지방 정부의 역할을 수행하였고 전국에 걸쳐 폭력사태 없이 순조롭게 치안상태는 유지되어갔다.

이 시기에 북한지역에서 탈출한 사람들은 한결같이 증언하고 있다. 여운형에 의해 조직된 건국준비위원회 산하의 임시지방정부의 존재로 인해 해방 당시 북한지역에 살던 일본인들은 어느 누구 하나 위험에 처해지지 않은 상태로 소련군 진주를 맞게 되었는데 그 이후 이들 일본인들은 공포 속에 처해지게 된다. 여인들은 강간당하고 그 여인들의 대부분의 남편들은 죽임을 당한다. 나는 나의 양친이 당시 북한지역에 살다가 소련군에 의해 남편을 잃고 홀로 어린 아이만 등에 업고 북한을 탈출하여 일본으로 귀환한 한 일본인 여인이 쓴 탈출기를 읽고 계셨던 기억이 나에게 있다. 그 책에는 어린 아이들 앞에서 그 어머니인 젊은 여인을 강간하고 값이 나갈 만한 물건을 강탈하던 소련군의 잔인한 만행이 적나라하게 기록되어있었다.

1945년 9월 2일 건국준비위원회 위원들은 한반도가 38도선을 기준으로 둘로 쪼개져 각기 다른 군대의 점령 하에 들어갔다는 현실을 깨닫게 된다. 38도선은 소련군이 일본 관동군을 제압하고 빠르게 한반도를 향해 진군하고 있다는 사실을 미국이 깨닫자 미국의 제안으로 갑작스럽게 양국 간에 설정된 경계선이었다. 1945년 8월 10일 두 젊은 미국 당국자인 딘 러스크(Dean Rusk)와 찰스 본네스틸(Charles Bonesteel)에게 어떻게 미국의 점령구획을 정할 것인지 임무가 부여된다. 이 둘은 아무런 사전준비도 한반도에 대한 지식도 없었다. 그러나 소련군의 진군이라는 위급한 상태에서 그들은 이 중대한 일을 해야 했기에 하는 수 없이 그들은 내셔널지오그래픽이 만든 지도를 꺼내놓고 반도의 중간선인 38도선을 소련군과의 경계로 정한다. 이 결정은 어느 누구의 한 민족 지도자들과도 의논하지 않은 결정이었고 단지 한반도의 반을 경계로 하되 수도인 서울을 미군의 점령 하에 둘 수 있어 다행이라는 안도감에서 만들어진 것이었다. 이 결정은 전 후 일본을 관리해갈 행정 당국의 '일반명령 1호'로 명명되어 발표되었다. 두 젊은 미국 당국자의 조급한 손에 의해 해방된 한민족의 장래가 결정됐다는 것은 참으로 슬픈 운명의 장난이다.

이 분단 소식이 전해졌을 때 여운형과 그 협력자들은 미군이 진주하기 전에 정부를 세우자는 결정을 하게 된다. 그들은 서둘러 1945년 9월 14일 제1차 정부 조각을 발표하는데 대통령에 이승만, 부통령에 여운형, 내무부장관에 김구, 외무부장관에 김규식, 그리고 재무부장관에 조만식 등의 이름이 등장한다. 여기에서 빠진 것이 김일성과 중국 공산당 계열인 연암파 김기봉, 김무종, 박헌영 같은 골수 공산주의자들이었다. 이를 미루어볼 때 여운형은 민족지도자들이 모두 참여하는 정부를 구상하였으나 단지 공산주의자들을 제외하고자 하였음이 명백하다. 여운형은 분명 공산주의에 반대하였다. 그러나 동시에 미국식 자본주의도 배격하려 하였으니 피폐할 대로 피폐해진 전후 한국인들에게 자본주의가 맞지 않다고 생각했던 것이다. 그가 염려한 것은 새로운 정부가 동학봉기 같은 국민의 봉기에 부딪칠 것을 염려하여 그러한 사태가 생겨도 이를 해결해나갈 정부를 구상하고 있었던 것이다. 이승만을 대통령으로 하고 임시정부의 수반이었던 김구와 부수반이었던 김규식을 조각 명단에 포함시킨 것만 보더라도 여운형 개인의 정치적 힘을 키우려는 야망과는 거리가 먼 모두를 위한 조각의 시도였음이 명백하다. 그는 항상 온건한 민족지도자들과 함께 일하고자 하였고 그런 까닭에 다중의 지지를 받고 있었다.

이 시기에 김일성은 아직 소련에 있었다. 한민족의 간디로 대중의 존경을 받고 있던 기독교지도자 조만식 선생이 한반도의 북쪽에서는 지도자적 위치에 있었다. 토지개혁이라는 여운형의 선언이 있자 남쪽의 적지만 부유한 지주들은 동요하기 시작했다. 그러나 어떤 형태이던 토지 소유 제도의 개혁은 필연적이었다. 바로 이 토지소유문제가 동학봉기의 원인이었고 국권을 잃게 한 도화선이 되었었기 때문이다. 기름진 대규모 땅과 풍부한 천연자원을 가지고 있는 미국과 달리 작은 한반도에는 경작하기 좋은 땅은 아주 소규모에 불과했다. 반도의 반 이상이 산지이고 인구 중 극히 일부분인 부자들이 대부분의 농사지을 땅을 소유하고 있어 대중은 소작인이 되어 힘겹게 연명해가고 있던 처지였으니 이런 상태 아래서는 이들은 사실상 국민에서 배제되어 있었고 국가의 안정성은 항상 위협받고 있었다.

소련의 북한점령과 김일성 등장

(1945-1948)

소련의 북한점령과 김일성 등장
(1945-1948)

8월 말이 되자 만주지역으로부터 빠르게 남하하던 소련군은 38도선 북쪽을 전부 점령하였다. 이 소식을 접한 나의 아버지는 '왜 우리는 미군을 볼 수 없는가?'에 대해 의아하게 생각하셨다. 그가 더 이해할 수 없던 일은 미국이 소련의 한반도 북쪽으로의 진군을 용인한 것이었다. 한반도는 소련의 참전에 대한 어떤 대가로 주어질 그런 존재가 아니었다. 당시 미국은 세계에서 가장 강하며 세계인으로부터 존경받던 나라였다. 2차 대전 종료 당시 소련의 경제사정은 형편없이 취약하였다. 러시아 역사에 밝아 그들의 대 아시아 확장의욕을 걱정하던 아버지는 한반도 문제에 소련이 개입하는 것에 공포를 느끼고 계셨다. 소련의 개입 그것은 한반도가 화가 잔뜩 난 두 마리의 고래 사이에 놓여져 죽음이 목전에 달한 새우 같은 상황에 놓여졌다는 것, 다른 말로 하면 세계무대에서 충돌하는 두 개의 거대한 정치적 이데올로기의 각축장이 된 것을 의미했다. 아버지의 공포는 현실이 되고 있었다.

소련군이 북쪽에 진군하였을 때 그들은 조만식 선생을 중심으로 한 건국준비위원회가 지역 정부로서의 역할을 수행하고 있음을 알게 된다. 이 지역 정부는 여운형에 의해 서울에 설치된 건국준비위원회 산하의 지역 조직으로서 정식정부가 설립되기 전의 임시정부 성격이었다. 조만식 선생은 그의 끈질긴 항일운동으로 인해 대다수의 북쪽 민중으로부터 존경받던 분이었다. 진주한 소련군은 조만식 선생을 자주 찾아가 북쪽에 세워질 정부의 우두머리가 되어줄 것을 종용하였으나 선생은 소련군을 믿을 수 없었으며 공산주의에도 동조할 수 없었다. 그래서 선생은 조건부로 협력할 수 있음을 제안하였으나 그의 조건은 소련당국에 의해 받아들여지지 않았다. 이러한 사태 아래서도 그는 건국준비위원회 평양지부의 대표로서 잠시간이지만 활동할 수 있었다. 그러나 조만식 선생과의 협력계획을 포기한 소련군은 다음 선택으로 김일성에게 눈을 돌리게 된다.

전쟁의 종료 시점에 소련의 개입이 없었더라면 김일성이 아닌 조만식 선생이 분명 북쪽 지역에서 지도자가 되었을 것이었다. 선생은 자격을 갖춘 존경받던 지도자였다. 유교적 교육을 받고 성장한 그는 후에 기독교도가 되어 북쪽 지역에서 기독교지도자가 된다. 1908년부터 1913년까지 사이에 그는 일본 도쿄에 있는 메이지대학교에서 법학을 공부한다. 그 시기에 그는 간디의 비폭력저항운동 사상에 대해 알게 된다. 나의 부모가 평양에 사시던 동안 선생의 비폭력저항운동은 북쪽 지역에 사는 민중들 사이에 널리 알려져 있었다. 이 기독교지도자를 만나고 나서 아버지는 그의 지적수준과 지도자로서의 자세에 경탄하셨다. 나중에 우리가 서울로 내려온 후 우리 집을 방문한 당시의 친구와 더불어 아버지는 이 존경받아야할 지도자 조만식 선생이 북의 감옥에서 받았을 치욕적 운명에 대해 말하며 괴로워하셨다.

9월 초, 소련군의 소령이었던 김일성이 북에 들어왔다. 그는 러시아에서 활동하던 약 300의 공산당 동지들과 같이 돌아왔다. 소련 당국의 전폭적 도움 아래 그는 빠르게 그의 힘을 키워갔다. 9월 말이 되자 국내파 공산당 세력의 지도자였던 현천혁이 암살된다. 이들은 국내에서 항일운동을 하던 세력이었다. 이것은 김일성의 폭력적 전술의 시작점이었다. 처음부터 공산주의라는 이상세계를 편다는 생각은 그의 일차적 목표가 아니었음이 명백하였다. 그의 목표는 일차적으로 그에 대항할 수 있는 세력들을 전부 제거하고 절대권력을 그의 손에 장악하는 것이었다. 스탈린이 김일성을 신뢰하여 그를 전면에 내 세워 정세를 장악하고 공산주의 정권을 세워나갔다는 것은 어떤 면에서는 그의 도박이었다. 스탈린은 그러나 김일성의 이 과단성 있는 잔인한 성격과 소련에서 훈련 받은 공산당 전술이 목표를 이루게 할 것이라 믿고 김일성을 전폭적으로 지원하여 한반도 전체의 공산화를 시도한다.

1945년 10월 14일, 소련군은 김일성을 국민적 영웅으로 대중들 앞에 소개한다. 그것은 명백히 그를 지도자로 내세우려는 계획에서 나온 행동이었다. 일본으로부터의 독립을 위해 실제로 김일성이 한일은 무엇이었을까? 김일성은 1912년 김성주라는 이름으로 평양에서 태어난다. 그가 7살이 되던 해 그의 아버지가 만주로 가족 전부를 이주시키고 한약국을 운영했다. 김일성은 '바다오고우'와 '유웬(Yuwen)'이라는 학교에서 중국식 교육을 받게 된다. 이곳에서 그는 중국어와 중국 관습에 대해 배우게 된다. 1929년 가을에 그는 학생들의 지하 조직에 가입하고 활동하였다는 이유로 투옥되고 이어서 학교에서 퇴교 당한다. 그 조직은 아주 작고 금방 소멸되어버린 10명 전후에 불과한 남만주지역 청년 학생들의 공산주의운동 조직이었다. 김성주, 그가 17살이 되던 해였다.

1930년 감옥에서 석방된 후 그는 학교로 돌아가지 않았다. 그때 이후 김성주는 학교교육을 받지 않았다. 그 대신 그는 항일조직인 중국계 게릴라 단체에 가입하여 만주지역에서 활동한다. 이때 그는 이름을 김일성으로 바꾸었다. 그가 왜 이름을 바꾸었는지는 알려지지 않았으나 아마도 그는 스탈린이 그의 이름을 그의 정치적 이미지를 더 잘 표현하는 것으로 바꾼 전철을 밟은 것으로 보인다. 스탈린은 원래 조셉 주기쉬빌리라는 이름이었다. 나중에 그는 철인을 의미하는 스탈린으로 이름을 바꾼 것이다. 김일성의 측근 상관은 웨이젱민이었다. 그는 이 사람으로부터 많은 영향을 받았다. 김일성은 그로 인해서 중국 공산당 내에서 중요한 위치를 점하게 된다. 그리곤 모스크바에서 열린 제7차 공산당대회에 참석하게 되는데 이 순간이 바로 기만으로 가득 찬 세계의 정치무대에 김일성이 처음으로 소개되는 기회가 되는 것이다.

1937년 6월 김일성 일당은 만주와 한국의 경계 부근에 있던 보천보의 일본의 경찰 분대를 습격하고 여러 명의 경찰들을 사살한다. 그가 이끌던 조직은 중국공산당 세력의 1지대로 약 300명 정도였다. 그는 주로 치고 빠지는 전략을 구사한다. 그러나 1937년 겨울작전에서 심대한 타격을 입게 되고 결국 이들은 일본군의 공격으로 전투 불능 상태가 되는데 전투에서 살이 남은 김일성과 약 120명의 그의 동지들은 1940년 소련 지역으로 도주하게 된다. 그 결과 중국인과 한국인들로 구성된 게릴라 조직이 블라디보스토크와 하바롭스크에서 소련군의 훈련을 받게 되는데 소련은 이들을 혹시나 있을 대일 전투에 사용할 국제군 일지대로 양성한다.

김일성은 극동주둔 소련군의 제88국제군 대대장으로 임명된다. 이 시기에 소련인들은 김일성의 지도력을 발견하였을 것으로 보이며 이들은 김일성에게 군사 훈련은 물론 정치훈련을 시킨다. 이 과정을 통해 김일성은 스탈린의 각종 행태를 배우게 되었을 것으로 추정되는데, 예를 들면 '소련을 경영해가는 거침없는 행동과 반대파들에 대한 무자비한 처치, 자신의 우상화작업, 다른 나라들과 어떻게 흥정하는가' 등, 그가 나중에 보여준 독재자로서의 모든 모습을 배우는데 스탈린만큼 좋은 본보기는 없었을 것으로 보인다. 이 기간 동안 그는 중국과 소련의 주요 인사들과 교분을 쌓는다. 이 동지적 연대가 그의 추후 정치인생에 있어서 결정적으로 중요한 역할을 한다. 이상하게도 김일성은 대한민국임시정부와는 어떠한 관계도 맺지 않았으며 이름만 들어도 알 수 있는 당시 주요한 독립지도자들 어느 누구와도 손잡지 않았다. 그는 오직 중국공산당 조직들과 연관을 맺고 있었고 급기야는 소련 적군에 가담하게 되었을 뿐이다.

김일성은 소련의 전폭적 지원 아래 그의 힘을 강화해나간다. 그리고 동학의 뒤를 이은 천도교 계 인사들과 조만식 같은 민족지도자들을 제거해 나가기 위해 음모를 진행한다. 1860년 조선 관료 출신의 아들(서자) 최재우(1824-1864)에게 신적 계시가 내린다. 이 계시로 인해 그는 동학이라는 종교운동을 일으키게 되고 이는 뒤에 천도교라는 독특한 민족 종교로 형태를 갖추게 된다. 그의 4년 동안(1860-1864)의 가르침은 수백만의 추종자들을 낳게 되고 동학농민봉기의 동인을 제공하게 되는데 나중에는 일본 통치에 저항하는 주요 독립운동 세력으로 진화한다. '천도교'라는 이름은 '하늘의 길을 가르치는 교'라는 뜻인데 기본적인 가르침은 사람들은 누구나 하늘의 다른 모습이기에 평등하게 서로 존중되어야 한다는 것이었다. 즉, 그의 가르침은 인간은 평등하다는 우주적 진리를 전면에 내세우며 성별이나 나이, 직업 또는 교육이거나 기타 사회적 신분에 의해 차별 받아서는 아니 된다고 가르치고 있다. 이 가르침은 결국 당시 조선의 지배층이었던 양반, 기타 부패한 관료들로부터 수탈당하며 이들에게 깊은 원한을 가지고 있던 농민과 같은 그룹들에게 스스로 인간은 누구나 평등하다는 자긍심을 심어주게 되었고 자신들도 인간으로서 존중받아야 한다는 각성을 불러일으키게 된다. 천도교인들은 농민중심이었는데 이들은 수탈을 일삼는 부유한 지주들이 아니었다. 그러나 이러한 천도교인들도 결국 김일성에게는 적일 수밖에 없었다. 김일성은 자기 이외의 어떤 권위도 인정하지 않았다. 일반 민중이 믿는 신(神)도 그의 적일뿐이었다. 그는 자기 자신을 신격화하였고 북한지역 민들에게는 김일성, 자신만을 숭배케 하며 어떤 다른 존재도 인정치 않았는데 이러한 경향은 그가 죽은 후에도 변하지 않았다. 그는 곧 1945년 10월 설립된 북한정부, 조선인민민주주의공화국의 제1서기장으로 등극한다.

그 이후 그는 좀 더 많은 공산당 조직을 만들어 가는데 이것이 결국 우익과 좌익이라는 두 세력 간의 피의 대결을 낳게 된다. 영암포 사건, 신의주와 평양, 그리고 함흥 등 지역의 공장 노동자들과 젊은 청년들이 주축이 된 무장한 반공산당 봉기가 줄이어 일어나자 김일성은 이를 무자비하게 탄압했다. 이 과정에서 수천의 시민들이 죽는 사태가 발생했다. 1945년 11월과 1946년 봄 사이에 소련의 지원을 받는 소련파 북한공산당은 자기들에게 반기를 든 민족주의 세력 등이 일으키는 연이은 작은 봉기들을 분쇄하는데 이 과정에서도 또다시 수백 명의 민간인들을 죽이게 된다. 이로 인해 수많은 사람들이 남쪽으로 탈출하게 된다. 일본의 압제에서 갓 벗어난 민중 위에 김일성의 공산당 정권이라는 과거 일제 때보다 더 심한 또 다른 형태의 압제가 북쪽에 자리 잡게 된 것이다.

모스크바회담은 세계 강대국들이 한국문제를 정리하기 위한 한 걸음 더 나아간 단계의 모임이었다. 그러나 막상 그 주체인 한국인 지도자들은 아무도 참석하지 않은 상태에서 진행되었는데 그 바탕에는 한국인들은 미개하여 자신의 정부를 향유할 능력이 없다는 생각이 전제되어있었다. 모스크바회담에 참석한 관계국 외무장관들은 미국의 제임스 번(James F. Byrnes), 영국의 어네스 베빈(Earnest Bevin), 소련의 야체스라브 몰로토프(Vyacheslav Molotov)였는데 이들은 1945년 10월 모여 점령에 수반되는 문제들을 어떻게 해결할 것인지를 검토하고 평화 회복을 위해 무엇을 할 것인지 그리고 동북아시아지역의 기타 문제들에 대해 검토하였다. 1945년 12월 27일 이들 세 명의 외무장관들에 의해 서명되어 발표된 공동성명에는 2차 대전이 종료되며 발생되는 여러 가지 문제점들에 대한 방안이 언급되어 있었다. "전쟁 종료 후의 한국의 장래에 대하여는 미국과 소련의 두 점령군이 공동으로 공동위원회를 설립하여 단일하고도 자유로운 정부를 수립하기 위한 제안을 한다."라고 성명은 명기하고 있었다. 이 성명은 처음부터 그 해석과 관련하여 양측으로부터 큰 의심을 샀다. 가장 심각한 조항은 한국인들은 자치 능력이 없으니 4개 강대국에 의한 5년간의 신탁통치 기간을 가진 후 독립시킨다는 조항이었다.

나는 당시 너무 어려서 우리와 관련하여 세상에서 벌어지고 있는 이 어처구니없는 공론들을 이해할 수 없었다. 그러나 항상 정치적 발언을 삼가시고 정치적인 토론이나 정당에도 참여하지 않으시던 나의 아버지가 이 모스크바회담 결과발표문에 대해 말씀이 많아졌다는 것에 놀랐던 기억이 있다. 마치 더 이상 조용히 참을 수 없다는 그런 태도였다. 그래서 아버지는 이 모스크바회담 결정에 반대하는 교회 사람들과 같이 반대 운동을 시작하셨다. 한국의 문제는 강대국들의 개입 없이 한국사람들만의 자주적 결정에 의하여야 한다고 저항운동의 일선에 나서신 것이었다.

내가 이 책을 쓰기 위해 자료조사를 하던 중 그 발표문을 접하고 나서야 나는 왜 아버지를 비롯한 한국인들이 그토록 분개하는가를 이해할 수 있었다. 당시 소련은 이미 그의 대리인인 김일성을 시켜 북한지역에 정권을 사실상 수립해놓고 있었다. 그 시기는 장제스가 인도하는 중국의 국민당이 공산군에 쫓겨 사실상 와해직전이던 시기였다. 중국 역시도 한국 문제와 관련하여 신탁통치를 위임받을 4대 강국의 하나였었지만 장제스 정부는 공산당에 쫓겨 붕괴 직전이던 상황이라 모스크바 회담에는 대표자를 파견하지 못하였다. 모스크바회담 발표문에는 소련이 중국 국내 사정을 상세히 조사 검토하고 있다는 사실과 공산당 정권이 곧 들어설 것이라는 점을 분명히 드러내고 있었다. 당시 소련군은 관동군 섬멸이라는 목표를 1945년 8월 15일 이미 달성하였음에도 불구하고 철군을 시키지 않고 있었다. 이것은 바로 시간을 벌려는 소련의 정치적 술수였다. 소련은 중국 공산당의 승리 시점을 기다리며 군대를 주둔시키고 있었던 것이다.

미국 정부가 소련 스탈린의 음흉한 전략에 끌려 다니며 협조하고 있었다는 점을 알게 되는 것은 참으로 실망스런 일이다. 당시 북한지역에 거주하고 있던 많은 민족주의자들은 소련의 점령 하에 숱한 고초를 겪고 있었다. 모스크바 결정에 대한 그들의 반대운동은 1946년 조만식 선생이 가택 연금되고 많은 억압을 못 견딘 민족주의 지도자들이 남한지역으로 탈출하며 사실상 와해되고 있었다. 존경받던 기독교 계통 민족지도자 조만식 선생은 가택연금 된 이후 사실상 그의 지도자로서의 역할은 끝이 나고 다시는 그 위치를 회복하지 못한다. 그 후 그는 감옥에 투옥되고 반인륜적인 공포상황 아래서 죽임을 당한다. 나는 선생과 같은 감옥에 수감되어 있다가 탈출한 분이 쓴, 용서받지 못할 반인륜적 공포 행위들에 대한 기록을 읽은 기억이 있다. 조만식 선생은 감옥에서 그의 분노 무더기에 묻혀 최후를 맞이하였다. 김일성는 조만식 선생의 생명이 경각에 있음을 알고 있었음에도 석방하지 않았다. 김일성은 스탈린을 닮은 잔인한 수법으로 자신을 우상화해가며 정적들을 제거하고 권력을 장악해갔다.

반세기가 지나 소련의 공산당 지도자들이 외국의 운명을 결정해가며 그 정부들을 조정해왔다는 것이 명백히 밝혀졌다. 소련이라는 공산 정권이 소련의 적군에서 훈련 받은 김일성을 일선에 내세워 국민적 우상으로 만들고 한편 반인륜적 무자비한 처치를 통해 일가의 3대세습 왕권국가를 만든 것이다. 소련 정보기관인 KGB의 치밀한 침투행위와 활동은 상금도 살아있으며 더 멀리까지 미치고 있음은 2016년 미국 대통령 선거에서 보여준 바와 같다.[5)]

5) KGB가 미국의 대통령 선거에 개입하여 여론 조작 등 역할을 수행한 사건.

미 군정청과 여운형
(1945-1948)

미 군정청과 여운형
(1945-1948)

1945년 9월 6일 하지(John R. Hodge) 중장이 이끄는 미군 72,000명이 인천에 상륙하여 서울로 진주하였다. 서울 사람들은 처음으로 보트를 엎어 놓은 듯한 모양의 작고 귀여운 모자를 머리에 올려놓고 짚(jeep)을 타고 거리를 질주하는 미군들의 모습을 보게 되었다. 사실 영화에서 본 것을 빼곤 백인들을 본 적이 없는 대부분의 서울 사람들 눈에는 그들이 모두 영화배우처럼 보였고 더욱이 그들이 제국주의 일본으로부터 해방시켜준 고마운 사람들이었기에 시민들은 그들을 진정을 다해 환영하였다. 다음 날 일본 총독 아베 노부유키의 항복식이 거행되고 이어서 일본군의 무장해제가 사고 없이 이루어졌다. 진주한 미군들은 한국에 대해, 한국인에 대해서 그리고 그들의 문화나 경제사정에 대해 아는 것이 아무것도 없는 상태였고 한국어를 할 줄 아는 사람은 더더구나 아무도 없었다. 이런 까닭에 진주군 사령관 하지 중장은 처음부터 치명적 잘못을 범했다. 일본 주둔군사령관이었던 고주키 요시오는 하지에게 해방된 이 땅은 당시 열성적 공산주의자들에 의해 인도되고 있다고 경고하며 미군들이 이 땅에서 무엇을 하든 그들은 그것에 야만적으로 반대할 것이라고 하였다. 일본군의 협조가 필요할 거라며 은근히 자기들 존재의 필요성을 강조하기도 하였다. 하지는 이러한 잘못된 편견

아래서 그의 임무를 시작하게 된다.

최근 비밀에서 해제되어 공개된 문서 중 제임스 길버트(James L. Gilbert), 존 피네간(John P. Finnegan), 안 브레이(Ann Bray) 등에 의해 약술된 "IN THE SPHINX, A HISTORY OF ARMY COUNTER INTELLIGENCE CORPS (CIC)"에 의하면 그들의 당시 한국 임무는 그야말로 미지의, 한 번도 경험해보지 못한 세상에 대한 임무(terra incognita)였다고 표현하고 있다. 그들은 아무도 한국어를 못했고 한국 문화에 대해 한 번도 교육받지 못했었다고 고백하고 있다. 해방된 한국의 장래를 위해 무한 정성으로 스스로를 희생해온 여운형을 "일본 점령시 반 정부 활동을 하던 작은 조직의 지도자로서 해방 후 노동당의 당수가 되었다"라고 이 CIC문서는 기록하고 있다. 그 문서 어디에도 여운형이 조직한 건국준비위원회의 이름도 임시정부의 이름도 나타나지 않는다. CIC라면 일본 당국으로부터라도 이러한 정보를 취했어야 했으나 그들은 그렇지 못하였다. 그 대신 CIC는 북한지역을 탈출한 청년들로 구성된 일종의 미완성 군사조직인 '서북 청년단'과 같은 몇몇 우익조직들과 연락을 취하며 필요한 정보를 얻고 있었다. 맥아더 장군의 다른 보좌관 한 사람은 그들을 단순히 잔인한 살인자 집단이며 극우익 환상주의자들이라고 적고 있다. CIC가 정말 올바른 정보를 얻으려면 그들은 먼저 여운형, 김구, 김규식과 같은 민족 지도자들을 접촉했어야 했다. 나는 왜 그들이 한국인의 지성과 능력에 대해 이처럼 편견에 사로잡힌 정보 아래서 임무를 수행하였는지 이해할 수가 없다.

그런 면에서는 하지 중장 역시 불행하게도 CIC사람들보다 더 나은 상태가 아니었다. 그는 여운형이 조직한 건국준비위원회에나 임시정부의 요원들 중 어느 누구도 공산주의자가 아니라는 것을 알지 못했다.

▲ 여운형 선생

일본 주둔군사령관 요시오의 진언에 따라 하지는 남측에서의 전후 치안을 위해 총독 아베를 필두로 한 일본당국 인사들을 다시 임시로 임용한다. 이것은 한국인들에 의해 증오와 경멸의 대상이 되었던 약 70,000명의 일본 당국자들이 다시금 하지의 군정 당국에 남아있게 되었다는 것을 말한다. 그것에 더해 하지 중장은 온건하며 잘 알려진 민족지도자들로 구성되어 군정 당국에 협조할 의사와 준비가 되어 있던 여운형의 건국준비위원회를 불법 단체로 선언한다. 하지는 일본 통치 기간 내내 적법하게 존재해온 대한민국임시정부 역시도 부인해버린다. 그 대신 같은 해 9월 그는 한반도 내의 유일한 통치기구로 미 군정청(USAMGIK)을 수립한다. 하지는 이 조치 이전에 어느 한순간도 여운형의 입장을 들어보려 노력하지 않았다. 이것은 당시 미군들이 한국인들을 단순히 전후 해방된 아시아의 한 식민지 국민으로만 인식하고 전혀 존중하지 않았다는 사실을 보여준다.

한국의 오랜 역사와 문화에 대해 잘 알고 있던 나의 아버지를 비롯한 그의 친구들은 이 사태에 매우 실망하였고 한국인들이 심히 모욕당하고 있다고 느꼈다. 그토록 독립국가건설 준비에 정진하던 여운형 역시 탈진 상태가 된다. 그는 이 불법이라 선언된 조직에서 사직한다. 그 대신 그는 인민대중을 위한 국가설립 노력을 계속하기 위해 좀 더 급진적인 인사들을 포함한 노동당을 조직한다. 해방군으로 미군을 열렬하게 환영하였던 민중들 역시 실망하기는 마찬가지였다. 오히려 민중의 대 미군 적대의식은 나날이 커져갔다. 미군들이 저지른 최초의 잘못은 그들이 한국인들을 독립 능력이 없는 미개한 식민지 국민들이기에 자유와 민주주의를 향유하기 위해서는 선진 연합국들에 의해 더 교육되고 훈련되어야 할 존재로 본 것이었다. 연합국인 소련과 미국, 영국 그리고 중국 중에 중국의 장제스의 국민당 정부는 마오쩌뚱의 중국 공산당 세력에 밀려 그 운명이 경각에 달려있었고 소련의 스탈린은 이런 모든 사정을 잘 알고 있었다.

한국인들은 민중들로부터 존경받고 사랑받던 훌륭한 많은 지도자들이 있었음에도 자신들 스스로에 의한 평화롭고 통일된 국가 건설의 기회가 박탈되고 있었다. 그것은 정말로 비극적인 현실이었다. 이들 지도자들은 조선왕조를 망하게 한 사회적 문제 즉, 사회적 불평등과 관료들에 의한 농민 수탈 같은 문제에 대해 잘 알고 있었기에 그들은 시민들에게 평등한 기회가 주어지고 정의로운 새로운 한국적 민주국가를 만든다는 데 마음이 하나가 되어있었다. 그러나 한국인들에게 이런 기회가 주어지지 않았으니! 나는 오늘까지도 스스로를 통제할 수 없었던 과거 한국의 현실에 대해 비애를 느낀다. 이러한 나라를 만들기 위해 여운형에 의해 만들어진 건국준비위원회가 주둔군사령관 하지에 의해 하루 아침에 불법단체로 전락하였을 때 여운형을 엄습했을 고통과 실망이 어떠했을지는 누구나 쉽게 상상할 수 있을 것이다. 서울에 진주한 후 하지 중장이 내린 두 번의 결정은 미국 정부의 이름으로 내린 사려 깊지 못한 어리석고 충격적인 조치였다. 이 두 번의 조치로 인해 미래의 희망으로 미국을 인식하던 많은 한국인들이 미국에 대해 등을 돌리기 시작했다. 그러나 대중의 존경을 받고 또 용감하기도 하였던 여운형에게는 이들 조치가 비극의 끝이 아니었다. 새로운 국가 설립을 위해 고통스런 나날을 보내며 그가 꿈꾸던 새로운 나라라는 태양은 사려 깊지 못한 무지와 치욕이 만드는 두껍고도 어두운 구름에 덮여가고 있었다.

2009년 미국 대통령에 당선된 바락 오바마(Barack Obama)는 재앙적 결과를 가져온 미국의 몇 가지 대외 정책들에 대해 언급했다. 그는 이들 실책의 원인이 결정을 내리기 전에 당연히 취했어야 할 현지 상황에 대한 청취와 이해하려는 자세 대신 자기들 마음대로 휘저어 내린 결정이었기 때문이라고 표현했다. 2차 대전 후 한국의 미래에 대해 내린 조치들이 바로 그런 실책의 본보기다. 만일 하지 중장이 건국준비위원회를 인정하고 이들 온건하고 중도적인 인사들의 협조 하에 정국을 이끌어갔더라면 주둔군사령관으로서 그는 훨씬 쉽게 정국을 이끌어 나갔을 것이다.

해외에서 독립운동을 하던 인사들도 하나둘 귀국을 하기 시작했다. 1945년 10월 이승만이 임시정부의 전 대통령으로서가 아닌 한 명의 조용한 시민으로 귀국했다. 그것 역시 미군정당국의 조치에 의한 조용한 귀국이었다. 그렇지만 임시정부의 첫 번째 대통령이었다가 임시정부의 재정 운영과 관련한 분쟁으로 그 자리를 떠났으나 독립투사로 널리 알려진 이승만은 미국이나 한국인들 모두에게 국민적 영웅으로 환영 받았다. 귀국하자마자 그는 즉각적으로 '신속한 한국독립 실현을 위한 위원회'를 만들어 갔는데 그 위원회에는 50개의 민족주의 정당들이 참여했다. 그러나 공산당 계열은 이에 참여를 하지 않고 자기들만의 주제를 밀고 나갔다. 이승만의 이 조치들의 목적과 여럿을 포용해가는 새로운 국가라는 방법은 여운형의 그것과 사뭇 달랐다.

한편, 임시정부의 대통령인 김구와 부통령 김규식이 중국으로부터 귀국하였는데 그들 역시 임시정부 각료로서가 아닌 개인 자격으로서였다. 미 군정청이 임시정부의 정통성을 부인하였기 때문이었다. 나의 아버지와 친구들을 포함한 많은 한국인들에게는 군정청의 이러한 조치들은 또 다른 모욕으로 받아들여졌다. 35년간이나 개인을 희생해온 이들의 해외 독립투쟁이 미군청전에 의해 부인당하는 순간이었다. 미국사람들이 이룩한 성공적인 민주주의 제도에 대해 경의를 품고 있던 나의 아버지도 미군정당국의 이러한 일련의 조치들로 인해 미국이라는 나라에 대해 의아하게 생각하기 시작했다. 한반도에 틀림없이 비극을 불러올 일련의 이들 잘못 인도된 조치들은 미 정부 내의 어떤 사람들이 내리고 있는가? 한국을 잘 모른다면 국무부 사람들은 한국역사를 공부하였어야할 터인데 그렇지 않고 편견에 가득 찬 일본 사람들의 견해에만 의존하였을까? 전쟁 기간 중 연합국의 승리를 오랫동안 인내하며 자유로운 독립국가의 건설을 기다려온 아버지도 그 조치들로 인해 실망하고 혼란을 겪기 시작했다. 미군 자신들이 전쟁기간 중 일본인들의 잔인한 저항을 경험하며 일본이라면 진절머리가 났을 법도 한데 하지 중장을 비롯한 군정청 인사들이 한국 문제에 대해 한국지도자들이 아닌 일본 당국의 의견에 더 귀기울였다는 사실은 그 자체가 이해할 수 없는 수수께끼다.

이승만(1875. 3. 26-1965. 7. 19)은 황해도의 한 시골 마을에서 빈한한 집에서 독자로 태어났다. 그의 가계를 거슬러 올라가면 조선의 3대 왕이었던 태종의 후손이 된다. 그의 집안은 1877년 서울로 이사하였고 그는 전통적인 유교적 교육을 받으며 성장한다. 그러던 그가 1894년 미국 감리교단이 설립한 배재중학교에 입학하고 영어와 대중매체에 대한 공부를 하게 된다. 1895년의 끝 무렵 그는 미국에서 공부하고 살다가 돌아온 의사 서재필이 설립한 협성회에 가입하게 된다. 그는 그 회가 주도하고 있던 협성회보와 매일신문의 주필이며 기자로 활동하게 된다. 그는 이 시절 나의 외할머니가 그러셨던 것처럼 미국인들에게 한국 말을 가르치며 생활비를 조달하였고 또 기독교 신자가 된다.

1904년 11월 이승만은 미국으로 건너간다. 그는 죠지워싱턴대학교와 하버드대학교, 그리고 프린스톤대학교에서 수학하고 특히 박사 위는 프린스톤대학교에서 받게 된다. 1911년 그는 다시 일본의 지배하에 들어간 한국으로 돌아와 YMCA에서 선교사로 활동하게 되는데 일본 당국으로부터 의심스런 주목을 받게 되어 다시금 미국으로 돌아간다. 1913년부터 1940년까지 사이에 그는 주로 하와이에서 거주하며 학교장(한인중앙학교, 기독학원 등)으로, 하와이 이민 사회의 지도자로 활약하게 되는데 동지회라는 독립운동 조직의 대표로서도 활약을 하게 된다. 그는 중국 공산당의 발호와 일본제국주의자들의 침투로 혼란스런 시절을 보낸 상해 임시정부의 요인들에 비해서 상대적으로 나은 재정환경과 자유로운 분위기에서 한국 독립운동을 국제적으로 활발하게 전개 해 나간다. 투사로서 그리고 국제 관계에 있어 한국 문제에 대한 대변인으로서의 그의 역동적인 활약은 그를 1919년 3.1만세운동 후 상해임시정부의 대통령으로 추대되게 한다. 그러나 그와 임시정부의 다른 요인들 사이에는 긴장 관계가 조성되는데 독립 자금을 유용한 혐의로 그는 탄핵되고 김구가 그 자리에 선출되게 된다. 그러나 이승만은 그 조치에 수긍하지 않는다.[6] 미국에서 공부한 그는 그의 탁월한 학문적 배경과는 맞

6) 유용 혐의는 하와이 독립 자금의 유용 문제인데 이에 대하여는 반대 되는 증언과 증거도 많이 있으며 오히려 이를 주장하는 사람들의 잘못을 지적하는 견해

지 않게 독선적이고 독재적인 성향을 가지고 있었는데 이러한 성격 때문에 그는 민주국가를 지향하는 다른 사람들과 잘 어울리지 못했다. 불행하게도 미국 정부는 그의 이런 부정적 요소를 잘 알지 못했다.[7)]

호를 백범이라 하는 김구(1876. 8. 29-1949. 6. 26) 역시 근대 한국이 낳은 위대한 인물 중 한 명이다. 그는 1919년 평화적인 독립 만세 운동이었던 3.1운동이 일본 당국에 의해 폭력적 방법으로 제압되자 스스로 상하이로 탈출한다. 그리고 일본으로부터의 독립을 목적으로 설립된 대한민국 임시정부에 합류한다. 1927년 그는 이 임시정부의 대통령으로 추대된다. 그 후로 여러 번 연임을 하며 1945년 해방을 맞이할 때 당시 그는 6대 대통령의 직을 수행 중이었다. 1931년 그는 한인애국단을 조직한다. 이 애국단의 구성원에는 1932년 4월 29일 상하이 홍구공원에서 열린 일왕 생일 기념식장에 폭탄을 투척하여 일본 주둔군사령관 등 여러 명을 사상케 한 윤봉길 의사도 포함되어 있었다.

중국 내 좌우 대립으로 인해 임시정부가 충칭으로 이주해갔을 때 김구는 지청천 장군을 사령관으로 하는 대한독립군을 창설한다. 2차 대전이 발발하자 김구는 1941년 12월 8일 일본과 독일을 상대로 선전포고를 하고 연합군의 일원으로 중국과 동남아시아 지역에서 전투에 참여한다. 김구는 1945년 이 독립군을 이끌고 일본지배 하에 있던 한반도로의 진군을 계획하였지만 선도부대가 출발하기 수일 전 일본은 항복하고 이 진군 계획은 실현되지 못한다. 김구는 철저히 공산주의에 반대하는

도 많이 있다. 특히 당시 하와이에서 그와 같이 활동하던 이민자들 사이에서는 유용 문제를 거론 한 김원용, 박용만의 무지를 지적하는 사람들도 있다.(하와이 사진 신부 천연희의 이야기 285쪽-323쪽, 일조각, 2017 참조).

7) 독선적인 성격에 대해서도 당시 국제 정세를 제대로 읽고 이에 대응하려는 이승만의 평화적 외교적 노선이 국제 정세를 모르면서 폭력적 대응을 하려 했던 강경 인사들의 눈에 비쳐진 성격으로도 이해할 수 있다.

우파 지도자였다.

김규식(1881. 1. 29-1950. 12. 10)은 어린 나이에 고아가 되었다. 그는 미국 선교사 언더우드(H.G. Underwood)에 의해 인도되어 6살 때부터 교육을 받으며 요한이라는 서양식 이름도 갖게 된다. 그 후 그는 미국으로 가 1903년 로아노크(Roanoke)대학교에서 학사학위를 받고 이어 1904년 프린스턴대학교에서 석사학위를 받은 후 1905년 고국으로 돌아온다. 고국에서 폭넓게 많은 사람들의 계몽에 열중하던 그는 한일합방 이후 1913년 중국으로 탈출하게 된다. 1919년 김규식은 파리 평화회담의 한국 측 대표로 파송되어 독립을 위한 현지 활동을 하게 되는데 이는 바로 중국에서 1919년 신한청년당을 결성하고 독립운동을 하던 여운형과 장덕수에 의해 기획된 파송이었다. 그의 파리 현지 활동은 뜻을 이루지 못하는데 그것은 평화회담의 정신적 발안자였음에도 동맹 일본을 자극하지 않으려는 미국이 한국 독립에 관심을 갖지 않았기 때문이다.

1945년 10월이 되자 상하이임시정부의 세 명의 지도자들 모두가 국내에 들어온 상황이 되었다. 이들 세 명 이승만, 김구, 김규식은 그러나 합심하지 못하고 서로 다른 길을 가게 된다. 그들의 독특한 개성은 우익 진영 내에서 극심한 충돌을 일으키게 된다. 이승만은 김구, 김규식 등과 같이 협력하기 위한 노력을 하지 않았다. 조선조 말에 있었던 정치 집단 간의 쟁투가 다시 해방 후의 남한에서 재현되는 모습이었기에 나의 아버지의 근심은 커져만 갔다. 나라 전체가 커다란 네거리에 서서 어느 길로 갈지 정하지 못하고 갈팡질팡하는 형국이었다. 국민들은 걱정했다. 혹시 우리가 잘못된 길을 가지나 않을까? 혹시 좋은 기회를 놓치는 것이나 아닐까? 미래의 우리들의 안정을 확보하기 위해 지도자들은 서로 협동해야 하는 것이 아닐까? 등 걱정을 했지만 일반 개인들이 설사 그 길을 알고 있다 해도 이들 정치지도자들이나 미 군정청에 대하여 여론의 압력을 행사하여 올바른 그 길로 가게 하는 것은 사실상 어려운 상황이었다.

우리들 일생 역시도 내일 무슨 일이 일어날지 모르고 살아가는 것이나 마찬가지로 당시의 상황이 하루 앞도 내다보지 못할 형편이었다. 날씨는 점점 추워지고 있어 김장철이 다가오고 있었다. 추운 겨울에도 신선한 야채를 먹을 수 있는 김장이라는 전통은 갖가지 양념을 넣은 소금에 절인 야채를 질그릇 독에 넣어 땅 속에 묻는 것인데 이렇게 해놓으면 더운 여름철까지 야채의 신선도가 유지된다. 수백 종류의 김치가 있다. 마늘, 생강, 새우젓, 황석어젓, 굴젓, 그리고 고추 등 각종 양념류와 젓갈류가 들어 간 김치는 지금은 세계적인 음식이 되어있다. 한국에 주둔했던 많은 미군들이 이 김치를 좋아하게 되어 미국에 퍼졌고 미국뿐 아니라, 이제는 세계의 거의 모든 지역에서 사랑받고 있는 음식이 되어 있다. 1996년 중국에서 조류인플루엔자가 유행했을 때 중국으로 여행 간 한국인들이 감염되지 아니하자 그 이유가 김치 성분이 H5N1 바이러스의 활성화를 막아주고 있을 것이라는 소문도 돌았다. 사람들은 항상 해왔듯이 김장을 하고 결혼적령기의 젊은이들은 아무 일 없다는 듯 결혼했다. 이처럼 위기적 정치 상황 속에서도 일반인들은 하던 일들을 그냥 해가고 있었다. 인생이라는 것은 원래 그랬던 것처럼 해왔던 일을 계속 되풀이하며 나아갈 수밖에 없는 것이다. 아인슈타인이 말했듯이 인생이라는 것은 자전거 타는 것과 같아 페달 밟기를 멈추면 생이 정지될 수밖에 없는 것이다.

같은 시기에 지도부가 생각하는 정치적 작품은 만들어져가고 있었다.

위에서 말했지만 모스크바회담의 신탁통치 결정은 북이냐 남이냐를 막론하고 모든 한국인의 저항을 받았다. 일본 총독부에 의해 한때 폐간되었다가 해방 후 1945년부터 다시 발행을 시작한 동아일보는 이 모스크바 회담 결정사항이 한국인들을 모욕한 것이고 대단히 공격적인 요소가 있다고 보도하고 있었다. 35년간이나 외국의 통치로 고통을 받아온 한국인들로서는 길던 짧던 외국의 또 다른 통치를 받아들일 수 없었던 것이다. 반탁운동이 시작된 1945년 12월 28일 당시에는 어떠한 단체도 신탁통치에 찬동하는 단체가 없었다. 그러나 돌연 1946년 1월 3일 북과 남을 가리지 않고 동시에 공산주의자들은 갑자기 태도를 바꾸어 신탁통치 결정에 찬동하기 시작했다.

김일성에게 정권을 맡기려는 모스크바의 계획과 신탁통치가 결합되면서 신탁통치 찬성으로 돌아선 것이다. 그러나 이 일에 한해서만은 이승만과 그의 추종 세력인 민족주의진영 사람들과 김구, 김규식 등은 모두 반대 대열에 합류해 신탁통치계획을 극렬하게 반대했다.

이승만과의 관계를 증진하는 것이 필요하다고 깨달은 군정청의 하지 장군은 1946년 2월에 '25인대표회의'를 만들어 그 위원장에 이승만을 앉힌다. 그러나 이들 두 사람간의 관계는 그 후로도 개선되지 않았다. 이승만은 여운형 등 좌파 세력이 이 25인회의체를 자기들의 정치적 목표를 달성하는데 이용하고 있다고 비난했다. 미국이 선택한 이승만이라는 지도자의 존재 그 자체가 하지 장군에게는 큰 골칫거리였다. 이승만은 자기 생각 이외에는 민족지도자 중 어느 누구의 견해도 용인하지 않았다. 1946년 김규식과 여운형이 온건한 민족주의진영과 사회주의계열 사람들로 구성된 '협력을 위한 공동위원회'를 출범시켰을 때 이승만과 하지 간의 갈등은 더 커지고 있었다.

이즈음에서 김규식과 여운형은 반탁운동의 실효성에 대해 의문을 품고 있었다. 신탁통치를 위임받은 강대국들이 한국인들을 아무런 거부권이 없는 힘없는 식민지 백성으로 인식하고 있는 한 반탁운동은 그 목표를 달성할 수 없다고 본 것이었다. 그래서 그 대안으로 미소공동위원회가 참여하는 과도정부 수립을 제안하고 이 과도정부가 좌우 세력을 통합한 정부로 발전하여 '한국독립'을 이루어가자는 그림이었다. 대부분의 한국인들은 이 제안을 환영했다. 소련에 의해 김일성이 전면에 나서기 전에는 1945년 9월부터 추진된 이 그림이 통일된 독립한국을 탄생시키는데 기여할 것으로 믿었기 때문이었다. 그러나 그러한 일은 일어나지 않았고 절망적 상태에서 시간은 매일 흘러갔다. 이승만의 반대에도 불구하고 하지 장군은 최후까지 좌우 세력의 합력을 시도했다. 초기의 많은 잘못을 만회하기라도 하려는 듯, 하지 장군은 군정청장으로서의 그의 마지막 시기를 '실제로 일할 수 있는 정부' 구성을 위해 최선을 다하는 모습이었다. 그것은 반도의 남쪽에서 만이라도 정부를 구성해야 하겠다는 구상이었다. 그러나 하지의 시간은 다 되어갔다.

이승만은 미소공동위원회를 압박하기 시작했다. 1945년 6월 이승만은 그의 '정읍 연설'을 통해 38도선 이북을 점령한 소련세력들의 장난에서 벗어나기 위해 남쪽만이라도 임시정부 또는 위원회를 구성해야 한다고 주장한다. 남쪽이라도 분리 정부를 수립해야 한다는 구상이 처음으로 표면화된 것이다. 그는 1946년 12월 7일부터 그 이듬해 4월 21까지 무려 5개월 동안 미국에 머물며 미국 조야를 상대로 '남쪽 단독정부 수립' 그리고 그 정부가 '단독으로 유엔에 가입'해야 한다는 구상을 설득한다. 이때까지는 미국 정부와 미 군정청의 공식정책은 통일한국이라는 개념이었다. 이승만의 '남쪽단독정부' 구상은 미국정책과 확연하게 대립되는 것이었다. 이 구상의 실현을 위해 여행에 나선 이승만에게 드디어 맥아더 장군과의 장시간 회담기회가 주어진다. 그 여행의 끝에 이승만은 한반도의 공산화를 막기 위한 선택인 그의 이 남쪽단독정부 구상으로 미국과 맥아더를 설득하는데 성공한다. 동시에 이승만과 그의 한독당은 우파 청년들로 구성된 조직을 통해 이 구상을 민중 속으로 침투시킨다. 그럼에도 그의 구상은 다수의 찬동을 받지 못하였음이 미 군정청에 의해 실시된 여론조사 결과에 나타나있다.

하지 장군은 여운형을 필두로 한 온건한 좌파민족주의자들의 지원을 받기 위해 필사적으로 노력하고 힘을 기울이고 있었다. 하지와 이승만과의 갈등은 깊어져가고 있었다. 1946년 10월 당시 좌우공동위원회를 구성한 여운형 김규식에 대한 하지의 지원이 확실시되자 이 갈등은 최고조에 달했다. 하지는 이때 기존의 주로 지주들로 구성되었던 '25인 대표회의'를 대체할 남쪽만의 임시 입법부 구성계획을 발표한다. 이 임시 입법부는 새로 부임한 윌리암 딘 소장의 승인을 받아 1947년 8월 토지개혁령과 미곡수매, 경제통제령 등을 통과시켰을 뿐, 다른 일은 하지 못하였다.

이승만의 협조를 받지 못하던 하지 장군은 국민들은 물론 소련과의 사이에서도 많은 어려움에 직면한다. 그리곤 거의 탈진 상태가 된다. 문제를 더 어렵게 만든 것은 점점 분열하는 정치파당으로 인한 혼돈과 통제 불능상태였다. 이 분열현상으로 인해 한국 내에 있던 미국인들은 한국문제에서 사실상 손을 떼게 되었고 한국인들의 미래가 어찌되던 모든 것을 잊고 집으로 돌아가고자 했다. 소련과의 협의에 의해 통일국가를 지향하던 하지 장군 역시 이 목표를 포기하고 남쪽만의 임시단독정부수립 쪽으로 마음을 정하게 된다. 1947년 2월 김규식의 친한 동료였던 안재홍이 민간 행정부의 수장으로 임명된다. 남한만의 임시정부가 구성되자 해방 이후 그때까지 행정부에 남아있던 일본관리들은 전부 자리를 떠나게 된다. 1947년 8월 당시 미 군정청에 남아있던 미국인들은 총 3,231명이었는데 이 중 장교가 2,591명이었고 637명은 민간인들이었다.

1947년 7월 19일 백주 대낮에 남쪽 임시정부의 수장으로 기대되던 여운형이 암살된다. 이 사건은 그를 임시정부에 들여 놓으려는 하지의 계획과도 관련이 있었던 것으로 보인다. 그의 죽음은 국민적 애도를 불러온다. 그는 일생 동안 일신의 안위를 멀리하고 그의 재산의 대부분을 처분하여 광복 운동에 헌신한 독립투사였고 집안의 노비들마저 자유인으로 전부 해방하였던 개화된 사람이었으며 해방 후에는 오로지 통일 한국의 설립을 위해 투쟁해온 나라를 사랑하는 정치인이었다. 정치인으로서 그의 첫 번째 목표는 동학농민운동의 원인이었던 조선의 근본 문제들을 해결하는 것이었다. 그러나 그의 비극은 잔인하고 비인간적인 정치 상황 아래서 그가 너무나 대중적 인기가 있었다는 데에 연유한다. 대부분의 국민들로부터 사랑을 받았으나 그의 좌우 통합이라는 명제는 극우 또는 극좌 조직들로부터는 동감을 받지 못하고 있었다. 그것이 비극을 초래한 것이었다.

아버지가 여운형의 암살 소식을 접했을 때 아버지는 소리 없이 흐느끼셨다. 그리곤 어두운 밤에 밖으로 나가 인근의 산으로 가셨다. 이 새로운 사태를 마음속에서 정리할 필요가 있으셨던 모양이었다. 밤늦게 돌아오신 아버지의 손에는 대나무를 꺾어서 만든 피리가 들려 있었고 아버지는 슬픈 곡조로 이 피리를 연주하셨다. 그 연주는 한 밤중까지 계속되었다.

여운형을 암살한 범인은 북에서 피란 온 한치근이라는 19세 소년이었다. 아직 정치적 견해가 정립되지 못했을 불과 19살의 소년이 여운형을 암살했다는 사실에 사람들은 의아해했다. '그렇다면 그의 뒤에는 누군가가 있을 것이다.'라고 쑥덕거렸다. 일반적으로 보아 암살이라는 범법행위 뒤에 숨어있는 진실을 일반인들이 파헤치기란 사실 어렵다.

최근 유투브에 당시 장례식 사진이 소개되었는데 식장에서 사람들은 "어떻게 당신은 우리를 이처럼 버리고 갈 수 있습니까? 이제 누가 우리를 이끌어 갑니까?"하고 울부짖고 있었다.

누가 그 암살 행위의 뒤에 숨어있었을까? 1947년 1월과 2월 당시에 여운형은 남한 공산당의 지도자였던 박헌영의 공작에 의해 파괴된 인민당의 재건을 위해 분주히 일하고 있었다. 당시 이승만과의 관계에서 해결점을 찾지 못하던 하지 장군은 그 해결책으로 여운형과 김규식 같은 민족주의자들의 도움을 절실히 바라고 있었다. 그 해 3월 17일 여운형이 잠자던 침실에 폭탄이 투척되었으나 그는 살아나왔고 4월 3일에는 그가 타고 있던 차량에 화재가 발생하여 죽을 뻔한 일이 생겼다. 암살당하기 전 날인 7월 18일 밤 여운형은 암살을 피하기 위해 정무국의 집에 머물렀다. 아침 9시에 차를 타고 그 집을 떠난 그는 그날 미국으로 떠나는 그의 친구, 김용정이라는 미국시민권자이자 사업가에게 석별인사를 하러 성북동의 김호의 집으로 향했다. 김용정은 개인적으로 이승만과 김구는 오랜 동안 한국을 떠나 있었기에 정치적 기반이 없어 신생 국가의 지도자로서 적합하지 않다고 생각하던 인물이다. 그는 여운형이 지도자가 되어야 한다고 믿고 있었다. 그는 이 생각을 미국의 관계 당국과 협의하기 위해 미국으로 가려던 참이었다.

김용정과 헤어진 후 여운형은 그의 큰 딸, 여난구에게 전화하여 갈아

입을 셔츠를 준비해놓을 것을 요청한다. 그는 옷을 갈아입기 위해 집으로 가는 길을 서둘렀다. 도중에 그는 다시 정무국의 집에 잠시 들렀다가 이내 나와 계동의 그의 집으로 가고 있었다. 그는 그날 한국을 방문중인 영국 축구팀과 친선 경기에 참석할 예정이었다. 당시 한국 올림픽위원회 위원장으로 있던 여운형으로서는 한국이 올림픽에 참가하는 국가가 되는 것이 중요한 일이었기에 올림픽이 열리는 영국으로부터 온 축구팀 행사에 참석하는 것은 그에게 중요한 일이었다. 여운형의 자동차가 천천히 혜화동 교차로로 진입하였을 때 커다란 트럭 한 대가 경찰서 건물 뒤로부터 나와 여운형의 차를 막아섰다. 여운형의 운전사가 급브레이크를 밟자 차는 삐익 소리를 길게 내며 길에 섰다. 이때 암살자가 여운형의 차 뒤 범퍼로 뛰어오르며 뒤 창문을 겨누고 두 번 권총을 발사했다. 한 발은 여운형의 등을 뚫고 위장에 박혔고 또 다른 한 발은 가슴을 관통하여 그는 현장에서 숨을 거둔다.

이때가 오후 1시였다. 한국민주주의의 아버지는 이렇게 운명했다. 암살자는 북쪽에서 탈출해 와서 어렵게 살던 피란민 청년이었다. 그 후 그는 사형 선고를 받고 복역 중 비밀리에 석방되고 난 후 가짜 이름으로 일본으로 이주했다고 한다. 수십 년이 지난 후 이 암살자, 한치근이 북에서 피란 온 청년들로 구성된 준군사조직인 극우청년단 소속이었음이 밝혀진다. 이 사실은 당시에는 잘 알려져 있지 않았다. 그러나 그로부터 반세기도 더 지난 지금 이 비밀 조직에 대한 상세한 내용들이 조금씩 들어 나기 시작했다. 이 정보는 미 군정당국의 인사들, 현장에서 일 했으나 과거에는 침묵을 지켜야 했던 분들 또는 고문과정을 거쳐 살아남은 피해자들의 생생한 증언이나 최근 비밀에서 해제되어 일반에게 공개된 CIC의 문서에서 산견되고 있다.

오늘날 같은 정보화 세상에서는 누구나 이런저런 이야기나 역사적 사실을 인터넷에 올린다. 그러다 보니 자기들 생각대로 역사 다시 쓰기를 하고 있는 이들이 내 놓는 인터넷 정보의 정확성에 대해 아무도 검증하지 않는다. 그러다 보니 이 잘못된 정보가 한국의 많은 젊은이들 가운데 혼란을 야기하고 많은 부정적 결과를 초래하고 있다. 그래서 나는 특히 내가 이 책에 소개하는 정보의 정확성에 대해 재삼재사 확인하는 노력을 기울였다. 내가 발견한 그 놀랍고 믿을 수 없는 이 비밀기관들의 행위, 그들이 어떻게 형사적 범죄를 저질렀는지에 관하여는 이 책의 다른 장에서 이야기하겠다.

간단히 이야기하자면 일부 한국인들이 믿고 있는 바와 같은 미 군정청이나 CIC가 이들 암살행위에 가담하였다는 증거는 없다. 그러나 국외자로서 그들이 책임이 없다고 얘기할 수는 없다. 이들은 분명 이들 암살 내지 민간인들의 대량학살행위를 방지하기 위한 아무런 노력도 하지 않았다. 미 군정청은 분명 북의 인민민주주의공화국도 상하이 임시정부도 인정하지 않았기에 당시는 군정청만이 유일한 합법적 통치기구였다. 따라서 분명 질서유지와 법을 수호하기 위한 책임은 당시 군정청에 있었다고 할 수밖에 없다. 군정청은 왜 이들 정치적 암살행위를 방지하기 위해 좀 더 적극적인 행위를 하지 않았을까? 그냥 일반적인 무관심이었나, 아니면 의도적인 것이었나? 정말 이들 암살 행위가 그저 어떤 조직 내부의 일상행위라고 생각했던 것일까? 군정청은 분명 일반시민들보다 이들 범죄 조직의 존재에 대해 좀 더 많은 정보를 가지고 있었어야 했다.

미 군정청 하에서는 법령이나 포고령 등은 CIC나 미군의 형사사건 조사처(CID)에 의해 집행되고 있었으며 이들은 한국인들로 구성된 경찰 조직의 도움을 받고 있었다. 이 경찰 조직에는 일본통치 시절 치안조직에 근무하던 많은 사람들이 채용되어있었다. 이 생각 없는 사람들이 일반 시민들을 일본 통치 시절의 잔인한 방법으로 대했다. 이것이 민중들의 증오를 일으킨다. 군정통치 말기에는 이런 경찰들이 30,000명에 달했다. 재판은 일본의 법대를 나온 사람들에 의해 행해졌고 미국인들은 사법 제도나 법률 개혁에 대해 별다른 역할을 하지 못했다.

경제적으로는 혼란의 시기였다. 먹을 식량이 부족하고, 땔감도 입을 의류도 전기도 기타 소비품들도 태부족상태여서 이들이 급속히 진행된 높은 실업률과 맞물려 많은 심각한 사태를 일으키고 있었다. 날씨마저 도와주지 않아 그 해(1945-1946) 겨울은 기록을 갱신하는 맹추위였다. 전염병의 예방과 굶주림의 해소가 미 군정청이 해결해야할 가장 급선무였다. 이런 상태였기에 미국은 1945년에서 1948년 사이에 1,500만 불의 대여금과 4억불의 특별구조자금을 공급한다. 이 구조자금은 점령지역 주민을 기아와 죽음으로부터 구조하기 위한 기금(GARIOA)프로그램에서 지원되는 자금이었다.

이 기금은 주로 농업을 다시 살리고 농지에 필요한 화학비료를 미국에서 수입하는데 쓰였다. 미국으로부터 밀가루와 우유, 그리고 의료품과 의류 등도 도착했다. 미국의 구조활동이 많은 아이들과 성인들을 죽음으로부터 구해내었다. 주로 지주들로 구성된 임시 입법부의 완고한 고집으로 인해 긴절히 요구되던 토지개혁은 이루어지지 못하고 있었다. 이 시기에 미국이 가장 실제적으로 기여한 부분은 아마도 교육과 문화 부분일 것이다. 이들이 이 땅에 심은 생각하고 표현하는 자유라는 개념은 그 동안 자유로운 교육과 문화 발전을 저해했던 이 땅의 법률과 각종 제약들을 해소해나갔다. 그러나 이 자유는 후에 이승만의 제1공화국에서 심하게 저해된다.

미 군정청 하의 우리 가족

(1945-1948)

미 군정청 하의 우리 가족

(1945-1948)

해방이 된 후 아버지는 국제거래를 중심으로 하는 은행의 장으로 취임해줄 것을 제안 받는다. 당시 한국자본시장의 형편은 국제거래를 할 수 있을 정도로 영어를 구사하는 사람들을 찾기가 어려웠다. 그 일을 맡은 사람은 아버지에게 그 직업이 얼마나 매력적이며 풍요로운 미래를 약속하는 가를 누누이 설명하면서 바라지 않아도 찾아온 이 드문 기회를 놓치지 말 것을 권고하였다. 그러나 부자가 되는 것, 그것은 결코 아버지가 바라는 삶의 목적이 아니었다. 아버지는 오히려 철학자 같기도 하여 자주 우주의 근본 원리에 대해 언급하시곤 했다. 자본 시장이라는 공간은 그에게는 너무 좁은 저 차원의 세계였던 것이다. 부유한 환경이 사람들의 순수한 영혼을 오염시킬 것이라고 믿고 있었던 것이다. 아버지는 후대 세상을 위해서는 학문의 세계에 몸담고 있으면서 복된 나라를 건설하는데 필요한 지식과 판단력을 갖춘 젊은이들을 양성하는 교육에 힘쓰는 것이 자기가 해야 할 일이라고 생각하고 계셨다. 그래서 아버지는 학계에 남기로 하고 숙명여자대학교 영문학과 교수로 재직하시게 된다.

숙명여대 부근은 일제 하에서 많은 일본인들이 살던 주거지였다. 패전 후 그들은 황급히 짐을 싸서 일본으로 돌아가느라 어떤 이들은 집을 버리고 가기도 하였다. 나의 부모는 숙명여대 부근에서 몇 개의 아주 좋은 집을 찾아내셨다. 어머니는 학교에서 좀 떨어진 곳에 있는 예쁜 꽃밭이 있고 조용한 삶을 즐기는 이웃이 있는 집을 택하고 싶으셨으나 아버지는 숙명여대의 기숙사 바로 뒤에 위치한 집을 택하셨다. 그 집은 거의 4,000㎡에 달하는 야채 밭과 많은 과일나무가 있는 집이었다. 아마도 아버지는 자라나는 아이들을 위해 과일과 채소가 필요하다고 생각하셨던 듯하다. 그러나 어머니는 본능적으로 그 선택에 부정적이셨는데 아마도 친근하게 지나던 이웃을 떠나 북에서 내려온 피란민들로 보이는 낯선 이웃들과 어울려 사는 것이 마음에 내키지 않으셨던 것 같다.

피란민들 중에는 공산주의가 싫어 북으로부터 내려온 민족주의자들도 있었지만 박해를 피해 내려온 일반 민중들이 많았다. 김일성이 일본에 협조했다고 보이는 사람들을 체포하여 무자비한 즉결처형을 시행하였던 것이다. 문제는 미 군정청에는 이 피란사태에 대처할 조직도 또 이들을 돌볼 경제적 여력도 없었다는데 있었다. 우리 가족이 선택한 그 집 주변 집들은 우리 집처럼 그렇게 좋은 집들은 아니었지만 주로 중산층들이 살았던 거주지였는데 그곳으로 입주해온 사람들은 그 집들에 살 정도의 수준이 아닌 것처럼 내 눈에는 비쳤다. 아마도 일본인들이 비우고 간 집들에 그냥 들어와 사는 사람들이었을 것이다. 이 집과 이웃들 속에서 일어난 5년 후의 일을 생각할 때에 아버지가 이 집을 선택한 것은 결국 우리 가족에게는 악마의 안배 같은 것이었다. 여인의 본능적 직감은 존중받을 가치가 있는 것이라는 격언도 있듯이 이 일은 한 번 생각해봐야 하는 것이었지만 아버지는 이 집을 선택하는 큰 결정을 하셨다.

아버지가 가격 협상을 위해 이 집을 방문했을 때 당시 은행 중역이었던 일본인 소유자는 나의 아버지에게 즉각적으로 이사 올 것을 권유했다. 그렇게 하는 것이 자기들을 임박한 폭력으로부터 구해줄 길이라고 믿었던 것이다. 그들은 자기들이 일본으로 귀환하기 전에 폭력적으로 집을 빼앗기고 또 신체적으로 해를 당할 것을 걱정하고 있었다. 당시 이러한 사태는 도처에서 일어나고 있었다. 그 집은 비록 부당하게 이 땅을 점령 통치해온 일본인 중 한 명의 재산이었지만 머리부터 발끝까지 신사였던 아버지로서는 누구의 재산을 강제로 빼앗는다는 것은 상상할 수도 없는 일이었다. 그래서 대가를 지불하고 우리 가족은 우리가 살던 집이 팔리기도 전에 그 집으로 이사해 오게 되었다.

새로이 이사온 집에는 아홉 그루의 감나무와 한 그루씩의 벚나무, 대추나무, 호두나무, 사과나무, 복숭아나무 그리고 몇 그루의 포도나무들이 있었고 넓디넓은 야채 밭이 연이어 있었다. 집의 아래층에는 주된 침실과 커다란 일본식 마루방 거실, 예쁜 응접실과 작은 도우미방, 그리고 욕실과 남녀 각각의 화장실 및 부엌이 있었다. 위층에는 커다란 마루방 둘과 반짝반짝 빛이 날 정도로 잘 닦인 청결한 기다란 목재 복도가 있었고 마치 그림액자를 연상시키는 아름다운 경관을 가지고 있는 창이 있었다. 그 마루방 발코니에서는 멀리 푸른 한강이 내려다보이기도 했다. 전면의 정원은 과일나무들과 꽃들이 만개한 나무들로 가득했다. 남향의 측면 뜰에는 두꺼운 강화콘크리트 구조물이 있었는데 공습에서 살아남기 위해 만든 방공호의 지붕이었다. 사람들은 이 방공호 지붕 한편에 설치된 콘크리트 문을 들어 올리고 그 안으로 들어갈 수 있게 되어있었고 다시금 그곳에서 직접 야채 밭으로 나갈 수 있게 되어있었다. 언덕위에 지어져 있었기에 건물은 마치 2층에 그리고 야채 밭은 1층에 위치한 듯도 보였다. 아름다운 집이었지만 단열처리가 안된 얇은 벽의 이 일본식 집은 추운 겨울나기가 걱정이 되는 구조였고 그래서 겨울이 되면 실내온도 유지를 위해 방마다 난로를 지펴야 했다.

미 군정청은 1945년 9월 8일로부터 1948년 8월 15일까지의 기간 동안 한반도의 남쪽 반을 통치하는 기구였다. 이 기간 동안 나라 전체는 정치적 그리고 경제적인 혼돈이라는 도전을 경험하게 된다. 미군은 이 나라의 언어, 문화 그리고 역사와 정치적 상황에 대하여 아무런 지식을 가지고 있지 못한 채 진주하였기에 통치를 위한 준비가 되어있지 않았다. 그 결과 그들의 많은 행정적 조치들은 예상치 못한 결과를 가져오곤 했다. 거기에 북으로부터 밀려 내려오는 약 40만에 달하는 피란민들과 해외로부터 환국하는 많은 사람들의 물결은 혼란을 부채질하였다. 무엇보다 나빴던 것은 천정 모르게 치솟는 물가였다. 절약이 생활화 되어있던 나의 어머니는 그 동안 저축해놓았던 돈들의 가치가 빠르게 사라져가는 상황에 큰 어려움을 겪고 계셨다. 그 결과 평소 아끼고 아껴 비상시 대비하여 가지고 계셨던 여러 개의 24K 금붙이들을 하나둘 처분하며 어머니는 어려운 상황을 견디고 계셨다. 당시는 어느 누구도 은행에 저축하려 하지 않았다. 군정청은 이런 사태에 대응할 수 있을 정도로 조직화 되어있지 않았고 사회는 서로 다른 여러 정치적 그룹들의 힘겨루기로 인해 참으로 걱정스러운 혼란 상태였기에 인플레이션에 대한 대응은 도무지 기대할 수 없었다.

아버지가 재직하셨던 사립대학교의 재정도 악화되어갔다. 이로 인해 교수들의 급여가 때맞춰 지급되지 않는 경우가 생기게 된 것이다. 그 바람에 때때로 식료품이나 방한용 연료를 구하지 못하는 사태가 생기곤 하였다. 주식인 쌀을 구할 수 없을 때에는 미국에서 긴급원조로 보내온 밀가루로 만든 수제비, 야채죽을 쑤어 먹었다. 그해 1945년의 겨울은 유난히도 눈이 많이 오고 매섭도록 추웠다. 이 추운 겨울 날씨가 상황을 더 어렵게 만들었다.

단열이 제대로 되지 않는 구조에다가 한옥 같은 온돌도 없던 일본식 집에서 지내는 겨울은 참으로 추웠다. 아침 식사를 준비하는 어머니나 집안일을 돌보던 아주머니를 생각해서 내가 새벽에 부엌에 가면 그 전날 저녁 취사작업에서 생긴 김이 밤사이 부엌 유리창에 만들어 놓은 정교하고 세밀한 문양의 성에 무리가 나를 맞았다. 창에 낀 성에들은 다양한 모습의 아주 명료하면서도 완벽한 육각형의 대칭적 문양들이었다. 집에서는 도로의 양편에 눈 덮인 채 줄지어 늘어선 얼어붙은 커다란 가로수들도 내려다보였는데 그 눈 덮인 가로수 숲에서도 나는 너무나도 완벽한 수많은 기하학적 문양들의 파편들을 연상해낼 수 있었다. 정신없이 이런 상상속에 빠져 있던 나를 향해 어머니는 "너 지금 창문 보며 무슨 꿈을 꾸고 있는 거야! 학교에 늦지 않으려면 어서 서둘러야 해." 라며 나에게 정신 차릴 것을 재촉하시곤 했다. 나는 많은 책들을 읽거나 공부하느라 통상적으로 늦은 밤에 잠이 들곤 하였기에 때로는 아침에 늦게 일어나는 날들이 있었고 그로 인해 학교에 지각하는 날도 있었다. 어린 시절 나는 항상 밤에만 활동하는 부엉이 형이었고 아침형 인간은 아니었다.

무섭도록 공포스러웠던 첫 겨울이 지날 지음 아버지는 체신학교 교장

직을 제안 받으셨다. 이 학교는 대학 수준의 정부설립 교육기관이었다. 국립학교이니 교직원 급여지급에 전혀 문제가 없으리라 판단하신 아버지는 그 제안에 응해 교장으로 취임하셨다. 학교에는 군정청에서 파견된 스탠리 중령이 학교일 전반을 도우려 고문관으로 와 있었다. 아버지와 그와의 사이에는 의사소통 상 문제가 없었기에 그 둘은 학교를 잘 운영해나갔다. 우리가 스텐리 중령과 같이 그가 제공한 짚차를 타고 서울 근교의 이름난 불교 사찰들을 찾아갔던 어느 주말을 나는 기억하고 있다. 어머니는 당일 필요한 도시락을 준비해 가셨는데 그가 그 음식들을 맛있게 먹던 모습이 기억난다.

어느 날 아버지가 교직원들과 학생들에게 하시던 연설을 듣고 있던 스탠리 중령은 매우 감동을 받은 모습으로 나타나 아버지를 칭송했다. 우리 말을 몰랐지만 그는 청중들이 아버지의 설득력 있는 연설에 표하는 경의를 보고 그 연설 내용을 짐작했던 것이다. 그는 기본적으로 학교 경영에 대한 아버지의 능력을 신뢰했다. 그래서 항상 군정당국에 아버지에 대해 좋게 얘기하곤 하였다. 그는 재정적으로도 학교에 많은 도움을 주었다. 우수한 교직원들을 충원하고 교육용 기자재를 갖추는데 그는 열심이 아버지를 도왔다. 아버지는 학교 경영에 모든 힘을 다하셨다. 우수한 교사들을 빨리 충원하고 그들에게 때맞추어 급여를 지급하는 일이 학교를 정상화하는 첩경임을 아버지는 아셨던 것이다. 그러나 이러한 학교 정상화 과정 중에 배제된 함량미달의 교직원들이 아버지의 적이 되어가며 아버지에 대한 험담을 하고 다니는 것을 모르고 계셨다.

체신학교를 학교답게 만드는데 성공한 아버지는 1947년 학교 캠퍼스 내에 또 다른 학교를 세우시게 된다. 그 학교 이름은 홍국중학교라고 하였는데 주로 북에서 내려온 피란민 어린 아이들의 무상교육을 목적으로 하고 있었다. 타고나기도 했고 예스러운 교육자였던 아버지는 그 피란민 아이들이 방치되면 그들이 더러운 정치에 물든 청년조직에 가담하게 될 것을 염려하셨다. 그들이야말로 책임 있는 시민이 되기 위한 제대로 된 교육과 미래를 위한 지도를 받아야할 대상이라고 생각하셨던 것이기에 학교 이름도 나라를 일으킬 학교라는 뜻인 '흥국'이라고 지으셨던 것이다. 그 당시까지만 해도 순수하고 보수적인 교육자이셨던 아버지는 당시 준 군대가 되어있던 청년조직들이 시민을 상대로 자행할 수도 있는 비행을 우려하셨던 것이나 그러나 당시로서는 그 포악의 정도를 가늠하지는 못하고 계셨다. 그뿐 아니라 그의 이 교육자적 선행이 그에게 거꾸로 돌아와 그를 해칠 것이라는 것, 그리고 그로 인해 그 뒤 바로 이어지는 몇 년 내에 그의 자랑스러운 경력이 철저히 훼손되리라는 것 역시도 아버지는 모르고 계셨다.

미군 고문관들부터 적극적 지지를 받고 있었기에 아버지에게 이 시절은 매우 흥이 나는 나날이었다. 충분한 재정적 지원 아래 학교를 세우고 지속적으로 발전시켜갈 수 있었기에 일중독 경향이 있던 아버지를 매우 행복하게 했던 것이다. 학교에는 미군 당국이 지원한 기사 딸린 짚차가 있었기에 당시만 해도 믿을 수 없던 대중교통을 이용하는 전쟁을 할 필요가 아버지에게는 없었다. 한편 우리 가족의 경제적 사정도 점차 나아져 갔기에 어머니는 아버지의 급여만으로도 생활해나가실 수 있었다. 어머니는 집을 새롭게 꾸미시기 시작했다. 먼저 일본식 타다미 방이었던 일층의 주 침실과 다른 하나의 방도 한국식 온돌로 바꾸셨다. 또다시 추운 겨울을 난로를 피워야 하는 타다미방에서 보내고 싶지 않으셨던 것이다. 방안에서 석탄난로를 피운다는 것은 집안을 더럽히는 것 이외에 비 오는 날이거나 눈 내리는 날이면 불완전 연소에 의한 일산화 탄소의 위험이 있었다. 일 년 후 어머니는 세 번째 아들, '수'를 출산하셨다. 그는 어머니의 아름다움과 아버지의 명석함을 이어받고 태어났다.

이웃에 한국인 약사와 결혼하여 두 아이를 키우고 있던 아주 친절하고 상냥한 일본 여성이 살고 있었다. 그녀는 일반적인 일본여성의 섬세함은 없어도 키가 크고 행동도 큼직큼직한 스타일이었는데 아버지는 그녀가 분명 일본 북해도 출신일 것이라고 얘기하셨다. 패전 후에도 그녀는 일본에 돌아가지 않고 남았는데 한국어를 열심히 배웠기에 웬만한 일상 대화는 한국어로 말하고 있었다. 그녀는 자주 우리 집을 방문하여 일본어와 서툰 한국어를 섞어 사용하며 어머니와 이런저런 의논을 하곤 하였다. 그들은 서로 친한 친구가 되었다.

집수리는 기대하지 않은 도둑을 끌어들였다. 우리는 한 겨울 동안 세 번이나 도둑의 침입을 받았다. 그들은 만주에 계실 때에 아버지가 사주신 어머니와 나, 그리고 내 남동생의 시베리아호랑이코트를 비롯한 값나가는 물건들을 훔쳐갔다. 이들 코트는 러시아와 만주지역에서는 대단히 인기 있는 패션 품이었다. 시베리아호랑이는 이 지구상에 남은 대단히 아름다운 고양이과의 동물이다. 그러나 아름다운 가죽 때문에 이들은 무분별한 사냥의 대상이 되어 거의 멸종되어가고 있다. 지금 이 시베리아 호랑이 무리는 극동의 아무르 강 지역 일정구역 내에서 엄격히 보호되고 있다. 나는 지금도 하나 가지고 있지만 입고 싶지는 않다. 만주에서 국내로 들어온 이후 나는 어느 누구도 이 시베리아호랑이코트를 입은 사람을 본 적이 없기에 도둑이 시장에 내다 팔면 쉽게 추적할 수 있을 것이라 생각했지만 우리가 서울에 사는 동안에는 다시는 이를 보지 못했다.

우리는 그 도둑이 아마도 우리의 이웃 중 하나였을 것으로 의심했다. 우리 집의 이층 내 방이나 내 남동생 방에서는 이웃집의 내부가 다 들여다보였다. 이웃집들은 임시로 지어진 연립구조물이었는데 그 안에 사는 사람들은 북에서 내려온 피란민들로 보였다. 우리는 그들이 어떻게 살아가는지 알지 못했다. 직업도 없어 보였는데 당시에는 정부의 피란민 보호 정책도 없던 시절이었다. 연립구조물의 왼편 칸에 사는 사람들은 어린 두 여자아이들을 둔 부부였고 오른편 칸에는 20대 후반이거나 30대 초반으로 보이는 딸과 함께 한 여성이 살고 있었다. 그 딸에게는 국군 장교로 보이는 남자 친구가 있었는데 북에서 내려온 사람일 것이라고 나는 추정했었다. 어느 날 새벽 3시경이었다. 나와 내 여동생이 잠들고 있던 2층 방 창을 통해 나는 그 왼편 칸에 살고 있던 남자어른이 자기 집 출입문을 두드리는 것을 보게 되었다. 그는 등에 커다란 봇짐을 짊어지고 있었다. 나는 잠자던 도중에 화장실에 가려고 일어났었는데 시끄러운 소리를 듣고 밖을 내다보게 된 것이었다.

어머니는 아버지에게 이 비정상적인 이웃의 존재에 대해 상기시키시고 다시는 침입하지 못하게 무언가 조치를 해야 한다고 강조하셨다. 우리가 전에 살던 혜화동 지역에서는 나는 한 번도 도둑맞았다는 이야기를 이웃들로부터 들은 적이 없었다. 그 조치의 하나로 아버지의 운전기사가 훈련이 잘 된 아주 영리한 독일산 셰퍼드 한 마리를 구해왔다. 우리는 메리라고 이름 지워주었다. 메리는 지극히 영리한 존재였다. 메리가 온 이후로 도둑의 침입은 더 이상 없었다. 한 번은 내가 메리와 같이 밖에서 산책을 하고 있을 때였는데 그 이웃이 메리에게 고기 덩이를 던져주는 것이었다. 아마도 메리를 시험해보는 것 같았으나 메리는 이에 넘어가지 않고 고깃덩이는 쳐다보지도 않은 채 그르렁대더니 드디어 큰소리로 짖기 시작했다. 메리는 너무나 영리해서 도둑의 시험에 넘어가지 않았던 것이다. 이 사건 역시 이웃이 좋지 못한 사람이었다는 또 다른 증명이기도 하였다.

우리 집의 경제사정이 점차로 좋아졌기에 부모님들은 이제 한마음을 놓으시게 되었고 우리 가족은 그 변화를 즐기게 되었다. 고통의 연속이라는 긴장의 끈 속에 자라났다는 기억을 가지고 있는 사람과 행복했던 어린 시절의 기억을 가지고 있는 사람들, 이들 각각은 성장한 후의 심리 형성에 중요한 차이를 갖게 된다. 아버지의 관심도 그가 대학시절 읽었던 윤리나 철학에 가 있었는데 소크라테스나 플라톤, 아리스토텔레스 같은 고대 그리스의 철학자들로부터 중국의 공자를 비롯하여 18세기 독일의 철학자 임마누엘 칸트에 이르기까지 동서양을 넘나드는 광대한 영역대에 걸쳐 있었다. 어머니가 돈 문제로 인한 살림살이의 어려움을 호소할 때마다 아버지는 물질에 대한 이들 철학자들의 가르침을 인용, 그 호소에 답변하시곤 하였다.

봄이 왔다. 정원은 투명할 정도로 아름다운 보라 또는 눈부시도록 하얀 빛의 수수꽃다리(라일락) 향기로 가득 찼다. 그 향기는 아버지가 제일 좋아하시는 것이었다. 그밖에도 진달래와 벚꽃 그리고 감성을 자극하는 분홍빛 복사꽃과 하얗고도 하얀 사과 꽃들이 정원에 그득했다. 감나무의 노란색 꽃들은 작아서 잘 보이지 않을 정도였지만 시간이 지날

수록 이들은 아름다운 오렌지 빛으로 물들어갔다. 밤이 되면 우리들은 대나무로 된 돗자리를 낮 동안 따뜻하게 데워진 측면 뜰의 방공호 콘크리트 지붕 위에 깔았다. 그리곤 그 위에 나란히 누워 명멸하는 별들로 가득한 밤하늘을 올려다보곤 하였다. 때때로 긴 선을 만들며 떨어지는 별똥별들과 장대한 은하수들을 보며 신비에 잠겨서 어머니가 해주시는 견우와 직녀 이야기에 귀를 기울이곤 하였다. 서로 지극히 사랑하는 사이였지만 오직 일 년에 한 번 은하수 위에 까치들이 짓는 오작교에서만 만날 수 있도록 운명 지워진 천상의 젊은 연인들 이야기였다. 우리가 밤하늘의 별들의 여러 모양에 관심을 보이자 아버지는 그 중에서 7개의 반짝이는 별들로 구성된 한 성단을 가리키면서 네 개의 별은 국자의 오목한 물 뜨는 부분이고 다른 세 개의 별들은 국자의 손잡이라고 알려주셨다. 이 성단의 이름은 북두칠성이었다. 이 북두칠성 성단과 관련되어서는 많은 전해오는 이야기들이 있다. 이 별보기는 그 평화스러웠던 잠깐의 시절 나의 주된 취미 중 하나였다.

주말이 되면 아버지는 온갖 유기농 채소들이 자라고 있는 밭에서 일하는 것을 좋아하셨다. 여름철에는 시금치, 호박, 오이, 가지, 토마토, 옥수수와 감자들을 그리고 늦가을에는 겨울용 김치를 만들 무와 배추를 경작하셨다. 어머니는 닭들을 키우셨는데 이들에게서 우리들에게 단백질을 공급할 신선한 계란을 얻으셨다. 우리 집은 서울시내에 있었지만 대지가 충분히 넓어 이들 모두를 경작하고 키울 수 있었다. 이런 자경농을 통해 부모님은 자라나는 아이들을 먹이는데 부족함이 없도록 하셨다. 봄날 우리가 아침이 되면 밤사이에 새로이 부화된 귀여운 병아리들이 엄마 닭의 날개 밑을 들락거리는 모습을 볼 수 있었다. 병아리들의 다리는 두 개뿐이었다. 내가 유치원 다니던 시절 그렸던 발이 넷 달린 병아리는 없었다. 우리들의 일상은 그 시절 잠시 동안이나마 별탈없이 평화롭게 흘러갔다. 이상이 나의 어린 시절의 행복했던 기억들의 편린이다.

그러나 불행한 상황들이 발생하고 있었다. 나라는 안정되지 못하여 많은 젊은이들은 고통스러운 혼란 속에 놓여있었는데 5월의 어느 날 아침 우리는 학교의 직원에게서 전화 한 통을 받는다. 전화 속의 목소리는 매우 흥분해 있었는데 말하기를 우리 아버지를 부르주아 교장으로 인식한 일군의 학생들이 우리 집에 쳐들어가고 있으니 빨리 피신하라는 전언이었다. 아버지는 아무런 동요 없이 침착하게 전화를 받고 계셨는데 아무런 다른 말씀 없이 알려주어 고맙다며 전화를 끊으셨다. 아버지는 참으로 침착하셨다. 잠깐 깊은 생각에 잠기시더니 어머니에게 말씀하셨다. 학생들이 잘도 모르면서 생각 없이 정치에 물들어서 그들의 귀한 시간을 허비하고 있는 것이 안타깝다고 하셨다. 그 시절 학생들이 해야할 일은 공부에 집중하여 그들의 미래를 준비하고 올바른 방법으로 사회에 기여하는 것이었다. 나라에는 훈련된 사람들이 드물던 시절이었다. 그러나 그러한 정치투쟁으로 미래를 잃어가고 있는 젊은이들을 걱정하는 지도자들은 별로 없었다. 아버지는 밖으로 도피하지 않으시고 집에 머물러 계셨다.

일군의 학생들이 집에 도착했다. 현관 벨이 울렸다. 아버지는 이내 문을 열어주고 그들을 집안 응접실로 안내한 후 응접실의 문을 닫으셨다. 그들이 아버지에게 위해를 가할까 염려스러웠던 어머니는 닫힌 문에 가까이 가셔서 안에서 무슨 일이 이루어지는지 귀기울이고 계셨다.

나도 그 옆에서 무슨 일이 일어날지 불안해하며 서있었다. 방안에서는 조용한 이야기들이 진행되고 있었다. 아버지가 주로 이야기하시는 중이었다. 한 시간 이상이 흘러가고 있을 때 돌연 방안에서 아버지의 큰 소리가 들렸다. '학생들이 아버지를 공격하나 보다'하고 염려하신 어머니가 사태를 수습하려고 응접실 문을 열고 들어가셨다. 그러나 의외로 학생들은 조용히 제 자리에 앉아있었다. 아버지는 그때 집 울타리에 핀 꽃들을 잘라가려는 울타리 밖의 어느 사람을 향해 고함을 지르신 것이었다. 울타리는 탐스러운 봄 꽃들로 덮여 있었던 것이다. 상황을 인식한 어머니는 당황하여 조용히 문을 닫고 물러나셨다. 내가 생각하기에 아버지가 학생들에게 당신들이 지금 할 일은 정치가 아니고 공부하는 것이라는 것을 인식시키신 것 같았다. 나는 아버지가 그 어려운 상황을 침착하게 잘 헤쳐 나가시는 것에 깊은 인상을 받았다. 아버지는 그들 흥분한 젊은이들의 성정을 고요히 가라앉히는 능력을 보여주셨다. 그 능력은 좋은 스승이 갖추어야할 자질이었다.

군정청은 비록 안정적인 경제상황을 만드는 것과 통일을 이루는 데는 성공하지 못하고 있었으나 교육시스템을 향상시키는 데는 눈에 보이는 성과를 만들어가고 있었다. 군정청은 민주적 방식의 토론반들을 운영하고 반장들을 선거에 의해 뽑게 하는 등 방법으로 민주 사회의 기반이 되는 사상의 자유와 남녀평등 이념 등을 고취시키고 언론 출판의 자유를 심어주고 있었다. 이 언론 출판의 자유는 후에 이승만 대통령에 의해 많은 제약을 받게 된다. 아버지는 이러한 형태의 교육 시스템에 기뻐하셨고 나는 토론 반을 좋아했다.

이 무렵 나는 효창 초등학교를 다니고 있었는데 국어, 역사, 수학, 지리, 과학, 음악, 미술과 체육 과목들이 교과목이었다. 나는 학교생활을 매우 잘 하고 있어서 학업성적은 항상 최상위급에 속해 있었다. 부모님은 내가 숙제를 다 했는지를 매일 확인하셨다. 아버지는 학과공부를 강조하셨으나 상대적으로 예술과 음악, 그리고 체육에 대하여는 그 강조 정도가 낮으셨다. 그 결과 우리 형제들 여덟은 어느 누구도 예술 등 분야로 진출한 사람이 없었다. 아버지는 특히 음에 둔감하셨는데 일본통치 시절 학교에서 매일 강제로 부르던 일본국가를 한 번도 제대로 부르지 못하셨다. 그러나 흥미롭게도 아버지는 베르디의 오페라 리골레토 중 라돈나 모빌레의 첫 소절, "여자는 갈대와 같다"는 잘 부르셨다. 분명 아버지는 그 가사의 의미를 좋아하셨던 것 같다.[8] 어머니는 오래된 일기장에서 찾아낸 아버지의 대학시절 잃어버린 첫 사랑에 대해 늘 놀리시곤 하였는데 그때마다 아버지는 항상 웃어넘기시고 하였다.

아버지는 스스로 오늘날을 만드신, 즉 자수성가하신 분이다. 성장과정 중에 가족들로부터 아무런 도움도 받지 못하셨던 까닭에 우리들이 먹는 것이나 의복에 대해 불평을 하면 그것에 동조하지 않으셨다. 아버지에게는 세 가지 신조가 있었는데 .그 첫째는 토마스 에디슨의 어록에서 빌려온 말로 "성공은 99%의 땀과 1%의 천재성으로 이루어진다"는 것이었고 둘째는 다윈의 적자 생존이론이 말하듯이 "이 세상에서 살아남으려면 세상이 원하는 방향으로 치열하게 노력해야 한다."는 것, 마지막으로 그가 존경하는 여러 철학자들로부터 배운 것으로 "일생동안 일관된 신조 하에 살며 절대로 굽어지지 말고 개인의 이익을 위해 남을

8) "바람에 떠다니는 깃털처럼 목소리도 마음도 자주 바꾸는 여인, 항상 사랑스럽고 예쁜 얼굴로 때로는 울고 때로는 웃으며 항상 거짓말을 하는 여인"이란 가사.

속이거나 거짓말 하거나 남의 것을 훔치지 말라."는 것이었다. 그는 자신의 이익을 위해 1910년 한일합방 문안에 서명한 조선조의 친일 이완용 대신을 경멸했다. 그는 그 행위로 인해 일본귀족 체계의 일원이 되어 백작작위로 보상을 받았다. 이완용 이외에도 아버지는 자신들의 안락한 생활을 위해 나라를 팔고 일본에 부역한 모든 친일 반역인사들을 증오하셨다. 5,000년의 긴 역사 속에 수많은 영명하고 존경받아 마땅한 인물들이 존재했지만 반면에 자기만의 삶을 위해 요리조리 헤엄쳐 다니며 나라의 존립을 위태롭게 하고 민중에게 살인적인 고통을 가져다준 경멸되어 마땅한 인사들도 많이 있었다. 이러한 현실은 오페라 극의 소재 같기도 하였으니 아버지가 베르디의 노래 한 소절을 사랑하셨던 것도 놀랄 일은 아니었다.

아버지는 자식들이 사회환경이 어떻게 변하든 살아남도록 배움을 갖추기를 희망하셨다. 동시에 그는 우리들이 어떠한 환경에서도 자신들의 신조를 굽혀가며 사회와 타협해서는 안 된다는 것을 인식하기를 바라셨다. 그는 존경받아 마땅한 분이었다. 나는 아버지와 비견될 수 있는 사람들이 이 지구상에 얼마나 있을까 의문이다. 아버지 덕택에 나는 어린 시절부터 매우 명료한 실용적인 원칙이 몸에 배어있어서 살아오면서 한번도 꿈같은 환영에 자신을 맡긴 적이 없었다. 아버지의 이러한 가르침은 내 인생의 후반 내가 경험하였던 마치 구름 속을 헤매듯 했던 흐려진 직장윤리 속, 불꽃 튀는 경쟁 속에서 나를 살아남게 하였다. 내가 아버지의 가르침을 잊었더라면 나는 내 직장에서 임원으로 연결되는 사다리를 오르지 못했을 것이다. 나의 긴 직장 경력 중 어느 한때 나의 상사가 나에 대해 이야기하기를 "'왜?'라는 의문을 갖지 않고 당신이 만일 우리들의 게임에 단순히 따라왔더라면 당신의 그 많은 업적들보다 더 많은 일을 했을 것이다."라 하였다. 나는 결코 나의 아버지의 가르침으로부터 등 돌린 적이 없다. 나는 나의 인생을 잘 관리해왔으며 후회는 없다.

군정청 통치기간 중에 학교에 도입된 제도가 하나 있었다. 그것은 학생들 스스로가 민주적 선거방식으로 각 반의 반장을 선출하는 것이었다. 반장이 되려면 담임이 선정하는 어떤 주제를 놓고 공개 토론을 거쳐야 했다. 나는 내가 속해 있던 반의 첫 번째 반장으로 선출되었다. 내 나이 9살 때였다. 당시는 지금 학급의 규모에 비해 훨씬 큰 규모였었는데 한반이 6-70명 정도의 반원으로 구성되어있었다. 담임 선생님이셨던 남 선생님은 여성이셨는데 잘하는 한 명의 학생이 상대적으로 미진한 다른 학생들을 이끌어 가도록 분단을 구성하셨다. 토론 시에는 전체 학급을 두 팀으로 나누어 한 주제에 대해 토론을 하게 하셨다. 아주 흥미 있었던 주제 하나는 "산타크로스 할아버지가 정말 존재할까?"라는 것이었다. 어린 시절 나는 정말로 산타할아버지가 존재하는 것으로 믿고 있었기에 찬성 편에 섰고 다른 팀은 그 반대편에 섰다. 이 토론은 공개 연구수업의 일환이었었기에 많은 교직원들과 사친회 임원들이 평가를 위해 참관하고 있었다. 나는 매우 논리적으로 토론을 전개하여 사람들로 하여금 나의 견해를 명료하게 이해시켰다. 마침내 반대 팀이 항복을 하였다. 참관인들은 웃으며 토론에서 승리한 나를 축하하였다. 담임 선생님은 내 부모에게 내가 커서 피고 측 변호사가 될 것 같다고 얘기하셨다. 아마 어린 아이들의 마음을 해치지 않으려고 어느 누구도 산타 크로스가 동화 속 존재라는 것을 얘기하지 않았었기에 나에게 생긴 일이다.

내가 힘썼던 또 다른 분야가 있었는데 그것은 바로 웅변이었다. 매 주제마다 나는 내 주장을 글로 써서 아버지에게 보이고 검토를 받았다. 그러면 아버지는 이를 검토, 수정해주셨다. 내 기억 속에 아직 명료하게 남아있는 몇 구절이 있다. 그것은 아버지가 항상 내 원본에 추가하여 삽입하시곤 하였던 것인데 첫째는 어린 우리들 나이에 잘 이해할 수 없는 정치 문제에 관여하느라 귀중한 시간을 낭비하지 말자는 것이고, 둘째는 항상 주의 깊게 행동하여야 한다는 것이었으며, 셋째는 조선조가 당파 싸움으로 나라가 약해져서 결국 일본의 지배를 받게 되었다는 점을 들어 분파싸움을 하지 말아야 한다는 것, 넷째, 선생님이나 어른 그리고 부모를 공경하라는 것이었다.

아버지는 폭력이라면 어떠한 형태의 것도 증오하셨다. 그는 평화를 사랑했고 젊은이들을 교육함에 있어 이들이 장차 제대로 된 판단력을 갖춘 지식인들이 되리라는 믿음을 가지고 있던 선생님이었다. 그는 학생들이 증오심에 행동하거나 무분별한 군중에 이끌리지 않도록 애쓰셨다. 그것이 아마도 내가 평생을 통해 어떠한 군중들의 집단행동에도 가담하지 않은 원인일 것이다. 나는 항상 내가 그러한 집단행동에 참여하여야 하겠다고 판단할 만큼 충분한 정보를 가지고 있지 못하다고 생각했다. 내가 요르단의 누르 왕비가 쓴 책, 『믿음 속에서'(Leap of faith)』를 읽었을 때 나는 나와 깊은 공감을 일으키는 한 문장을 발견 한 일이 있다. 그녀는 당시 죽음을 앞둔 남편, 후세인 왕을 간호하느라 미네소타 주 로체스터 시의 메이오 요양소에 머물고 있었다. 어느 날 그녀는 잠시 쉬려고 병실 밖으로 나왔다. 우연히 하늘을 올려다보니 계절

이동을 위해 장도에 오른 갈색 거위들의 무리가 보였는데 그 가운데 한 마리 하얀 거위가 보였다. 그 광경에 겹쳐 북쪽으로 까마득하게 멀어져 가는 남편의 모습이 보였다. 이 갈색 무리들 속의 하얀 거위는 바로 폭력이 난무하던 암흑 세상 가운데서 홀로 우뚝 서서 분연히 자기의 길을 가던 내 아버지의 모습이었다..

오랜 기간 여러 곳에서 교수로 또는 교사로 근무하셨기에 아버지는 다양한 사람들과 교분이 있으셨다. 거기에 더하여 그의 경성제국대학 시절의 한국계 동창들과의 친교가 있었다. 당시 제국대학에는 한국계 학생들이 드물었기 때문에 더욱 그들은 친했다. 해방이 된 후 얼마 지나지 않았을 때 하루는 아버지를 따라 서울 명동에 나간 적이 있었다. 길을 걷는 그 잠깐 사이에 아버지를 알아보고 인사해오는 많은 사람들과 나는 마주쳤다. 그들은 그의 대학동창이었거나 오래 보지 못했던 그가 가르친 학생 또는 같이 근무했던 교직원들이었다. 아버지는 때로는 그들이 누구인지 모르셨는데 인사해오는 쪽에서 자기들을 소개하면 비로소 알아보시고 반색을 하시기도 하였다. 그들 모두는 마치 오래 보지 못했던 친척이나 친구를 다시 만나듯 아버지를 반겼던 것이 기억난다. 나는 그때 아버지가 그들에게 어떠한 존재인지를 알게 되었다.

국토 분단과 제주4.3사건

(1947-1948)

국토 분단과 제주4.3사건
(1947-1948)

이런저런 문제를 해결할 수 없었던 주둔군사령관 하지 장군은 한국 문제를 유엔으로 가지고 갔다. 하지의 제안에 따라 유엔은 잠정적인 조치로 한반도의 남부에 우선적으로 정부를 수립하기로 결의하였는데, 이는 통일된 정부를 수립하겠다던 연합국 외무부장관들의 모스크바합의와는 다른 것이었다. 소련은 물론 이 결의에 극렬히 반대하였다. 이 결의가 한반도 전체를 장악하려던 자신들의 계획에 중대한 차질을 야기할 것이었기 때문이다. 그들은 암묵 중에 김일성을 수반으로 한 통일된 공산정권을 한반도에 세우기 위해 작업을 하고 있었던 것이다. 이 유엔 계획을 지지하는 세력과 반대하는 세력 간의 충돌은 격화되어갔다. 한반도의 남반부 전체에 피 흘리는 충돌들이 계속 이어졌다.

유엔은 1948년 4월 28일 결의를 통해 특별위원회의 감독 하에 동년 5월 10일 언론 출판의 자유가 철저히 보호되는 가운데 선거를 실시할 것을 결의한다. 이 결의에 반대하며 남반부의 공산주의자들은 선거명부에 등재하려는 사람들을 방해하는 등 공작들을 증대시켜 갔다. 그들은 투표함 발송마저 방해했다. 극렬한 반란이 제주도에서 일어났다. 반란을 진압하려던 군과 제주의 보안경찰, 그리고 북반부에서 탈출해 내려

▲ 제주4.3기념공원 위령탑

온 극렬 우파 피란민들로 구성된 서북청년단이 그 진압 과정에서 약 30,000명에 달하는 사람들을 학살하는 일이 발생했다. 3만이라는 숫자는 당시 제주도 인구의 10% 내지 15%에 해당하는 숫자였다. 1949년 봄, 반란이 완전히 진압되었을 즈음해서는 전체 제주도 마을들 중 70% 가량이 불에 태워져 사라졌다. 반란이 일어났을 당시 제주도는 아주 적은 인원이기는 하였지만 미 군정청 인원의 통제 아래 있었다. 한국군에 대한 작전지휘권은 당시에는 군정청에 그리고 6.25전쟁 이후에는 유엔군에 있다가 1994년 11월 30일 평화 시의 통제권은 한국군 합동참모본부로 이관되었다.

수십 년이 지나 이 반란사건 진압과정과 희생자들의 실태가 밝혀졌을 때 당시 진압부대의 극도로 비인간적인 잔혹행위가 낱낱이 드러나게 된다.9)

긴 역사 과정을 통해 본토에서 멀리 떨어진 제주도의 주민들은 많은 고통을 당해왔고 가난했다. 그들이 공산주의사상에 기울어진 것은 바로 이 지독한 가난이 원인이었다. 조선 조 500년 동안 이 섬은 정치적인 죄인이나 중앙정부가 기피하던 인물들의 유배지였다.

그 후손들이 제주도 주민들의 한 부분을 구성하고 있었던 것이다. 제주도의 가장 유별난 특징은 바로 여성중심 가족체계라는 것이다. 가장 대표적 예는 바로 해녀로 이들이 가장 역할을 하곤 하였다. 지난 수백 년 동안 해녀들은 바로 이 물질(잠수 장비도 없는 잠수 행위)을 하며 전복이나 소라, 고동 등 해산물 채취해서 생활을 이어갔다. 남자들이 어로 작업을 위해 배를 타고 나갔다가 해난으로 돌아오지 못하는 경우 홀로 남게 된 과부들로 인해 제주도에는 유난히 여자들이 많았다. 이런 이유들로 인해 이들의 오래된 가난은 공산주의사상을 끌어 들였다. 모든 문제의 원천적 해결 수단을 그 사상에서 찾은 듯하였던 것이다.

이 제주도민들의 공산주의사상에 대한 강한 믿음은 『평양이라는 수족관』이라는 책에 잘 묘사되어있다. 이 책은 북한 탈주민인 강철환 씨에 의해 쓰여진 것으로 그의 10년 간의 강제수용소 생활경험이 주제다. 그의 조모는 제주도에서 태어나 살기 위해 일본으로 이주해간 분이다. 그녀는 사업가를 만나 가정을 꾸리고 유복한 생활을 하였으나 공산주의의 완성을 위해 모든 가족이 북한으로 갈 것을 주장하였다 한다. 그래서 그 이상을 위해 가족전체가 북한으로 이주하였다. 북한에서 살던 어

9) 제주43사건 진상규명 및 희생자명예회복위원회가 2003년 발표한 제주4.3사건 진상조사보고서 376-7쪽에는 희생자 수를 15,000명에서 60,000명까지로 추산하고 있다. 이 4.3사건은 10년 가까이 계속된 사건으로 희생자들은 남로당의 무장세력과 정부의 군경 각각의 행위에 의해 발생했다. 낮에는 정부군이 밤에는 무장세력이 지배하던 마을 들에서 발생한 것인데 주된 희생은 청야전략을 구사한 정부군에 의해 마을이 불태워지며 발생했다.

▲ 곤을동 마을 입구에 세워진 위령비

느 날 돌연 남편이 사라진다. 그리곤 가족 전체가 정치범 강제노동 수용소로 끌려간다. “무엇인가가 잘못 되었어! 공산주의 체제에서 이런 일이 일어날 수가 없어!”라고 조모는 수용소생활 중 그 말 한마디를 계속 되뇌었다 한다. 그 불쌍한 여인은 그녀가 강제노동수용소에서 풀려난 후 밭에서 쓰러져 최후를 맞이하는 순간에도 그 같은 말을 중얼거렸다 한다. 추측이지만 그녀의 남편은 또 다른 강제수용소에서 최후를 맞이했을 것이다.

오늘날 제주도는 한국인들에 의해 가장 사랑받는 관광지 중 하나가 되어있다. 이 섬은 유네스코에 의해 세계문화유산으로 지정된 지역이며 동시에 세계의 7대 불가사의 자연 중 하나에 올라 있다. 온화한 기후와 자연의 아름다움, 그리고 환상적인 해안은 한국인들은 물론 극동지역의 사람들이 자주 찾는 대표적 관광지가 되어있다. 그러나 오늘날까지도 4.3사건 당시 희생된 어린 아이들을 포함한 여러 사람들의 외로운 유골은 한라산의 폐쇄된 동굴 곳곳에 말없이 흩어져 있다.

공산주의자들의 테러행위에도 불구하고 선거준비는 착착 진행되어 1948년 4월 9일 현재 21세 이상의 유권자 7,837,504명이 등록을 마쳤다. 이들은 총 인구의 79.7%에 해당하는 숫자였다. 이 과정 중에 선거에 출마한 후보자들을 포함하여 44명의 사람들이 테러에 희생되었고 100명 가까이가 상해를 입었다. 68개의 투표소가 공산주의자 폭도들에 의해 습격당했다. 그러나 당시 선거 전 과정을 참관하였던 유엔참관단들은 선거과정은 대체로 만족스러웠으며 비밀투표 역시 잘 보장되었다고 발표하였다. 이 역사적 선거에 유권자 95.5%가 참여하였다. 어느 정당도 확실히 승리했다고 할 수는 없었지만 이승만을 중심으로 한 한국독립촉성국민회가 국회의원 55석을 확보하여 다수당이 되었다. 당선자 198명의 약 반수는 우파 진영 사람들로 구성되었고 나머지 인원은 대체로 좌파진영 인사들로 추정되었다. 6월 25일 유엔한국위원회는 그 선거 결과를 승인하였다. 김일성이 남침일로 6.25일을 택한 이유가 무엇일까 생각해보면 아마도 이 유엔의 한국정부 승인 일을 역사에서 사실상 의심 없게 만들기 위해서였던 것도 같다. 새로이 구성된 국회에 의해 7월 12일 민주헌법이 의결되었고 이어서 동월 17일 공포된다. 이어서 7월 20일 이승만이 의원 절대다수의 지지를 얻어 초대대통령으로 선출되었다. 유엔은 8월 12일 이 모든 것을 확인하였고 그 결과 해방 3년 만인 1948년 8월 15일 대한민국 정부가 수립되게 된다. 이어서 동년 12월 12일 유엔은 대한민국 정부가 한반도에서 유일한 합법정부임

▲ 4.3사건 당시 어린이 희생자들의 현장에 만들어진 도로변 무덤

을 만천하에 선언하게 된다. 이 일련의 과정은 비공산주의국가들에 의해 승인되고 선언되었다. 폭력의 회오리 속에서 이렇게 한 나라가 탄생되었다.

한편 북한공산주의자들은 나름의 계획 하에 정치적 눈속임놀이를 계속하였다. 1948년 9월 2일 그들은 국회에 해당하는 북쪽만의 최고인민회의를 구성하고 회의를 열어 소위 민주주의인민공화국의 이름으로 나름대로의 헌법을 통과시켰다. 이들은 김일성을 총리로 그리고 박헌영을 부총리와 외무부장관으로 하는 정부를 구성한다. 박헌영은 악명 높은 남조선노동당(남로당)의 총책이었다. 9월 9일 소위 인민민주공화국이 이렇게 태어난다. 동년 10월 12일 소련은 이 공산정권을 승인하고 초

▲ 너분숭이 마을에 세워진 어린이들의 혼을 위로하는 위령비

대 대사로 스티코프(Shtykov)장군을 임명한다.

소련이 남한 인사의 참여도 없고 유엔의 길과는 다른 이 북한 정권을 조금의 망설임도 없이 승인하였다는 것은 너무나 분명한 사실이다.

이것은 1948년 8월과 9월 사이에 일어난 일들로 한국인(Korean)들은 이로서 한반도 내의 유일한 합법정부임을 서로 주장하는 두 개의 정부를 보게 되었다. 미군과 소련군의 지역적 점령기준이었던 군사적 분계선인 38도선은 이제 국가 간의 경계선, 한반도 안의 새로운 철의 장막이 되었다. 이 분계가 원인이 되어 한민족에게 더 심각한 비탄의 세월이 찾아올 것이라는 것은 너무나 분명했다. 바로 이러한 사태를 방지하기 위해 인해 존경받던 세 명의 민족지도자였던 여운형, 김구 그리고

▲ 제주 4.3 기념 공원에 세워진 희생자 명단 석비

김규식이 하나의 정부를 구성하기 위해 애타게 노력하였던 것이다. 그러나 두 개의 국제사회 거대세력의 개입으로 이들은 그들의 정치적 힘과 생명 그리고 꿈을 잃게 된다. 이들 3인은 절대 다수의 한국인(Korean)들의 마음속에 사랑받는 영웅으로 만 남게 된다.

일본식민지배로부터의 독립으로 한국인들은 그들의 경제를 재건할 자유는 회복하였지만 국토의 분단과 미군정하의 정치적 혼란은 한국인들이 안정된 정부와 경제를 재건하기 위한 어떠한 진척도 불가능하게 했다. 전력의 부족과 천연자원의 결핍이 주된 어려움이었다. 원래 한반도에 공급되던 전력은 90%가 북반부에서 왔다. 남반부에는 훈련된 과학자나 전문가도, 그리고 기술자나 경제학자도 없었다. 일본 식민지배자

▲ 너분숭이 마을에 세워진 희생자 명단 비

들은 한국인들이 이러한 지적분야에 진출하는 것을 근본적으로 허용하지 않았던 것이다. 이와 같은 정치경제적 여건은 경제발전에 큰 장애가 되어있었고 세계대전으로 이미 치솟을 대로 치솟은 물가는 남반부의 한국인들을 한층 더 어려운 경제적 혼란 속으로 몰아넣고 있었다. 북반부에서의 공급중단으로 남반부의 농부들은 농사에 쓸 비료도 구할 수 없었고 거기에 더하여 높은 출산율과 북으로부터의 유입되는 대규모의 피란인구는 한층 더 경제를 어렵게 하고 있었다. 식료품, 연료 그리고 의료품의 부족은 사람들의 생존을 위협하고 동시에 심각한 보건상의 문제를 야기하고 있었다.

1948년 8월 미 군정청이 한국 측에 정부를 이관할 시 경제 상태는 이미 지옥이었다. 이 막 태어난 공화국은 수다한 경제적 문제에 당면하고 있었다. 정부에 의한 통화 관리라곤 아예 존재하지 않은 상태에서 계속되는 적자 지출, 특히 공산주의자들을 색출하기 위한 무한대의 비용지출과 세금징수 수단의 부적절성 그리고 통화량의 계속적 증가는 인플레이션을 유발하며 당시의 경제상황을 계속 악화시키고 있었다. 1948년 12월 31일부터 1950년 1월 사이 정부는 1,500억 불 상당의 통화를 발행하였는데 이로 말미암아 통화의 가치는 자꾸 하락되어갔다.

덫에 걸린 아버지와 김구 암살

(1948-1950)

덫에 걸린 아버지와 김구 암살
(1948-1950)

1948년 5월 10일의 총선거 날에 즈음하여 부모님은 예상치 못한 손님을 맞게 되었다. 그는 국회의원에 출마한 황성수 씨였다. 새로이 탄생하는 나라의 헌법은 7월 12일 열리는 국회 본회의에서 제정되고 동월 17일 공포될 예정이었다. 그래서 이번 총선거는 국가의 운명을 결정하는 매우 중요한 행사였다. 나의 아버지는 일생을 통해 정치와는 자신을 멀리 한다는 신조를 견지해 오셨었다. 그는 당시의 정치적 암살행위에 대해 아주 환멸을 가지고 있었다. 그는 조선 시대 당파싸움으로 인해 희생된 수많은 죄 없는 사람들에 대해 잘 알고 있었다. 그러나 나의 아버지는 살고 있던 지역의 관리들로부터 지역유지로 대접받고 있었기에 그들은 가끔 정계에 진출하려는 후보들에게 아버지를 만나 후견을 받을 것을 권유하곤 하였다.

황성수씨는 잘 생기고 웅변에 능한 분이었는데 후보들 중에 제일 젊은 후보였다. 그는 미국에서 교육을 받은 사람이었다. 아버지는 유권자들의 신뢰를 얻으려는 그의 미국식 선거유세 방법과 그의 매력적인 젊음에 매료되셨다. 이러한 유세 방법은 당시에는 매우 드문 것이었다. 대부분은 공갈과 강박으로 표를 구하던 시절이었다. 아버지는 민중의 대표를 뽑는 선거행태에서 구습을 타파할 젊으면서도 명석한 지도자가 필

▲ 김구 선생

요하다고 말씀하시며 그를 위해 지원 활동을 하기로 결정하셨다. 어머니가 당시 정부에서 적극적으로 육성하던 애국부인회의 회장이셨는데 그래서 잘못 이해하면 사람들로부터 오해를 살 수도 있던 아버지의 평소 정치기피적 성격을 보완하는 역할을 하실 수 있었다.

나는 갓 태어난 내 동생 '수'를 돌보며 효창공원에서 열리던 황성수씨의 웅변조로 행해진 그의 후보 연설을 기회 있을 때마다 들었다. 그의 정치연설은 매우 설득력이 있어 자기에게 왜 투표를 해야 하는가에 대해 청중들로부터 긍정적 반응을 얻어내고 있었다. 나는 그의 설득력 있으면서도 청중에게 친근하게 다가오는 변설이 아주 마음에 들었다. 당시 웅변은 우리 학교의 학과목 중 하나이기도 했기에 더욱 관심이 있었다. 황성수씨는 당선되어 제1대 국회의 의원이 되었고 6.25동란 전 기간 및 동란 후 잠깐의 기간 동안에 자유당의 지도급 인사로 활약을 했었다. 당시 우리는 그가 동란 기간 중 우리 아버지의 생명을 구해주게 될 것이라곤 생각하지 못했었다. 여타의 많은 한국의 정치가들처럼 그 역시도 정치세계에서의 생명은 그리 길지 않았다. 동란 후 4,5년이 지나는 동안 우리는 정계에서 그의 이야기를 듣지 못했다. 부모님들은 간혹 그가 무엇을 하고 있을까 궁금해 하시곤 하였다.

정치적으로 혼란스러웠던 그 기간 동안 아버지의 조카 즉, 큰형님 아들인 영기는 서울대학교 불문과에 다니느라 서울에 머물고 있었다. 그는 키가 크고 잘생겼었는데 그의 서구적인 풍모 덕분에 멀리서 보면 미국인이나 유럽인으로 오인되기도 했었다. 아버지는 집안으로 부터 집안의 장자인 그의 학비를 책임지라는 요구를 받고 있었다. 영기는 가끔 우리 집에 들리곤 하였는데 아마도 학비를 받아가려고 그리 하였던 것 같다. 올 때마다 그는 우리 부모는 부르주아요 자기는 프롤레타리아라고 떠들곤 하였다. 그는 칼 마르크스의 공산주의사상이 머지않아 한국을 노동자들의 낙원으로 만들 것이라고 믿고 있었다. 아버지는 그에게 쓸데없이 정치 활동에 가담하지 말고 학업에 열중하여 졸업 후 직장 구할 생각이나 하라고 충고하시곤 하였다. 그의 행태 역시도 절대 프롤레타리아 세계와 맞지 않다는 것을 환기시키곤 하셨는데 왜냐하면 그는 멋쟁이 옷을 즐겨 입고 고급 카메라를 메고 다니며 부잣집 출신 여학생들과 교제하기도 하는 등 취향 자체가 부르주아적이었기 때문이다.

실제로 그는 당시 아버지가 교수로 봉직하고 계시던 숙명여자대학교를 다니던 한 학생과 교제 중이었다. 그 학교가 바로 우리 집에서 지근거리였기에 우리 집에 더 자주 왔는지도 모르겠다. 아버지의 충고에도 불구하고 영기는 자기가 더 잘 안다는 듯이 행동하며 삼촌의 가르침에 귀기울이지 않았다. 당시는 정치적으로 너무나 어지럽고 혼란스러운 상태였다. 많은 젊은이들이 자기가 가지고 있는 정치적 이념에 대한 충분한 이해나 그 행위 결과에 대한 어떤 인식도 없이 여러 이념들의 회오리에 던져져 있는 상황이었다. 젊은이들이란 원래 매우 충동적이고 쉽게 이념화되는 경향을 보인다. 그런데 막상 두려움을 가져야할 때가 되면 두려움 대신 오히려 용감성을 발휘한다. 이들은 매우 쉽게 세뇌가 되고 김일성이나 모택동, 스탈린이나 오늘날의 ISIS같은 교조주의자들의 조정에 쉽게 따라 움직이게 된다. 그들은 어쩔 수 없는 상황이 되어 헤어 나오지 못할 지경에 이를 때까지 부모나 가족 어른들의 이야기에 귀기울이지 않는다. 그러나 결국 비극으로 귀결될 그들의 선택으로 결과적으로 고통을 받을 사람들은 다름 아닌 자신들일 뿐이다.

당시 남한지역은 마녀사냥이 행해지던 시기였다. 마치 미국의 멕카티(McCarthy) 광풍시대처럼 모든 사람들은 자기의 말과 행동 하나하나에 극도로 주의를 기울여야 했으며 사람을 사귈 때에도 사귈 사람과 그래서는 안 될 사람을 엄격히 구별해야 했다. 미국처럼 민주주의원칙 하에 나라가 세워지고 또 오랫동안 그에 따른 민주정부가 지속되어온 곳에서는 그러한 마녀 사냥사태가 사회에 큰 손상을 줄 정도로 오래 지속되지는 않았지만 한국의 경우는 그렇지 못했다. 미국에서는 멕카티가 공산주의자로 기소한 여러 사건을 대상으로 의회에서 특별청문회(Tydings Committee)가 열렸다. 이 청문 위원회는 6.25동란이 발발한 해인 1950년에 설치 운영 되었는데 멕카티가 주장하는 소위 '미국의 불충분자'들이 미 국무부에 의해 고용된 인사들이었는지 아니었는지의 여부를 조사할 미국 상원의 특별위원회에 속한 하나의 소위원회였다. 많은 민주당 의원들은 멕카티의 미국무부에 대한 공격에 분노하고 있었기에 이 위원회 조사를 통해 그의 신인도를 떨어뜨리려 했다. 당시 이 소위원회 위원장이던 밀라드 타이딩스(Millard Tydings)는 "나로 하여금 멕카티를 3일 동안 공개 청문회에 세우게 해주면 그는 다시는 위원회에 얼굴을 들고 나오지 못할 것이다"라고 말 했다고 기록되어있는데 실제로 이 청문회로 말미암아 멕카티 광풍은 미국에서 끝이 났다.

그러나 불행하게도 미국과는 달리 한국에는 정부의 관료나 정치적으로 영향력 있는 사람 또는 조직들을 조사할 기구나 기능이 없었다. 거기에 더하여 당시에는 젊은이들을 위해 제공된 직업 기회가 많지 않았다. 오직 인력을 필요로 했던 분야는 공산주의자들이나 정권의 적을 색출하고 처벌할 정보부나 비밀경찰 또는 사찰 업무를 수행할 부서들이었다. 정권을 잡은 사람들의 입장에서는 그들의 정적을 파멸시키기에 제일 쉬운 방법이 바로 그들을 공산주의자들로 기소하는 것이었다. 피소된 사람들은 그것으로 정치 생명이 끝이 났다.

어느 날 밤 우리 집 문을 심하게 두드리는 어떤 사람이 있었다. 아버지가 문을 여니 그곳에는 한 남자와 두 여인들이 서있었다. 두 여인 중 한 명은 나의 담임인 남 선생이었고, 또 다른 여인도 학교의 선생님이었다. 당시 학교 선생님의 업무 중 하나는 학생들의 집을 방문 지도하는 것이었기에 남 선생은 가끔 우리 집을 방문하여 부모님과 면담하기도 하였었다. 그녀는 매우 좋은 분이었고 당시 최고의 사범학교를 나온 분이었는데 몹시 가난한 집안의 출신이었다. 아버지는 남 선생을 이내 알아보셨다. 그러나 무슨 일이 일어나고 있는지를 정확히는 모르셨다. 남 선생은 아버지에게 자기가 남로당 활동 혐의로 체포되어 가니 시골에 있는 자기 부모에게 그 사실을 알려 달라고 했다. 그녀는 아버지에게 자기 부모의 주소를 주었고 아버지는 부모에게 현상을 알려 주겠다고 약속하셨다. 아버지는 아침 일찍 이 사실을 부모에게 통보하였다. 우리는 그녀가 공산당의 세포였음을 전혀 모르고 있었다. 그러나 당시는 그런 일이 흔하게 일어났다. 가난한 집안 출신의 젊은이들이라면 칼 맑스의 이론이 귀에 솔깃했을 것이기 때문이다. 젊은 청년들에게는 특히 혼란스러웠던 시절이었다.

며칠 후 아버지가 출근을 위해 집 앞에 대기 중이던 차를 향해 가고 있을 때 한 낯선 사람이 그에게 통상적인 아침 인사를 건넸다. "안녕히 주무셨습니까?"와 같은 것이었다. 아버지는 잠깐 모자를 벗고 가볍게 목례하며 아무 말도 하지 않으시고 그냥 대기 중인 차로 걸어가셨다. 그때 다른 한 사람이 아버지의 눈에 들어왔다. 모두가 출근으로 바쁜 아침시간에 왠 사람이 길가에 서서 아버지의 이 일련의 행동을 지켜보고 있다는 것이 이상했던 것이다. 아버지는 여러 학교에서 학생들을 가르치셨기에 아버지 자신은 그들을 못 알아보아도 길거리에서 많은 사람들이 아버지에게 인사를 해오곤 하였던 것이다. 얼마 후 아버지는 그들이 누구인지 알게 된다. 그날 아침 아버지에게 인사를 해온 그 사람은 남로당원이었고 그는 후에 체포되었다. 그날 길에 서서 모든 것을 지켜보던 사람은 바로 잠복 중인 형사였던 것이다.

아버지는 덫에 걸려들고 있었다. 무슨 이유에서 인지는 모르나 누군가 아버지를 싫어하는 인사가 그를 공산당원으로 엮어가고 있었던 것이다. 남로당원을 아는 사람도 역시 남로당원이라는 것이 바로 그들이 세운 논리였다. 여자의 직감력으로 안 보이는 곳에서 무엇인가가 잘못되어가고 있다고 느낀 어머니는 아버지에게 학교에서 무슨 일들이 벌어지고 있는지 조사해볼 것을 권했다. 그에게 어떤 적(敵)이 있는지를. 그러나 비록 어떤 이가 그를 죽일 계획으로 있다고 해도 아버지의 성격상 뒤에서 누구를 의심하고 하는 행위는 절대 하실 분이 아니었다. 그저 부적절한 교사를 학생들을 잘 가르칠 사람으로 교체했을 뿐이라며 가볍게 이 문제를 넘기시곤 더 이상 알아보려 하지 않으셨다. 당시 한국은 이러한 지저분한 일들이 다른 사람의 직위를 차지하거나 그를 파멸시키기 위해 행해지던 마녀사냥시대였다. 부끄럽지만 이러한 일들은 아주

▲ 이승만 초대 대통령

통상적으로 매일 일어나고 있었다.

어느 날 아버지 학교에 방화사건이 발생했다. 내 기억에 이 일이 일어난 시점은 1950년 1/4분기로 6.25동란이 발생하기 전이었다. 당시는 이승만 대통령의 제1공화국 시대로서 아버지를 지지해주던 미군 고문단들은 다 떠나고 없어 아무도 그를 지원해줄 사람이 더 이상 학교에 없었다. 우리는 공포에 질린 직원의 전화를 받았다. 학교에 불이 났다는 전언이었다. 우리는 우리 집 이층으로 올라갔다. 그곳 발코니에서는 멀리 학교가 있는 곳에서 거대한 불꽃이 커다란 검은 연기기둥과 함께 달도 없는 어두운 밤하늘로 치솟고 있는 것이 보였다. 당시 아버지는 식사 약속이 있어서 집에 안 계셨다. 누군가가 아버지의 위치를 확인하고 그 공포스런 소식을 전했다. 아버지는 즉각 학교로 가셨고 불에 타서 무너지고 있는 학교를 발견하셨다. 그도 무너져 내렸고 눈물을 흘리셨다. 아버지가 그날 저녁 집에 돌아오셨을 때 아버지의 눈은 붉게 충혈되고 부어있었다. 본인 부친의 상을 당해서도 눈물이 없던 아버지였는데 자신이 밤낮으로 땀 흘려 건설한 학교가 불에 타 무너져 잿덩이가 되어가는 것을 보곤 그 역시 무너져 내렸던 것이다. 체신학교를 세우기 위해 아버지는 정말로 모든 노력을 다 하셨다. 그 과정을 즐겨 하셨고 또 자신이 이룩해 놓는 것을 자랑스러워 하셨다.

아버지는 누가 왜 이러한 방화를 했는지 알지 못하였다. 단지 경찰이 방화범을 색출할 것이라고 희망하실 뿐이었다. 안타깝게도 당시에는 학교를 재건할 화재보험 같은 제도도 없을 때였다.

그런데 기이한 일들이 일어나고 있었다. 경찰은 많은 죄 없는 사람들을 체포해갔다. 체포된 사람들, 예를 들면 아버지 차의 운전기사 그리고 아버지가 믿고 있던 직원 등 도무지 방화 행위를 할 아무런 이유를 가지고 있지 않은 사람들이었다. 얼마 후 그들은 증거불충분으로 모두 석방되었다. 그런데 이번에는 뜻밖에도 아버지가 체포되었다. 경찰은 아버지를 고문하며 사실을 자백하라고 했다. 경찰은 남로당원으로 추정되는 아버지 고향 사람 이름을 대며 그에 대해 물었으나 아버지는 그가 누구인지 또 그가 어떻게 이번 방화와 관련이 있는지 전혀 알지 못하셨다. 아마도 그는 며칠 전 아버지 출근 시에 잠복 중이던 형사가 지켜보는 가운데 아버지에게 인사를 건네던 그 사람이었던 것 같았다. 어머니가 염려하셨던 것처럼 누군가가 숨어서 의도적으로 일을 꾸미고 있었다. 경찰은 아버지를 사흘 동안 감금하고 있다가 증거 부족이라며 풀어주었다. 아버지는 여전히 무슨 일이 일어나고 있는지 모르고 계셨다. 그러나 이렇게 시간이 흘러가고 있는 것을 안타까워하셨다. 처음부터 다시 자신의 모든 것을 일으킬 수 있는 귀중한 시간 동안에 보이지 않는 적들과 싸움으로 보내야 하는 것에 허망함을 느끼셨던 것이다. 그래서 아버지는 그토록 사랑하고 성공적이었던 체신학교장 직을 사직하셨다. 아버지는 한국 내 정치상황을 혐오하셨다. 그래서 몇 년 한국을 떠나 하버드 대학원에 적을 두고 학위과정을 밟으며 천천히 다음에 무엇을 할 것인가를 생각하겠다는 계획을 세우셨다. 어머니 역시 정치에 물든 이곳을 떠나 있는 것이 아버지의 미래를 위해 좋겠다고 생각하셨다.

▲ 사진16, 아버지 묘소를 참배하는 체신학교 동창생 대표들

나는 항상 그 방화사건의 뒤에 '누가 있어 아버지의 신인도에 해를 가하고 학교에 불을 질렀을까' 혼자 궁금해 하곤 하였다. 나는 정확한 사실을 기록으로 남기는 것이 내가 아버지에게 기여할 수 있는 길이라고 생각했다. 나는 알지 못하는 분이지만 한국에 살고 있는 내 동생 수가 체신학교의 역사를 집필하고 있는 진용옥 교수를 만나고 나서 자료 하나를 받아 나에게 전해주었다. 그가 수에게 준 것은 체신학교 교장으로 계시던 1946년부터 1950년까지 기간 중 일에 대해 아버지가 쓰신 비망록 중 하나였다. 동생 수의 전언에 의하면 진 교수는 체신학교 출신 학생 중 한 명인데 체신학교를 사실상 만든 아버지의 노력과 그가 이룩해 놓은 업적에 경의를 표하며 그 방법 중 하나로 당시의 역사적

사실을 기록으로 남기려 했다 한다. 나는 그 방화사건이 있던 그해 1950년 6월 25일 발발한 한국전쟁 이후 내가 한국을 떠나던 1959년 9월에 해당하는 기간 동안에 체신학교에 대한 이야기를 전혀 듣지 못했기 때문에 이 비망록들의 존재를 알지 못했다.10)

내 동생 수에 의하면 1961년 제2공화국(윤보선과 장면 정부) 시절 체신부장관으로 있던 분이 아버지에게 다시 체신대학으로 돌아와 주실 것을 요청하였다 한다. 당국은 학생들의 데모로 무너진 학내질서를 세우려 하고 있었다. 이승만 대통령을 하야시킨 학생들의 4.19봉기가 있은 바로 직후의 일이었다. 체신대학으로 돌아오신 아버지는 그 직후 쓰신 '비망록(학보에 게재)'에 1950년 방화사건 직전에 무슨 일들이 있었는가를 남기셨다. 아마도 아버지는 당시 사건의 정확한 경과를 기록해 놓으려 하셨던 것 같다. 나는 마침내 평생을 통해 알고자 했던 당시 사건의 진상을 알게 된 것이었다. 나는 그것에 감사한다. 그 속에는 충격적인 사실이 들어있었다. 당시반공 활동을 주도하던 준군사조직이었던 서북청년단 비밀 조직원이 학교에 침투해있었던 것이다. 제1공화국! 그것은 무법천지의 범죄공화국이었다. 그 단체는 북에서 피란 온 헐벗고 굶주린 청년들로 구성된 준군사조직으로 누가 되었든지 그 조직이 원하지 않는 사람들은 생명을 앗아가던 단체였다. 성숙되지 못한 젊은이들

---

10) 진용옥 교수는 체신학교 재학 중 1961년 학내 학생운동으로 제적된 후 당시 두 번째로 교장으로 재직하시던 아버지의 보이지 않는 선처에 힘입어 인천에 있던 학교로 편입학된 이로 평생 아버지의 참 교육자적 모습을 잊지 못해 아버지 사후 10년이 지났을 때 체신학교 졸업생 대표들을 모아 아버지 묘소를 참배한 분이다. 당시 규칙에 의하면 학내 학생운동을 하다 제적되면 다른 학교 편입학이 불가했다 한다. 같은 이유로 제적된 학생들이 몇 있었는데 모두 아버지의 선처로 다른 학교에 편입학 되었고 그 중에는 차후 고위 공직자나 군 장성이 된 인사들이 있다고 했다. 진 교수는 지금은 없어진 구 체신학교의 교정에 아버지의 동상을 세울 것을 동창들과 기획하고 있었다.

에게 권력과 총을 주면 그들은 분명 분별없이 행동할 것인데 서북 청년단이 바로 그 경우에 해당했다.

아버지의 비망록은 다음 사실을 얘기하고 있었다.

1950년의 일이었다. 아버지가 북쪽에서 내려온 피란민들을 위해 세운 홍국학교 학생들 중 200명가량을 제적 조치하신 일이 있었다. 당시 수업료도 기숙사비도 없던 국비지원 제도를 많은 학생들이 생계유지수단으로만 삼은 채 막상 수업에는 참석하지 않는 상황이 벌어졌던 것이다. 그런데 그 학생들이 바로 서북청년단원들이었던 것이다. 이 사실을 알게 된 아버지는 엄격한 교육자적 입장에서 원칙에 입각하여 자신들의 미래를 위해서는 젊을 때 공부해야 한다고 타이르셨다. 그러나 아버지의 그런 희망은 유감스럽게도 그 들에 의해 무시되어 돌아왔다. 그러나 그들의 행위는 결국 정말로 간절히 공부하려 하는 사람들의 교육 기회를 앗아간 것이었다. 배우기를 원하는 가난한 청년들이 사용해야할 학교의 기숙시설을 이 무뢰한들이 점거하고 있으면서도 막상 공부는 하지 않았던 것이다. 그래서 이들이 제적 조치되었던 것이다. 비열한 무리들이 제적당한 것에 대하여 복수하기 위해 아버지를 학교 방화범으로 그리고 공산주의자로 몰아갔던 것이다. 경찰은 아버지를 체포해서 사흘 동안이나 고문하며 공산주의자로 추정되는 아버지와 동향인 한 인물을 학교에 들였다는 사실을 자백하라고 강요했다. 그의 피와 땀이 이루어낸 그의 성취가 잿더미가 되어 비통함에 잠겨 있던 아버지를 경찰은 고문까지 하며 심문한 것이었다. 그러나 아버지는 그 사람의 존재에 대해서 모르고 있었고 더 더군다나 그가 어떻게 방화와 연관되어 있었는지를 알지 못했다. 이 모든 것이 아버지에게는 그저 말이 안 되는 일이었을 뿐이다. 정말로 기이한 것은 경찰은 그 후에도 진정한 방화범을 찾을 어떠한 노력도 하지 않았다는 사실이다.

타고난 교육자이셨던 아버지는 어린 학생들이 군대가 다 되어있던 극우청년테러조직과 어떻게 관련이 있는지 도저히 그 둘을 연결해서 생각할 수가 없으셨다. 그 테러조직은 염응택이라는 사람에 의해 운영되고 있었는데 당시 정권의 상층부로 부터 지시를 받고 그들과 정치적으로나와 대적관계에 있는 상대 즉, 김구나 여운형 같은 인사들을 제거하는 것을 주 임무로 하고 있었다. 이 지점에서 나는 아버지가 체신학교의 여유 시설에서 북에서 내려온 피란민의 자녀들을 위해 수업료 없는 학교인 홍국중학교를 운영했다는 사실을 독자들께 다시 한 번 상기시켜드린다.

지역 경찰이 그 방화사건과는 아무 관련도 없는 사람들을 잡아넣었다는 것은 뭐 특별히 기이한 일도 아니다. 미 군정청 시절이나 이승만의 제1공화국 시절 그 준 군대였던 청년단은 막강한 힘을 가지고 있는 정치 조직이었다. 지역 경찰이라 해봐야 그들의 확장된 팔 정도였을 터이니 그들이 시키는 대로 이 사람 저 사람 잡아넣고 고문하고 하였을 것이다. 당시 퇴학 된 학생들이 분풀이로 학교에 방화하고 아버지를 방화범이요 공산주의자로 몰아 앙갚음을 하려 했다는 것이 이제 명백해졌다. 그런데 설령 공산주의자가 방화를 했다 해도 학교에 방화하는 것을 무슨 목적으로 한 행위로 설명한다는 말인가?

나는 젊었던 시절 형사범 죄인들이 판치는 사회에서 이처럼 불공정한 일들이 횡행하는 것을 보았다. 이러한 비극을 피하기 위해서는 기본 원칙에 따라 단순히 정직하게 살고 열심히 일한다는 것만으로는 충분치 않다는 것을 나는 안다. 세상에는 착하고 좋은 사람들도 있지만 반면에 오로지 자신들이 가지고 싶은 것을 취하기 위해 남을 해치는 일을 서슴지 않는 사악하고 부정직하며 온갖 장난을 하는 사람들도 있다는 것을 여러분은 알아야 한다. 선량하고 능력 있는 정치지도자가 없는 나라의 보통사람들은 엄청난 고통을 겪을 수밖에 없다는 것 역시 나는 안다. 나는 그 준군사조직의 행동대 가운데서 정치적 경쟁상대를 살해하게 한 장본인을 찾아내고 싶었다.

대한민국은 국내외적으로 이처럼 문제 많던 환경에서 창건되었다. 수많은 비극적 사건들이 이 사회의 독특한 성격을 만들어갔다. 처음에는 많은 사람들이 통일된 민주국가를 기대하였고 미국 역시도 이 나라를 아시아의 대표적 민주주의 국가로 만들고자 하였다. 그러나 그러기에는 눈에 보이거나 보이지 않았던 너무나 많은 장애들이 놓여 있었다. 대통령이 된 이승만은 그의 대단한 학력에도 불구하고 오직 민주주의의 옷을 입은 변술에만 능한 독재자였다. 그는 민주공화국의 수반이었지만 의외로 제국주의적 사고에 머물고 있었다. 그에게 절대 복종하는 사람들에게 둘러싸여 절대적 충성을 요구하며 어떠한 반대도 허용치 않았다. 그의 지지자들 중 다수는 부패하고 무능력했으며 족벌주의와 정실인사가 횡행했다. 당시 72세의 고령이던 이승만은 현대적이고 강한 대한민국을 만들려 했으나 그와 국회와의 관계는 그리 원만치 못했다.

이승만 대통령이 조각한 최초 내각에는 외국에서 선진교육을 받은 여러 인사들이 포함 되어있었다. 예를 들면 영국에서 공부한 장택상을 외무부장관으로 하였고 독일에서 공부한 안호상은 문교부장관, 미국에서 수학한 임영신은 상공부장관으로, 역시 미국에서 수학한 윤치영을 내무부장관에 그리고 진보진영의 지도자였던 조봉암마저 포용하여 농림부장관에 임용하였다. 처음에는 모든 것이 희망적으로 보였다. 그의 정부에는 일본에 협력했던 인사들도 포함되어있어 폭풍 같은 비난을 야기하였으나 이승만 대통령 자신은 이를 무시하였다. 몇 달간 그들의 충성도를 살펴본 이승만은 겨우 4개월 후인 12월에 그의 특징을 보여주는 첫 번째 개각을 실시한다. 자기 지시에 잘 따르지 않고 믿음이 가지 않는 인사들, 외무부의 장택상, 내무부의 윤치영, 그리고 사회부 전진한 등을 면직시키고 경찰의 수뇌였던 조병옥 같은 명사들을 그들보다 덜 알려졌지만 말 잘 듣는 충성분자들로 대체한다. 진보당 출신 조봉암 역시 1949년 2월에 해임된다. 6.25동란 전후하여 서구에서 교육받은 인사들은 사라지고 대신 일본에서 구시대적 전통과 관료적인 환경에서 교육받은 사람들로 그의 내각은 채워진다. 이러한 잦은 개각으로 그는 모든 정책이나 구체적인 행정사항들에 대해 절대적 통제권을 확립하고 이를 기초로 그 후 모든 것을 자기 뜻대로 하게 된다.

이승만 행정부의 점증하는 억압적 책략을 보며 1950년의 총선거를 앞둔 한국민주당은 다른 중도적 우파 진영과 합당을 통해 1949년 2월 새로이 민주국민당을 출항시킨다. 그리곤 총선 연기를 주장하는 이승만의 제안을 철저히 패퇴시킨다. 오랫동안 많은 사람들이 학수고대해온 토지개혁 법안이 1949년 5월 국회를 통과한다. 지나치게 진보적인 안을 주장하던 조봉암이 2월에 해임된 후의 일이다. 그러나 이 법안은 이승만 대통령에 의해 거부권이 행사되어 무효화되고 그 대신 이승만 행정부가 제안한 보다 보수적인 개혁안이 1949년 6월 21일 국회를 통과하게 된다. 정치적 폭풍우 속에서 노일환, 김약수와 같은 몇 명의 의원들이 국가보안법 위반과 공산당과의 연계 혐의로 체포된다.

점증하는 반 이승만 정서 속에 있던 1949년 6월 26일 한국독립당 지도자 김구 선생이 그의 사무실에서 안두희에 의해 암살된다. 안두희는 즉시 체포되었고 그의 이름으로 모든 신문들이 도배된다. 암살자는 국군의 현역 중위로 판명되었다. 김구 지지자들은 그들의 모임에서 자주 안두희를 목격하였다고 하는데 그는 김구를 칭송하며 친 아버지처럼 모셨고 김구 역시 그를 아들처럼 신뢰했다고 한다. 이런 사실들을 미루이보면 그는 스파이로서 암살 기회만 엿보고 있었던 것 같다. 그러나 당시 신문은 왜 그가 암살을 했으며 배후에 누가 있는지 등에 대해서는 침묵하며 더 이상 아무 기사도 내지 않았다. 김구 암살 사건은 미 군정과 제1공화국 기간 동안 발생한 여러 정치적 암살사건들 중 하나에 불과했다. 그 사건을 배후에서 조정한 인물과 숨겨진 자금 조달책들이 분명히 있었을 터임에도 일반인들에게 알려진 것은 아무것도 없었다. 오직 수많은 소문들과 추측들만 떠돌고 있을 뿐이다.

믿기지 않지만 나는 우연하게도 김구 선생을 친견할 기회가 있었다. 그가 환국하고 얼마 지나지 않았을 때 내가 다니던 초등학교 학급이 자연 학습 차 우이동에 갔을 때였다. 그는 당시 대동한 서너 명의 사람들과 도보 대화를 나누며 자신이 망명한 1919년 이래 오랫동안 보지 못했던 조국 강산의 아름다움을 감상하고 있었다. 인솔했던 선생님이 그에게 사진을 같이 찍자 했을 때 그는 흔쾌히 승낙하고 우리들 가운데 앉아 같이 사진을 찍었다. 어렸던 나는 한국 역사 속에 우뚝 선 한 거대한 위인의 존재를 알아보지 못했다. 당시의 사진을 우리 집 사진첩에서 찾아보도록 동생 '수'에게 시켰지만 그는 찾지 못했다고 했다. 아마도 그 사진은 망실 된 것 같다. 6.25동란시절 어머니는 황망 중에 피란가면서도 가족들의 사진첩들을 챙겨 가셨지만 이동할 차량도 없이 모든 것을 가지고 가는 것은 불가능했을 것이다. 우리들의 귀한 기억들이 영원히 사라진다는 것은 슬픈 이야기다. 물질들과는 달리 인간은 기억에서 사라진 과거의 일들을 다시 되돌려 내기는 어렵다.

눈이 먼 장군과 준군사살인부대
(1946-1950)

눈이 먼 장군과 준군사 살인부대
(1946-1950)

그 시절 이후 지금 반세기가 흘렀고 그 혼란스러웠던 1950년대 막강한 힘을 휘두르던 정치가들도 모두 저 세상으로 갔다. 천국일지 지옥일지 모르나 그들은 갔다. 비밀에 싸여있던 정보들도 많이 해제되어 대중에 공개되었다. 더 중요한 것은 당시의 범죄를 증언하는 이들은 더 이상 처벌받을 것을 두려워하지 않아도 되게 되었다는 사실이다. 그리고 이제 늦었지만 정의를 세우려는 민주정부가 실제 그 범죄를 저지른 사람들의 자백을 요청하고 있다. 당시 사건의 흩어진 조각들을 모아 무슨 일들이 어떻게 이루어졌는지 그 정확한 역사를 기록할 수 있게 되었고 또 그렇게 함으로서 공포가 지배하던 시절 한국의 남쪽에서 억울하게 희생된 분들의 명예를 회복시켜 줄 수 있게 되었다.

나는 제2차 대전 시기와 그 후 냉전기간 동안 한국에서 있었던 일들 중에서 CIC에 의해 비밀로 분류된 한국 관련 정보들을 조사했다. 그 결과 암 브래디 소령(Major Ann Brady)과 그 외 몇 CIC요원들에 의해 1959년 생산된 약 30권의 문서들을 접할 수 있었다. 그 문서는 1950년까지의 CIC 역사를 담고 있었다. 그 비밀 해제된 정부 역사 문건들은 현재 미국 정부기록보관소(National Archives and Records Administration)에서 구할 수 있다. 나는 또 1949년 죠지 실리 소령(Major George E. Cilley)에 의해 워싱턴 DC에 있던 미 육군 정보국장에게 보고된 정보보고서 문건도 구해볼 수 있었다. 또 2000년도에 해군 출판부(Naval Institute Press)에서 출판된 마이클 하스(Michael E. Haas)의 『악마의 그림자 속에서(In The Devil's Shadow)』라는 책도 구해보았다. 동시에 이미 절판되어 살 수는 없었지만 워싱턴의 국회도서관, 미 공군도서관 그리고 앨라바마대학도서관에 소장되어있을 뿐인 한국전쟁 당시 미 공군 정보 요원으로 근무했던 니콜스 씨(D. Nichols)의 생생한 전기 『몇 번이나 죽을 수 있을까(How Many Times Can I Die)』도 출판사로부터 디지털 자료들을 구해볼 수 있었다. 그뿐 아니라 나는 6.25동란 당시 한국에 파견되었던 신문 기자들의 비망록들을 구해 읽었고 또 다른 유사 정보처로 부터도 당시는 폐간의 두려움 때문에 공개하지 못했던 많은 한국 신문들의 원본 기사들을 접할 수 있었다. 이들을 읽어 보고 난 후 나는 미 군정청과 이승만정부 시절 어떠한 일들이 이루어졌는지를 알게 되었는데 그것은 그야말로 충격 바로 그것이었다.

실리 소령에 의해 워싱턴의 미국육군 정보부대장에게 보고된 김구 암살 관련 문서에는 당시 눈먼 장군으로 불리던 염응택을 묘사한 장면이 있다. "팔색조 같은 다양한 얼굴의 악의로 가득찬 인물"이 바로 염응택이라는 것이다. 실리 소령에 의하면 염응택이 조직하여 운영하고 있던 '백의사'(白衣社)는 지하의 암살 조직, 살인폭력집단 그리고 극도의 국수적 환상 속에 사는 미친자들의 모임, 바로 그것이었다. 염응택이 쉴리 소령에게 한 말이 기록되어있다. "나는 믿고 있던 동포에게 배신당했다. 그래서 나는 그 인물을 증오하며 명령이 떨어진다면 조금도 주저함 없이 그를 해치울 것이다."라고 했다는 것이다. 그가 지칭하고 살인 대상

▲ 8년간 일제 밀정(密偵)으로 활동했던 염응택은 해방이 될 줄 몰랐다.

이 된 사람은 바로 김구 선생이었다. 그래서 실리 소령은 김구를 암살한 현장범이 준군사조직인 이 백의사의 요원이었을 것으로 생각했다. 안두희는 염응택의 대리인이었다. 그는 세포 번호 1번의 특별 공격부대에 속한 조직원이었던 것이다. 그는 CIC 정보원이었고 나중에 CIC의 요원이 되었다. 실리 소령 보고서의 옳고 그름에 대해 확인이나 부인 같은 외부의 평가는 찾지 못하였으나 그는 여운형의 암살도 바로 이 지하조직, 백의사에 의해 이루어진 것으로 믿고 있었다. 실리의 모든 보고서가 제3자의 눈으로 쓰여진 것이기 때문에 독자의 흥미를 일으킨다.

분명 실리 소령은 염응택의 과거에 대하여 잘 몰랐을 것이기에 염이 자신은 불어, 독일어, 영어를 유창하게 말할 수 있다고 했을 때 놀랐을 것이다. 그는 항상 그 사실을 숨기기 위해 통역원을 두고 대화하였다는 것이다. 아마도 그는 이 준군사조직의 비밀스러움을 유지하기 위해 그의 진면목을 숨겼던 것 같다. 염응택의 과거를 돌아보아도 그가 이처럼 여러 나라 말을 할 수 있을 것이라곤 생각할 수 없다. 그와 같이 반은 미치고 항상 환상 속에 사는 존재에게 청년들로 조직된 준군사조직을 맡겼다는 것 그리고 거기에 더하여 그에게 도움을 준 우익정치지도자가 있었다는 것은 참으로 믿어지지 않는다. 염응택을 미 군정청 하지 장군과 CIC에 소개한 장본인은 놀랍게도 신익희 씨였다. 신익희 씨는 북한에 관한 중요 정보를 염응택이 제공할 수 있을 터이니 그의 조직을 지원해 달라고 했던 것이다. 유명한 우익정치지도자인 신익희, 그리고 나중에 이승만 정권에서 국무총리를 지낸 이범석씨도 반공으로 굳게 뭉친 군대를 육성하려면 염응택의 반공청년조직에 대한 지원이 필요하다며 미군정 당국을 설득했던 것이다.

하지 장군 역시도 이 사안에 대해 맥아더 장군과 미 국무성의 승인을 받기 위해 노력하고 있었다. 승인요청은 10월 28일부터 이루어지고 있었는데 현실적으로는 10월 6일 이 청년 조직은 이미 설립되어 운영 중이었으니 승인 요청은 형식적인 사후 요식절차였던 것이다. 그러나 국무성 내의 극동담당관 죤 카터 빈센트(John Carter Vincent)는 이 승인 요청 건에 대해 명료하게 반대하고 있었다. 맥아더 장군 역시 국무성과 궤를 같이하며 "이 제안은 현실성이 없다."고 평가하였다. 이렇게 되자 하지장군은 신익희 씨에게 CIC근무원, 한국인 이순영을 보내 신익희 씨가 얘기하는 청년 조직이 북한에 관한 정보를 미국 CIC에 제공하여야 한다는 조건에 명백히 동의할 것을 요구하고 그렇지 않으면 그 조직은 존립할 수 없게 될 것이라고 통보하였다. 그런 과정을 걸쳐 염응택의 백의사조직은 하지 장군을 위해 북한에 관한 정보수집활동에 들어가게 된다.

미군 CIC내에서 염응택의 상대는 당시 서울 주둔 중인 CIC 분견대의 대장, 휘타커(Whittaker) 소령이었다. 휘타커는 염응택의 조직원들을 위해 훈련시설과 훈련을 제공했다. 1946년 5월까지 이 CIC훈련시설에서 훈련받은 요원은 10명에 달했다. 이들은 북한지역으로 파송되었는데 한도(道)에 두 명씩이었다. 그들의 임무는 북쪽의 군사시설 설치상황, 주요 인물들에 관한 강약점 파악, 기타 제반법규 등에 관한 정보수집이었다. 휘타커 소령은 염응택에게 미국이 요구하는 정보의 상세한 목록을 주고 일을 시켰다. 이렇게 해서 이들 제대로 훈련 받지 못한 젊은이들은 미국 CIC를 위해 북으로 파송되었고 대부분 암약 중 체포되어 살해되거나 변절하여 남으로 돌아오지 못한다.

염응택과 미국 CIC와의 관계가 여운형과 김구의 암살에 직접 관련이 있는 것이 아님은 분명하다. 미국 CIC는 신익희 씨가 권고한 것처럼 오직 이 조직을 통한 북한 정보에만 관심이 있었다. 그렇지만 미 군정청과 미 CIC가 이들 평판이 나쁜 조직과 협력하면서도 군정청의 통치기간 중 일어난 이들의 정치적 암살행위들을 방지할 조금의 노력도 하지 않았다는 것은 나를 실망시킨다. 그들은 일어나는 일들을 단지 제3자적 입장에서 바라보고 관련된 정보를 수집하여 본부에 보고만 하는 실망스런 입장을 취하고 있었던 것으로 보인다.

명백히 그들의 이 정책은 재앙이었다. 그들은 이 조직을 통해 북한에 관한 유용한 정보는 얻지 못하고 그 대신 다수의 한국인들로부터 지지를 받던 민족지도자들을 상실케 하는 결과를 가져왔기 때문이다.

한국 국방부의 통계에 의하면 1945년부터 1948년 사이 기간 중 북에서 남으로 내려온 피란민들의 숫자는 803,000명이었다고 한다. 이들 무리는 아마도 두 가지의 부류로 나누어질 수 있는데 하나는 직업이나 학업을 위해 남으로 내려온 사람들이고 또 하나 다른 부류는 그야말로 공산주의에 대한 강한 적개심이 있어 내려온 사람들이었다. 두 번째 부류에 속한 이들 중에서 많은 사람들이 이 준군대였던 조직에 가입하여 활동했다. 당시에는 이들이 일할 직장이 부족했던 터라 이 조직에 입회

함만으로도 이들은 잘 지낼 수 있었던 것이다. 1946년 11월 30일 강력한 군대 모습을 지향하며 반공청년단체인 서북청년단이 결성된다. 바로 이 단체가 추후 제주4.3사건이라는 학살행위에 관여하게 된다. 이들은 또 개인적인 원한을 이유로 아버지가 만든 학교에 방화하고 죄 없는 아버지와 여타 사람들을 공산주의자와 방화범으로 몰아 경찰에 구속되게 한 장본인들이다. 미국 CIC가 여운형의 암살에 관여하지는 않았다는 것은 분명한 듯하다. 그 암살 행위의 뒤에는 분명 이 염응택의 살인부대를 이용하여 정적을 제거하려한 한국정치꾼들이 있었을 것으로 보인다.

이 염응택이라는 사람은 도대체 어떤 인간이었을까? 내가 한국에서 자라나는 동안에는 한 번도 그의 이름을 들은 적도 없고 신문지상에서도 그의 이름을 본 적도 없었다. 아마도 그의 이 비밀 정치적 조직은 권력을 잡은 정치인들에 의해 그 비밀성이 잘 보호되었던 듯하다. 여러 해에 걸쳐 염응택이란 인물의 본 모습과 비밀 속에 가려진 범죄행위들의 상세한 내용이 조금씩 조금씩 세상에 흘러나왔다. 이에 따르면 중국에 있을 때 그는 공명심에 불타는 국민당의 한 장교 후보생으로 그의 경력을 시작했다 한다. 그가 한국인들로 구성된 중국국민당 군의 사관후보생이었을 때 급여에 대한 불만을 이유로 학생폭동을 부추긴다. 당시 이 사관학교는 김구 선생과 장개석 총통 간의 합의로 남경의 군사관학교 내에 특별히 편성되어 1933년 12월부터 운영되던 조직으로 한국독립군 장교 육성프로그램이었다. 따라서 염응택의 폭동행위를 전해 들었을 때 김구 선생은 언짢을 수밖에 없었다. 장개석에게도 이 행위는 묵과할 수 없는 것이었기에 염응택을 체포, 처벌하라는 명령을 내린다. 염응택은 도주하여 남경 신익희의 집으로 피신하였고 그곳에서 수일 간 머문다. 그 후에 그는 장개석이 운영한 악명 높고 잔혹한 비밀결사조직인 남의사(藍衣社)에 참여한다. 남의사 요원으로 스파이활동에 나선 염은 그 후 일본당국에 의해 체포되어 고문을 당하게 되는데 그 고문을 이기지 못하고 다 자백한 후 향후 일본을 위해 스파이가 될 것을 약속하고 풀려난다. 당시 일본감옥에서 당한 고문 때문에 염응택은 거의 장님이 된다. 이 이유로 미국인들이 그를 눈먼 장군으로 불렀던 것이다.

아라카와 타케죠는 염응택을 체포하고 그를 고문하여 전향시킨 일본 형사다. 그들 둘은 1945년 일본이 항복하였을 당시 평양에 머물며 독립투쟁 전선에 나선 한국인들을 사찰하는 일을 하고 있었다. 일본의 항복으로 뒷배와의 관계가 단절된 염응택은 소련군에 의해 체포되어 감옥에 들어간다. 그러나 소련군의 엉망진창 행정으로 풀려나온다. 석방된 그는 남하하여 서울로 오게 되고 장개석의 남의사를 모방하여 백의사(白衣社)라는 조직을 만든다. 그는 그의 옛 보호자 신익희 그리고 다른 극우파 인사들 과도 연줄을 튼다. 신익희는 우파 정치인으로 한국 안에서는 많이 알려진 인물로 두 번에 걸쳐 국회의장직을 수행했던 인물이다. 근래 공개된 미국 비밀문서에 의하면 염응택은 서울 주재 미국 CIC 요원들의 정보원 역할을 하며 그 들로부터 경제적 또 기타의 이런저런 지원을 받았다 한다. 염응택의 정보원들은 헌병대나 민간단체에 잠입하여 정보를 수집하고 이를 CIC에 제공하였다. 염응택은 그가 일본을 위해 스파이 활동을 했다는 부끄러운 전력을 숨기고 싶어 했지만 김구 선생은 그의 그 부끄러운 과거사를 다 알고 있었다. 그래서 위로부터 암살 지령을 받았을 때 그는 기뻐하며 백의사 요원을 보내 김구를 저격하였을 것이다.

이승만이 김구 암살에 깊이 개입하였을 것으로 보이는 여러 징표들이 있다. 김구는 당시 이승만의 제1의 정치적 경쟁자였다. 그래서 안두희를 시켜 김구를 제거하려 하였을 것이다. 당시 김구는 당시 현실적인 정치권력을 가지고 있지 못했는데, 그럼에도 그는 일반대중들 속에서는 이승만보다 더 인기가 있었다. 아마도 김구의 존재는 그에게 고민꺼리였을 것이다. 안두희는 그 암살행위로 무기징역형을 선고받았지만, 얼마 안가서 대통령 이승만에 의해 15년 형으로 감형된다. 1950년 6.25 동란이 발발하자 그는 석방되는데 그 결과 당초의 15년 형기 중에서 1년만을 살고 나오게 된 것이었다. 석방된 후 그는 다시금 국군장교로 복임된다. 전쟁 기간 중 내내 복무한 그는 1953년 군에서 대령으로 제대한다. 이승만이 1960년 4월 혁명으로 한국을 떠난 후 안두희는 여러 해 동안 가명으로 숨어살다가 김구의 추종자 중 한 명에게 살해된 상태로 발견된다.

김구의 암살이 자행되고 40년이 지난 1992년 4월 13일 안두희의 고백이 마침내 동아일보에 의해 세상에 알려진다. 동아일보가 언제부터 그의 고백에 관한 자료를 가지고 있었는지는 모르지만 그 기간 동안은 아마도 출판을 통해 일반에게 알리기에는 어려운 시기였을 것이다. 그 고백에서 안두희는 암살명령자로 이승만 밑에서 보안부대장으로 있던 김창룡을 지목한다. 김창룡은 나의 아버지를 고문하여 거짓 자백을 강요하고 우리 집을 앗아간 장본인이다. 우리는 그의 뒤에 있는 막강한 힘의 원천이 누구인지는 모른다. 우리 가족이 어떻게 한 나라의 대통령 오른팔이 되어있는 피에 굶주린 권력자에 대항하여 싸울 수 있었겠는가? 정치적 혼란 시기 있었던 일들과 관련해서 당시 은폐되었던 진실에 대해 내가 알아 가면 알아갈수록 나는 등골이 서늘해 오는 것을 느낀다. 우리는 이런 사실들을 거의 반세기가 지나도록 모르고 있었던 것이다.

여운형을 암살한 19세의 한치근 역시도 이 염응택의 조직원이었다는 사실은 놀랄 일도 아니다. 그는 북한에서 내려온 피란민이었다. 한치근은 사형언도를 받았으나 후에 비밀리에 석방되었다. 그 후 그는 가짜이름을 사용하며 일본으로 이주하였다. 이런 사정들을 미루어 이 극우암살조직은 당시 상당한 성취를 이루었던 것으로 보인다.

염응택의 이 조직은 미국 CIC가 그 활동을 줄이고 그 대신 한국정부가 자체정보조직을 만들 때까지 존속한다. 첩보부대(HID)가 그 대체 조직이다. 이 HID에 염응택의 조직원이 100명가량 참여하고 그가 운영하던 훈련센터도 1948년 HID로 관할이 넘어 간다. 1949년 2월에 맥아더 장군의 정보 부대장 윌러비 장군(General Willoughby)의 특사가 염응택을 만나려고 온다. 그러면서 협력을 약속하고 급하게 북한관련 정보를 요청한다. 미국의 고위정보부대장이 염응택 같이 환상 속에 사는 인물에게 긴요한 북한관련정보를 의존했다는 사실은 우리를 실망시킨다. 그 결과 1949년 6월 1일 한국에 그들의 연락사무소(KLO)가 생기게 되고 그때까지 남아있던 몇 명 안 되는 백의사요원들이 KLO의 창립요원이 된다. 1950년 염응택은 남침한 북한군에 의해 체포되어 평양으로 호송되던 중 미군의 공중폭격으로 사망한다.

한국의 로렌스와 수원 집단학살
(1946-1957)

한국의 로렌스와 수원 집단학살

(1946-1957)

1차 세계대전 당시 오토만제국(916-1935)의 통치에 항거하며 아랍인들이 봉기한다. 이때 아랍인들의 군사행동에 동참하여 영국과의 연락업무와 전투행위를 수행했던 영국군 정보장교, 로렌스(Thomas Edward Lawrence, 1888-1935)중령을 소재로 한 영화, '아라비아의 로렌스' 가 1962년에 제작되어 전 세계에서 상영되었다. 로렌스 중령은 교육도 많이 받은 뛰어난 인재였다. 그는 작가로서도 이름이 났는데 '지혜의 일곱 기둥'을 비롯하여 그의 아랍에서의 전쟁경험을 토대로 한 여러 작품들을 세상에 내놓았다. 그의 다양한 전술행동과 아랍인들과의 얽히고설킨 일들 그리고 이에 비견되는 그의 대담하고 화려하기도 한 작풍은 일거에 그로 하여금 '아라비아의 로렌스'라는 칭호를 얻게 하며 세계적 인기인으로 만들었다.

그런데 대한민국이라는 무대에 미국 CIC에 의해 '코리아의 로렌스'라 이름 지워진 특별한 인물이 한 명 등장한다. 바로 도날드 니콜스(Donald Nicols) 소령이다.11) 정보요원으로서 점수를 매긴다면 니콜스는 최상급에 속한 사람이다. 그 역시 자서전을 한 권 냈는데 『나는 몇 번이나 죽

11) 원본에는 대령으로 표기 되어있었는데 책 출판 후 저자가 추가로 조사한 자료에 의하면 전역시 소령이었다고 하여 이 한글 본에서는 소령으로 표기한다.

을 수 있을까?(How Many Times Can I die?)』였다. 이 책은 그가 6.25전쟁 참전기간 동안 미 공군의 특수정보요원으로 일하던 시절의 자전적 경험을 내용으로 하고 있다.

『악마의 그늘 속에서(In the Devil's Shadow)』라는 책(Naval Institute Press 2001 출간)에 보면 작가 마이클 하스(Michael Hass)는 니콜스를 정말로 놀랍고 매우 특별한 인물로 그리고 있고 그의 한국에서의 행적을 가리켜 '한 사람의 전쟁"으로 묘사할 만큼 대단한 인물로 기록하고 있다. 작가 하스 자신도 미 공군의 퇴역 대령으로 특수부대에서 심리전 요원으로 복무한 사람이다. 그는 미 해군대학교의 대학원 과정을 거치고 국가안보 분야의 석사학위를 받았다. 그는 이 책에서 미 제5공군 사령관 얼 패트리지(general Earle E. Patridge)장군이 한국 전쟁에서 니콜스가 행했던 일들의 내용에 대해 얼마나 알고 있었는지 또 동시에 중요한 한국 문제에 대해 장군이 어떠한 결정을 했었는지에 대해 적고 있다.

패트리지 장군이 실무 책임자인 니콜스 특무상사를 처음으로 만난 것은 1948년 일본에 도착하여 제5공군 사령관의 직을 인수 한 직후다. 그 후 이어지는 2년 기간 동안 장군은 니콜스로부터 전쟁으로 발전하는 당시 상황에 대해 정기적 보고를 받고 있었지만 나중에 그가 술회한 것에 의하면 그는 전쟁 전 행해진 니콜스의 한국내 행적에 대해 별로 아는 것이 없었다고 한다. 이 책의 작가는 "전쟁발발 전 한국에서의 니콜스의 활동무대는 제5공군사령부의 그 안락한 토쿄사무실과는 거리가 먼 서울의 뒷골목이나 지저분한 도로 위였고 정보는 그림자 인간들을 통해 수집되었다"라고 적고 있다. 이것으로 미루어보면 당시 미 정보

당국은 니콜스의 정보수집방법에서 무언가 특이한 행동이 개재되어있음을 알고 있었지만 그에게 구체적으로 어떻게 그런 정보를 수집했는지를 캐묻지 않으려고 주의를 기울인 흔적이 있다.

6.25동란이 발발하게 되자 패트리지 장군은 니콜스가 1950년 여름 동안 한반도에서 무슨 일을 했는지 그의 행적에 대해 좀 더 상세히 알아야만 할 상황이 되었다. 구체적으로 그의 행동내용을 파악하고 난 그는 깜짝 놀란다. 니콜스의 정보수집방법에는 다소 밝히기 어려운 어두운 요소가 있었지만 전쟁 발발 전 수년 간 아주 성공적이고 능률적으로 일을 해왔다는 것을 장군이 발견한 것이다. 당시 패트리지 장군의 당면 문제는 새로이 투입된 CIC요원들이나 극동지역정보사령부 요원들 모두가 니콜스의 정보요원들이 가져오는 예민한 정보에 비견할 만한 가치 있는 정보들을 가져오지 못한 다는 것이었다. 니콜스는 그가 서울에 있던 기간 동안 한반도전역을 대상으로 그의 정보조직을 깊이 뿌리내리고 있었던 것이다. 1950년이 되자 니콜스는 이승만 대통령이나 패트리지 장군과 24시간 연결 체계를 구축한다. 이들 삼인 모두는 니콜스의 정보조직의 위에 존재하는 다분히 아시아적인 그늘 속 지휘자를 알고 있었지만 그 이름이 대중에 알려지는 것을 원하지 않았다. 니콜스는 모두 합해 6년의 학력밖에 없었지만 자신을 스파이의 대가로 스스로 평가하고 있었다. 실제로 그는 북한의 남침이 임박했음을 정확히 예측하고 보고 한다. 그러나 니콜스의 이 경보는 도쿄의 맥아더사령부에 의해 철저히 무시된다.

전쟁 기간 중 니콜스는 특별부대를 편성하여 이를 지휘, 헬리콥터를 타고 북한군 점령지역 깊숙이 침투하여 격추된 MIG-15기의 잔해에서 정보가치가 높은 부품들을 탈취해온다. 이 부품들은 전쟁기간 중 정보

분야에서 가장 높이 평가된 획득품이었다. 니콜스의 이런 정보활동의 측면에는 여전히 걱정스럽고 알아서 불편한 어두운 측면이 있었음에도 패트리지 장군을 비롯한 여러 사람들은 어떤 정보 또는 어떤 바람이 절실할 때가 되면 그때마다 변함없이 니콜스에 의지하곤 했다. 그들은 니콜스의 정보 수집 방법에 대해 묻지 않았다. 그 정보의 필요도가 높고 어떤 결과물이 절실히 필요할 경우 그리고 정보획득의 과정을 기록으로 남기는 것이 문제가 될 정도로 민감한 사항이면 그럴수록 더 그 방법에 대해 묻지 않았다. 이승만 대통령의 니콜스에 대한 신뢰도 역시 점점 커져서 마침내 미군 상사 계급에 불과한 니콜스 밑에 특별히 선별된 한국해안경비대원12)들과 공군 병력을 배치해주고 그의 직접 지휘를 받게 한다. 이렇게 3년이 지나자 니콜스는 한국 내 군사정보분야에서 가장 소문난 전설적 인물이 된다. 그의 이야기는 그와 협력해온 미국 특수분야종사자들 사이에 하나의 커다란 수수께끼가 되어있고 일반인들에게는 더욱 그 내용이 오늘날까지 거의 알려져 있지 않다.

자서전 속에 니콜스가 자랑하며 쓰기를 "1947-1948년 기간 중 우리 부대는 한국 정부의 최고위층 사이에서 유영하고 있었다."라고 했다. 거기에 덧붙여 그는 "모든 문이 우리에게는 열려 있었다. 당시 까지만 해도 이 지역에는 적극적 정보수집이라는 개념이 알려져 있지 않을 때였고 또 아무도 그리 하려고 하지 않았었다. 우리가 이 지역을 위해 그런 개념을 만들어 냈고 그 개념을 우리가 적절하다 믿는 방법으로 우리의 이익을 위해 요원들을 교육하였다"라고 하였다. 니콜스의 이 부대는 607CIC의 하부 분견대 'K'로 김포공항 부근에 주둔하고 있었다. 1946년 6월 분견대에 알리고 니콜스는 이 정치적으로 문제 많은 한반도에

12) 오늘날의 대한민국 해군

은밀한 조직을 만들어 활동하기 위해 한국 민간인들을 효과적으로 또 대규모로 이용하기 시작했다. 이승만 대통령이 니콜스를 대통령 자신의 정치적 야심을 위해 이용했다는 것은 의심의 여지가 없다. 니콜스는 이 상황을 이용하여 대통령의 신임을 얻기 위한 절호의 기회를 놓치지 않으려 했다. 니콜스는 소위 말하는 공산주의자들 또는 공산주의자로 이름 지워져 제소된 사람들, 이를테면 대통령에게 반대하는 사람들을 사찰하고 다녔다. 1948년처럼 정치적으로 혼란했던 시기에 이승만 대통령을 위해 기업규모인 커다란 밀정조직을 운영하며 니콜스는 한국내에서는 지도자급이었으나 공산주의자로 여겨진 많은 인사들을 처단하는 일에 개입한다. 이런 사정을 알고 있던 패트리지 장군은 의도적으로 조심하며 니콜스의 하는 일에 대해 상세히 알려고 하지 않았다.

1947년에서 1948년 기간 동안 니콜스는 평양에 있던 미국 파견단의 물자지원단 단장으로 위장하고 평양에 간다. 당시 그는 이승만의 전폭적지지 하에 반 스파이활동을 확대하고 있었다. 1947년 3월 31일 이번에는 세계무역기구의 대표로 위장하고 북한지역을 샅샅이 살피며 여행한다. 1948년에서 1949년 사이 니콜스는 북한지역에 있던 남한노동당의 상층조직에 여러 명의 스파이를 심어놓게 되는데 그들로부터 북한이 일으킬 임박한 남침전쟁 관련 고급정보를 그 시행날짜까지 포함하여 얻게 된다. 이 휴미드에 의한 정보는 남한의 스파이비행기 L5의 조종사들에 의해서도 재확인된다. 그럼에도 이 모든 정보는 도쿄와 워싱턴의 책상 앞에 앉아 귀를 닫아버린 인사들 가운데에 놓여져 그냥 잠자게 된다.

어떻게 니콜스가 한국의 로렌스가 되었을까? 1940년 6월 28일 그는 미국 육군의 항공부대요원으로 지원한다. 그는 플로리다 템파멕딜공항의 제30병참부대의 트럭운전사로 배속된다. 1942년 1월에 인도의 카라치로 파견되는데 그곳에서 장개석의 항일전쟁 시기 중화민국의 임시 수도였던 충칭까지 7,200km에 달하는 병참선에 투입되는 수천의 트럭들의 관리유지 업무를 맡게 된다. 니콜스의 부대, 1603애쉴런자동차관리회사(Echelon Automotive Maintenance and Supply Co.)는 이 병참선이 유지되도록 무슨 짓이든 해야 했다. 1945년 4월 니콜스는 병가를 얻어 귀국하여 텍사스의 와코부대(Camp Waco)에 배속된다. 그리고 몇 달 후 다시 유타의 케언스(Kearns)에 있던 육군항공대기지로 재배속된다. 그는 당시 선임하사로 긴급재해관리 부서에 배속된다. 이곳 몰몬교의 본거지 유타에서 그는 몰몬교도가 된다.

1945년 10월이 되자 그는 다시 해외에 파견되는데 이번에는 괌에 주둔 중인 미공군의 B-29기지인 제31공군지원단에서 자동차관리를 맡는 특무상사로 부임한다. 이 시기에 니콜스는 스스로 지원하여 도쿄에 있던 CIC부대의 특수정보요원으로 훈련을 받는다. 1946년 6월 29일 니콜스는 졸업을 하고 이어서 CIC607부대의 3명으로 구성된 분견대에 배속된다. 이들의 주 임무는 김포공항지역 주둔 공군부대와 기타 남한 지역의 보안을 책임지는 것이었다. 그의 여러 일 중 한 가지는 바로 미국에 의해 한국의 지도자로 낙점되었으나 100%까지는 믿기 어려웠던 이승만을 관찰하는 일이었다. 이 둘은 이후 가까운 친구가 된다. 이승만은 재정과 인력을 지원하며 그로 하여금 공산주의자들을 비롯한 이승만의 정적을 제거하게 한다. 이러한 일들은 니콜스의 업무범위 내에 잘 안착하게 되었고 그의 이 작은 제국은 급속히 신장하여 이승만을 포함하여 남한의 많은 정계와 군부대의 지도자들을 위협하고 통제하는 지경에 이른다.

니콜스는 그의 자서전의 한 곳에 다음과 같이 기록해놓고 있다.

나는 대한민국 정부의 최정상부터 하부까지 못 닿는 곳이 없을 정도로 완전히 접근할 수 있었다. 나는 이내 고위급 인사들을 통제하는 가장 좋은 방법이 무엇인지를 깨닫게 되었는데, 그것은 공포상태를 이용하는 것이었다. 사람은 누구나 숨기고 싶은 약점을 가지고 있다. 만일 당신이 이들의 약점이 무엇인지, 언제 어디서 누가 무슨 일을 하였는지 등 그 정보를 안다면 정도의 차이는 있을지 모르나 어찌 되었든 이들을 당신의 통제 아래 둘 수 있을 것이다. 순수하게 친교와 접촉으로 인한 자기(磁氣)작용만으로 내가 목표로 한 어떤 사람을 내 사람으로 할 수 없는 경우에 나는 언제나 이 술책을 사용했다.

니콜스는 그의 통제 하에 있던 미국 또는 한국인 정보원들이 공산주의자들에게 행한 고문과 인명살상에 사용된 여러 방법들을 상세히 적고 있다. 전쟁이 발발했을 당시 니콜스의 부대는 서울 인근의 부평에 주둔하고 있었는데, 그는 이 지역을 마지막으로 떠난 미국인이었다. 남쪽으로 허겁지겁 내려가는 도중 그는 6.25 전쟁 기간 중 발생한 민간인 학살 사건 중 하나에 관여하게 된다. 그의 책에는 그가 '단순히 목격했다'고 적혀있고 그가 목격한 것은 '한국인 요원들에 의해 자행된 죄수 1,800명의 조직적 살해현장'이었다.

니콜스는 계속해서 다음과 같이 술회하고 있다.

나는 그 일을 눈앞에서 보면서 어떻게 할 방법이 없어, 그저 모든 일의 진행과정을 쳐다볼 수밖에 없었다. 어떤 사람이 도랑모양으로 무덤을 길게 파고 있었다. 트럭들이 와서 저주 받은 인간들, 공산주의자들을 줄줄이 내려놓고 있었다. 그들의 손은 등 뒤로 묶여있었다. 그들은 이내 파놓은 도랑 쪽으로 이동되어 세워졌다. 그리곤 이내 머리에 총알을 맞고 파놓은 무덤 안으로 떨어졌다. 나는 처음에는 이를 말리려 했으나 급한 남행길에 시간을 그곳에서 허비할 수 없어 이내 포기했다. 나는 현장에 있던 오직 한 명의 외국인이었다. 당시에 만일 내가 그들 죽은 자들과 함께 빠르고 쉽게 생을 마감하였더라면 그 뒤 밤마다 나를 찾아와 괴롭히는 악몽으로부터 벗어날 수 있었을 것이다. 나를 더 괴롭히는 것은 나중에 알았지만 그들 모두가 공산주의자들은 아니었다는 사실이다. 최소한 내가 할 수 있던 일은 이 악취나는 이야기를 사진이 있는 기록으로 남겨 놓는 일이었다. 그렇게 되면 그들의 죽음상황과 관련하여 절대 논쟁이 안 일어날 것이며 잘못 비난을 받지 않을 것이기 때문이었다. 그 사진들은 지금도 내 손에 있다. 내가 1950년 7월의 그 사건 이래 지금까지 그 현장사진을 가지고 있는 것은 이 사진이 그릇되고 반역적인 동기나 개인적 이득 또는 어떤 사적목적을 위해 사용하려는 사람들의 손에 들어가지 않게 하려는 것이다.

그가 촬영한 민간인 학살현장 사진은 그의 책에 실려 있다. 보도연맹대학살사건이라는 이름으로 인터넷에 떠도는 사진 중 하나는 내가 그의 책에서 본 수원집단학살 현장 사진과 닮은 것으로 보인다. 나는 그 사진에 설명이 틀리게 붙어있다고 생각한다.

니콜스는 1957년까지 이승만을 위하여 한국에 머물며 일한다. 1957년이 되자 그는 그의 임무에서 벗어나게 되는데 그 이유는 그의 여러 행위들과 관련하여 많은 고발들이 이루어진 까닭에 그는 수사대상이 되었고 그래서 미국으로 귀국 조치된 것이다. 나는 이 조사 결과에 대해 알지 못한다. 그는 1962년 종국적으로 면직된다. 그때 그의 계급은 소령이었다.

불행하게도 이 수원집단학살사건은 6.25동란 발발 직후 연이어 발생한 여러 민간인집단학살사건의 시작에 불과했다. 다음 세 장에서 나는 그 사건들을 다룰 것이다. 전쟁이 끝나고 수십 년이 지났을 때야 비로소 정부가 뒤에 숨어 자행했던 잔혹한 학살사건들의 충격적인 상세한 내용이 세상에 드러나게 된다. 계엄상황 아래서 한국군부는 전국에 걸쳐 당시 공산주의자로 의심이 가는 사람들을 소위 '예방적 검거'라는 이름으로 체포 구금하도록 명령한다. 이에 따라 전국각지에서 수천 명이 체포·구금되었다. 이들은 각각 측정 감지된 보안위험도에 따라 A, B, C, D 네 그룹으로 분류되었다. 한 예로 1950년 8월 30일 해군의 정보부대장은 제주에 감금 중인 등급 C와 D그룹을 대상으로 9월 6일 전에 총살형을 집행하라며 제주경찰서에 서면으로 명령한다. 예로부터 오랫동안 되풀이되어온 이 가련한 섬사람들의 희생은 당시에도 끝나지 않았던 모양이다. 제주도민들의 봉기(4.3사건) 이후 50여년이 지날 때까지 이 사건을 운위하는 행위는 잡혀가서 고문당하거나 아니면 기소되어 장기징역형에 처해질 범죄가 되어있었다. 정부는 대체로 이 사건을 끄집어내려 하지 않았다. 정부당국에 의해 조장되고 그래서 실상이 감추어진 전쟁범죄 사건들이기에 우리는 그 잔혹행위의 상세한 내용을 알 수 없었다.

1992년 노태우 대통령 시절 오래도록 폐쇄되어있던 아름다운 화산섬 제주도 한라산의 몇 개의 동굴 문이 열렸을 때 그곳에서 학살의 상흔이 뚜렷한 여인들과 어린 아이들을 포함한 유체들이 집단으로 발견되었다. 바로 4.3사건 과정 중에 희생되어 버려진 자들이었다. 2003년 10월 노무현 대통령은 4.3사건 당시 잔혹한 폭압을 당한 제주도민들에게 공식적으로 사죄를 한다. 그는 사과하기를 정부의 잘못된 결정으로 죄 없는 많은 제주주민들의 인명과 재산에 심대한 피해를 입힌 것에 사과

한다고 하였다. 이는 1948년 제주4.3사건에 대해 처음으로 이루어진 대통령의 공식 사과였다. 2009년 3월 진실과화해를위한위원회의 조사결과 발표에 따르면 최소한 20,000명의 시민들이 제주와 여수, 순천 반란사건에 가담했다거나 공산주의자라는 혐의로 피소되어 전국의 교도소 약 20곳에 분산 구금되어있었는데 6.25동란이 발발하자 이들이 집단으로 처형되었다는 것이다.

6.25동란과 보도연맹 학살사건

(1950. 6월-7월)

6.25동란과 보도연맹 학살사건
(1950. 6월-7월)

아버지는 한국의 역사를 한마디로 표현하곤 하셨는데, 그 한마디는 바로 용두사미(龍頭蛇尾)였다. 즉 오늘날의 만주와 블라디보스토크 지역까지 넓은 광역의 국가로 시작한 고대 한국이 오늘날 한반도의 남쪽 반이라는 작은 국토에 국한되어있는 것이 마치 용처럼 거대하고 용맹스럽게 시작했으나 뱀의 꼬리처럼 작아져 있다는 현실에 비유하신 것이다. 자신의 나라에 대한 이러한 역사 인식, 그리고 온통 혼란의 와중에 있던 당시 신생 한국에 대한 현실 인식이 아버지로 하여금 거대하고 자랑스러운 민주국가를 이룩한 미국건국의 아버지들에게 무한한 경의를 갖게 했다. 절대군주정, 즉 절대적 권력을 한 사람이 장악한 나라는 필연적으로 잘못된다는 생각을 아버지는 가지고 계셨다. 이러한 정치체제는 고대나 중세에 있어서 일반적인 형태였다. 그러나 이 국체는 한국과 일본 그리고 중국지역의 경우 19세기까지 지속되었으니 서양에 비해 더 오랜 기간 동안 남아있던 형태였다. 아버지는 일본의 영토확장야욕에 제대로 대항하지 못한 이 고장 난 절대왕정 체계와 국가를 약화시킨 조선정부 내의 파당 싸움을 비판하셨다.

미국독립선언서에 서명하고 또 헌법초안 작성에 참여한 미 건국의 아버지들은 '미국의 영웅들일 뿐 아니라 세계 정치의 틀(패러다임)을 바꾼 사람들이다'라고 나의 아버지는 얘기하셨다. 아버지는 또한 빠르게 발전해온 미국의 기술에 대해서도 깊이 감명을 받으셔서 때때로 우리에게 토마스 에디슨의 유명한 말 "성공은 99%의 땀과 1%의 영감으로 이루어진다."를 일깨워 주시곤 하였다. 특히 우리가 학업상 목표를 이루지 못할 때에 우리가 낙담하지 않도록 더 노력하라며 늘 '99%의 땀'을 강조하시곤 하였다. 아버지는 또 우리가 토마스 에디슨(1847-1931)을 닮기를 희망하셨는데 인류의 생활을 크게 증진시킨 에디슨의 수많은 발명 행위와 성공한 사업가라는 점 이외에 그가 미국의 산업적 성공의 핵심이 된 대량생산체제를 구축한 초기 제조자 중 한 명이라는 점을 높게 사셨다. 에디슨은 실패에 굴하지 않는 지속성이 성공으로 인도한다는 것, 그리고 특허제도에 의한 발명가의 보호가 역시 부자를 만들어 준다는 것, 이 둘을 증명하였다. 에디슨은 그의 이름으로 1,093개의 미국 특허를 가지고 있었으며 영국과 프랑스, 그리고 독일 지역에서도 많은 특허를 가지고 있었다. 배워야할 가장 중요한 인격으로 에디슨 적인 요소들을 얘기하시던 아버지는 아마도 니콜라 텔사(Nikola Telsa)와 웨스팅하우스에 대해 행한 그의 아주 못된 성정과 복수극에 대해서는 모르고 계셨던 듯하다.[13]

당시 아버지에게는 꿈이 있었다. 그것은 미국에 몇 년 있으면서 미국 민주주의가 어떻게 그토록 성공적으로 운용되는가 그 정신과 시스템을 관찰하고 배우는 일이었다. 동시에 그 기간 중 매사추세츠 캠브리지에

13) Nikola Telsa(1856- 1943) : Serbia에서 출생, 후에 미국으로 이민한 전기 관련 엔지니어, 발명가로 한때 뉴욕에 있던 에디슨의 Machine Works회사에서 근무한 적이 있음) AC전기와 무선통신의 선구자. Westing House Electric이 그의 특허 사용권을 가지고 있었다.

있는 하버드 대학원에서 학위과정을 이수하고자 했다. 아버지의 새로운 지식을 배우려는 열망과 탐구심은 마치 학구열에 빠져 있는 학생 같았다. 일본 지배시절의 배움은 매우 제한적이면서도 시의에 맞지 않는 것이었다고 생각하고 있었으나 가족생계를 책임져야 했던 아버지는 그의 '미국에서의 공부'라는 꿈을 실현할 적당한 기회를 잡지 못하고 있었다.

그 당시 아버지는 문교부 당국이 주관하는 교환교수 프로그램에 참여하여 미 대학으로부터 장학금까지 확보해가고 있던 상태였다. 당시 어머니가 여섯 번째 아이를 임신 중이셨는데 출산일이 멀지 않았기에 출산 결과를 보고 유학을 떠날 계획이었다. 당시 우리 가족은 아름다운 집에 살고 있었고, 재정적으로도 안정되어 있었다. 밭에서는 갖가지 야채를 그리고 정원의 나무들로 부터는 각종의 과일을 얻을 수 있었으며 거기에 더하여 근면한 나의 어머니는 어떻게 재정적으로 집안을 꾸려갈지 잘 알고 계셨기에 아버지의 꿈은 실현이 눈앞에 있었다. 그래서 아버지는 기대에 부풀어 계셨고 어머니 역시도 당시 한국처럼 정치가 좌지우지하는 사회에서 살려면 미국 유학이 아버지의 경력관리라는 측면에서 하나의 발전 기회가 될 것이라고 믿고 계셨다. 나는 당시 중학교 1학년이 되어있었고 바로 밑에 동생 준은 아직 초등학교 학생이었다.

1950년 6월 25일은 몹시도 평화로운 일요일이었다. 정원에는 아버지가 좋아하시던 하얗고 자줏빛 도는 수수꽃다리꽃(라일락)들이 만발해 있어 이들이 품어내는 진한 향이 집안에 가득했다. 나는 이층 발코니에서서 멀리 보이는 한강과 푸르른 하늘, 온갖 동물들 모양을 만들어가는 흰 구름들을 바라보고 있었다. 발코니 난간의 끝 부분에 기대어 하늘을 올려다보는 것은 나의 습관 중 하나이기도 했다. 교회에 가셨던 부모님들이 황급히 돌아오셔서 북한군이 38도선을 넘어 남침을 시작했다는 소식을 전하신 것은 바로 그때였다. 우리는 당시 상세한 침공규모 등은 모르고 있었다. 여러 해가 지난 후 나는 맥아더 장군의 회고록을 읽고 그 침공 규모가 6개 보병사단, 3개의 기갑여단 그리고 200대의 탱크와 중포로 무장한 포병부대로 구성된 대규모였음을 알았다. 그들은 아침 일찍 38도선을 넘어 남한군의 전진기지들을 무력화시키며 압도적인 힘으로 밀고 내려왔다.

어머니는 당시 6번째 아이를 임신한지 6개월째로 몸이 무거웠고 우리 집에는 타고 피란 갈 자동차가 없었다. 당시는 자가용이 있는 집이 거의 없었다고 나는 알고 있다. 그야말로 어찌해볼 방법 없는 공황상태 바로 그것이었다. 우리는 라디오를 틀어 전쟁의 경과를 들어보려고 하였으나 안심시키는 뉴스는 없고 매우 혼란스러운 소식들만이 흘러나왔다. 그러던 중 이승만 대통령의 “서울 시민들은 정부가 서울을 지켜낼 터이니 정부를 믿고 안심하고 집에 있으라.”는 격려 연설이 있었다.

6월 28일 서울은 이미 적의 수중에 들어갔다. 28일 이른 아침 웬 사람이 우리 집 문을 두드리며 다른 사람들이 다 들을 수 있게 큰 소리로 외쳤다. “모두 나오시오, 서울이 북한군에 의해 해방되었소!” 누구인가 알려고 부모님이 대문을 열었을 때, 대문 앞에 서 있던 인물은 다름 아닌 아버지의 조카이며 서울대 불문과를 다니던 영기였다. 부모님들은 한 동안 그가 우리 집을 찾아오지 않아 어디서 무얼 하는지 모르고 계셨다. 나는 영기가 우리 부모님을 ‘부르주아’라고 칭하고 자신은 ‘프롤레타리아’라고 불렀던 일이 생각났다. 아버지는 그에게 젊은이들의 군중 심리에 휩싸여 경거망동 말고 학교공부나 잘 해서 졸업 후 프랑스 주재 외교관이 되라고 자주 충고하셨었다. 아마도 그는 아버지의 충고에 귀를 기울이지 않았던 것 같다.

영기의 설명에 의하면 남로당원이었던 그는 그 동안 체포되어 여러 달 동안 형무소에 갇혀 있다가 서울이 북한군에 의해 점령되자 풀려났다는 것이다. 어머니는 놀라셨다. “이거 참 큰일이구나. 인제 꼼짝없이 이웃들이 우리를 공산주의자라고 생각하게 되었구나! 왜 우리 집에 와서 그렇게 큰 소리로 떠든다는 말인가?” 불행하게도 이 사건은 이웃들에게 우리들에 대한 잘못된 인식을 심어 주게 되었다. 당시 우리 집은 서대문형무소에서 멀지 않았기에 그는 석방되자마자 우리 집으로 와 몸을 씻고 옷도 갈아입고 하려 했던 것 같다.

부모님들은 나의 외숙모 집을 걱정하기 시작했다. 외숙모는 어머니 동생으로 아버지의 제자와 결혼해서 동숭동에 살고 있었는데 그 집안은 황해도의 부유한 지주였다. 당시 황해도의 집은 38도선 이남에 위치하고 있어서 남한지역에 속해 있었다. 그들에게 무슨 일이나 없는지 아버지는 돌아보려고 동숭동을 방문하셨다. 그들은 모두 아무 일 없이 잘 있었다. 아버지가 집으로 돌아오는 길에 서울역 근처를 지날 때 공습경보가 울렸다. 그래서 아버지는 세브란스의료원 담 뒤로 몸을 숨기게 되었다. 그때 근처에서 큰 폭발소리가 들리고 커다란 충격파가 몰려왔다. 잠시 후 조용해지자 아버지는 숨어있던 곳에서 나왔는데 조금 전 자기 바로 앞에서 걷던 어떤 여성이 죽어 길에 쓰러져 있는 것을 보았다. 서울역 부근에 북한군의 탱크와 주둔부대들이 모여 있었는데 아마 그것을 목표로 미군기가 폭격을 한 것 같았다. 그래서 아버지는 미국이 참전했음을 아셨으나 그 외 얼마나 많은 나라들이 동참하게 되었는지 또 유엔에서 무슨 일이 이루어지고 있었는지 모르고 계셨다. 정확한 정보를 구할 방법이 없었다. 서울역에서의 이 충격적 현장을 목격하고 나서 놀라고 마음이 급해진 아버지는 이번에는 우리들에게 무슨 일이나 없었는지 걱정이 되어 서둘러 집으로 오셨다. 우리 집은 서울역에서 가까웠다. 우리는 그날 아버지를 잃을 뻔하였다. 신앙심이 깊은 어머니는 그의 생명을 살려준 신께 감사를 드렸다.

동란이 발발하기 전 아버지는 1948년 미군이 훈련되지 못한 한국군을 3.8선에 배치한 채 철수해간다는 것을 알았다. 당시 한국군은 경무장한 보병뿐이었다. 공군은 물론 해군도 창군 전이었고 중 무기인 탱크도 어떠한 중포도 없었다. 그 외에 전투력 유지를 위해 반드시 필요했던 여러 많은 요소들을 가지고 있지 못했다. 그렇게 된 것은 미 국무부가 남한군을 무장시킬 경우 북한지역으로 침공해 들어갈 가능성이 있다고 판단했기 때문이다. 그렇게 고차원적 판단을 하면서 왜 미국정부 관리들이나 CIA사람들은 북한의 남침가능성에 대해서는 생각을 못했는지 도무지 이해할 수가 없다. 남한정부가 침략으로부터 자신들을 지킬 수 있도록 방어능력을 갖추지 못했던 것은 어찌되었든 그 자체로 치명적인 실수였다.

초대대통령 이승만은 경찰병력과 준군대조직인 청년단조직에 힘을 기울여 이들로 하여금 대통령의 정적을 제거하고 공산주의자들의 뿌리를 뽑아버리는데 전념케 하였다. 그 까닭에 국가보위를 위한 군대를 양성치 못하고 북한의 침략에 무력하게 노출되었다. 김일성은 반공산주의자들에 대한 공포스러울 정도의 압제를 통해 공산주의자들만의 정권을 강화하는 한편, 한반도에서 모든 외국군대의 즉각적 철수를 외치며 평화를 위장한 뒤 뒤에서는 남침준비를 했던 것이다. 같은 시기에 소련은 한반도 평화를 위한 유엔의 모든 결정을 철저히 무시하였다. 한편 그들은 북한군을 훈련시키고 군사장비를 대량으로 공급하여 자체방어는 물론 남침준비에 부족함이 없도록 모든 것을 준비해갔다. 그 결과 개인

장비 이외에 거의 무기가 없던 미군이 훈련시킨 10만의 남한군대는 소련에 의해 전투요원으로 훈련되고 현대식 무기로 중무장한 북한군을 맞게 된 것이었다.

거리에서는 승리를 축하하는 소란스러운 군중행사가 진행되고 있었다. 주로 가난한 노동계급 출신들과 학교의 일부교사들, 그리고 고교 및 대학의 학생들이 참여하고 있었다. 이것을 보면 공산주의자들이 어떻게 사람들을 교묘히 이용하고 있는지 알 수 있다. 소작인은 지주를, 생산직 노동자는 공장주를 각기 적으로 삼는 등 사회에서 상대적으로 열등한 상황에 놓여진 사람들로 하여금 상층계급들과 갈등하게 하는 것이다. 그들에게 혁명의 동지라는 이름을 붙여주고 학생은 선생에게 항거하고 자식들은 부모에게 대항하게 하고 있었다. 그러나 막상 그들이 목표를 달성하고 나면 이용된 군중들은 무시되어 버려지고 때로는 압제 속에 놓여진다.

곧 이어서 임시변통으로 질서유지를 위해 급조된 전시경찰들이 여기저기 등장했다. 대부분은 북에서 온 사람들이었으나 개중에는 서울 사람들도 있었다. 그들은 김일성이 그려진 커다란 사진을 나누어주고 있었고 시민들에게 학생과 교사는 학교로 복귀하고 어른들은 저녁에 열리는 정치 교육에 참석하라는 등 행동 지침을 내리고 있었다. 점점 심해지는 미군의 공중 폭격이 의외로 우리들을 북한군의 이러한 압박으로부터 한숨 돌리게 하는 역할을 했다. 라디오에서는 계속 북한식 혁명가가 흘러나오고 자기들의 군대가 얼마나 남쪽으로 진군하였는지 자랑하는 뉴스가 보도되고 있었다. 아버지는 라디오를 조작해 일본이나 기타 외국의 뉴스를 들으려 하였으나 우리 라디오 성능으로는 되는 일이 아니었다.

우리가 우리 집의 어두운 방공호에서 지나는 동안 무슨 일이 있었는지 상세한 진행 상황을 알게 된 것은 전쟁이 끝난 후였다. 6월 25일, 일요일 오후 워싱턴에서는 빠른 결정이 내려지고 있었다. 미국의 요청에 따라 유엔 사무총장 트리브 리에(Tryve Lie)가 유엔 안전보장이사회(UNSC) 특별회의를 소집했다. 소련은 당시 대표가 주재하지 않고 있었다. 그들은 유엔이 장개석 인도 하의 중국 국민당정부를 안전보장 이사회 이사로 함에 대한 항의 표시로 이사회 자체를 보이코트하고 있었다. 그러나 그것은 표면상의 이유였고 그 속 내용은 소련이 사전에 북한군의 남침계획을 알고 이에 동의하였는가, 그리고 침공을 위한 군사장비를 지원하였는가 등 회원국들의 질문으로부터 답변을 회피하려는 목적이었다.

내가 조사한 바에 따르면 스탈린은 당초 미국과의 전쟁이 필연적인 이 계획에 찬동하지 않았다. 당시 소련 상황으로 보아 적절한 시기라고 생각하지 않았던 것이다. 그러나 김일성이 그를 설득한다. 전쟁은 빨리 끝날 것이다. 남한의 군대는 열악한 장비 아래 있으며 미군은 이미 철군하였다. 무엇보다도 미국무부 장관 대리 애치슨(Dean Acheson)의 발표에 의하면 남한은 미국의 방어선 밖에 놓여져 있다고 했다. 애치슨은 1950년 1월 12일 워싱턴 DC의 프레스클럽 연설에서 그렇게 미국의 방어 전략을 공개했던 것이다. 아마도 미국의 이런 방어선 설정은 미군정장관, 하지 중장의 남한에서의 쓰디쓴 경험에서 연유되는 것 같다. 좌·우익의 충돌은 영원히 계속될 것 같고 다루기 힘든 이승만과의 불협화는 미국이 달성하고자 하는 정치적 목표를 이루기 어려웠던 상황이 그 배경이 되었던 것으로 보인다. 애치슨의 그런 정책의 뒤에 무슨 배경이 있었는지에 관계없이 이 발표는 김일성으로 하여금 자신이 남침을 해도 미군은 전쟁에 개입하지 않을 것이라는 확신을 심어주었던 것으로 보인다. 전쟁발발 날 당일 소련이 안전보장이사회에 그 대표를 참석시켰더라면 소련의 비토권으로 인해 아마도 전쟁상황은 전혀 다른 방향으로 흘러갔을 것이다.

당시 미국은 2차 대전 이후 가장 존경받던 세계의 강자로서 유엔 안전보장이사회의 결의과정에 큰 영향력을 행사하고 있었다. 미국은 이러한 위치를 잘 이용하여 안전보장이사회의 즉각적 결의를 이끌어냈다. 즉, 북한의 군사행동은 평화를 해치는 것으로 북한군은 즉각적으로 원래의 자리인 38도선 이북으로 철군해야 한다고 결의하였던 것이다. 물론 북한당국은 그럴 의사가 전혀 없었다. 동월 27일 안전보장이사회는 다시 회의를 개최하고 "국제 평화의 회복과 안전보장을 위해 긴급한 군사 행동이 절실히 요구되며 유엔의 회원국들은 남한으로부터 침략군을 격퇴시키기 위해 대한민국 지원에 동참해야 한다."고 결의를 하게 된다. 당시 미국은 공산주의자들의 침략으로부터 아시아 지역의 평화와 안녕을 지켜낼 국제협력을 이끌어낼 능력이 있었던 것이다. 오늘날에 이르기까지 누구도 왜 트루먼 대통령이 애치슨 라인이 선언된 후인 상황에서도 마음을 바꿔 한반도의 분쟁에 개입하는 결정을 하였는지 그 심경변화 과정을 모르고 있다. 이 결정은 분명 김일성에게는 뜻밖의 커다란 놀라움이었을 것이다.

전쟁이 끝난 후 우리는 15만의 외국 병력이 전투에 참여하였고 16개국이 전투병력과 지원부대를 파견하였었다는 사실을 알게 되었다. 호주, 캐나다, 뉴질랜드 그리고 영국이 대영제 연방군을 결성하여 참여하였고 룩셈부르크, 벨기에, 콜롬비아, 에티오피아, 프랑스, 그리스, 네덜란드, 필리핀, 타일랜드는 대대급을 파견하여 미군사단의 일부를 구성하였고 터키는 하나의 보병여단을 보냈다. 8개국이 수송선, 구축함, 순양함, 호위함, 상륙함 및 유조선 기타 등 합쳐서 100척이 넘는 함선을 보냈다. 이들은 인천상륙작전에 참여하고 남포와 흥남, 그리고 원산철수작전에서도 활약한다. 이외에도 이들은 북한지역 해안지역에 대한 함포사격과 해안선 경비에도 기여하였다.

7월 2일 호주의 제77비행중대가 도착하여 최초의 외국비행 중대로 기록되었다. 이 부대는 곧 미군의 35항공전투단에 합류하게 되었고 남아프리카 연방의 제2전투비행중대 역시 도착하여 미공군의 제18항공단의 일부를 구성하게 된다. 이들은 상호 협력하며 유엔군의 항공지원 임무를 수행하게 된다. 호주와 캐나다, 그리스, 그리고 타일랜드는 공군 수송부대를 파견하여 유엔군의 통제 하에 작전에 참여했다. 이러한 협력으로 미국은 공산주의자들의 아시아지역 확장전략에 대항하여 효과적으로 싸울 수 있게 되었다.

6월 28일에 벌써 서울은 북한군의 손에 들어갔고 남한정부는 대전으로 옮겨 그곳에 임시 전쟁지휘본부를 설치한 상황이 되어있었다. 같은 달 29일 동경에 있던 맥아더 장군이 비행기로 수원에 왔다. 그리곤 짚차 편으로 한강까지 와서 북한군의 남진을 저지하기 위해 남한군이 한강다리를 폭파하는 현장을 지켜본다. 맥아더가 현지 상황을 점검해보니 상황이 급박하였다. 탱크를 앞세운 북한군이 많은 시간 걸리지 않고 부산까지 밀고 내려올 태세인데 이를 저지할 마땅한 수단이 없음을 인식하게 된 것이다. 그렇게 되면 한반도는 김일성의 손아귀에 들어가는 것이었다. 그때 그는 미국의 해·공군이 간접지원을 한다고 해도 남한군 단독으로는 북한공산군의 초스피드 남진을 막을 방법이 없음을 깨닫고 미군지상부대의 투입이 필요하다고 생각하게 된다. 그때로부터 24시간

이내에 트루먼 대통령은 맥아더가 요청한 지상군의 투입을 승인한다. 북한공산군이 남한전체를 정복하기 전에 그들의 전진을 저지할 긴절한 필요가 있었던 것이다.

우리 가족들은 여전히 우리 집 방공호에 머물러 있었기에 밖에서 진행되고 있는 일들에 대해서는 전혀 모르고 있었다. 우리가 설사 자동차가 있었다 한들 우리는 아무 곳으로도 갈 수가 없었다. 북한군으로부터 피신할 곳은 어디에도 없었다. 좁은 한반도는 켈리포니아의 반 정도 밖에 안되는 크기였다. 피란을 안 가더라도 우리가 집에 있는 한 우리는 버틸 수 있는 최소한 비상용 음식이 있었고 야채와 과일은 정원에서 구할 수 있었다. 어느 날 아버지의 옛 제자 중 한 명, 한길현 씨가 우리 집을 찾아와 잠시 이층에 머물기를 청했다. 그는 키도 크고 잘 생긴 사람이었는데 김일성이 북한을 장악한 후 남한으로 내려와 서울에 살고 있었다. 그는 가끔 우리 집을 방문하였지만 우리는 그가 무엇으로 생계를 유지하고 있는지 몰랐다. 아버지는 그가 다른 북한 피란민들처럼 아마도 정부의 정보계통에 일하고 있을 것으로 짐작하고 계셨다. 그런 그가 지금 북한군의 눈을 피해 우리 집에 숨기를 원하고 있는 것이다. 항상 그러셨지만 아버지는 누가 도움을 요청하면 거절을 못하셨다. 특히 제자의 일이었으니 거절하실 수가 없는 일이어서 그리하라고 하고 이층에 머물게 했다. 먹는 것이야 우리와 같이 나누어 먹으면 되었으니까.

그 일로부터 몇 주일이 지나지 않았을 때 뜻밖에 북한군의 일지대가 숙명여대 기숙사에 진을 치게 되었다. 기숙사는 바로 우리 뒷집이었다. 그래서 우리 집 일대는 미군의 폭격목표가 될 가능성이 있었다. 우리들의 생명은 물론 일대의 모든 것을 파괴할 상황이 예상되었으나 이를 막기 위해 우리가 할 수 있는 일은 아무것도 없었다. 숙명여대 기숙사에는 3-400명의 북한군인들이 머물고 있었는데 규모가 작아 그 이상은 수용할 수가 없었던 것 같다. 어머니는 이 집을 살 때 불안했던 상황을 다시금 기억해 내셨다. 위치의 부적절함과 불안한 이웃들이 조성했던 불길한 예감을 떠올리셨던 것이다. 그러나 역시 후회하기에는 너무 늦었다. 부모님들은 무언가 불안한 그림자가 가까이 오고 있는 예감을 가지고 계신 듯했다. 그러나 당시 상황에서 그저 하늘에게 우리를 보호해 달라고 기도하는 이외에 우리가 할 수 있는 일은 아무것도 없었다. 우리는 그 부대의 주둔목적이 무엇이었는지 모르고 있었다. 겉으로 보아서는 그 부대는 직접 전선에 투입되는 전투부대는 아닌 듯했다. 그들은 아마도 후방에서 필요한 정보를 수집하고 분석하는 일에 종사하는 정보부대였던 것 같다.

다음 날 우리 집 현관 초인종이 울렸다. 누가 왔는지 알아보려고 내가 나갔다. 초라해 보이는 북한군 장교가 문밖에 서있었다. 아마도 소령이나 중령 정도로 보였는데 그들의 계급장이 우리의 것과 달라 확정적으로는 얘기할 수는 없다. 그는 숙명여대 기숙사에 자리 잡은 부대의 대장으로 짐작되었다. 아버지는 마침 장에 가셔서 집에 안 계셨다. 어머니와 우리 형제들 다섯 명만이 집에 있었고 아버지 제자 한 씨는 이층에 숨어있었다. 나는 몹시 당황했으나 이내 이를 지우고 웃음을 띠며 문을 열어주었다. “어서 오세요 동무, 우리가 해드릴 일이 있나요?’라고 말했다. 그는 정원으로 걸어 들어왔다. 우리 집 셰퍼드 메리가 그를 보고 무섭게 짖기 시작했다. 메리는 영리하여 본능적으로 좋은 사람과 나쁜 사람을 구별할 줄 알았다. 그 북한군 장교는 화를 내며 권총을 빼어들고 메리를 조준하여 쏠 자세였다. 나는 너무나 놀라 본능적으로 메리 앞을 막아서며 쏘지 말 것을 애원했다. 동시에 메리에게 조용히 집으로 들어갈 것과 짖지 말 것을 타일렀다. 메리는 이내 위험이 닥쳤음을 알았는지 조용히 제집으로 들어갔다. 메리는 당시 목줄로 묶여 있어 사람들이 가깝게 접근하지 않는 한 누구를 물 수 있는 상황은 아니었다. 이 영리한 개는 자기를 겨누고 있는 권총을 보고 짖기를 멈췄다. 그 장교 역시도 흥분을 가라앉히고 "집안을 돌아보고 싶다"고 조용히 말했다. 나는 가슴이 뛰는 것을 느꼈으나 이내 흥분을 가라 앉혔다.

밖에서 들리는 소란한 소리에 무슨 일이 있는가, 궁금하셨던 어머니가 밖을 내다보셨다.

평상시처럼 어머니는 이내 상황을 파악하셨다. 그리곤 외교적 기질을 발휘하셨다. 그 장교를 집안으로 초대하여 들이고 차를 대접하였다. 그는 여닫이문이 열려 있던 복도 한 켠에 앉았으나 차는 마시지 않았다. 아마도 그는 모르는 사람이 주는 차는 마시지 않도록 훈련받은 사람이거나 아니면 우리를 믿지 못하거나 했던 것 같다. 어머니는 아버지 조카 영기에 대해 이야기하셨다. 남로당의 고위 당원인 조카(사실은 우리는 그가 어떤 지위에 있는지 또 무슨 일을 하고 있는지 몰랐다.) 이야기는 곧 그 장교로 하여금 우리들에 대한 경계심을 놓게 하기에 충분했다. 그는 이야기했다. 그저께 저녁에 우리 집 정원에서 하늘을 향해 신호를 보내는 빛을 발견했기에 집안을 한 번 조사해보고자 한다는 것이었다. 아마도 그 신호는 미군기에 보내는 바로 그 북한군 주둔지에 대한 안내인 것 같다는 것이다. 우리는 그런 사실을 전혀 모르고 있었다. 그리고 한 씨가 아직 2층에 있기에 그가 집안을 수색할까봐 몹시 두려워졌다. 어머니는 그에게 "우리 집 위치가 바로 그들의 주둔지 이웃이라 만일 폭격이 되면 우리 집도 직접 피해를 입을 것이 분명하고 그렇다면 우리 모두가 죽을 것인데 왜 그런 어리석은 짓을 하겠는가?"하며 그를 안심시키셨다. 어머니의 설명에 마음을 놓았는지 그는 집안 수색을 하지 않고 그냥 떠나갔다. 그가 떠나가자 우리는 비로소 숨을 내쉴 수 있었다.

이 일이 있은 후 한 씨는 더 이상 있을 경우 위험하다고 느꼈는지 우리 집을 떠나갔다. 북한군 주둔지 바로 옆에 머무는 것이 불안했던 듯하다. 그 이후로 그의 소식을 듣지 못했다. 아버지가 집에 돌아오셨을 때 우리는 북한군 장교와 메리 간에 있었던 일을 얘기했다. 아버지는 전쟁 시, 특히 폭격이 있을 경우 개가 몹시 놀라 미칠 가능성이 있다 하셨다. 우리는 메리를 보호할 방법을 찾아야 했다. 아버지는 결국 메리를 전 주인인 아버지 운전사에게 돌려주는 것이 좋겠다고 결정하셨다. 다음 날 아침 아버지는 목줄을 한 메리를 데리고 집을 나서셨다. 메리는 마치 그 순간이 우리를 보는 마지막이 될 것이라는 것을 알기라도 하는 듯 자꾸 나를 향해 뒤를 돌아보며 떠나갔다. 나는 내일의 운명을 모른 채 그를 떠나보내는 것에 죄책감을 느꼈다. 나는 울었다. 나는 오늘날까지도 메리가 나를 향해 뒤 돌아보는 모습이 눈에 선하다. 메리는 여러 해 동안 우리를 위해 지킴이 역할을 잘 해주었다. 연속된 도둑들의 침입에 마침표를 찍고 우리의 안녕을 지켜준 메리를 이제 우리는 이런 식으로 떠나보내야 하는 것이었다. 전쟁은 사람들 뿐 아니라 동물들에게도 잔인할 수밖에 없는 존재다.

며칠 후 우리 건넛집 이웃을 포함한 여러 사람들이 우리 집 문을 두드렸다. 우리가 혹시 나누어줄 쌀이 있는지, 있으면 좀 나누어 달라는 요청이었다. 당시 사태는 이처럼 이웃과 나누어 먹어야할 지경에 이르고 있었다. 어머니는 당시 임신 8개월 째였고 그래서 해산 후 회복기에 쓸 어느 정도의 쌀과 영양을 공급할 음식재료들이 절실히 필요했다. 그렇지만 당시 상황은 우리로 하여금 상당량의 쌀을 이웃에게 나누어 주어야만 하게 했다. 어머니는 우리 이웃이라는 사람들이 틀림없이 자기들 쌀은 숨겨놓고 우리 집에 와서 나누어달라고 한다며 그들의 못된 성정을 얘기하셨다. 이것이 다가 아니었다. 경찰서를 장악한 북한요원들은 그곳에서 애국부인회 회장이었던 어머니 이름을 발견하곤 출두를 요청했다. 그리곤 심문을 시작했다. 어머니는 또다시 남로당의 고위직 인사로 조카 영기의 존재를 얘기하고 풀려나셨다. 그러나 그들은 어머니에게 자기들 공산당 정부를 위해서도 같은 역할을 해 줄 것을 강요했다. 어머니는 며칠 간 그들의 선전물을 배포하는 일을 하셔야 했으나 이내 해산일이 멀지 않은 임신부라는 이유를 대고 그만 두셨다.

정부가 하루아침에 한편에서 저편으로 바뀌는 상황 아래에서는 시민들은 말할 수 없는 고초를 겪게 된다. 살아남기 위해 그들은 각각의 정부에 협조해야만 한다. 대부분의 시민들은 정치에 관여되기를 원하지 않는다. 오히려 그들은 자기들 사업을 챙기거나 열심히 일해서 가족들을 먹여 살릴 길에 더 신경을 쓴다. 그러나 불행하게도 그것은 언제나 가능한 것은 아니다. 불안정한 국가에 사는 일반 국민들이 정치의 손길로부터 벗어나기 위해 노력 노력해도 불가항력으로 정치 행위에 끌려들게 될 수밖에 없다는 것은 비극이다.

그로부터 며칠 후 어느 날 나는 담 너머에서 손을 뻗어 우리 집의 복숭아를 따고 있는 어떤 사람을 목격하고 "누가 우리 집 복숭아를 훔치는 거야."하고 소리쳤다. 나는 밖으로 나가 '누구인가'를 보려 하였다. 놀랍게도 그들은 숙명여대 기숙사에 머물고 있던 두 명의 어린 북한군 병사들이었다. 그들이 군복상의를 입고 있지 않았기에 그들의 계급을 얘기할 수는 없었지만 나는 확실하게 그들이 장교가 아니었다고 얘기할 수 있다. 덥고 습기 찬 7월의 기후 밑에서 좀 시원하게 하려고 상의를 탈의를 하였던 것 같다. 나는 곧 사과를 하고 가져가고 싶은 만큼 가져가라고 얘기했다. 그들은 아주 어려서 10대 후반이거나 20대 초반 정도였다. 그들은 내가 그들에게 소리친 것에 대해 특별히 심술을 부리지는 않았다.

그날 이후 이들은 가끔 우리 집에 와서 다른 과일나무에서도 더 많은 과일들을 따며 우리들과 얘기를 나누기도 했다. 그들은 학생이었는데 남한해방을 위해 군대에 징집되었다고 했다. 스파이 혐의를 받지 않으려고 부모님은 이들과 어떠한 정치적 이야기도 주고받지 않으셨다. 일전에 우리 집 수색을 하러왔던 초라한 행색의 장교와는 달리 이들은 정치 이야기를 조금도 하지 않았고 우리를 상대로 공산주의를 선전하려고도 하지 않았다. 단지 그들의 관심은 더 많은 과일을 얻어 불충분한 그들 부대의 영양관리 형편을 보완하려는 것뿐이었다.

상황은 변해 공습이 매일 되풀이되고 있었다. 아버지는 라디오를 틀어 전쟁진행상황을 알아보려 하셨다. 그러나 들리는 것은 오직 계속되는 정치선전과 음악 그리고 빠르게 남진하고 있는 북한군에 의해 함락되어가고 있는 도시들 소식뿐이었다. 그들의 군대는 수원, 대전, 전주 그리곤 한반도 남부의 끝자락 가까이까지 가고 있었다. 우리 라디오로는 외국의 전파에 접속할 수 없었기에 우리는 오직 소문과 이들이 나누어주는 선전물에 의지하는 수밖에 없었다. 매일 우리가 모르는 사람들이 선전물을 배달해주고 있었다. 김일성을 위대한 지도자로 찬양하는 문구와 함께 그의 커다란 인물사진이 우리 집 담벼락을 포함하여 여기저기의 담장들을 도배하고 있었다. 이들 선전물의 배포와 게시 등은 이를 전문적으로 담당하는 조직이 있어 맡고 있는 것 같았고 이들의 목적은 남한 전역을 공산주의 세상으로 만들어 가려는 것으로 보였다.

어머니의 해산일은 빠르게 다가오고 있었다. 그러나 병원들이 문을 닫아 버렸고 폭격이 계속되는 전쟁 중이라 산부인과 전문의를 찾는 것은 매우 어려웠다. 다행히도 어머니는 산파를 알고 계셨다. 그래서 우리 집을 방문해서 진찰과 출산 시 조산업무를 해 달라고 요청하셨다. 진단 결과 그녀는 어머니의 상태가 매우 위험한 상태라는 것을 발견하였다. 태아의 위치가 정상위의 반대, 즉 머리가 위로 다리가 밑으로 위치되어 있었던 것이다. 이런 사태는 아마도 잦은 공습으로 방공호의 가파른 사다리를 오르내린 것 때문으로 추정되었다. 산파는 어머니에게 정상 분만은 불가능하다고 얘기하였다. 부모님은 놀라고 당황하여 어찌하면 좋은지 그녀에게 물었다. 그녀는 대답하기를 매일매일 조금씩 자궁 속 태아의 머리를 밑으로 내려 보내는 정상위 전환 작업을 할 수도 있을 것이라고 답했다. 그래야만 분만 시에 머리가 먼저 나올 것이라고 했다. 부모님은 그녀의 말에 따르는 것 이외에 다른 선택이 있을 수 없었다. 숨 쉬기조차 멈추고 간절하게 하늘에 기도하며 오직 최상의 결과가 나오기를 기다리는 것 그 길뿐이었다. 어머니의 얼굴과 몸이 위험한 지경으로 부어오르기 시작했다. 해산 시의 위험을 이렇다 저렇다 예고하기에는 어려운 상황이었다.

한국의 7월은 덥고 습기가 많다. 어머니의 해산일은 오늘 내일 하는 상황이었다. 산파는 그 동안 성공적으로 태아의 위치를 정상화하였다며 정상적 분만이 이제 가능할 것이라고 알려 왔다.

7월 31일 저녁이 되자 어머니는 산기가 있었다. 아버지는 서둘러 산파를 데려오고 창문들을 모두 2중의 흑색 커튼으로 가렸다. 산통 중에 빛이 새어나가 공중폭격을 당할 우려가 있었기 때문에 우리 집이 폭격의 목표가 되는 것을 피하기 위해서였다. 그러면서도 혹시나 빛이 새어 나갈까 봐 강한 빛을 사용하지 않았다. 밤이 깊어갔고 공습경보를 알리는 사이렌이 울렸다. 로켓 포탄이 터지는 커다란 음향이 들림과 동시에 우리는 갓난아이의 울음소리를 들었다. 아들이 태어난 것이다. 6번째 자식이고 세 번째 아들이었다. 어머니 역시도 살아계셨다. 아버지는 그를 '석'으로 이름 지으셨다. 지금 와서 그 당시 상황을 회상해보면 어머니가 살아 있었다는 것은 하나의 기적이었다. 그러나 당시 상황의 심각성을 모두 이해하기에 나는 너무 어렸다. 다음날 아침 우리는 기숙사의 한 쪽이 로켓 공격에 파손되어있는 것을 발견했다. 여러 사람들이 다치거나 죽었다는 이야기도 들렸다. 아마도 우리 집에서 빛이 새어 나갔고 그 빛을 조준하여 로켓포가 발사되었는데 빗나가서 기숙사를 타격한 것이나 아닌지 하는 생각도 들었으나 누구도 사실관계는 알 수 없는 일이었다. 죽은 사람들이 사실관계를 운위할 일은 아니었다.

어머니는 회복기를 어렵게 보내셨지만 살아있게 된 것에 감사하며 두 번째로 우리 가족을 하늘이 살려주셨다고 했다. 불행하게도 때는 한 여름이어서 어머니를 위해 시원하고 편안한 환경을 만들어드릴 수가 없었다. 산후 회복을 위한 영양식 공급 역시도 원활치 못했다. 매일 어머니는 그저 아버지가 어머니를 위해 소중하게 간직해온 쌀로 죽을 끓이고 미역에 마른새우를 넣어 끓인 국을 드셨을 뿐이다. 어머니의 얼굴과 몸은 더 부어올랐다. 산파가 말하기를 당시 환경 때문에 출산 중에 아마도 세균에 감염되신 것 같다고 했으나 그녀는 어디에서도 치료약을 구해오지 못했다. 아버지의 대학동기로 서울에서 개업한 의사 분이 있었지만 아버지는 그가 어디 있는지 찾을 수가 없었다. 우리가 할 수 있던 일은 감염에 저항할 어머니 자신의 면역체계를 믿고 기다리는 일뿐이었다. 하늘의 도우심이 한 번 더 있기를 바라며 우리 모두는 매일 기도했다. 어머니의 부기는 매일 조금씩 빠져가며 정상치에 도달해갔다. 그 어려운 시련기를 이겨내시고 살아나셨다니! 어머니 같이 연약하신 분이 그 어려운 지옥을 견디어 내셨다는 것, 그것은 기적이었다. 그러나 이것이 전쟁이었고 위험에 노정된 민간인들의 생명이 전쟁이라는 덫에 걸려있는 그런 상황이었다.

8월이 되었다. 뉴스는 나라의 남동쪽 끝 부산을 제외한 모든 도시가 북한 공산군에게 함락되었음을 알리고 있었다. 이 소식은 나의 외가 쪽이 살고있던 광주 역시도 적의 손에 들어갔음을 의미하는 것이었다. 이런 상황 하에서는 우리가 일찍 광주로 피란을 갔더라도 똑 같은 결과가 되었을 것이라는 것을 의미했다. 아버지는 그 무장 잘 된 미군이, 그것도 우월한 공군력을 가지고 있는 상황에서 북한군에게 이처럼 단 기간 내에 패배를 거듭하고 있다는 현실에 아연 실색하셨다. 이런 상황 속에서 앞으로 어떻게 가족들을 먹여 살릴 것인지 걱정하기 시작하셨다. 아버지는 이들 공산 정권이 틀림없이 대학 과정에 포함시키지 않을 영문학 교수이셨기에 걱정은 더했다. 거기에 더하여 공산주의 혁명가들은 자기들의 사상에 쉽사리 세뇌되지 않을 것으로 보이는 지식인들을 좋아하지 않는다는 것을 잘 인지하고 계셨다.

이때쯤 숙명여대의 손 교수가 영문학을 학사과정에 포함시킬지 여부를 결정하기 위해 아버지를 찾아왔다. 학교가 걸어서 몇 분이면 도착되는 거리에 있었기에 아버지도 손 교수와 협의를 위해 수차례 학교를 방문하셨다. 물론 당시에는 공습이 계속되던 시절이었고 또 방학기간 중이어서 학교 내에는 수업도 없었고 학생 역시도 없었다. 그러나 바로 그 직후부터 아버지는 숙명여대에 가는 것을 중단하셨다. 북한 공산당

정부가 모든 교사와 교수들의 재교육이라는 명목을 앞세워 이들을 평양으로 잡아가려고 하고 있었기 때문이다. 그렇게 되는 것은 결코 아버지가 원하는 것이 아니었다. 악화된 건강상태의 부인과 6명의 자식들을 전쟁터에 놔두고 집을 떠난다는 것은 결코 있을 수 없는 일이었다. 계속되는 미군의 공습 때문에 다행스럽게도 그들은 경찰조직을 움직여 그 공산주의 재교육프로그램을 우리들에게 집행할 구체적 수단이 없었다. 이들에게는 개별 가정의 안녕보다 공산주의사상을 주입하는 것이 더욱 중요한 사업이었다.

미군폭격은 점차 정교히 목표에 접근하고 있었다. 학교에 쌓아놓은 북한군의 보급품이 그 목표였다. 우리 집 바로 옆에 있는 북한군이 주둔 중인 숙명여대 기숙사에 폭탄이 떨어질 것을 걱정했지만 우리 가족 전부가 이동해갈 장소는 어디에도 없었다. 우리는 우리의 운명을 하늘에 맡기고 있었다. 우리 가족은 이 작은 방공호에 갇혀 완전히 외부 세계와는 단절되어있었다. 어느 날 나는 깜박 잠이 들었다. 꿈속에서 아주 평화로운 장소를 보게 되었다. 형형색색의 나비들이 아름다운 화초들 위로 날아드는 광대한 공간에 우리 전 가족이 있었다. 기이하게도 가족 어느 누구도 말을 하는 사람이 없었다. 나는 그곳에 누워 내가 우리 집 이층 발코니 난간에 기대어 하던 것처럼 푸르른 하늘과 끊임없이 동물 모양들을 만들어가는 흰 구름을 올려다보고 있었다. 우리가 지금 천국에 와있는 것일까? 우리 모두가 폭격에 사망을 한 것일까? 그때였다. 갑자기 가까운 곳에서 폭탄이 터지는 커다란 소리가 일어났다. 나는 꿈에서 깨어 현실로 돌아왔다.

수십 년이 지난 후 당시 우리 집 방공호 밖에서 무슨 일들이 일어나고 있었는지 알게 되었다. 정부는 동란 발발 직후 대전으로 옮겨졌다.

▲ 패주하던 국군이 보도연맹 희생자들 사이를 걸으며 상황을 살피고 있다. 촬영장소 : 대전 인근, 촬영자 : 미 육군 소령 Robert Abbott. 대중에게 공개된 사진들 중에서. 촬영시기 : 1950년 7월

그곳 대전에서 이승만 대통령은 남로당과 보도연맹에 관련된 인사들을 처형하라고 명령하였다. 그날은 1950년 6월 27일이었다. 이런 폭로는 당시 군헌병대 상급지휘관이었던 김만식의 고백으로 이루어졌다. 명령에 따라 패주하던 국군과 준군사조직이었던 반공청년단원들이 수감되어 있던 공산주의자들과 보도연맹 관계자들을 처형하였다. 당연히 이 처형은 아무런 재판과정이나 판결 없이 집행되었다. 서울이 수복된 1950년 9월 약 30,000명의 시민들이 공산당에 부역했다는 이유로 체포되어 군에 의해 처형된다. 3,400명의 민간인집단학살도 부산 인근에서 1950년 여름 일어난다. 많은 해변마을에서 희생자들이 서로 묶여 바다로 밀어 넣어졌다. 예비역 해군제독 남상희의 고백에 의하면 자신이 약 200명의

▲ 한때 1급 비밀로 분류되었던 미 육군의 사진, 남한정부군에 의한 정적 1,800여명에 대한 약식 처형 사진 들 중 하나. 촬영장소 : 대전 인근, 촬영자 : 미 육군 소령 Robert Abbott, 촬영시기 : 1950년 7월

시민들을 바다에 수장하라고 명령했다고 했다. 재판할 시간이 없다는 이유였다.

보도연맹사건은 분명히 전쟁범죄였다. 희생자들 중 많은 사람들이 공산주의자도 아니었고 공산주의와는 어떤 관계도 없던 죄 없는 사람들이었다. 희생자의 숫자는 확실치가 않다. 시간이 많이 지나 문민 정부가 들어선 후 진실과 화해를 위한 위원회가 만들어진다. 당시 위원장을 맡고 있던 김동춘 교수에 따르면 약 10만 명의 민간인들이 공산주의를 지지했다는 혐의를 받고 처형되었다고 한다. 다른 사람들에 의하면 20만 명을 얘기하는 사람도 있다. 그 집단 학살은 수십 년 동안 공산주의자들의 소행으로 의도적으로 둔갑되어 비난해오던 것으로 진실에 반해 정부가 자신의 잔혹행위를 숨겨왔던 것이다. 생존자들은 정부에 의해 진실을 밝히지 못하도록 강제되었다. 진실을 밝힌다는 것은 곧 공산당 동조자로 엮이게 되는 결과가 될 것임을 의미했다. 세상을 향한 폭로는 군 당국에 의해 고문의 위협과 죽음으로 대응되었다. 1990년대에 이르러 집단학살현장을 발굴하여 많은 시신들을 찾아내면서 대중은 비로소 이 집단 학살극의 진실을 인식하기 시작했다. 위에서 설시한 내용이 왜 현대 역사가 지난 세월의 잔혹함을 기록하지 않았나를 잘 설명해주고 있다. 동시에 이는 6,25동란이라는 전쟁, 그 자체를 넘어 인류역사에 기록으로 남겨야할 진실의 모습이다.

어떻게 보도연맹이 만들어졌나? 1949년 정부는 각기 독립행동을 하던 사람들을 보도연맹원이라는 이유로 기소한다. 공산주의 동조자가 아닌 사람들도 이승만의 정적들 가운데서 보도연맹 이름 하의 정해진 목표 숫자를 채우기 위해 다수가 강제로 명단에 올려졌다. 당시 이승만은 약 30만 명에 달하는 공산주의 동조 의심자, 또는 그의 정적들의 이름을 이들을 처형으로부터 보호한다는 명분을 내세워 공식적으로 보도연맹(국가 개조와 지도를 위한 연맹) 재교육자 명단에 올려놓는다.

죽음의 경계를 넘나들며

(1950년 9월-10월)

죽음의 경계를 넘나들며

(1950년 9월-10월)

9월이 되었다. 날씨는 점차 시원해져가서 살만 했지만 이번에는 식량이 부족해져갔다. 아버지는 공습이 없는 사이사이 밭에다 배추와 무, 기타 시원한 절기에 자라는 야채를 재배하셨다. 이들만 있으면 된장과 김치 그리고 보리와 정제되지 않은 밀 등에 의존해서 전쟁이 끝날 때까지 살아남을 수 있을 듯했다. 밤이 되면 누군가 우리 야채 밭에 들어와 자라고 있는 야채를 뿌리 째 뽑아가서 이곳저곳에 그 흔적이 남아있었다. 그러나 그것을 알면서도 사유를 인정하지 않는 공산주의세상이라 우리는 아무 말 못하고 누가 그랬는지 알아볼 생각도 하지 못하고 있었다. 야채 밭을 둘러싸고 있던 전기철조망은 매우 빈약해서 누구나 쉽게 뚫고 들어올 수 있었다. 우리는 찐 호박잎에 쌀밥이나 보리밥을 올려놓고 찐 된장을 얹어 쌈을 싸서 먹었다. 내가 맛도 없는 그 음식들에 대해 불평을 하면 아버지는 "사흘만 굶어보면 네 맛이 돌아올 거다. 콩은 단백질이 풍부하고 보리는 비타민 B가 많아 갈색으로 탈색이 된 네 머리칼도 검게 돌아올 것이다."라고 하시며 감사히 먹도록 종용하셨다. 어려운 시기에 살아남는 방법을 가르치기 위해 아버지는 우리에게 동정을 보이지 않으셨다. 어머니는 정원의 나무들에서 대추와 밤, 그리고 감 등을 채취하여 우리들의 부족한 영양을 보충해주셨다.

9월 중순이 되었다. 우리는 전선에서 무슨 일이 일어나고 있는지, 앞으로는 어떻게 살아가야 하는지, 또 얼마나 이 상태가 계속될지 알아야 했다. 우리들의 삶은 매일매일 사회와 격리된 우리 집 방공호 속에서 어떠한 새로운 소식도 접하지 못하고, 어떤 건설적인 일도 하지 못한 채 그렇게 흘러가고 있었다. 그 생활은 정말이지 단조롭고 비생산적이며 그야말로 재미없는 생활이었다. 나는 왜 사람들은 이토록 단조로운 생활을 계속할까 의아심이 들기 시작했다. 무슨 필요에서 그럴까? 나는 내 자신에게 물어보곤 하였다. 얼마나 더 버틸 수 있을지?

어느 날 매우 늦은 밤 시간에 한 사람이 여러 집 문들을 두드리며 큰 소리로 외치고 흐느끼며 돌아다니고 있었다. "부산이 드디어 함락되었다. 이제 전국이 김일성 밑에 통일되었다." 그러나 어머니는 이 소리를 듣고 의아해하셨다. "그것 이상하다. 만일 그것이 사실이라면 그 좋은 소식을 왜 아침까지 기다리지 않고 한 밤중에 집집마다 다니며 소란을 피운다는 말이냐?" 아침이 되었다. 우리는 멀리서 들려오는 천둥 같은 소리를 들었다. 공중 폭격소리가 아니고 해군함정에서 내륙의 목표를 향해 발사하는 함포사격 같은 소리였다. 아버지는 이내 알아채셨다. 아마도 유엔군이 인천에 상륙을 시도하고 있는 것 같다는 것을. 우리는 이웃 숙명여대 기숙사에 진을 쳤던 북한군부대들의 갑자기 늘어난 부산한 행동들을 보게 되었다. 그들은 서둘러서 트럭을 타고 빠져나가며 기숙사를 비우고 있었다. 전투를 위해 인천으로 가는 것인가, 아니면 퇴각을?

내가 이 몇 달 동안 무슨 일들이 일어났는지 그 자세한 상황을 알게 된 것은 몇 년이 지나 전쟁이 끝나고 나서다. 예상하지 못했던 전쟁이 발발했던 초기, 맥아더 장군은 당시 긴급히 동원할 수 있는 수단으로 대응할 수밖에 없었다. 그것은 공군력이었다. 그는 이 공군력으로 위세를 과시하면 북한공산군이 이에 속아 아직 동원되지 않은 미군의 숨겨진 힘에 대해 두려움을 느끼기를 기대했다. 그는 공군력을 이용해 계속적 폭격으로 북한군의 남하를 저지하며 그들이 수원에 이르던 열흘 동안을 본격적 참전을 위한 준비기간으로 삼았다. 그 기간 동안 맥아더는 일본에 주둔 중이던 윌리엄 딘 소장 휘하의 24사단을 파견할 수 있었다. 싸울 준비가 제대로 안된 상태에서 긴급 투입된 딘 소장 휘하의 대부분의 병력은 전투에서 괴멸되었고 딘 소장 자신은 그 후 고립되어 절망적 싸움을 이어가다 결국 포로가 된다. 이때가 바로 내가 서울의 거리에서 미군포로들을 보았던 시기였다.

그러자 북한군사령관은 미군의 등장에 자신이 속았다는 것을 깨닫고 자신이 놓친 시간을 보상받기 위해 진격속도를 높이게 된다. 그러나 그때는 이미 제8군의 구성을 완성하고 4성 장군 워커(Walton Harris Walker)를 그 사령관으로 임명한 상태였다. 당시 북한군은 동원할 수 있는 인력 면에서 워커의 8군에 대해 훨씬 우월한 위치에 있었다. 7월 7일 맥아더 장군은 워싱턴의 합동참모본부에 병력 증강을 요청한다. 그러나 이 요청은 전세계군사배치계획에 따라 우선순위에서 밀려 거부된다. 극동은 당시 그 배치계획 상 우선순위의 가장 하급지에 속해있었던 것이다. UN안전보장이사회는 한국연합사령부의 구성을 권고했고 트루먼 대통령은 맥아더를 그 사령관에 임명했다. 이승만 대통령은 그의 임명에 대해 서면으로 동의하게 된다. 지원군이 조금씩 단편적으로 들어와 작전에 투입되던 시기는 7월 20일 이후 지나갔다. 북한군이 한강방어선을 뚫은 후 그들의 종국적 목표인 남한정부의 전복을 달성하려면 그 성공여부는 결국 속도전에 달려 있었다.

▲ 끊어진 한강철교 앞에서 발이 묶인 피란민들

7월과 8월에 걸쳐 치열한 전투가 벌어졌고 유엔군에 대한 북한군의 공격이 되풀이되었다. 8월 말까지 기간 동안 한국군은 재정비되어 5개 사단이 워커 장군의 지휘 하에서 싸우고 있었다. 미 제1해병여단도 제8군에 배속되었다. 유엔군은 대전에서 철수해서 낙동강에 전선을 구축하고 그곳에서 싸우고자 했다. 영동지구에서의 나흘간의 치열한 전투 끝에 북한군은 유엔군진지를 점령하고 이들을 부산 근처의 바닷가 교두보까지 퇴각하도록 몰아붙였다. 공습은 계속 이어졌으나 북한군에 대한 물자와 인력공급은 계속 이어졌다. 물자 등은 만주와 시베리아지역에서 오고 있었다. 주로 밤 시간을 통해 기차와 트럭 심지어 소달구지로 식량과 탄약 등을 실어 날랐다. 이때가 되어 우리에게 전해진 전선의 소식은 또 다른 도시가 북한군에게 넘어가서 이제 남은 것은 부산뿐이었다는 것이었고 이곳만 점령하면 한반도 전역에 대한 북한군의 완전한 승리를 선언할 수 있는 상황이 되어있다는 절망적 소식뿐이었다. 더구나 그런 상황이 거의 목전에 와있는 듯했다.

이런 상황에 처해지자 유엔군은 한국을 포기하던가, 아니면 새로운 묘수를 찾아내든가, 둘 중에 하나를 택해야 했다. 우리는 나중에 알았지만 맥아더는 절대로 포기하지 않고 워커 장군의 제8군에게 맥아더의 새 작전이 현실로 전개될 때까지 "죽음으로 지켜라."라고 명령했다고 한다. 워커 장군의 8군은 용맹하게 싸워 북한군의 진격을 늦추게 하고 8월 말이 되어서는 꽤 쓸 만한 방어선을 구축하는데 성공하고 있었다. 이 부산방어선전투는 1950년 8월 4일부터 9월 18일까지 계속된 유엔군과 북한군 간의 밀고 밀리는 치열한 대규모 전투로 6.25동란 전 기간에 걸쳐 첫 번째로 기록된 주요전투였다. 완전패배의 목전까지 밀렸던 14만의 유엔군 병력이 북한침략군을 상대로 마지막 보루를 지켜내기 위해 총 궐기한 '죽느냐 사느냐'하는 혈투였던 것이다. 남진하는 북한군에 계속적인 패배만을 해오던 유엔군이 남한의 최남동부에 걸친 220km의 방어선, 부산 방어선을 구축하고 한국군과 미군, 그리고 영국군이 주축이 되어 대구, 마산, 포항, 그리고 낙동강전투의 전 과정을 통해 돌파하겠다고 달려드는 북한군을 상대로 6주 동안 싸워 이겨낸 전투였다. 8월과 9월 두 번에 걸쳐 북한군은 대규모로 공격해왔으나 유엔군을 더 남쪽으로 밀어내는 것에 실패한다.

절체절명의 순간 맥아더 장군의 혼신의 묘수는 무엇이었을까? 놀랍게도 그의 선택은 서울에서 서쪽으로 32km 거리에 있는 항구도시 인천으로의 상륙작전이었다. 물때를 고려하여 9월 중순을 목표일로 정하였다. 간만의 차가 심한 인천항의 조류 상황을 고려할 때에 그 상륙 작전은 짧은 시간 내에 완료되어야 했다. 내가 당시 워싱턴 당국의 행적을 조사해보니, 그 위험한 상륙작전에 극히 회의적이었던 그들을 맥아더가 설득 하지 못했더라면 인천상륙작전은 실행될 수 없었을 수도 있었다고 생각된다. 그리 되었더라면 한반도 전부는 지금 20세기와 21세기에 걸쳐 오직 하나 남은 공산주의 왕국, 세계에서 가장 인권 침해가 심한 김일성 일가의 3대에 걸친 철권통치 밑에 있었을 것이다.

7월 23일 맥아더는 그의 작전계획을 워싱턴에 통보하고 승인을 요청한다. 그 계획은 당연히 거부된다. 당시 합참의장 오마르 불래들리 장군(General Omar Bradley)은 여러 이유로 그 작전이 현실적이지 못하다고 했다. 3주간의 침묵이 흐른 후 8월 23일 맥아더는 동경에서 작전회의를 소집한다. 육군참모총장 콜린스 장군(General Collins), 해군 작전참모부장 셔만 제독(Admiral Sherman), 그리고 트루먼 대통령이 1952년 1월 임명한 해병대사령관 레무엘 셰퍼드 2세 중장(Lieutenant General Lemuel Shepherd Jr.)이 참석했다. 해군의 입장은 인천의 지형과 조류를 고려할 때에 상륙을 완료하기에는 절대적으로 시간이 부족하다는 것으로 작전에 반대의견이었다. 셔만 제독은 "지형이나 바다 상의 장애 요소들을 열거하라면 그 모든 것을 가지고 있는 곳이 인천이다."라고 말했다고 한다. 그는 또한 인천이 현 전투지역인 부산과 너무 멀어서 양동작전이 어렵다는 점을 지적했다. 이 반대견해에 대해 맥아더는 그의 자서전에서 이렇게 답했다고 적고 있다.

"붉은 무리들은 지금 워커의 방어선에 묶여 있다. 나는 그들이 인천을 적절히 방어하지 못할 것으로 확신한다. 당신이 지적한 부적절하다는 요소들은 나에게 '예상외 놀람'이라는 단어가 가지고 있는 효과에 대해 더욱 확신을 갖게 해준다. 이 '예상외 놀람'이라는 요소는 군사작전에 있어서 무엇보다 생명 같은 것이다. 인천과 서울의 점령은 곧 적의 병참선을 끊게 될 것이고 그리 되면 반도의 남반부를 봉쇄하는 효과가 있을 것이다. 적의 약점은 길어진 병참선에 있다. 작전이 성공한다면 지금 워커와 마주보고 있는 적들의 전투력을 무력화시킬 것이다. 만일 내 계산이 부정확하다고 판명되거나 우리가 수동적인 입장에 처해진다면 나는 현장에서 즉각 우리 군대를 철수시킬 것이다. 그리 되었을 때에 우리의 유일한 손실은 군인으로서의 나의 명예뿐일 것이다. 인천 작전은 성공할 것이다. 그리고 10만 명의 생명을 구할 것이다.

잠시 완벽한 침묵이 흘렀다. 그리곤 셔만 장군이 일어나 말했다. "고맙습니다. 참으로 사려 깊은 사고가 낳은 위대한 구상(a great voice in a great cause)입니다." 그 자리가 있은 후, 8월 29일 맥아더는 합동참모본부로부터 작전을 승인하는 전보를 받는다.

나는 그가 인천상륙작전이라는 그의 계획을 승인받기 위해 군인으로서 그 자신의 명예를 걸었다는 것을 읽고 그의 결정과 뛰어난 견해에 존경심을 갖게 되었다. 그는 또한 공산주의 세력의 아시아 지역에서의 확장에 대해 경고하였다. 그러나 당시 미국정책담당자들에 있어 우선순위는 유럽에 있었다. 러시아의 영토확장 시도로부터 일본을 지키는 것은 한국을 지키는 것보다 더 중요했다. 그렇게 된 것에는 한국인들도 책임이 있다. 미군정 하의 끝없는 좌·우익의 싸움이 미국정책입안자들로 하여금 그렇게 생각하게 만든 면도 있는 것이다.

많은 미국 정책 입안자들은 1950년 트루먼 대통령이 돌연 북한의 침공으로부터 한국을 방어하겠다고 발표했을 때 놀랐다. 또 맥아더 장군이라는 존재가 그 당시 없었더라면 성공한 민주주의국가이고 위대한 산업국가가 된 대한민국이라는 나라는 오늘날 지구상에 없었을 것이며 모든 남한 사람들은 김정은 밑에 김일성 일가의 왕국에서 신민으로 살고 있을 것이다.

남한지역에 살고 있는 사람들 특히 젊은이들의 경우 2차 세계대전 그리고 6.25동란이라는 두 번의 전쟁이 남긴 후과를 당시 현장에 살았던 이들의 경험을 통해 인식하는 것은 중요한 일이다. 많은 가족들이 남편이나 자식들 또는 사랑하는 사람들을 북한, 그리고 중공군과의 싸움에서 잃었다. 근래 북한을 탈출한 사람들의 증언을 통해 무슨 일들이 지금 북한지역에서 일어나고 있는지 우리가 알게 되면 알게 될수록 김일성 왕국의 전제로부터 구해준 맥아더 장군에 대한 감사의 정이 더 깊어진다. 만일이기는 하지만 일본의 항복 직후 소련이 남하하기 전에 먼저 미국군을 한반도에 보냈더라면 6.25라는 전쟁은 없었을 것이다. 그러나 그렇게 하지 못한 실책은 미국이 6.25동란 발발 직후 신속히 16개국 유엔군을 조직하여 전투에 임했을 때 보상되고 바로잡혔다고 볼 수 있다.14)

맥아더 장군은 그의 1950년 9월 12일의 경험을 다음과 같이 술회하고 있다.

"나는 Mt. Kinley함의 함교에서 바다 위를 가르며 몰려가는 유엔군 함정들이 만드는 소리에 귀기울이며 어둠 속에서 함정들이 목표 지점을 향해 나아갈 때에 파도에 부딪쳐 만들어내는 푸른 섬광, 이제 돌아올 수 없는 지점을 넘어가고 있는 상륙정들이 목표 지점에서 서로 합쳐지는 광경 등을 보고 있었다. 앞으로 5시간 동안 이들 4만 명은 언제 무너질지 모르는 부산방어선 상의 '10만의 전우들'을 살리겠다는 일념으

14) 일본 항복 당시 미군은 오키나와에 있었고 소련군은 이미 만주를 점령 하여 일본군을 무장 해제 시키고 있던 상태였다. 소련의 다음 순서는 한반도로 밀고 내려오는 일이었다. 미군이 먼저 한반도에 상륙하는 것은 물리적으로 불가능했다. 그리하여 급히 생각해낸 것이 38도선 지점을 분계선으로 하자는 안이었다.

로 용감히 진격에 나설 것이다. '내일 어떻게 되느냐'는 오직 나 혼자의 책임일 뿐이다. 만일 내가 실패한다면 공포스러운 결과가 최후의 심판 날 나의 영혼에 굴레로 작용할 것이다. 나는 좁은 수로를 안내하는 항구 등대의 불빛을 보았다 그래서 나는 이 공격이 적이 예상 못한 갑작스런 공격이 되고 있다는 것을 알았다.15)

여기까지 보고 나는 잠을 자기 위해 선실로 갔다. 큰소리에 잠이 깨었다. 그 소리는 월미도를 향해 퍼붓는 함포사격소리였다. 인천항구 구역 안에 위치한 이 작은 섬은 해군의 함포사격과 항공기의 폭격에 통째로 진동되고 있었다. 거대한 폭발이 해안을 따라 일어나고 있었다. 그러다가 갑자기 월미도의 해안포들이 침묵했다. 제1공격부대가 월미도에 상륙한 것이다. 만일 최전선에 있는 나의 해병대가 패퇴하거나 저항 세력에 밀려 상륙시간이 지체된다면 적이 효과적으로 대적하고 있다는 것을 의미했다. 그리 된다면 상륙한 제1파 부대들은 적에 의해 너무나 쉽게 도륙될 것이고 후속 부대들은 인천연안의 거대한 갯벌에 발목이 잡힐 것이다. 아침 8시 전령이 함교로 올라와 종이 한 장을 건네주었다.

---

15) 당시 이 상륙 작전의 사전 준비 차 임병래 소위를 대장으로 한국 해군의 정보요원들이 사전에 잠입하여 기뢰의 위치와 수량, 부대 및 해안 포대 배치 상황, 주둔 병력의 규모, 특히 상륙 예정지인 월미도의 해안 방어태세 등 제 정보를 수집하고 유엔군 공격을 준비하고 있었다. 이들의 행동은 상륙작전 전날 탄로가 나서 북한군 대대 병력의 공격을 받게 된다. 이들은 공격내내 버티다가 팀장인 임중위와 홍시욱 3조(병사 계급)를 제외하고 다들 안전하게 구출되었으나 임 중위와 홍시욱은 끝까지 남아 북한군의 공격에 대항하다가 이 둘은 스스로 자살을 택한다. 비밀 누설을 염려한 정보요원의 장열한 선택이었다. 추후에 미국으로부터 은성 무공 훈장이 추서되고 한국 국방부로부터 을지 무공 훈장이 추서된다. 임병래 중위의 동상이 그의 후배 OCS장교들에 의해 2010년에 해군 사관학교 교정에 세워진다. 그는 OCS 9기였고 역자는 48기다. 상륙 작전 당일 바닷길을 안내한 등대는 팔미도 등대로 이 등대는 대한민국 해군 전초 부대가 사전에 장악한 상태로 등대지기들이 피란가지 않고 석유로 불을 밝혀 유엔군을 안내하였다.

그 종이에는 제1파 해병상륙부대가 단 한 명의 손실도 없이 상륙에 성공하여 해안교두보를 확보하였다고 쓰여 있었다.[16] 시계는 그때가 일부 상륙정들을 당혹스럽게 갯벌에 붙들어 놓을 수도 있는 썰물이 시작되기 전 한시간 전이라고 얘기하고 있었다. 월미도는 확보되었다. 인천항구의 불리한 수많은 지리적 조건들을 생각할 때에 이 성공은 어떻게 보더라도 그야말로 기적이었고 정말로 매우 인상적인 군사작전이었다."

- 출처 : 맥아더 회고록

한편 우리 집에서는 이상하고 전혀 예상하지 못했던 일들이 계속 일어나고 있었다. 모든 사람들이 자기들 식솔들을 위해 내 부모님의 친절에 의지하려고 하고 있었다. 밤새 멀리서 들려오던 함포사격소리를 들었던 다음 날 이른 아침 누군가 우리 집 대문을 두드렸다. 그는 바로 가끔 우리 집에 와서 과일을 따가곤 하던 이웃 기숙사에 주둔했던 어린 북한군 병사였다. 그가 말하기를 자기 부대의 다른 사람들은 전부 인천에서 죽임을 당하고 자기 혼자 살아남았다는 것이었다. 그는 우리에게 유엔군이 서울에 오면 항복할 터이니 그때까지 우리 집에 자기를 숨겨줄 수 있는지를 물었다. 분명 그는 우리가 공산주의자라는 생각을 전혀 가지고 있지 않았던 것으로 보였다. 왜냐하면 우리는 좋은 집에서 잘 살고 있으니 분명 서울에 들어올 유엔군을 환영할 것이라고 생각하고 있었던 듯하다. 부모님은 항복하겠다는 그의 의사가 진정임을 알고 계셨다. 그러나 북한군을 집에 숨겨준다는 것은 있을 수 없는 일이었다.

16) 성공 확률 1/5,000 이라던 인천상륙작전 전 과정을 통해 당일 희생자의 수는 전사 21명, 부상 174명 실종 1명이었다. 맥아더가 희생자가 없었다는 술회는 단지 제1파 상륙 부대에 한한 이야기다.(인천상륙작전의 영웅 임병래 중위 45쪽, 해군 OCS중앙회, 2010)

만일 숨겨준다면 그 사실이 다른 사람들에 의해 어떻게 해석될 지 그것은 알 수 없는 일이었다. 그래서 우리는 그에게 불가함을 이야기하고 우리 집 야채 밭을 통해 그가 있던 숙명여대 기숙사 건물로 가서 유엔군이 도착하면 항복하라고 일렀다.

그로부터 약 일주일 후 공산군 치하에 있던 지난 3개월 동안 한 번도 찾아오지 않던 아버지 조카 영기가 우리 집을 지나가면서 우리 야채 밭 건너편에 서서 내 부모님께 자기 아내와 딸을 돌보아 달라고 큰소리로 부탁하는 것이었다. 그때 그는 그의 경호원인지 집총한 병사를 대동하고 있었다. 유엔군이 서울에 들어오기 전에 도주하고 있는 긴급 상황이라 그의 아내에게 조차도 알리지 못하고 황급히 떠나고 있던 것이 분명했다. 그 역시 우리 부모님은 부르주아니까 유엔군이 서울에 들어오면 우리에게는 좋은 일일 것으로 생각하고 있음이 분명했다. 그의 이 외침과 공개된 행동은 후일에 이웃들이 우리 부모님을 상대로 큰 문제를 야기하는 동기가 된다. 아버지의 가족들은 우리 아버지를 돕는 일은 거의 없고 후에 닥칠 일은 생각하지 않고 무분별하게 행동하여 우리에게 여러 번 해만 가했다.

사격하는 소리와 폭탄 터지는 소리가 매일매일 점점 가까워오고 있었다. 우리 집 이층에서는 서울 중심부의 붉게 타오르는 하늘을 배경으로 검은 연기가 치솟고 있는 광경이 눈에 들어왔다. 서울은 불타고 있었다. 계속되는 유엔군의 포격으로 도시가 불덩이로 되어가고 있었던 것이다. 우리에게는 이들 장거리포들의 포격과 공중폭격을 피해 방공호에 숨어 있는 방법 이외에는 할 수 있는 일이 없었다.

이런 시기의 어느 날 한국인 약사와 결혼한 어머니의 일본인 여자친구가 오랜만에 우리 집을 찾아와 놀라운 소식을 전했다. 우리 집 인근에 살고 있던 북한 피란민 출신들을 중심으로 몇 명의 이웃들이 모여 나의 부모님을 공산주의자로 고발할 준비를 하고 있다는 것이었다. 그런 상태라면 나의 부모님은 이 무법 상태 세상에서 폭도들에 의해 살해당할 수도 있는 일이었다. 우리 집은 몰수당하고 부모를 잃고 나면 남은 나의 형제들은 내가 돌봐야 하는 상황이 될 것이다. 나는 당시 13살의 어린이에 불과했다. 그녀는 우리에게 잠시 집을 떠나 있다가 정부가 귀환하여 무법 상태가 종료되면 그때 돌아오라고 권했다. 어머니는 이웃들의 이 음모 소식에 충격을 받으셨다. 나는 우리 이웃들 특히 길 건너 집들에 살던 사람들은 지난 세월 북한 공산군 치하에 있는 동안 마치 자기들이 공산주의자들이거나 그 지지자인 양 행동했으며 우리가 어머니의 산후 조리용으로 간직해오던 식량마저 나누어달라고 하던 사람들이었다. 우리 역시 '그들이 했던 것과 다른 일은 한 것이 없다.'라고 어머니는 말씀하셨다. 그들의 이 음모는 자신들의 공산주의자적 행동을 감추고 정당화하기 위한 것이 분명했다. 그러나 이런 논쟁은 당신을 죽이려고 의도적으로 기획하는 사람들과의 사이에서는 아무런 소용이 없는 것이었다. 그들과 논쟁하거나 타협할 시간이 없었다. 오직 우리가 할 수 있는 일은 이 상황을 다 같이 피해가는 것이었다.

그래서 어머니는 아버지에게 서울의 다른 구역에 살던 나의 이모 집으로 잠시 가계실 것을 권하고 어머니는 우리와 함께 집에 있기로 하였다. 어머니는 연약하고 섬세하며 상당히 감정이 풍부한 여인이었지만 비상시가 되면 가족을 보호하기 위해서는 대단히 용감해지는 분이었다. 우리는 우리가 유아일 때부터 어머니에게 많은 것을 빚지고 있었다. 우리가 아프거나 하면 우리가 호전될 때까지 잠도 자지 않고 우리 침대 곁에서 밤을 지새우시곤 하였다. 그러나 이번 경우는 자식들이 오히려 어머니를 돌보기 위한 용기와 결단을 보여줘야 할 처지였다. 어머니는 산후 1개월이 조금 지난 상태의 연약한 몸이었다. 그런 몸으로 자신들의 죄를 덮기 위해 어머니를 죽일지도 모르는 무법상태의 폭도들을 상대하기에는 너무나 위험했다. 만에 하나 우리 부모님이 어떤 잘못을 하였다고 해도 이를 심판하는 것은 그들 일이 아니었다. 나는 이들과 싸우기 위해 용감히 일어선 어머니에 감탄하고 있었지만 한편 걱정이 앞섰다.

인천에 상륙하였던 유엔군이 서울을 수복하는 데는 몇 주가 더 걸렸다. 북한군의 방어력이 만만치 않았던 것이다. 미군 X부대(정보부대)가 빠르게 내륙으로 들어왔다. 한 줄기는 남쪽과의 통신 차단과 김포 공항의 확보를 위해 서울 쪽으로 또 다른 줄기는 수원에 있던 공군기지를 확보하기 위해 수원 쪽으로 향했다. 남쪽 전선에서는 워커 장군이 격렬한 공격 속에 낙동강 도강에 성공하였다. 적이 약화되었음을 보여주는 현상들이 나타나고 있었다. 공급물자와 퇴각로의 차단으로 적들의 항복율이 급격히 증가하였다. 한 달 사이에 포로가 13만 명에 달했다. 북한군은 서울을 지키려고 치열하게 대항했지만 결국 9월 28일 서울은 유엔군에 의해 수복되었다. 맥아더 장군은 서울에 한국정부를 다시 들이기 위해 즉각 서울로 이동해왔다.

이 시기에 맥아더 장군이 워싱턴으로부터 이승만 정부를 다시 세우려면 사전승인을 받으라는 명령을 받고 있었다는 사실이 매우 흥미롭다. 맥아더는 이 지시를 거부한다. 이승만 정부는 수복되어야 한다는 이유였다. 9월 29일 그는 서울이 대한민국 정부의 수도로 수복되었음을 선언한다. 다른 여러 계통을 통해 나는 미 국무부가 당시 이승만의 국가운영능력과 국민들에 대한 장악력에 대해 회의를 가지고 있었으나 대안을 찾지 못하고 있던 상태였음을 발견하였다. 이때에 이르기까지 한국은 여운형 김구 같은 뛰어난 지도자들을 암살에 의해 잃고 있었고 김규식은 북한군에 의해 납북된 상태였다. 나는 맥아더 장군이 남한지역이 가능한 한 빨리 정상화되기를 간절히 바라고 있었다고 추측한다.

어느 날 한 무리의 사람들이 우리 집에 와서 우리 집 야채 밭에서 총이 발견되었으니 이곳에 북한군 병사가 숨어있는지 여부를 수색해야 하겠다고 주장했다. 아마도 몇 주 전 북한군 병사가 우리 집에 들어오는 것을 누군가가 보았던 것 같았다. 내가 전에 말했듯이 우리 집 야채 밭은 길과 접해있으면서 도둑을 방지하기 위해 단지 약한 철조망으로 경계가 되어있었다. 그렇기에 어떤 공산군이 도주하며 여러 사람들이 보는 가운데 그의 총을 우리 밭에 던져놓는 것은 얼마든지 가능한 일 이었다. 또한 누군가 우리 부모님을 해하려는 음모를 꾸미는 사람이 있다면 그 역시 얼마든지 총을 우리 밭에 던져놓을 수 있는 상황이었다. 어찌되었든지 우리는 그 총에 대해서는 전혀 모르는 일이었다. 심지어 총이 정말로 그곳에서 발견되었는지 여부조차 모르고 있었다. 아버지는 총이라는 것을 소유한 적이 없었고 나 역시 총을 집에서 본 적이 없었다. 그러나 이것이 나의 부모님을 체포하는 근거로 작용하였다. 아버지가 집에 안 계셨기에 대신 어머니가 잡혀가셨다. 당시 어머니는 생후 1개월 반 밖에 안 된 내 동생 '석'을 돌보고 계셨다. 어머니는 아이를 들쳐 업었고 그들은 어머니 손에 수갑을 채워 체포해갔다. 어머니는 매우 창백하고 놀란 듯 보였으나 침착하셨다. 어머니는 울지 않으셨다. 나 더러 그들이 어머니를 어느 곳으로 데리고 가는지 알아놔야 하니 따라오라고 하셨다. 나는 13살의 어린이였다. 그러나 나는 울지 않겠다고 다짐했다. 나는 이제 다섯 어린이들만 남은 집의 가장이 된 것이다. 나는 나보다 세 살 어린 동생 '준'에게 다른 동생들을 돌보라고 부탁하고 어머니 일행을 따라 길을 나섰다.

일행은 서울의 중심가를 지나가고 있었다. 그곳에서 나는 생후 처음으로 살이 타고 있는 냄새와 함께 죽어서 불에 탄 북한군의 시체가 널려 있는 거리와 항공 폭격에 무너져 내린 건물들을 목격한다. 그곳은 지옥이었다. 내 시선을 끄는 이런 죽음과 파괴의 현장 들에도 불구하고 나는 어머니가 체포되어 가는 장소를 기억하고 내가 돌아갈 길을 암기하려고 노력하고 있었다. 만일 내가 이것들을 기억하지 못한다면 내 어머니와 내 젖먹이 동생이 굶어 죽어도 돌볼 사람이 없게 되는 것이었다. 사람의 생명이 날아다니는 과일벌레 만도 못한 상황이었다. 우리 일행은 군 수사기관으로 보이는 어느 건물에 도착했다. 나는 건물 주소를 적고 집에서부터 그 건물에 이르는 도로를 그려 넣었다. 그래야 어머니와 아기의 식사를 가지고 찾아올 수 있을 것이기 때문이었다. 이 기억들은 인간들의 어두운 본성을 알게 했던 나의 고통스러웠던 어린 시절의 경험을 되 살려내어 마치 잠에서 나를 깨우는 모닝콜 같은 역할을 한다. 나는 어떻게 이 위기를 벗어나 나의 부모님과 어린 동생들을 구할 수 있을 것인지 그 방도를 찾아야 했다.

아마도 이런 종류의 끔직한 인간의 행동들 때문에 아버지는 항상 세상에 살아남으려면 환경을 극복해야 한다며 다윈의 적자생존 이론을 강조하셨던 것 같다. 나는 내 일생을 통해 이 경험들을 잊지 않았다. 이것은 내가 오래전에 한국을 떠난 후에도 한국이라는 나라와 그 국민들에 대해 가지고 있는 인상이다. 이것은 또한 내가 한국의 국적을 포기하기를 조금도 주저하지 않았던 이유이기도 했다. 아무런 죄도 없고 그야말로 신사분들이셨던 나의 부모들이 추한 인간들의 손에 떨어져 고통을 당하던 모습, 나의 어린 시절의 그 기억을 나는 결코 잊을 수가 없었다. 그래서 나는 항상 자식들을 보호하기 위해 자신의 생명을 기꺼이 버리려 했던 부모님, 우리에게 예고 없이 찾아오는 인간사회의 비극을 이겨내는 방법을 몸으로 보여주시던 나의 부모님을 평생을 통해 도와드리려고 했다. 나는 매우 빨리 성장했다. 정신적으로도 강해졌다. 나보다 어렸던 나의 동생들, 아직 태어나지 않았던 두 명의 동생들을 포함하여 이들은 이 모든 일들을 기억도, 알지도 못한다.

그 후 여러 주에 걸쳐 나는 매일 우리 집 야채 밭에서 채취한 채소로 음식을 만들어 어머니에게 가져다 드렸다. 어느 날 내가 평소처럼 어머니에게 음식을 가져다 드리려고 집을 비웠을 때 일군의 사람들이 트럭을 가지고 와서 당시 열 살이던 내 동생 준에게 부모님들이 감추어 둔 값나가는 물건을 숨겨둔 곳을 물었다. 부모님은 이들 물건들을 계단 밑 손님 방에 두시곤 하였는데 타다미를 들어내지 않으면 찾을 수가 없는 곳이었다. 타다미가 가리고 있기에 쉽게 찾을 수 없는 곳이었다. 그러나 불행하게도 내 동생은 이곳을 알고 있었고 그래서 그 도둑들을 그곳으로 안내했다. 그 결과 그들은 모든 값나가는 물건들을 훔쳐갔다. 그 결과 24k 금팔찌와 보석, 모피와 비단 그리고 공산치하에서는 쓸 수 없었던 대한민국 화폐 등이 사라졌다. 내가 집에 돌아왔을 때 이 금고가 활짝 열려 있고 그 속에는 아무것도 남아있는 것이 없었다. 나는 그만 주저앉아 통곡을 하였다. 이제 어떻게 살아간다는 말인가? 나는 동생에게 퍼부었다. "아니, 어떻게 바보같이 그곳을 알려 준다는 말이냐? 이제 우리는 너 때문에 굶어 죽게 생겼다." 그러나 너무 어렸고 순진하기만 했던 동생에게 화를 내는 것은 아무 의미 없는 일이었다. 도대체 어떤 인간들이 여섯이나 되는 어린 아이들이 있는 집을 상대로 이런 참혹한 일을 벌린다는 말인가? 이런 종류의 인간들과는 적대해서 싸울 수밖에 없다. 어머니가 옳았던 것이다. 이런 이웃들이 있는 곳에서 아이들을 키우는 것 자체가 잘못이었던 것이다. 아버지가 가족들을 굶기지 않기 위해 그토록 열심히 야채를 재배하던 밭은 그 역할보다는 오히려 문제만을 야기하고 있었다. 그러나 나는 여섯 동생들을 굶지 않게 하여야 했고 집을 유지해야 했으며 어머니에게는 음식을 가져다 드려야 했다. 전시라 전화가 쓸모가 없어진 까닭에 이모 집에 계시던 아버지에게 연락할 수도 없었다.

몇 주가 이렇게 지나갔다. 어느 날 내가 식사하시는 어머니를 바라보며 같이 있을 때였다. 어머니는 하느님께 감사 기도를 드리셨다. 그 광경을 우연히 보게 된 경비원이 어머니에게 기독교인 인지 물었다. 어머니는 세례 교인임을 밝히셨다. 그는 이 사실을 그의 상관에게 보고하였다. 그들은 무엇인가를 상의하더니 어머니에게 돌아와 어머니를 체포한 것은 무엇인가 오해에서 빚어진 것 같다며 이제 집에 가도 좋다고 하였다. 이 일은 우리 집에서 물건을 훔쳐내고 자신들의 공산치하에서의 부역 행위를 숨겨 당국의 조사로부터 스스로를 보호하기 위해 우리 이웃들이 벌린 음모로 보였다. 이 음모 행위는 우리 가족을 심하게 해쳤을 뿐 아니라 특히 나에게는 아주 쓴 기억으로 남아있다. 어머니 역시도 이 일들을 그녀의 마지막 날까지 잊지 못하고 계셨다. 이웃들에 대하여 어머니가 예전에 한 평가가 옳았던 것이다. 그 들은 정말 돼먹지 못한 인간들이었다.

만일 아버지가 어머니의 의견에 따라 그녀가 좋아하는 다른 집, 다른 이웃이 있고 아름다운 정원이 있으며 공산군이 주둔할 학교가 이웃에 없을 그런 집을 샀더라면 이런 일들은 하나도 일어나지 않았을 것이다.

이 일을 겪으며 너무나 놀란 어머니는 하루라도 이 집에 머물고 싶지 않다며 서둘러서 가족 앨범을 포함, 남아있는 물건들을 챙겨 이사 준비를 하고 집 문들을 다 잠근 후 차를 한 대 빌려 그 이웃들로부터 탈출했다. 우리는 아버지가 머물고 계시던 이모 집으로 갔다. 그 집에는 침실이 세 개밖에 없었다. 이모부는 황해도 연안의 지주집안 자제였다. 그러나 6.25동란 후 서쪽의 이 기름진 평야지역은 북한 손에 넘어가고 남한은 동해안 쪽 험악한 산악지대 일부를 되찾아왔다. 동란 전 이들 부부는 다른 큰 집을 사려고 했으나 시기를 놓쳤다. 그래서 이모부의 대학 공부 시 주거를 위해 부모가 사준 이 작은 한옥에서 그냥 살고 있었다. 그 집은 동숭동 서울대학교(옛 서울대 본부 자리) 바로 이웃에 위치해 있었고 우리 가족은 그 3개 중 하나의 방에서 그냥 서로 몸 부딪치며 머물게 되었다.

아버지가 안 계시는 동안 우리 집에 무슨 일이 있었는지를 다 듣고 나시더니 아버지는 서울시청의 담당관에게 가셔서 북한군 점령 하에 있었던 사실관계를 다 이야기하셨다. 다 듣고 나서 그 담당관은 서면으로 아버지가 아무 잘못도 없이 결백함을 증명해주었다.17) 사실로 아버지는 숙명여대의 손 교수와 영문학을 학과목에 넣을 것인지 여부를 협의하기 위해 몇 번 만났을 뿐이다. 만약 공산치하의 서울에 있던 누군가가 자기는 유엔군이 서울을 수복할 것이라고 믿었다고 한다면 그것은 거짓말이 될 것이다. 북한군이 거의 전 국토를 다 점령해갈 때 이 나라의 장래에 무슨 일이 일어날 것인지 알고 있던 사람들은 없었을 것이

17) 서울수복 후 피란을 가지 못한 시민들을 상대로 공산치하에서의 친북한활동 여부에 대한 개별적 인적심사가 진행되었다.

다.

맥아더 장군이 인천에 상륙한다는 그의 작전을 군인으로서 자신의 명예를 걸면서까지 밀고 나가지 않았더라면, 오늘날의 대한민국은 존재하지 않았을 것이다. 우리는 누구나 김일성범죄집단 밑에서 공포에 떨며 불상한 영혼들이 되어있을 것이다. 이 때문에 나는 항상 민주사회에서 자유시민으로 당당하게 살아갈 수 있도록 나의 미래를 열어주고, 인권을 유린당할 우려 없이 스스로의 경력 발전을 추구할 수 있게 해준 맥아더장군에게 평생을 통해 감사하고 있다. 북한군의 점령 기간 동안의 자신의 행위에 대하여 대공범죄 혐의가 없다는 확인을 받은 아버지는 그렇다면 집으로 못 돌아갈 이유가 없다고 생각하셨다. 그래서 나 에게 집으로 가서 집에 누가 들어왔는지 아니면 비어있는지 그리고 이웃 사람들은 다 그대로 있는지 등을 알아보라고 하셨다. 그러나 어머니는 이번에도 귀가계획에 반대하셨다. 지금까지 자신에게 일어난 일들에 미루어 지금 집에 가는 것은 너무 이르다. 그리고 아버지가 가지고 계신(무혐의)확인서라는 종잇장을 100% 믿기에는 서울상황이 너무 가변적이다. 서울은 아직 통제되지 않는 군중들과 군 수사기관에 의해 좌지우지되는 무법 상태이니 조금 더 기다려보자고 하셨다. 정부는 돌아왔지만 모든 공무원이 돌아온 것은 아니었고 따라서 영이 서지 않는 상황이었다. 아버지는 도움을 청할 수 있는 많은 분들을 알고 계셨지만 전쟁기간 동안 그들이 어디로 흩어졌는지 알지 못하고 계셨다. 그러나 아버지는 그 집을 너무나 좋아하셔서 귀가계획을 포기할 수가 없었다. 나 역시 넓고 아름다운 집을 놔두고 좁은 이모 집의 방 하나를 빌려 운신이 불편한 상태로 하루하루 보내는 것이 너무 어려워 아버지 계획에 찬동을 하였다.

이런 대화가 있고 나서 얼마 있다가 나는 우리 집 이웃들에게 무슨 변화가 있었는지 알아보려고 집으로 갔다. 그러나 이것은 거의 치명적인 실수였다. 내가 우리 이웃집에 가까이 갔을 때 우리 집 건너편에 살던, 바로 육군 장교를 애인으로 두었던 여인을 보았다. 그 여인이 길에서 나를 보았을 때 나에게 아버지의 소재를 물었다. 나는 도망가려고 하였으나 그녀는 나를 붙잡고 놔주지를 않았다. 나는 사실상 납치되어 강제로 우리 집으로 끌려갔다. 그녀가 벨을 눌렀다. 20대 후반으로 보이는 여인이 문을 열며 나더러 들어오라 한다. 나는 우리 집이 군 수사기관 고위급 장교에 의해 점거되었음을 발견한 것이다. 그러나 나는 당시 그 장교가 누구인지 별로 아는 것이 없었다.

그 장교 부인은 마치 자기가 수사관이기라도 한 것처럼 그냥 들어도 북한 사투리인지 알 것 같은 말투로 나를 심문하기 시작했다. 어린 내가 무슨 중대 범죄자인 양 취급하는 것이었다. 그녀는 남편에게 전화해서 나를 어떻게 할 것인지 물었다. 상대방은 나를 데리고 아버지에게 갈 부하들을 보낼 터이니 그때까지 나를 붙잡아두라고 부인에게 얘기하는 것 같았다. 조금 있으니 젊은 군 수사요원 몇 명이 짚차를 타고 도착했다.

그리곤 나더러 차에 타서 아버지 소재지까지 안내하라고 한다. 나는 어찌해야 좋을지 몰라 나는 잠시 멍해졌다. 다른 방도가 없다는 심정과 아버지가 계신 곳까지 그들을 데리고 가는 것에 대한 죄책감이 동시에 들었다. 내가 망설이자 그들은 짜증을 내며 빨리 서둘라고 한다. 그들 역시 나를 범죄자 취급을 하는 것이었다. 나는 그런 못된 인간들을 본 적이 없었다. 우리가 전에 살던 지역의 이웃들은 모두 교육이 잘되어있었고 존경받아 마땅한 그런 사람들뿐이었다. 나는 어찌해야 좋을지 몰

▲ 서울 수복을 증명하는 국기 게양 모습

랐다. 이 사회에 지금 무슨 일이 일어나고 있는 것인가? 이 흉악한 사람들, 어린 아이를 범죄자 취급을 하는 이 사람들은 또 어디서 왔다는 말인가? 그러나 나는 다른 선택의 여지가 없었다. 그리곤 그들이 시키는 대로 아버지가 계시는 이모 집으로 그들을 데리고 갔다.

아버지는 깜짝 놀라셨다. 그리곤 시청 담당관에게서 받은 (무혐의) 확인서를 그들에게 보였다. 그러나 아무런 소용이 없었다. 그런 확인서 따위에는 신경도 안 쓴다는 듯 그것을 보려고도 하지 않았다. 이들은 상관으로부터 아버지를 체포하라고 명령을 받은 듯했고 그저 그 명령을 집행하는 것뿐이었다. 그들은 아버지에게 자기들과 같이 가자고 했다. 어머니가 어디로 데려가는가 물어도 귀찮은 듯 대답도 하지 않았다. 아버지는 그렇게 어디론가 우리가 알지 못하는 곳으로 체포되어갔다.

어머니는 아버지를 도울 수 있는 모든 사람들을 접촉하기 시작했다. 아버지가 만주에 계실 때 민족학교로 세운 동광중학교 학생이던 분 중에 한필동이라는 분이 있었다. 그는 그때 육군헌병대의 고위직에 있었다. 어머니는 나를 데리고 그를 만나러 군 막사를 찾아가 그가 할 수 있는 어떤 도움이라도 줄 것을 요청하셨다. 그는 아버지를 체포해간 부대인 방첩부대(당시는 특무부대라고 칭했다.)의 장, 김창룡의 악명을 잘 알고 있었다. 김창룡은 북한지역에서 내려온 사람으로[18] 극단적으로 잔인하고 인정사정없는 냉혹한 인물이었다. 그가 가는 길에 걸리적거리

18) 김창룡(1916-1956)은 함경도 영흥 출신으로 방첩대(CIC) 대장과 군내 공산주의자들을 색출하는 임무를 주로 하는 특무부대의 장이 된 사람이다. 6.25동란 당시 한때(1950년 10월-51년 5월까지) 군경합동수사본부장을 맡기도 하며 주로 대공업무를 하였다. 그 기간 중 사건조작 등의 혐의가 많아 국민들의 원성이 자자해지자 1951년 5월 합동수사본부는 해체된다. 본문 사건은 그가 군경합동수사본부장이던 시절의 일로 추정된다. 김창룡에 대한 경력 등 그의 군생활에 대하여는 다음에 상세히 언급되어있다.

는 사람은 누구나 아무 두려움 없이 눈 하나 깜박하지 않고 제거해버린다고 했다. 한필동은 우리에게 "아마도 그가 자기 가족들을 위해 우리 집을 탐하는 것 같다. 지금 매우 긴박한 상황이니 정치적으로 힘이 있는 인사를 찾아 그와 교섭하게 하는 것이 좋겠다."라고 권했다.

당시 국회의 다수당은 자유당이었는데 자유당은 사실상 이승만 대통령의 당이었다. 그래서 자유당 국회의원들은 정치적 힘이 있었다. 어머니는 황성수 의원을 생각해내셨다. 6.25동란 당시 우리 지역 국회의원이었던 그가 전쟁 전 총선거에 출마하였을 때 아버지가 그의 선거운동에 적극 참여하여 당선에 도움을 주었던 일이 있었던 것이다. 황성수 의원은 당시 자유당의 부총재로 정치적으로 실력자가 되어있었다. 시간은 빠르게 흘러가고 있었다. 어머니는 서둘러 황성수 의원을 만나려고 노력을 하고 있었다. 마침내 어머니는 그를 그의 사무실에서 만날 수 있었고 아버지가 처한 상황을 설명할 수 있었다. 그는 사람을 시켜 아버지의 소재를 파악하게 했다. 그는 자기가 아버지를 구해볼 터이니 나오시더라도 우리 집을 되찾으려고 서둘지 않는 것이 좋겠다고 했다. 당시는 전시로 국회의 통제력이 미미해져 있던 시절이었다.

그들이 아버지를 데려간 후 거의 두 주가 흘러가고 있었다. 우리는 아버지가 어떤 상태에 놓여져 있는지 전혀 알지 못했다. 아직 살아 계실까? 우리는 아무것도 알 수 없었다. 어머니가 황성수 의원을 만나고 오신 후 얼마 지나지 않아 부대로부터 연락이 왔다. 아버지를 인수해 가라는 것이었다. 아버지는 풀려났다. 아버지는 알아볼 수 없을 정도로 마르고 창백해 보였다. 기력이 쇠잔해져서 걸을 힘도 없는 것처럼 보였다. 그들은 아버지에게 밥도 주지 않고 계속적으로 고문을 가하며 남로당원임을 자백하라고 강요했다고 한다. 그러나 아버지는 끝까지 혐의를

▲ 1950년 9월 유엔군의 폭격으로 무너져 내린 서울의 거리에서 여인과 어린이들이 땔감으로 쓸 나무 조각들을 찾고 있다. 촬영 : 미 육군 헌병대

부인하셨다 했다. 만일 아버지가 배고픔과 고문에 못 이겨 남로당원이라고 자백했더라면 그것은 그 들로 하여금 지체 없이 아버지를 총살할 빌미를 제공해주는 결과가 되었을 것이다. 이것이 바로 그들이 6.25동란 기간 중 공산주의자 또는 부역자로 혐의를 받은 많은 민간인들에게 자행했던 일이다. 만일 아버지가 고문을 견디어 내지 못했더라면 내가 아버지 계신 곳으로 김창룡의 부하들을 인도해 간 것과 그로 인해 불쌍한 어머니로 하여금 다섯 아이들을 홀로 돌봐야 하는 상황을 초래케 했을 죄책감 때문에 나는 아마 내 삶을 계속할 수가 없었을 것이다.

정치적으로 몹시 혼돈상태였던 해방 후 한국에서는 물고문이 행해졌다. 미국에서는 있을 수 없는 일이었지만 당시 한국에서는 자백을 받기 위해 또는 재산을 탈취하기 위해 죄 없는 민간인들을 대상으로 하여 군

수사기관에서나 정보기관에서 행해지고 있었다. 개인적 원한을 갚기 위해 또는 자신들의 영달을 위해서도 이들은 민간인 체포 숫자를 늘리려 노력했다. 아버지는 당시 그 사냥용 덫에서 벗어날 수 없다고 생각하고 죽음을 각오하고 계셨다 한다. 아버지 본인은 왜 갑자기 석방되었는지 모르셨지만 우리는 그 이유를 알고 있었다.

당시 아버지는 죽음 직전이었다. 눈 깜작할 사이에 죽음이 올 수도 있던 상황에서 죽음 직전, 그 순간의 시간 사이에 아버지는 석방되었다. 어머니는 아버지를 구한 이는 하느님이라고 하셨다. 하느님이 아버지를 세 번째로 구하신 것이었다. 물론 그 공은 빠른 판단을 하고 아버지를 구할 적임자를 찾아낸 어머니에게 가야 했지만 이번에는 나도 어머니의 믿음에 공감했다.

어머니는 아버지의 건강 회복과 공포와 더불어 남아있던 기억들을 지우는 일에 집중하셨다. 아버지는 말할 수 없을 정도로 육체와 정신이 허약해져 있었다. 아버지가 평소 건강한 사람이 아니었더라면 굶기며 고문을 받던 2주간 동안 필시 세상을 하직하셨을 것이다. 살아 나오신 것, 그것은 기적이었다. 다른 사람이었다면 아마도 그 같은 상황 아래서 필시 죽었을 것이다.

김창룡은 아버지를 기아와 고문으로 죽이려 하였다. 그러나 당시 우리는 아직 그가 어떠한 악마적 능력의 소유자인지 모르고 있었다. 차후 내가 동란 기간 중 군대 특히 정보나 특무부대 요원들에 의해 여러 곳에서 행해진 수많은 학살 사건을 접하게 되었을 때 어떻게 하느님이 그런 환경 속에서도 아버지의 생명을 구해 주셨는지 의아해했다. 그것은 필히 어머니의 기도 때문이었을 것으로 생각한다. 아버지를 구해달라고 매일매일 기도하시던 어머니에 대한 하늘의 응답이었을 것이다.

6.25동란의 새로운 전개

(1950. 10월- 1953. 7월)

6.25동란의 새로운 전개
(1950. 10월- 1953. 7월)

아버지는 죽음의 문턱에서 기적적으로 살아 돌아오셨지만 전쟁은 끝나려면 아직 멀고도 멀었다. 이때 우리 가족은 비어있던 어머니의 사촌집에서 살고 있었다. 그들 가족이 전부 부산으로 옮겨갔기 때문에 집이 비어있었다. 사촌의 남편은 부산에 거점을 둔 포경선의 선장이었다. "미국 정부, 즉 맥아더가 이 시점에 북한군의 전투력을 완전히 분쇄하지 않으면 남한은 분명히 다시금 언제든 발생할 수 있는 공산주의자들의 공격에 불안정한 상태로 놓여질 것이다."라고 생각했다. 서구 연합 군 중에서 특히 영국이 나서서 유엔군의 38도선 이북으로의 진격에 반대를 했다. 마침내 맥아더는 앞으로의 행동에 대한 '확장된 지침'을 정부로부터 받는다. 그것은 "장군의 군사목적은 적군을 괴멸시키는 것이다."였다. 맥아더 장군에게 드디어 38도선 이북으로의 진격이 허용된 것이었으나 조건이 붙어있었다. 그것은 육해공군 어떠한 부대로도 만주지역으로 월경을 하면 안 된다는 것이었다. 그 조건은 소련과의 경계를 이루고 있는 한반도 북동지역 그리고 만주와의 경계선 부근에는 한국육군만 접근할 수 있다는 것을 의미했다.

맥아더는 북진개시일을 잠정적으로 10월 15일보다 빠르거나 10월 30일을 넘기면 안 되는 기간 내라고 결정하였다. 9월 30일 미 합동참

▲ 성공적인 인천상륙작전을 기념하기 위해 인천항 부근 자유공원에 세워진 맥아더 장군의 동상, 촬영 : 나의 동생 '수'

모본부는 맥아더의 계획을 공식 승인하였다. 그러나 이 결정은 즉각적으로 마오쩌뚱 중공의 개입 문제를 야기했다. 중공군이 만주지역을 향해 북진하고 있음이 알려졌다. 만일 중공군이 개입한다면 전쟁의 양상은 전혀 다른 방향으로 흘러갈 것이다. 맥아더는 현지 정보원들로부터 만주와의 경계선인 압록강 주변에 늘어나고 있는 중공군의 집결 상황을 보고 받고 있었다. 그럼에도 CIA나 미 국무부 당국자는 중공이 한반도 분쟁에 개입할 의도가 없다고 맥아더에게 얘기하고 있었다. 이점 역시 또 다른 그들의 잘못된 계산이었다.

10월이 되었다. 우리는 라디오에서 유엔군이 38도선을 넘어 평양을 향해 북으로 진군해 들어가고 있다는 소식을 들었다. 같은 시기에 미 해병대가 원산에 상륙했다. 미 제8군은 빠르게 평양으로 진군하고 있었고 X부대는 새로운 조달 기지를 건설하기 위해 원산에 상륙해 있었다. 전쟁 중 겪은 모진 고난에도 불구하고 아버지는 그 전쟁을 총 지휘하고 있는 맥아더의 그 성공적인 군사작전에 깊은 인상을 받고 계셨다. 아버지는 맥아더 장군이 남한을 소멸 직전 상태에서 구했을 뿐 아니라 이제 곧 평양에 도달하고 만주와 시베리아 경계에 도착하여 지난 5년 동안 어느 누구도 하지 못했던 통일을 이루어낼 것이라고 생각하고 계셨다. 전쟁 기간 중 그가 감내해야 했던 모든 고통에도 불구하고 통일이 눈앞에 있다는 소식은 아버지를 기쁘게 했다. 아버지는 항상 평화롭고 자유로운 나라, 남북한국인 모두가 함께 이룩하는 더 잘사는 나라를 동경하셨다. 통일이 되면 내가 태어난 평양의 모란봉에 가자고 약속도 하셨다.

10월 말이 되자 미군이 평양을 되찾았다는 소식이 전해졌다. 북한의 수도 평양의 함락은 북한의 완전한 패배를 의미했다. 워싱턴 당국은 세계 3차 대전을 피하기 위해 맥아더의 군대로 하여금 절대로 만주나 소련 지역으로 월경하지 못하도록 철저히 금하고 있었다. 만주와의 국경 지역에는 집결되는 중공군의 숫자가 점점 늘어 이미 대군이 되어있었다. 그런 까닭에 만주와 시베리아는 북한군의 안전한 피란처가 되어있었고 그 지역으로부터의 유엔군에 대한 어떠한 공격도 가능한 상황이었다. 이런 상황은 유엔군에게는 대단히 심각한 문제였다. 11월 21일 유엔군의 선두 부대가 압록강에 도달했다. 이내 또 다른 문제가 야기 되었다. 중공군 3개 사단이 압록강 연변, 국경지역에 집결해있었던 것이다. 중공 당국은 그들은 정부와 상관없는 자발적 의용군으로 공산주의 혁명의 형제인 북한군을 돕기 위해 간 것이라고 발뺌을 하고 있었다. 그러나 또 다른 여러 정보원에 의하면 실제 이들 의용군을 조직하고 파견 한 당사자는 중공 당국이었고 이들은 전면전을 대비하고 있었던 것이다. 그들은 유엔군이 절대 국경을 넘어 그들의 병참선을 폭격하지 않을 것을 알고 있었다. 사실을 말하라면 많은 중공군 지도자들은 김일성의 거만함을 싫어하여 자기들 병사가 김일성의 북한을 되찾는 일에 죽어가는 것을 달갑게 생각하지 않았다. 그러나 위에서 그리 강제하니 어찌할 수가 없이 북한을 다시 살린다는 중공당국의 목표에 동참하게 된 것이다.

11월 3일 맥아더는 워싱턴 정부에 총 868,000명의 중공군이 국경에 집결하고 있음을 알린다. 워싱턴 당국의 월경금지 명령에도 불구하고 맥아더는 대규모의 중공군이 북한지역으로 내려올 루트를 차단하기 위해 압록강 대교를 폭파할 무기가 필요함을 느끼고 있었다. 그러나 맥아더의 뜻과는 반대로 합동 참모본부에서는 압록강 경계선으로부터 5마일 이내의 폭격 계획을 즉각적으로 연기하라는 지침을 내렸다. 이 지침은 맥아더가 승리를 선언하고 미군으로 하여금 크리스마스에 집에 돌아가게 하겠다는 그의 약속을 송두리째 날려버리게 하는 것이었다. 이 지침은 인력과 물자가 만주지역에서 한반도로 넘어오는 유일한 다리인 압록강 대교는 물론이고 만주와의 경계선 남쪽으로도 5마일이라는 넓은 지역을 폭격금지구역으로 설정함으로써 결과적으로 이 광대한 지역을 적군의 성역으로 만들어주었다. 참전하려 침투하는 그들의 인명과 물자를 보호해준 것이다. 미국무부의 관료들 어느 누구보다 아시아의 역사를 잘 알고 있던 맥아더는 워싱턴 당국이 이해하고 있던 것보다 이 지역에 있어 중국이라는 존재가 장기적 관점에서 훨씬 더 복잡하고 큰 문제라는 것을 인식하고 있었다. 맥아더의 예상이 옳았다는 것을 증명이라도 하듯이 중국은 그 후 베트남과 라오스, 그리고 캄보디아 문제에도 관여하게 된다.

그 무렵 영국의 노동당정부는 북한의 공산정부에게 약간의 땅을 내주어 완충지역으로 하고 동시에 이로서 유엔이 전투에만 뜻이 있는 것이 아니고 평화를 원한다는 선의 표시를 하자고 제안하였다. 그렇지 않아도 작은 나라를 또 쪼개어 완충지역으로 만들자고? 영국은 2차 대전 때 독일에게 자기내 나라의 일부를 떼어 주었나? 오히려 그들은 미국을 끌어들여 자기 나라를 구하지 않았던가? 6.25전쟁에 관여하였던 여러 사람들은 그들의 저술들에서 맥아더 장군을 비판하고 있지만 만일 맥아더가 자기 작전 계획대로 할 수 있도록 허용되었더라면 아마도 그는 전쟁에서 승리하고 1948년 유엔의 결의처럼 한국은 통일된 한반도의 유일한 국가가 되었을 것이다. 통일은 단지 병참통로인 압록강다리를 폭파하여 중공군의 침투경로를 차단하는 것으로 이룰 수 있는 일이었다. 소련은 당시 3차 대전에 대응할 준비가 되어있지 않았고 중공의 능력은 그러기에는 의심스러운 수준이었다.

11월 27일 뉴스에서 중공군이 압록강을 넘어 군대를 발진시켰다고 했다. 아버지는 몹시 실망하셔서 “내 살아서 통일된 한국을 보지 못할 것 같다.”하시며 슬픈 목소리로 모란봉에 같이 가자던 약속을 못 지키게 되는 것이 미안하다고 하셨다. 이처럼 중공은 유엔군을 상대로 사실상 전투에 들어갔다. 그것은 선전포고 없는 참전이었다. 처음부터 중공이 북한을 완충지대로 하는 것과 미국의 영향 아래 있는 국가와 국경을 맞대지 않으려 의도한 것은 명백했다. 유엔군은 퇴각하기 시작했다. 1951년 1월 중공군은 빠른 속도로 38도선을 넘어 서울까지 이르렀다.

시민들은 거의 버려지다시피 한 서울을 뒤로 하고 또다시 떠나갔다. 밤이 되면 주인과 헤어져 홀로 남겨진 개들의 울부짖는 소리가 마치 늑대의 우는 소리인양 공포스럽게 들려왔다. 주민들이 떠나 텅 빈 거리에 슬며시 찾아온 춥고 눈보라치는 날씨는 나로 하여금 마치 귀신이나 나올 법한 어느 혹성에 내린 것 같은 느낌을 갖게 했다. 그런 상황 아래서 서둘러 서울을 떠나지 않으면 우리는 중공군의 수중에 들어갈 상황이었다. 이 번에는 전과 달리 부모님은 무슨 일이 있어도 너무 늦기 전에 서울을 떠나야 하겠다고 결심하셨다. 그 사갈 같은 김창룡 무리에게 모두 빼앗긴 상태였으니 두 말할 것 없이 당시 우리 수중에 충분한 돈이 있을 리 없었다. 우리는 하는 수 없이 아버지 제자 한필동 소령을 찾아갔다. 그는 군 트럭과 운전병 그리고 보조병들을 딸려 일정 제한 시간 내 사용할 수 있도록 안배해주었다. 어디로 가느냐는 또 다른 문제였다. 제한 시간 내에 차를 부대로 복귀시켜여만 했던 우리는 멀리 갈 형편이 아니었다. 아버지는 아버지 전 운전사의 친척이 평택근처 장안말이라는 곳에 살고 있었다는 것을 기억해내셨다. 그곳은 서울에서 남쪽으로 72km 떨어진 곳이었다. 운전사는 방이 있음과 전쟁이 끝날 때까지 사용해도 된다는 얘기를 전해왔다. 그래서 우리 가족은 돌아올 수 있을 지 있다면 그때가 언제 일지 모르는 상태로 서울을 떠났다. 그 시골농장에 도착하였을 때는 어두운 밤이었다. 몇 안 되는 피란 짐을 내리자마자 육군트럭은 곧바로 귀대 길에 올랐다. 그들도 퇴각할 일이 남아있었던 것이다.

우리가 찾아간 집 주인은 대단히 친절한 사람이었고 또 아버지에 대한 극진한 존경심을 가지고 있었다. 그 집에는 방 하나와 부엌이 딸린 별채가 있었다. 방 크기는 우리 식구가 다 누워 자기에는 작았지만 이런저런 각도로 누워 겨우 잘 수 있었다. 지금까지 지내온 일을 생각하면 우리가 처한 상황에 대해 불평을 할 수가 없었다. 어찌되었든 이번에는 늦지 않게 서울을 떠나 왔다는 것만으로도 우리는 안도하였다. 우리는 그곳에서 한 동안 머물렀다. 그러나 얼마나 오래였는지는 기억하지 못한다. 아버지와 내 남동생 준은 산에 가서 땔감을 해왔고 내 여동생 옥은 먹을 수 있는 나물 등을 야생에서 캐 와서 쌀과 보리, 그리고 많은 물을 넣고 죽을 쑤어 먹었다. 단조로운 시골 생활이었지만 이런 단순한 생활마저 오래 가지 못했다.

중공군은 가까이 다가오고 있었다. 우리는 또다시 떠나야 했지만 정확히 어디로 가야할지 모르고 있었다. 그야말로 영락없는 보통 피란민이었다. 우리는 다시 짐을 꾸렸다. 아버지는 아직 충분히 회복이 안된 상태였지만 제일 무거운 보따리를 매셨고 어머니는 애기를 업고 무엇이 되었든 들 수 있는 형제들은 그것을 들고 우리 모두는 걸어서 길을 떠났다. 아무것도 들 수 없을 정도로 어렸던 어린 동생들도 걸어야 했다. 우리는 그저 남쪽으로 남쪽으로 다른 피란민들을 따라 내려갔다. 큰 길에는 군사작전이 이루어지고 있었기에 이를 피하기 위해 작은 길로 가야만 했다. 우리가 길을 가는 동안 포격하는 천둥 같은 소리를 들었다. 우리가 지나가는 가까운 논에 포탄이 떨어지는 순간도 목격했다. 우리 자신들은 중공군을 보지는 못했지만 분명 그들은 가까이 오고 있었다.

우리는 이처럼 뚜렷한 목적지도 없이 하루 종일 그저 남쪽을 향해 걸었다. 우리는 풀밭위에 쉬고 있는 일군의 미국 군인들을 만났다. 그들은 우리에게 중공군을 보았는지 물었다. 그들은 다른 피란민들에게도 같은 질문을 했으나 영어를 모르는 까닭에 대화가 불가능했다. 아버지가 나서 우리 자신은 중공군을 본 적은 없으나 다른 사람들 중에 본 사람이 있다고 한다는 것을 설명하고 그들이 있을 것으로 추정되는 북쪽 방향의 거리를 추정해주셨다. 미군들 중 한 명이 내 꼬마 여동생 옥에게 캔디를 던져주는 것이었다. "괜찮은 군인이다"라고 나는 생각했다. 일선에 근접한 전장 터에서 보이는 그의 여유 있는 모습이 경이로웠던 것이다. 아마도 이것이 전장에서 보이는 군인의 모습이리라. 그들이 죽기를 겁낸다면 어떻게 싸우겠나?

어두움이 찾아왔다. 우리는 길가에 비어있던 농가를 하나 발견하고 작은 방 하나에서 밤을 보내기로 하였다. 우리는 약간의 먹을거리가 있었다. 아버지가 메고 온 보따리에 사탕 같은 것도 있어 나누어 먹곤 이런저런 각도로 누어 그 좁은 방에서 잠이 들었다. 우리는 그 집에서 우리가 생각 했던 것보다는 더 길에 머물렀던 같으나 얼마나 머물렀는지 확실한 기억은 없다. 포격소리도 조용해지고 시골 공기는 평온하면서도 맑아졌다. 아마도 중공군은 유엔군에 의해 북쪽으로 밀려 올라간 것 같았다. 이렇게 판단한 우리는 우리가 떠나 왔던 먼 길을 되돌아서 다시 전에 머물던 장안말의 농가로 되돌아갔다. 다시금 단조로운 시골생활이 시작되었다. 아무런 건설적인 일을 하지 못하고 어떤 새로운 것도 배우지 못한 채 날이면 날, 달이면 달이 지나가고 있었다. 물론 학교도 다니지 못했다. 어느 사이에 2월이 되었다. 가져온 쌀이 떨어져가고 있었다. 아버지는 무엇인가 가족을 먹여 살릴 방법을 강구해야 했다. 하루는 아버지가 머리 손질을 하러 가까운 읍의 이발소에 가셨다. 이발소의 주인으로부터 자기 가게 앞 길가에 작은 가게를 내라고 권유를 받았다. 마른 오징어나 담배, 사탕, 과자, 양초, 성냥 등을 팔 수 있을 것이라고 했다. 대학교수였었고 주요 국립기관의 장이었던 아버지가 한 번도 경험해보지 못한 노점을 열게 되었다. 그러나 당시 상황 아래에서 무슨 다른 방도가 있었겠는가?

아버지는 어머니와 어떻게 역할을 분담할지 의논하셨다. 그리곤 그 일을 해보기로 결정하셨다. 한때 교사이셨고 사람들하고 잘 어울리는 어머니는 굶주림으로부터 우리를 지키기 위해 무슨 일이든 하려 하셨다. 나와 여동생은 어린 동생들을 돌보았다. 부모님이 노점에 나가 계실 때 매일 정오경이 되면 나는 애기였던 막내 동생을 등에 업고 시장에 가서 어머니가 아기에게 수유를 할 수 있게 했다. 부모님은 뜨거운 태양 아래서 열심히 일하셨다. 그래서 어머니의 그 희고 곱던 얼굴이 타서 점점 까매져갔다. 어머니는 내가 서울의 남대문시장에서 보던 암시장의 상인처럼 보이기 시작했다. 그 일은 성공적이어서 가족을 먹여 살리고 거기에 더하여 더 좋은 장소에 위치한 커다란 독립 가게를 임차하게 될 정도가 되었다. 이렇게 되자 이번에는 내 대신 어머니가 매일 정오쯤에 집에 오셔서 아기에게 수유를 하시게 되었다.

삼월이 되었다. 전선은 아직도 서울부근에서 오르내리고 있었다. 나는 학교를 가지 못한 상태에서 이미 여러 학기를 지나가고 있었다. 아버지는 지역유지들과 상의하시어 임시피란학교를 설립하셨다. 선생님을 할 다른 분들도 찾고 본인 스스로가 나서서 국어, 수학, 과학을 비롯하여 영어에 이르기까지 가르치는 기초과정이 시작되었다. 그 시간에는 가게를 어머니에게만 맡기고 수업이 끝나면 아버지는 다시 가게로 돌아오셨다.

나는 '무기력하고 비생산적이었던 내 생활이 어찌 되었든 끝나가고 있구나.'하고 생각했다. 서울 집을 잃은 상태였기에 우리는 서울로 돌아가도 머물 곳이 없는 상태였다. 아버지가 설립한 학교에서 나는 지역 유지의 딸을 알게 되었고 우리는 친해졌다. 그녀의 아버지는 기차역의 역장이었다. 대부분의 열차 칸들이 군용 칸이었지만 일부에 민간인들도 탈수 있는 칸이 있음을 나는 알게 되었다. 그것은 열차편으로 대전에서 한 번만 환승을 하면 외가가 있는 광주까지 갈 수 있음을 의미하였다. 그래서 나는 내 계획을 부모님께 설명해 드렸다. 내 계획은 바로 친구를 통해 열차표를 구해 열차를 타고 외조부모와 이모들이 살고 있는 광주로 가서 우리 모두가 그곳으로 이주해도 되는지 알아보겠다는 것이었다. 나는 제대로 된 학교를 다니고 싶었다. 어머니는 전쟁 중 군인들로 가득한 열차를 타고 어린 여자 아이가 먼 거리를 이동하는 것에 대해 걱정을 많이 하셨지만 나는 내 계획대로 진행하기로 홀로 마음을 먹었다. 나는 걱정에 싸인 어머니께 '만일 몇 주가 지나도 나에게서 아무 소식이 없다면 내가 이동 중 어떤 불행을 만나 죽은 걸로 아시라, 그래도 그것은 모두 나의 잘못된 선택의 결과이니 슬퍼하시지 말라.'고 말씀드렸다. 거기에 더하여 나는 우리가 서울로 돌아가도 살 집도 없게 되었으니 꼭 서울로 돌아가야 할 이유도 없지 않은가 그러니 광주에 가서 새로운 삶을 시작하자고 어머니를 설득하였다. 어머니는 마지못해 내 계획에 동의하셨다. 난 열차 표를 구했고 열차에 올라 어머니에게 석별을 고했다. 아버지는 내가 그 계획을 행동에 옮길 줄은 모르고 계셨다. 아버지가 당초부터 반대하셨기에 나는 내가 떠난다는 것을 밝히지 않았었다.

이상하게도 내가 열차에 타고 가는 동안 무슨 일이 있었는지에 대한 기억이 전혀 없다. 단지 광주역에 내가 도착했다는 것과 그곳 사람들은 내가 전선에서 본 사람들의 노동자 복장과는 달리 넥타이를 맨 직장 출근 복장이었다는 것만 기억이 난다. 나는 택시를 타고 외가로 갔다. 나는 사전에 나의 도착 시각을 알릴 수 없었다. 당시는 열차 운행이 매우 부 정기적이었기 때문에 도착 시각을 알 수가 없었다. 광주는 도무지 전쟁 상황하의 도시 같지 않았다. 나는 곧 부모님께 이 사실을 편지를 통해 알렸다. 외할머니가 나를 여중학교에 등록시켜 나는 학교에 다니기 시작했다. 나의 이모 가족들은 경제적으로 심각한 문제없이 지내고 있는 것처럼 보였다. 이런 상황이니 우리 가족도 모두 광주로 내려와 새로운 생활을 시작하는 것이 당연히 잘 하는 일이었다. 나중에 어머니가 얘기 하셨다. 내가 떠난 후 너무 걱정을 많이 하고 있었는데 내 편지를 받자 큰 소리로 울며 하느님께 감사하였다고 하셨다.

부모님은 내 계획에 동의하셔서 가게를 팔고 필요 한 것들을 꾸려서 광주로 내려오셨다. 외가 분들은 어머니의 변한 모습을 보고 모두 놀래셨다. 까맣게 탄 얼굴, 거칠어진 피부에 거리에서 그냥 마주쳤더라면 몰라봤을 정도라고 했다. 장안말에서의 피란 생활은 어머니에게는 지나기 어려운 순간들이었을 것이다. 그러나 그것이 당시 사람들의 사는 모습이었다. 어떤 환경에 처하든 사람들은 살아가야 한다. 포기하면 모두 영양부족이나 굶주림으로 죽는 수밖에 없다.

우리는 임시로 이모 중 한 분의 집에 의탁하고 있었다. 이모부는 한의사로 경제적으로 꽤 여유가 있으셨다. 동생 준과 옥은 학교에 등록하여 이내 학업을 계속할 수 있게 되었다. 아버지는 사립인 조선대학교에서 교수직을 구하셔서 영문학을 강의하시게 되었다. 이모 가족의 신세를 계속 질 수 없어 우리 가족은 비어있던 큰 집을 하나 빌려 이사했다. 노점상 덕분에 그런대로 잠시 동안이나마 경제적으로 여유가 있었다. 그러나 전시에 경제적으로 어려움을 겪던 조선대학교는 교수들에게 급여를 지급하지 못하고 있었다. 사립학교들은 평화 시에는 잘 운영되었으나 전시에는 모두 어려움을 겪고 있었던 것이다.

아버지가 아무런 급여를 받지 못한 상태로 여러 달이 지나갔다. 계속되는 심적 고통과 영양부족은 우리 가족들의 건강에 심각한 건강상 문제를 일으켰다. 어머니는 말라리아에 걸리시고 아버지는 얼굴 반면이 마비되셨다. 나의 잘생긴 동생 수는 왼쪽 사타구니에 문제가 생겨 고통을 호소하며 쩔뚝거리며 온 집안을 돌아다녔다. 그렇지만 병원에 데리고 가 수술을 받을 돈이 없었다. 어느 날 우리는 안면마비에서 회복된 아버지가 칼을 갈고 있는 것을 보게 되었다. 어머니가 왜 칼을 가느냐고 물으니 아버지는 그것으로 수를 수술하려 하신다고 했다. 화들짝 놀란 어머니는 수를 업고 병원을 찾아가서 의사에게 사정을 설명하고 아버지 급여가 나오면 갚을 터이니 우선 수술을 해달라고 간청했다. 내가 고 박사로 기억하고 있는 그 의사는 사정을 이해하고 무상으로 수술을 해주었다. 어머니는 이 몹쓸 세상에서 그 의사처럼 좋고 존경받을 만한 사람을 만난 것에 감사하셨다.

이 시기에 또 다른 슬픈 일도 있었다. 어머니 고등학교 동창 중에 꽤 큰 면적의 가게에서 의류판매업을 하고 있던 이가 있었다. 아버지가 취직을 위한 인터뷰에 입고 갈 옷이 마땅치 않자 어머니는 그 친구를 찾아가서 아버지의 밀린 급여가 나오면 지불할 터이니 외상으로 티셔츠 하나를 팔 수 없나 했다가 거절당한 일이 있었다. 어머니는 이를 모욕으로 생각했고 평생 잊지 못하셨다. 나의 부모님들은 존경받아야 마땅한 분들이었다. 두 분은 항상 어려운 사람들을 도우려 했다. 그런데 막상 그들이 도움을 요청 받을 경우 이에 응하는 사람들은 그리 많지 않다. 그럼에도 불구하고 아버지는 항상 우리에게 주위에 동정심을 갖는 그런 높은 윤리적 인생을 가르치셨다. 나는 당시처럼 혼돈스러웠던 사회 속에서도 남들의 존경을 받는 그런 지적 소양을 가지고 있는 부모 밑에 자라난 것이 항상 자랑스러웠다.

대략 비슷한 시기인 1951년 4월이 되자 트루먼 미 대통령에 의해 맥아더 장군이 해임되었다는 소문이 돌았다. 전쟁은 진행 중인데도 말이다. 이 무슨 놀라운 얘기인가? 맥아더 장군은 군사전략가일 뿐만 아니라 아시아의 역사에 대해서도 잘 알고 있었고, 아시아인들에 대해서는 워싱턴의 누구보다도 더 잘 이해하던 인물이었다. 미 의회에서 행해진 그의 고별사에서 그는 미국의 장래를 위해 아시아와 태평양의 중요성에 대해 역설하였다.

"아시아는 일반적으로 유럽으로 통하는 관문이라고들 얘기하지만 그것은 틀린 얘기입니다. 반대로 유럽이 아시아로 통하는 관문입니다. 한 쪽의 광범위한 문화적 영향이 다른 쪽에도 미치는 것은 피할 수 없는 일입니다. 아시아인들은 지금 식민시대의 사슬을 끊고 새로운 기회의 아침을 맞고 있습니다. 아시아는 지구 인구의 반, 자연 자원의 60%, 그리고 이 지역의 발전으로 원래 이곳을 진원지로 하였던 지구적 규모의 여러 사건들이 이제 돌고 돌아 다시 이 지역으로 돌아왔습니다. 바로 이 진화적 법칙에 맞게 미국의 정책을 수립한다는 것이 참으로 중요한 요소로 될 것입니다."

– 맥아더의 고별사 중에서

그가 한반도의 문제에 대해 한 번도 잘못된 결정을 하지 않았다고 얘기하는 것은 아니다. 예를 들면 그는 그의 대부분의 에너지를 전후 일본의 재건을 위해 썼다. 그 결과 그 일을 아주 훌륭히 이루어냈다. 그러나 그는 한반도로 침투해 내려오는 소련으로 부터 한반도를 지키기 위해 충분한 주의를 기울이지 않았고 소련군이 38도선에 접근할 때까지도 미군을 파병하지 않았다. 거기에 더해 그는 훈련되지 않고 적절히 무장되지 않은 군대를 남겨 놓은 채 소련과의 합의로 남한으로 부터 철군했다. 그 뿐 아니다. 그가 인천상륙작전의 성공으로 전황을 완전히 반전시킬 때 미 국무부의 뜻에 반해 이승만 정권을 다시 회복시켜준 잘못도 있다. 그럼에도 불구하고 나는 여전히 한 가지 사실에 대해 확신하고 있다. 만일 그로 하여금 그의 작전계획대로 압록강 다리를 폭파하게 하여 만주와 시베리아로 부터의 지원물자의 흐름도 끊고 중공군의 침투 역시 막았더라면 그는 분명 전쟁에서 승리하였을 것이고 그의 말 대로 크리스마스에 미군들을 미국으로 귀환케 하였을 것이다.

1951년이 되었고 여러 달들이 지나가고 있었다. 그런데도 아버지의 대학에서는 여전히 아무런 구제 조치가 없었다. 어머니는 아버지를 위해서 일하고 보상 받을 수 있는 새로운 직업을 찾기 시작하셨다. 어머니는 광주가 고향이었으니 아버지보다 더 많은 사람들을 알고 계셨다. 먼 친척 한 분이 전라남도 도청의 교육부문 책임자로 있었다. 어머니는 그 분을 자주 찾아가 혹시 아버지의 경력에 맞는 일자리가 비어있는지 알아보시곤 하였다. 이렇게 또다시 여러 달이 지나가고 있었다. 마침내 어느 날 그 친척은 남해 바닷가에 위치한 장흥에 중고등학교 교장 직이 한 자리 비어있으니 가보지 않겠느냐 하였다. 학교장 직을 성공적으로 수행하신 경험이 있는 까닭에 우리 가족들이 그 외딴 시골생활을 마다 하지 않는다면 그 자리는 아버지에게 누구보다 적절한 자리였다. 절실한 경제적 어려움에 처한 우리 가족 입장을 생각해서 아버지는 장흥으로 가는 것에 동의하셨고 우리는 다시 한 번 더 움직여 한적한 시골, 장흥으로 갔다. 그리고 학교장 관사에 들어갔다.

그곳에는 즐거운 놀라움이 우리를 기다리고 있었다. 교장의 관사는 아름다운 전통 한옥이었는데 앞뜰보다 높은 누대에 건물이 자리 잡고 있었다. 침실이 4개 있었는데 반짝반짝 잘 닦여진 커다란 목재 대청이 중간에 있어 좌우로 각기 두 개 씩의 방이 배치되어 있었다. 담장이 넝쿨로 덮인 높은 축대가 뒷산으로부터 집을 보호하고 있었다.19) 장흥은 아름다운 남해안의 면 시골로서 잘 사는 농부들과 의사 그리고 다른 전문 직업인들이 모여 사는 곳이었다. 집에는 동네 사람들이 와서 물을 받아가는 우물이 있었다. 그 까닭에 집 대문은 항상 열려 있었으나 도둑 걱정은 전혀 없는 마을이었다. 나는 우리가 태평양 전쟁 당시 살던 서울 혜화동 옛집 기억이 났다. 그 집에서도 동네 사람들이 수돗물을 받으러 왔었다. 장흥에 와서 부모님은 비로소 어떻게 가족들을 먹여 살릴까 하는 걱정으로부터 해방되셨다. 그것은 수많은 역경 끝에 찾아온 휴식이었고 몹시도 그리던 정상적인 생활이었다. 나는 우리에게 예상 없이 찾아온 불행과 고난을 어떻게 관리하고 극복할 것인가를 몸으로 보여주며 어떤 경우에도 삶을 포기하지 않았던 분들이 내 부모님인 것이 기뻤다. 삶이란 때로 오르고 내리는 곡선 주기가 있다. 특히 전쟁 상황 아래이고 사람들이 정치적 또는 종교적 신념의 차이로 둘로 갈라져 반목하며 그 갈등에 사로 잡혔을 때는 더욱 그렇다.

19) 관사는 조선시대 고을원님의 사택이었고 집 뒷산은 울창한 대나무숲이었다.

아버지는 이미 학교경영에 대한 충분한 경험이 있었기에 아버지의 사기는 올라갔고 즉각적으로 수학과 물리, 그리고 영어과목을 가르칠 양질의 교사 찾기에 나섰다. 그러나 나는 시골학교에 다니고 싶지 않아서 하루 저녁은 아버지 몰래 가방을 챙겨가지고 다음날 새벽 버스 편에 광주로 빠져나왔다. 외조부모가 계셨기에 나는 이내 내가 다니던 광주여중에서 공부할 수 있었다. 다음날 내가 없어진 것을 알게 되신 아버지가 내가 다니던 학교 교장께 전화를 하셔서 나를 장흥으로 돌려보내 줄 것을 청하셨다. 외할머니와 같이 학교에 등교한 나는 등교 즉시 교장실에 불려가서 장흥으로 돌아가라는 지시를 듣게 된다.

어쩔 수 없이 나는 장흥으로 되돌아왔다. 아버지는 자기가 교장으로 있는 지역학교에 학생들을 보내라고 부모들에게 청하면서 다른 한편, 자기 자식들은 타 지역의 학교로 보낼 수는 없다고 주장하셨던 것이다. 학교는 어느 도시에 있든 다 같다는 논리였다. 나는 아버지가 틀림없이 좋은 선생님들을 모셔올 것임을 의심치 않았다. 아버지는 양질의 교사들을 구하기 위해 이내 장거리여행을 시작하셨다. 다른 도시에 있던 양질의 교사들이 먼 거리의 시골학교임에도 불구하고 장흥으로 합류하였다. 그들은 아버지의 경력에 우선 경의를 품고 거기에 더하여 그런 아버지의 신실한 초청에 마음이 움직여 자기들이 존중받고 있다는 생각을 갖게 된 것이다. 그들 모두는 아버지의 좋은 친구가 되었고 우리가 장흥을 떠난 후에도 그 관계는 계속되었다.

당시 모셔온 교사들 중에 이공계 학위를 가지고 있던 서울대학교 출신이 있었는데 그의 이름이 조영철이었다. 그는 우리 아버지를 마치 자신의 아버지인양 여기고 자주 찾아와 아버지의 지도를 청하곤 하였다. 세월이 많이 지나 아버지가 세상을 하직하실 때에도 그는 자식처럼 옆을 지켰을 뿐 아니라, 운구를 따라 장지까지 가서 장례에 참석했다. 장흥 시대가 지난 몇 년 후 조 선생은 일본 도쿄대학교로 유학하여 기계공학박사 학위를 받게 된다. 그는 대학교수가 되었다. 나는 당시 아버지가 구성한 교사들로부터 참으로 훌륭한 중등교육을 받았다는 사실을 부정할 수 없다. 나 역시 그 동안 전투지역에서 또 이를 피하여 이리저리 떠돌던 피란 생활 중에 결손된 학업을 따라잡기 위해 열심히 하였다. 집에서는 부모님의 도움을 받았다. 아버지는 수학과 영어를, 어머니로부터는 국어와 역사를 배웠다. 사실 가족 중 한국역사에 제일 밝은 분은 나의 외할머니였다. 특히 조선왕조 마지막 시기의 일들에 대해서 밝으셨다. 연세가 많으셨지만 뚜렷한 기억력을 가지고 계셨다. 나는 이미 다른 장에서 외할머니가 선조들의 투쟁사를 문서로 작성하였다는 얘기를 한 바 있다. 그 속에는 임진왜란 때 이순신 장군을 도와 승전한 외할머니 가문 출신 장수들 이야기가 포함되어있었는데 이 기록 전부를 외할머니는 아버지에게 주셨고 아버지는 이를 국립도서관에 의뢰하여 보존 조치한 바 있었다.

부모님은 오랜 동안의 생존투쟁으로 피폐해진 결혼생활의 즐거움을 회복하기 위해 두 분이 당연히 누려야할 평화와 행복을 추구할 필요를 느끼고 계셨다. 곧 이어 다섯 번째 아들이요 전체로 보아 일곱 번째 자식인, 잘 생기고 명석한 '휘'가 태어났다. 사람들은 장흥지역에서는 예부터 물이 좋아 여러 천재들이 태어났다고 했다. 그래서 우리들은 '휘' 역시도 그러리라 기대했다.

아버지가 장흥학교에 남겨놓은 기록될 만한 성취 중 하나는 바로 잘 조직된 '올림픽 게임' 이벤트였다. 그 이벤트는 학교 역사에서 처음으로 실시되는 것이었다. 아버지는 젊고 유능한 여러 체육교사들을 채용하여 그들로 하여금 여러 운동경기를 개발하게 하였다. 이들은 학생들을 잘 훈련시켜 그 올림픽 게임에서 서로 훌륭히 경쟁하게 만들었다. 게임 중 하나는 달리기 트랙과 여타 운동장을 전부 이용하는 것이 있었다. 게임에 참여한 학생들은 달리기 도중 트랙에 놓여진 카드를 하나씩 집은 후 그 카드에 이름이 적힌 사람을 찾아내 그와 짝을 이루어 최종 목적지까지 달리는 경기였다. 한 학생이 교장이라고 적혀 있는 카드를 집었다. 그래서 그는 VIP석에 지역유지들, 그리고 교사들과 같이 아버지가 앉아 계시던 텐트로 왔다. 아버지 쪽으로 다가오는 학생을 본 아버지는 테이블을 뛰어넘어 그 학생의 손을 잡고 빠르게 달려 일등으로 목표지점을 통과하셨다. 청중들은 이를 보고 마음들을 열고 웃고 함성을 지르고 박수치고 하였다. 그것이 바로 나의 아버지다. 그것은 또한 아주 재미도 있었다. 아무도 교장이 그처럼 이기기 위해 진지한 태도로 빨리 달릴 것으로 예상하지 못했던 것이다.

대부분의 학부모들이 그 행사에 참여하였다. 대규모 잔치이기라도 한 것처럼 많은 종류의 음식도 차려져 있었다. 참석자들은 누구나 그 올림픽 게임을 무척 즐겼다. 그래서 교사들과 지역유지들은 이를 큰 성공으로 보았다. 아버지가 기획한 또 다른 행사는 교사들과 그들의 가족을 위한 여름철 비치 파티였다. 전쟁으로 어려웠던 시절 꿈도 꾸지 못했던 행사였다. 나는 지금까지도 또렷하게 기억한다. 오랫동안 고생들을 한 나의 남동생들이 파도 소리를 들으며 즐겁게 해변에서 뛰어놀던 모습을. 그래서 세상은 자라나는 아이들의 것이라고 하나보다. 그렇게 자라 평화를 사랑하고 서로 신뢰하며 어려운 이웃들을 도우며 사회에서 존경받는 인사로 성장할 것이다.

어느 날 항시 새로운 것에 호기심이 많은 학생 같던 아버지가 노루사

▲ 인천상륙작전 당시 사령선 USS Mt. Mckinley선 상에서 극동 지구 사령관 커트니(Courtney Whitney) 준장, 유엔군 총 사령관 맥아더 장군, X 부대 사령관 에드워드 아몬드(Edward Almond) 중장(오른쪽 끝)이 상륙작전을 지휘하고 있다.(Nara file #:111-SC-38438, PD-USgov-Military- Army)

냥에 나선 선생님들 팀에 끼어 잡은 죽은 노루 한 마리를 집으로 가지고 오셨다. 그리곤 이 사냥꾼들은 노루 가죽을 벗기고 고기를 다듬었다. 어머니와 나는 도저히 피 흘리는 장면을 볼 수가 없어 그 노루고기의 처리는 우리 집 일을 돕던 다른 분의 손에 맡겨졌다. 고추장과 양파 그리고 부추와 두부, 콩나물 등을 넣고 요리가 시작되었다. 그리곤 막걸리 파티가 시작되었다. 그들은 노루고기와 김치, 그리고 상추와 여러 가지 채소를 같이 먹었다. 술을 마시고 노래하고 크게 웃으며 마음 놓고 그날 저녁을 즐겼다. 나는 아버지가 인생에서 변화를 즐기시는 것을 보고 마음이 기뻤다. 아버지는 그의 원칙에 입각해서 거짓 없는 삶을 사는 그런 숭고한 분이셨다. 그 삶은 열심히 일하여 얻어야 되는 것이며 다른 사람들을 악의적으로 이용해서도 안되고 고위직에 있는 사람에게 뇌물을 주거나 진급하기 위해 힘있는 사람의 환심을 사려고 해서도 아니 된다는 것이었다. 길고 긴 혼돈의 터널을 지나며 선의를 악의로 보답받던 세월을 보내고도 그처럼 선한 태도를 유지하고 있는 아버지가 나는 기이할 뿐이었다. 누가 있어 아버지로 하여금 선과 악을 구별할 수 있게 하였을까? 명성이 있고 정의로운 선인들이 쓴 책들을 많이 읽으신 까닭일까?

우리는 장흥에서 일년 정도 살았다. 그러나 부모님들은 항상 자식들의 교육을 위해 이 더러운 시대의 먼지가 가라앉으면 서울로 돌아갈 것을 생각하고 계셨다. 아직 전쟁은 끝나지 않았다. 1952년 11월 29일 대통령에 당선된 아이젠하워(Dwight Eisen)는 그의 출마 당시 약속을 지키기 위해 한국전선을 방문한다. 그것은 전쟁을 끝내기 위한 현실적 방안을 찾기 위한 것이었다. 나는 한순간을 기억한다. 그것은 아버지가 아이젠하워의 사진이 실린 신문을 보시던 장면이다. 사진에는 군복을 입고 군모를 쓴 그가 최전선에 서서 망원경을 눈에 대고 북쪽 전선을 살펴보는 장면이었다. 아버지는 대통령 자신이 최선의 옳은 결정을 하기 위해 그 결정을 하기 전 현장인 최전선을 찾은 모습에 감명을 받으셨다. 그의 모습은 전쟁 발발 직후 서울을 버리고 떠난 이승만 대통령과는 너무나 다른 모습이었다. 인도(India)가 제안 한 한국전 휴전안이 유엔에서 받아들여져 1953년 7월 27일 휴전이 성립된다. 아무것도 얻은 것 없이 전쟁이 끝난 것이 나는 유감이었다. 남한은 기름진 황해도 땅을 잃고 그 대신 별 쓸모가 없는 강원도 산악지대를 얻었다.

미 국방부의 통계에 의하면 6.25동란 기간 중 전투요원 33,686명과 비 전투요원 2,830명의 미국인 사망자가 발생했다고 한다. 남한은 373,599의 민간인 사망자와 137,899의 군인 사망자가 발생했다. 서구의 소식통들에 의하면 중공군은 아마도 400,000명이 죽고 486,000명이 부상당했을 것으로 알려지고 있다. 북한군은 215,000명이 죽고 303,000명이 부상을 입었다.

김창룡 암살

(1956년 1월 30일)

김창룡 암살

(1956년 1월 30일)

1956년 1월 30일 '김창룡 암살'이라는 놀라운 소식이 나라 전체 그리고 모든 신문들을 뒤덮었다. 김창룡이 당일 이른 아침 암살된 것이다. 그는 운전병이 모는 짚차를 타고 숙소를 떠나 출근길에 있었다. 차 한 대가 다가오더니 그의 길을 막아섰다. 김창룡이 차를 치우라고 소리치자 동시에 그 차에서는 여러 차례 사격이 있었고 그리곤 암살자들은 도주했다. 당시 36세이던 김창룡은 병원으로 옮겨졌으나 너무 늦어 이내 사망하였다. 이 악마가 마침내 인간사회에서 지워진 것이다. 뉴스들은 이승만 대통령이 놀라고 분노하여 철저한 수사를 지시했다고 발표하고 있었다.

한 달이 못되어 방첩부대는 암살자를 체포하였다. 국군의 고위 장교 4명이 포함된 공모자들이 체포되었다. 운전자는 하사관이었고 다른 두 명의 민간인은 특무부대(CIC)의 허태영 대령 등에 의해 고용된 사람들이었다. 밝혀진 공모자들은 당시 특무부대 서울지구대장이던 허태영 대령과 또 다른 대령 이진용, CID의 제12지구대장이던 안정수 소령, 허대령의 동생이었던 헌병대의 허병식 중위, 허대령의 운전병 이유회 상사, 그리고 실제 사격을 자행한 특무부대 고용인인 송영고와 신초식 등이었다. 이들은 특무부대나 다른 곳에서 김창룡 밑에서 일했던 사람들이었다. 송영고와 신초식은 민간인이었지만 실제 특무부대요원으로 허태영 밑에서 일하던 사람들이다. 이들 모두는 특별군사재판부에 회부되었다. 허 대령은 군사재판에서 전부 자기가 지휘했다고 진술을 해서 결국 모든 책임을 지게 되었고 이어서 사형이 언도되었다. 이렇게 되자 남편 구명운동에 나선 그의 부인이 상부에 진정을 하였는데 그 속에 2군 사령관 강문봉 소장과 전 헌병대 사령관 공국진 준장이 배후라는 내용이 포함되어있었다. 이 두 장군은 혐의를 부인했지만 결국 체포되어 고문 받고 기소되었다.

공판정에서 강문봉 소장은 김창룡이 육군의 암 같은 존재로써 장교와 사병들 간에 불화를 조장하여 심각하게 사기를 좀먹는 존재이기에 그 자신도 그 암덩이를 제거하고 싶었지만 '허 대령에게 그를 죽이라고 지시한적 없다'라며 혐의를 부인하였다. 허태영 대령은 진술에서 김창룡이 대통령의 신임을 얻기 위해 또한 그 자신의 피에 대한 굶주림을 채우기 위해 고위 장교들에게 허위 혐의를 씌워왔다. 그래서 그를 죽였다고 했다. 그는 고위 장교들을 사찰하였으며 그들의 사생활의 어두운 면을 파헤쳤다. 2,000시간이 넘는 긴 공판 끝에 군 법정은 모든 기소 항목에 대해 그의 유죄를 인정하고 사형을 선고하였다. 항소심에서 허 대령과 송용고, 그리고 신초식은 사형이 확정되고 강문봉 장군에 대해서는 무기징역이 선고되었다. 그에 따라 사형이 선고된 3명에 대해서는 형이 집행되었다. 5년이 지나 강 장군은 석방되었다가 5.16군사구데타를 일으킨 박정희에 의해 1961년 다시 기용되었다. 박정희 자신도 6.25동란 전 한때 공산주의자로 몰려 기소된 적이 있었다.

이승만 대통령이 극도로 분노하지만 않았더라면 사형이 집행된 이들 3명도 강 장군처럼 5.16 후 석방될 수 있었을 것이다. 보도에 의하면 이들은 사형집행 전에 자신들의 행위는 국가를 위한 것이었다며 애국가를 부르며 형을 집행받았다고 한다. 나의 아버지를 비롯한 많은 사람들이 그들의 변설이 진실했다고 믿었다. 그러나 누가 있어 분노한 대통령에게 감히 그들의 구원에 대해 말을 꺼내겠는가?

김창룡(1920-1956)은 우리 집을 빼앗기 위해 우리 아버지를 죽일 뻔한 사람이다. 그는 이승만 대통령의 오른팔이었다. 그가 암살당한 때는 우리 집을 불법으로 빼앗아 간지 6년 후의 일이다.

김창룡은 일제강점기에 함경남도 영흥군의 한 가난한 농가에서 태어났다. 성장하여 일본군에 지원, 만주지역에서 헌병보조원으로 일을 시작했다. 그 후 중국 등에서 공을 세워 수사관이 된 그는 일본 정보조직 내에서 암약하는 스파이들과 저항세력들을 잡아내었고 대한독립군 세력들을 제어하는 것도 그의 일이었다. 1945년 일본이 항복하자 그는 해방된 고향으로 돌아왔다. 소련군이 북한지역에 진군해 들어왔을 때였다.

생각했던 대로 공산주의자들은 일본에 협력한 그를 하급 계급으로 분류하였다. 그는 1945년 말경 그의 친구이며 이전 협력자였던 김윤원을 찾아 철원에 간 것으로 알려져 있다. 김윤원은 그를 공산당에 고발한다. 그는 일본 강점기 당시의 행위를 이유로 사형선고를 받는다. 사형집행장으로 가던 도중 그는 트럭으로부터 뛰어내려 추운 날씨에 산중으로 도주한다. 사흘 후 그는 그의 친척 집에 도착한다. 부상에서 회복되는 동안 그는 남쪽으로 도망갈 기회를 엿보고 있었으나 다시 배신당하여 두 번째로 사형에 처해질 위기를 맞는다. 그러나 이번에도 그는 지키는 소련군 간수를 의자로 때려죽이고 도주에 성공한다. 오직 부인만을 대동하고 그는 남한지역으로 내려온다. 아마도 내가 내 집에서 만난 여자였던 것 같다. 나는 당시 억센 함경도 사투리 때문에 이내 그 여자가 북한에서 내려온 사람임을 알았었다.

김창룡은 1946년 5월 서울에 도착한다. 그리곤 한국군에 들어가 여러 부대를 전전하다가 첩보부대 G-2에 몸담게 된다. 그는 남로당 주요 간부, 김상용과 이주하를 검거하여 이승만 대통령의 신임을 얻는다. 당시 군을 적절히 통제하여야만 정권유지를 할 수 있다고 생각하던 이 대통령에게 김창룡은 공산주의자들이 암약 중인 군을 깨끗이 청소할 수 있는 아주 적절한 인물이었고 또 정권을 위협하는 요소들로부터 벗어나게 해줄 인물이었다. 그래서 그는 대통령의 이상적인 오른팔이 되었다. 대통령의 이런 총애 때문에 그는 점차 수사 과정에서 무서운 것이 없는 듯 행동했고 그렇다 보니 군 내부에 수많은 적을 만들게 된다. 김창룡은 미군 특히 미 CIC의 지원 아래 한국군 첩보부대, 후에 특무부대의 장이 된다. 이 조직은 북한 공산당의 끄나풀, 간첩 등 수천 명을 체포하거나 심문하는 일을 주목적으로 했던 부대였다. 맥아더 장군이나 다른 미국 장교들은 그의 끈질기게 물고 늘어지는 성격 때문에 그를 독사라고 불렀다. 1949년 7월경까지 그가 체포하거나 심문대상이 된 한국군 장교와 사병들의 숫자가 5,000명에 이를 지경이 되었다. 그가 주도한 소위 '숙군(肅軍) 작업'을 통해 많은 죄 없는 인사들이 파멸의 길을 걸어갔고 그런 과정을 통해 수많은 목불인견의 행위들이 그와 그의 협력자들에 의해 자행되었다.

그럼에도 그는 1953년 준장으로 진급하고 이어서 1955년 소장이 되니 다른 장교들의 원한을 더욱 키우게 된다. 대통령의 안보책임자로 막강한 힘을 가지고 있으면서 악의로 가득 찬 그를 상대로 힘없는 우리 가족이 어떻게 대항할 수 있었겠는가? 대통령 자신도 사람의 생명에 대해 존중하지 않았던 듯하다. 김창룡의 적들은 사실 여러 차례 그를 죽이려고 시도하였으나 계속 기회를 놓쳐 그의 마지막 날인 1956년 1월 30일에 이르렀던 것이다.

김창룡은 죽었지만 아버지는 빼앗긴 집을 찾으려 하지 않았다. 아마도 당시 받았던 고문이 그를 그 후에도 지속적으로 괴롭혀왔던 듯하다.[20] 당시 이승만 대통령은 김창룡의 죽음 뒤에도 그의 오른팔이었던 사람의 명성 유지에 신경을 쓰고 있었기에 아버지는 비록 불법적으로 빼앗긴 집이었지만 그의 생명에 위험을 초래하면서까지 이를 되찾으려 하지 않으셨다.

당시는 민간인을 죽이는 것이 파리 죽이는 것처럼 쉬웠던 시절이었다. 우리는 그저 우리들의 아버지가 그런 지옥의 시련 속에서 살아남은 것만으로도 신에게 감사할 뿐이었다. 많은 세월이 흐른 후 내 동생 '석'이 그 집을 찾으려 시도하였으나 너무나 많은 사람들의 손을 거쳐 소유권들이 이전되었고 우리의 아름다운 정원과 아버지가 사랑하던 채마밭 위에 커다란 연립 주택들이 들어서 있어 집 찾는 것을 포기하였다. 우리가 집을 찾으면 그 많은 사람들이 집을 잃게 되니 집을 잃었고 잃는다는 같은 입장에서 할 수 있는 일이 아니었다. 누가 있어 세상은 공정하다고 얘기할 수 있겠는가? 우리는 그저 뒤를 돌아보지 않고 앞으로 나아가는 수밖에 없다.

---

20) 김창룡이 사망 시점에 살던 집은 우리 집에서 조금 떨어진 원효로 1가 소재의 집이었는데 이 집은 대통령이 하사한 집이었다. 아마도 민간인의 집을 빼앗는 등 행위가 어떤 경로로든 위에까지 보고되었을 것이고 그것을 안보의 위험으로 인식한 대통령이 그가 죽기 1년 전 별도의 집을 내린 것일 것이다. 이 무렵 우리 집은 당시 전남지역 국회의원이었던 모씨에게 명의가 넘어 갔으니 이들 사이에 무슨 거래가 있었던 것 같다. 우리는 그 사유를 알지 못한다.

동란 후 대한민국과 문선명 등장

(1954-1960)

동란 후 대한민국과 문선명 등장
(1954-1960)

1954년이 되자 동란의 먼지들이 가라앉기 시작했다. 법과 질서도 돌아왔고 사람들의 삶 역시도 정상으로 돌아왔다. 어느 날 나는 부모님들이 직장을 옮기는 문제로 얘기하고 계시는 것을 들었다. 전북대학교의 김두헌 총장이 부총장 겸 문리대학장 직을 아버지에게 제시하며 초빙하고 있었다. 김 총장은 나의 아버지의 경력과 행정가로서의 명성을 잘 듣고 있음이 분명했다. 그 지역은 전라북도의 도청소재지로, 부모님은 서울이 아니었지만 그 직을 택하기로 결정하셨다.

그 대학교는 전라북도 전주에 있는 국립 대학교였다. 아버지를 기다리고 있던 자리는 고등학교장 직보다 훨씬 더 아버지의 경력에 어울리는 자리였으며 소유했던 집을 빼앗겨 당시 가장 절실하였던 주거문제는 대학교에서 제공하는 관사로 해결이 된다 하였다. 우리를 전주까지 이주시킬 큰 트럭도 보내왔다. 그래서 우리는 전주로 왔다. 우리가 살집에는 틀림없이 아버지가 좋아하실 약 6,600평방미터 정도의 큰 채마밭이 있었다. 아버지는 가족을 위해 직접 유기농 채소를 재배하실 수 있게 되었다. 형제들이 모두 학교에 전학 조치되었다. 그리하여 우리 형제 중 어느 누구도 학업 진도에 어려움을 겪지 않았다. 피란과 잦은 이주로 우리가 놓친 결손된 학업을 부모님들이 항상 보충해주셨기 때문이었다. 아버지의 도움으로 내가 놓친 영어 부분과 대수 그리고 삼각기법 등의 기하에 이르기까지 수학의 전 분야에 걸쳐 나는 학교의 진도를 따라갈 수 있었다. 다른 분야 예를 들면 문학이나 역사 등은 우리 자신들이 열심히 해서 진도에 맞출 수 있었다. 아버지에게 있어 자식들의 교육은 항상 우선 순위 1번이었기에 우리 모두는 학교생활을 잘할 수 있었다. 대부분의 아시아인들은 교육을 중시하였고 우리 역시 그랬다.

이 즈음 직업 구하기와 좋은 대학 들어가는 것 심지어는 영업허가를 받는 것 등 사회 전 분야에 걸쳐 뇌물과 부패가 일상화되어 있었다. 따라서 좋은 보수가 보장되는 직장을 구하는 것은 매우 어려운 일이었다. 아버지는 그렇지만 취업을 원하는 대학교 교수직 희망자들부터 어떠한 뇌물도 받는 적이 없으셨다. 오히려 우수한 자질의 교수인력을 모셔와 대학의 자질을 높이려 하셨다. 그러나 이공계, 특히 화학이나 물리 분야에는 나라 전체가 국제 기준에 비해 한 참 뒤쳐져 있어서 자질을 갖춘 이들을 확보하기가 어려웠다. 여러 젊은 인재들이 합류해왔다. 그들은 저녁 시간이면 자주 우리 집을 방문하여 아버지와 환담하였다. 화제는 주로 우리의 지나간 일들로 경성제국대학 시절의 이야기, 평양과 만주에서의 생활 등이었다. 자기들의 미래를 지도 받고자 했던 이 젊고 명석한 교수들에게는 아버지는 그야말로 흥미 가득한 지도자였다. 어머니도 그 이야기 모임에서 인기 있는 존재였다. 나는 항상 차를 대접하기 위해 들고 나며 이분들의 이야기에 귀를 기울였다.

이즈음 아버지가 학교일로 문교부를 찾아 서울에 가 계시는 동안 조카 영기의 부인을 만나신다. 그녀에 의하면 어떤 영기의 옛 친구가 영기를 파리에서 보았다는 것이다. 아마도 북한을 탈출하여 프랑스 여인과 파리에서 살고 있는 듯하다고 했다. 영기는 아주 잘 생긴 외모의 소유자로 그가 프랑스 여자 친구를 구하는데 어려움이 없었을 것으로 나는 생각한다. 영기의 부인은 남편과 연락하고 싶었으나 영기가 친구에게 연락처를 주지 않았기에 연락하지 못하고 있었다. 우리가 마지막으로 본 영기의 모습은 맥아더 장군의 인천상륙작전으로 북으로 도주하던 그의 황급한 모습이었다. 영기는 우리 아버지의 충고를 듣지 않고 공산주의 이론에 심취하여 남로당에 가입하고 급기야는 우리 가족들에게 심대한 피해를 준 것은 물론이고 그의 부모와 다른 형제 등 가족들 전부가 전쟁 기간 중 처형되게 하는 결과를 가져왔다. 그럼에도 북한 공산당 치하에서 몇 년도 견디지 못하고 다시금 탈출한 것이다. 그의 전공이 프랑스어였기에 북한당국이 그를 프랑스로 보냈을 수도 있다. 북한을 벗어 난 후에도 그는 부인에게조차 연락을 하지 않았다. 만일 남한에 오면 처형될 것을 두려워했는지도 모른다. 북한 측 공작원들로부터도 자신을 보호하려고도 했을 것이다.

다른 여타의 전쟁이나 마찬가지로 6.25동란은 많은 과부들을 만들어 내었다. 여러 이유로 여자들은 남편을 잃었다. 어떤 남편은 전투에서 죽었고 어떤 이는 남으로 밀고 내려온 공산주의자들에게 죽임을 당하고 일부는 북으로 납치되었다. 어떤 사람들은 전쟁터에서 죽지만 또 다른 사람들은 개인적 복수극에 희생되기도 했다. 전쟁은 적이나 경쟁자 또는 정치적 견해를 달리하는 상대방을 단죄하기 좋은 도구다. 공산주의 신봉자들에게는 더욱 그러했다.

전쟁기간은 또한 참된 종교적 지도자의 출현에 아주 적당한 시기이기도 하다. 그야말로 완전한 신이 아니더라도 전쟁으로 가족의 사랑과 감성적 안정을 잃은 사람들에게 어떤 영적 안내를 해주고 정신적 위로를

▲ 작고 직전의 문선명 통일교 총재

주는 그런 종교지도자가 출현하는 시기이기도 하다.

이런 종교지도자 중 제일 유명한 사람이 문선명 목사로 그는 오늘날까지 매우 논란이 많은 인물 중 하나다. 그는 격렬한 반공주의자였고 동시에 통일 코리아의 열렬한 주창자이기도 하다. 그는 한때 남한을 위한 간첩행위를 했다는 혐의로 북한의 강제노동 수용소에서 5년간 복역하기도 했다. 유엔군이 그 강제수용소를 해산시켰을 때 그도 석방되었다. 그는 생애의 뒷부분에서 통일교라는 교단을 창시하였는데 그 교단에 많은 추종자들이 모여들었다. 그 추종자들 중에는 영적 갈망에 차서 그들의 모든 재산을 통일교에 헌납하고 통일교 교단 세계의 일원이 된 사람들이 있었다. 문 목사가 교단 사회에 공장을 세우고 이들 신도들로 하여금 내의나 셔츠, 양말 등을 생산하게 했을 때 일반사람들로부터 많은 비난이 일었다. 비평가들은 이 교단이 일반인이나 별 차이 없는 반공주의자인 그를 특별한 이름으로 칭하는 것을 비판하고 있다. 비평가들은 그가 신도들의 노동력을 착취하고 있다고 비난한다. 문 목사라는 인물은 신께 바쳐진 존재이거나 아니면 비평가들의 이야기처럼 성적으로 편향된 괴물일 것이다. 그러나 어찌되었든 그는 전쟁으로 황폐해지고 영적으로 손상 받은 영혼들의 절실한 필요에 대응하여 그의 말을 전하고 있다. 그의 신실도에 대한 평가는 통일교를 몸소 경험한 이들에게 맡기는 것이 좋겠다고 생각한다.[21)]

또 한 해가 지나갔다. 이젠 내가 대학에 진학할 준비를 해야 할 시기가 된 것이다. 나는 전공분야를 정해야 했다. 나는 나의 아버지처럼 죄없이 피소된 사람들을 돕는 인권변호사가 되거나 돈 없던 우리 부모님에게 내 동생 '수'의 무료 시술이라는 선물을 안긴 '고 박사' 같은 어려운 사람들을 돕는 의사가 되고 싶었다. 그러나 놀랍게도 아버지는 나에게 과학분야를 권하시는 것이었다. 아버지는 "만일 네가 변호사가 된다면 자유가 없는 이 나라에서 너는 네 생각대로 자유롭게 변호사 활동을 할 수 없을 것이다. 그렇게 되면 너처럼 솔직히 행동하고 말하는 변호사는 비판 자체를 허용하지 않는 이 나라에서 늘 상 감옥에 들어가 있는 처지가 될 것이다. 의사가 되는 것은 항상 환자들과 같이 있어야 하는데 흑사병과 같은 유행병이 돌면 의사는 위험한 직업이 될 수 있다"라며 과학분야로 갈 것을 권유하셨다. 그 뿐 아니라 의사가 되는 길은 인턴과정과 레지던트 과정을 거쳐야 하는 등 너무 긴 기간이 소요된다는 점도 고려해야 한다고 나의 의료 분야로의 선택을 말리셨다. 대신에 마치 세월이 지날수록 더 맛이 깊어지는 프랑스 와인처럼 세월이 흐를수록 지식이 깊어지며 그럴수록 더 위엄이 더해지는 과학자가 좋겠다며 과학분야로 나갈 것을 권하셨던 것이다.

이 논의가 있은 후 아버지는 참고할 만한 자료가 있는지 알아보러 서점에 가셨다. 그리곤 두 번이나 노벨 화학상을 받은 라이너스 폴링(Linus Pauling)이 쓴 화학입문서 두 권을 사가지고 오셨다. 그 책의 서

21) 통일교의 통일은 종교의 통일을 의미한다. 문선명 씨는 세상의 모든 분쟁의 씨앗이 종교적 난립에서 온다고 생각한다. 신은 하나인데 그 신을 믿는 서로 다른 종교들이 서로 자기만이 옳다며 싸워 결과적으로 신의 뜻을 어기고 있으니 종교는 통합되어야 한다는 것이다.

▲ 전후 다닥다닥 붙여 이은 판잣집에 사는 한국 사람들의 모습

문에 폴링이 쓴 한 문장이 아버지의 관심을 끌었는데 그 문장은 바로 "당신이 화학자가 되면 항상 직장이 보장될 터이니 살아갈 일을 걱정하지 않아도 될 것이다." 였다. 나는 이내 아버지의 뜻을 이해하게 되었다. 그것은 정치에 개입되거나 끊임없이 반복될 수 있는 사회적 희생물이 되지 않도록 이공계의 영역에서 생활을 영유해가는 것이 좋을 것이라는 뜻이었다. 아버지는 서로 당파를 이루어 상쟁해온 조선 시대나 해방 후 정국에서 정쟁에서 진 쪽이 무더기로 희생양이 되는 것을 인지하고 계셨던 것이다. 이것이 바로 나와 내 동생 '준'이 이공계로 진출한 이유이다. 아버지의 그 권유는 옳았다. 이공계를 선택한 우리 남매는 미국에서 학업을 마친 후 내내 한 번도 직장 구하는 데 어려움을 경험하

지 않았던 것이다. 나처럼 내 동생 '준'도 한국에 대해 별로 좋은 기억들이 없었기에 둘 모두 미국 시민이 되는데 주저하지 않았다. 나는 감히 말한다. 우리는 우리 분야에 있어 미국이라는 국가에 나름대로 중요한 기여를 하였고 동시에 오랜 기간 동안 부양가족 없는 단신으로 고율의 세금을 내는 시민이 되어 국가재정에도 기여를 하였다고 말할 수 있다.

나는 어린 아이 때부터 10대 소녀기에 이르는 동안 항상 아버지의 가르침을 존중해왔다. 그래서 나는 화학에 집중하기로 마음먹었다. 화학은 사실 나의 고등학교 시절 내가 좋아하던 과목은 아니었지만 나는 화학반응을 표현하기 위해 사용하는 짧고 깔끔한 그 화학기호들을 사용하는 것을 좋아했다. 나는 나의 대학시절을 H는 수소, N은 질소, O는 산소, C는 탄소 등 화학주기율표를 외우며 시작했다. 필요하면 언제나 찾아보면 될 그 표를 외우느라 젊은 시절의 아까운 시간을 보냈다는 것이 지금 와서 생각하면 참 바보 같은 짓이었다는 생각이 들기도 한다. 젊었던 시절 나는 기억력이 좋아 역사적 사건과 연관된 날자 와 연대 또는 수학방정식 같은 숫자들은 머릿속에 사진처럼 확연히 기억했다. 그래서 기억한다는 것은 나에게는 아주 쉬운 일이었다. 나이가 든 지금은 하루 일과를 모두 휴대폰에 입력하고 이에 의존하며 생활하고 있다. 아마도 이는 뇌를 늙게 하는 화학물질과 관련이 있는 것으로 나는 의심하고 있어 빠른 진척은 없지만 천천히나마 이에 대한 연구를 하고 있다. 나는 또한 간단한 화학반응들과 균형을 유지하고 있는 분자들의 숫자를 기호를 이용하여 적어 놓곤 했다. 이러한 노력들은 나로 하여금 화학이라는 존재가 즐겁게 느껴지게 하여 진짜 화학자처럼 행동하게 하는 동기가 되었다. 그래서 마침내 나는 정치나 억울한 일을 당한 사람들을 변호하는 일처럼 흥미롭고 박진감이 있는 것은 아니지만 화학자로서 내 생을 보내는 것도 꽤 좋은 일이라고 생각하고 마음이 편안하게 되었다. 종국적으로 나의 연구는 혈액학이나 세포생물학 그리고 면역학 같은 분야로 가지를 쳐 확장하여 나갔는데 많은 명석한 공학도 그리고 과학자들과 같이 일하며 즐거움 속에 혈액분석의 자동화라는 첨단 분야에 관여하게 되었다.

대학 선택이라는 일은 또 다른 문제였다. 부모님은 내가 서울에 있는 학교를 택할 경우 숙식비와 수업료를 부담할 수가 없었다. 거기에다가 아버지는 항상 자기가 관여하는 학교가 있는 지역 내의 학교를 선택하도록 우리에게 권하셨다. 그것은 다른 학부모들에게 "내 자식도 다니는 학교입니다. 염려 놓으시고 자녀들을 보내십시오."라고 권하기 위해서였다. 아버지는 윤리적 선택을 항상 하셨다. 결과적으로 나는 아버지가 재직중이셨던 전주 소재 국립 전북대학교에 입학하여 화학을 전공하게 되었다. 구체적 과정은 화학일반, 유기화학, 무기화학, 물리화학, 그리고 실험 등으로 이루어져 있었다.

여러 과정 중 나는 유기화학이 제일 재미가 있었다. 그 이유는 탄소가 함유된 여러 소재의 화학반응이 생물체 특히 사람들의 몸의 기능과 밀접하게 관련이 있다는 것을 알았기 때문이었다. 많은 사람들에게 있어 유기화학은 참 어렵게 느껴지는 분야다. 옛날 취하기를 좋아했던 로마사람들은 시어진 포도주를 마시면 마치 식초 같다는 것을 알았는데 이것이 바로 초산이다. 나는 유기화학 교수에게 사람의 몸을 주대상으로 한 무슨 과정이 없는지 물었다. 즉 사람의 몸속에서 일어나는 각종 화학반응을 대상으로 한 연구 분야에 흥미가 생겼던 것이다. 교수님이 답하기를 "새로운 분야로 미국에서 근래 시작된 생화학이라는 분야가 있는데 이를 택하는 대학원이 점점 늘어가는 중에 있다"고 했다. 이 소식을 듣고 나는 너무나 기뻤다. 생화학이 바로 내가 관심을 갖게 된 생명체 내의 화학작용에 대한 학문이었기 때문이었다. 이 분야는 생명체의 세포를 형성하고 있는 요소들, 예를 들면 단백질, 탄수화물, 핵산 그리고 지방질과 기타 생체를 구성하고 있는 분자들의 구조와 생체내에서의 각 기능에 대한 연구 과정이었다. 이는 세포들의 신진대사와 내분비조직에 대한 연구를 하는 분야 였다. 후에 발전된 생화학분야의 다른 영역은 바로 DNA 나 RNA같은 유전자를 포함, 단백질 합성, 세포막의 정보 전달 기능, 신호 전달 기능 등을 연구하는 분야다. 마침내 나는 내가 정말로 관심있어 하는 분야를 찾은 것이었다. 그 시기에 나의 마음은 멀고도 먼 곳, 미국으로 가는 꿈으로 차 있었다.

전주 시절 어머니는 또 한 명의 아이를 출산하셨다. 딸이었다. 이름은 '미미'로 지으셨다. 이제 8명이라는 자식들을 두게 된 것이다. 나는 몇 년 전 "이제 그만 낳겠다" 하신 부모님의 그 결심이 어떻게 된 것인지 혼란스러웠으나 아마도 산아제한 방법에 대한 이해가 없으셨던 듯하다. 한국처럼 불안정한 사회에서 어떻게 대학 교수 봉급으로 8명의 아이들을 교육시킬 수 있다는 말인가? 나는 어머니가 아이들을 키우면서 지쳐 가시는 모습을 보았기에 걱정도 되었다. 우리 부모님처럼 많은 아이들을 세상의 부모들이 가지려 한다면 이 좁은 지구에서 살 땅이 없어지는 것이나 아닐까? 나는 걱정되었다. 지구의 크기는 한정되어있는데 인구는 기하급수적으로 늘어난다. 특히 대한민국처럼 좁은 땅 덩어리에서. 그렇다면 종국에는 어떻게 되는 것일까? 나는 내심으로 결혼하지 않겠다고, 결혼하더라도 남들과는 달리 아이를 갖지 않겠다고 결심했다. 어찌되었든 나는 나의 아이들을 내가 6.25동란 시 경험했던 그런 상황에 둘 수는 없었다. 나는 이 세상을 헤쳐 나간다는 것이 쉽지 않은 일이라고 생각했다. 부모님은 현실적으로 누군가의 도움을 필요로 하시겠지만 결국 나 이외는 어느 누구로부터 도 도움을 기대할 수가 없을 것이라는 사실이었다. 나는 부모님을 도울 수 있도록 나의 모든 역량을 나의 직업적 성공을 위해 쏟아 붓기로 결심하였다. 이 결정이 잘 된 것이었든 아니었든 어쨌거나 나의 인생 후반의 노정을 결정하게 된다. 나의 이 인구 폭발 우려와 같은 것은 단지 기우였음이 밝혀지고 있다. 내 동생 '수'에 의하면 남한의 인구는 줄어들고 있다고 한다. 사람들이 아이들을 여럿 가지려고 하지 않는 것이다.

몇 년을 하버드 대학에서 보내겠다던 아버지의 꿈은 6.25동란으로 인해 완전히 지워진 그림이 되었지만 내가 생각하기에 아버지는 여전히 미국을 가보고 싶다는 희망을 가지고 계신 듯하였다. 그러던 차에 마침 내 아버지는 기회를 맞게 된다. 그것은 미국 정부가 주관하는 문화 교류 프로그램으로 대학 교수와 대학의 행정요원들로 하여금 미국과 유럽의 대학을 탐방하며 그 운영상태를 보고 듣게 하는 프로그램이었다. 아버지는 이 프로그램에 매료되어 이내 참가키로 하셨다. 드디어 1957년 여름 기간 동안 수 주간에 걸쳐 미국과 서부 유럽을 여행하시고 나서 산처럼 많은 사진을 가지고 돌아오셨다. 이 여행 결과 아버지는 나의 미국 유학에 대해 확신을 갖게 되셨다. 여행 도중 아버지는 미국에서 공부하고 있는 몇 명의 한국 학생들을 만나셨는데 이들은 모두 유학 경비를 보조 받고 있었다. 이를 알고 아버지는 크게 고무되어 나 역시도 그렇게 할 수 있겠다고 생각을 하신 것이다. 나 역시 이를 알고 나서 우리 가족이 경험해온 한국이라는 세상으로부터 이제 멀리 벗어 날수 있겠다는 희망이 생겨 행복했다. 인권이 보장되는 곳 그곳에서의 삶이란 경이로운 일이었으니까.

물론 아버지는 내가 미국에서 박사학위 과정을 마치고 한국에 돌아와 대학 교수가 되기를 희망하셨지만 나는 교수가 되는 것이 싫었다. 교수직에 대한 보수는 바람직한 생활을 하기에는 충분치 않다는 것이 내 생각이었다. 1950년대 한국 대학교수들은 존경받는 직업이었지만 그 들에 대한 보수는 충분치 않아 가족들에게 품위 있는 수준의 생활을 제공할 수는 없었다. 근래 한국의 경제 사정은 크게 향상되어 대학교수들이 아주 풍족한 생활을 하고 있지만 당시는 상상할 수도 없는 일이었다. 물론 내가 바라는 것은 대단한 거부가 되는 것은 아니었지만 나에게 있어 가난하게 산다는 것은 바로 힘들고, 병고에 시달리고 하면서 산다는 의미, 바로 그것과 같은 것이었다. 내가 먼저 해야할 일은 무언가 창조적 일을 해서 사회에서 존경받는 대상이 되어 돈 걱정 없이 편안한 삶을 유지하는 것이었다.

하루는 아버지가 소식을 가지고 오셨다. 문교부가 주관이 되어 미국에 가서 공부할 수 있는 장학생모집시험을 실시한다는 것이었다. 장학금은 숙식과 학비 모두를 포함하는 전액 장학금과 일부만 지급하는 부분장학금 두 종이 있었다. 시험과목은 영어와 한국 역사였다. 아마도 역사의식 없이 한국을 떠나는 것을 당국이 원치 않는 듯했다. 미국에서 지낸 60여년의 세월에도 불구하고 내가 아직까지 한국역사에 대해 상당한 지식을 가지고 있는 것은 다 이 시험 덕분이다. 나는 특히 일본제국주의자들이 어떻게 대한제국을 병합해 갔는지 그 하나하나의 과정을 처음부터 1910년에 이르기까지 소상히 알고 있다. 당시 나는 무슨 문제가 나올지 모르기에 내가 준비할 수 있는 한 최선을 다해 준비해서 시험에 응했다. 시험 날이 이 되자 나는 서울로 올라와 시험을 치렀다. 내가 합격을 할지 무슨 장학금을 받을 지는 순전히 여타의 시험 응시자

▲ 문교부에서 있었던 장학금 수여 축하 모임. 문교부 장관이 수상자인 필자와 악수를 하며 전액 장학금 수상을 축하를 하고 있다. 다른 많은 사람들은 부분 장학금 수상자였다. 그 시절은 2차 대전 승전 이후인 미국의 황금 시기였다.

들이 얼마나 잘 보느냐에 달려 있었다. 전액장학금이 아니면 나로서는 곤란했다. 부모님이 나 이외 7명의 아이들을 키우시려면 나의 유학비까지 지불할 여유가 없었기 때문이다. 얼마의 시간이 지나 나는 내가 최고의 장학금을 받게 되었음을 알았다. 그러나 이것은 오직 1년짜리 문화 교류 프로그램이었다. 당시 나는 생각했다. 만일 그 1년 동안 내가 열심히 해서 결과적으로 좋은 성적을 시현한다면 아마도 나는 공부를 계속할 수 있는 또 다른 장학금을 미국 현지에서 받을 수 있을 것이다.

나는 이제 출발준비를 해야 했다. 모든 필요 서류들을 준비하느라 바쁜 날들을 보내게 되었다. 그 시기에 어머니는 옛날 나의 유아시절 평양에서 있었던 한 사건을 생각해내셨다. 그것은 길에서 우연히 지나친 한 여인이 나를 유심히 살피더니 말하기를 "이 아이가 자라 멀리 갈 것입니다. 아마도 성공적인 삶을 살 것이고 경제적으로 풍족하게 살겠지만 한 가지 복이 따라오지 않을 것이니 그것은 바로 부자 남편을 만나지 못할 것이라는 점입니다."라고 했던 것이다. 그녀는 아마도 점쟁이였거나 예지자였을 것이다. 여자 아이들은 공부도 안 시키고 더욱이나 외국으로 보내는 일은 생각할 수도 없던 시절 어떻게 그런 예언이 가능했을까 어머니는 의아해하셨다. 어머니는 나에게 드라이브인 영화관에 가지 말라고 주의를 주셨다. 그곳에서 처녀성을 잃는다는 얘기를 어머니가 들으셨던 모양이다. 당시 나의 머릿속은 온통 '미국에서의 첫해를 어떻게 보내야 장학금을 계속 받을 수 있나'로 가득 차 있었기에 어머니에게 걱정 마시라고 말씀드렸다. 이것이 어머니가 나에게 준 오직 하나의 성 교육이었다.

어느 날 나는 어머니에게 여자들이 어떻게 임신하게 되는가에 대해 물었다. 그것이야 말로 어머니가 제일 잘 아실 터이니까 나는 상세한 설명을 기대했다. 그러나 어머니는 화들짝 놀라시면서 요새 아이들은 어머니 자라던 시절처럼 순진하지 않구나 하셨다. 그러나 내가 그런 질문을 한 오직 하나의 이유는 나의 고등학교시절 과학선생님의 가르침 때문이었다. "훌륭한 과학도가 되려거든 무슨 일이든지 호기심을 가지고 충분히 이해가 될 때까지 상세하게 깊이 파고 들어야 한다."라고 가르치셨던 것이다. 임신 문제는 그 선생님이 기대하셨던 주제가 아닐 수도 있었다. 어찌되었든 그 질문은 과학도로서의 내가 제기한 첫 번째 질문이 되었다. 나는 단순하게 정말 어떻게 애기가 만들어지는지 궁금해서 상세하게 알고 싶었던 것이다. 여러 해가 지나 내가 의대에서 태생학(embryology)을 공부할 때 나는 비로소 그 답을 알게 된다. 그것은 정말로 신비한 것으로 오직 신만이 할 수 있을 것 같은 그런 정밀성으로 하나하나의 과정이 잘 관리 통제되어 이루어지는 결과물이었다. 하나의 작디작은 배아가 사람으로 되다니! 그저 경이로울 뿐이었다.

자유의 땅으로, 제1공화국의 몰락

(1959-1960)

자유의 땅으로, 제1공화국의 몰락
(1959-1960)

1959년 9월이 되었다. 나는 전주역까지 전송 차 나와 미국유학의 성공과 행운을 빌어 주던 친구들과 교수님들께 이별을 고했다. 나의 가족들은 모두 나와 함께 기차 편으로 서울까지 왔다. 내가 김포공항에서 출발하는 모습을 보고자 했던 것이다. 당시는 외국에 공부하러 간다는 것 특히 젊은 여자가 전액장학금까지 받아가며 간다는 것은 매우 큰일이었다. 아는 친척이나 친구라곤 아무도 없는 곳, 수천km 떨어진 머나먼 나라로 그것도 수중에 돈 한 푼 없이 딸을 보낸 다는 것에 마음이 놓이지 않았던 어머니는 어렵게 환전한 $150을 비상용으로 가지고 있으라며 쥐어주셨다. 내가 받은 전액장학금은 수업료와 숙식비 이외에 생활비로 주당 $10로 구성되어 있었다. 그 돈은 당시에도 그리 큰돈이 아니었기 때문에 나는 늘 빠듯한 생활을 해야 했다.

다음 날 우리 가족은 커다란 노스웨스트 여객기가 기다리고 있는 김포공항으로 갔다. 나의 제일 밑 여동생 '미미'는 3살이 안 되었을 때이고 바로 그 위 남동생 '휘'는 여섯 살이었다. 내가 항공기 쪽으로 걸어들어갈 때 이 어린 동생들이 손을 흔들어주었다. 어머니는 침묵을 지키고 계셨는데 아마 걱정이 너무 많으셔서 아무 말씀도 못 하시는 것 같았다. 아버지는 계속적으로 나에게 주의사항이나 격려하는 말씀을 하고 계셨지만 내 귀에는 아무것도 들리지 않았다. 머릿속은 그저 텅빈 공간이 되어있었다. 나는 내가 정말 용감한 것인지 아니면 내 일생을 걸쳐 알고 있는 오직 하나의 집(그 집에 대한 추억이 달콤한 것이었는지 씁쓸한 것이었는지 관계없이)을 떠나가는 바보짓을 하고 있는 것이나 아닌지 스스로에게 묻고 있었다. 사실 나는 내가 가족과 떨어져 멀리 간다는 것 말곤 전혀 후회가 없었다. 왜냐하면 나는 항상 그 존경받아 마땅하고 마음이 따사로운 나의 부모님들에게 못된 짓을 한 이 나라를 떠나고 싶었기 때문이었다. 나는 영어 공부를 부지런하게 했고 영어를 구사하시는 아버지로부터 특전을 입고 있었기에 사실 다른 사람들이 가지고 있을 불안함에 비하면 훨씬 평안한 상태였다. 나는 태어난 후 처음으로 비행기에 탔다. 자리에 앉아 비행기가 떠오르며 나를 하늘 속으로 또 완전히 다른 세상으로 안내해가는 엔진의 그르렁거리는 소리에 귀기울이고 있었다.

서울에서 보스턴까지는 비행시간만 15-6시간이 소요되는 먼 길이었다. 비행기가 알라스카의 앵커리지 공항에 통관 수속을 밟기 위해 도착했다. 공항 빌딩의 창밖으로 거대한 바위산들과 맑고 푸른 하늘 속으로 치솟은 하얗게 눈 덮인 높은 산들이 눈에 들어왔다. 나는 역사책에서 읽은 러시아제국으로부터 알라스카를 사들인 미국의 이야기가 생각났다. 당시 영국과의 크리미아 전쟁에서 패해 재정적 어려움에 처해 있던 러시아가 제국군대의 유지비용을 조달키 위해 1867년에 1에이커당 2센트씩 총 7백20만불, 오늘날 가치로 1억2천2백만불에 미국에 이 땅을 양도했다. 러시아 생각에 만일 태평양 지구에서 주도권 다툼이 일어나 영국과 전쟁에 돌입하면 영국이 이 땅을 점령할 것이 분명하니 차라리 팔아 넘기는 것이 좋겠다고 생각했던 것이다. 러시아의 주미대사가 이 알라스카 매도 안을 들고 왔을 때 미국은 그저 간단히 좀 깎아서 대금을 지불하고 이를 사들일 수 있었으니 그야말로 전쟁 없이 가만히 앉아 영토를 확장할 수 있는 절호의 기회가 저절로 굴러들었던 것이다. 나는 아버지가 자주 언급하시던 용두사미 격으로 계속 줄어들어온 한국의 영토에 대한 생각이 났다.

항공기는 그 후 다시 출발을 해서 동쪽을 향해 계속 나아갔다. 그리곤 마침내 새벽 1시 보스턴의 로간 국제공항에 도착했다. 공항은 매우 조용했다. 이른 시간이라 그런지 몇 대의 택시 이외에 사람들이 거의 보이지 않았다. 나는 택시를 타고 운전사에게 메사추세츠주의 왈덤(Waltham)에 있는 브랜다이스(Brandeis) 대학으로 가자고 했다. 그 대학은 공항에서 약 21km 정도 떨어진 곳에 위치해 있었다. 어머니가 주신 미 달라가 내 수중에 있어 택시비를 지불할 수 있다는 것에 나는 안도하였다. 한 밤중이어서 인지 우리가 학교교정에 도착했을 때는 인적을 찾을 수 없었다. 나는 기사에게 내가 기숙할 것으로 생각되는 샤피로(Shapiro)B라는 기숙사 이름을 주고 그 빌딩을 찾아달라고 부탁했다. 몇 번 교정을 돌던 기사가 드디어 그 기숙사를 발견하고 내려서 몇 번인가 초인종을 눌렀다. 아무도 없는 새벽에 불평 한마디 없이 안 해도 되는 일을 서슴지 않는 친절한 기사를 만난 것은 행운이었다. 마침내 사감 한 분이 실내가운을 입은 채 나와 나를 빈방으로 안내했다. 그 방은 내가 지금부터 한 학기 동안 룸메이트와 함께 머물 방이었다. 시각은 새벽 3시가 다 돼가고 있었다. 나는 잠을 좀 자야 했다. 잠이 들었다. 내가 잠에서 깨어났을 때는 오전 10시였는데 대학 식당이 아침 배식을 끝낸 시간대라 나는 미국에서의 첫 식사를 결국 거르게 되었다. 매우 지치고 배가 고팠으나 교정은 한적한 교외에 위치해 있어 걸어서

닿을 수 있는 가까운 거리에 커피점이나 식당들을 찾아볼 수가 없었다. 몇 주 전에 여유 있게 와서 친구나 또는 친척들과 같이 머물며 먼 여행에 지친 몸을 충분히 회복하고 난 후 새로운 학교에서의 생활을 시작할 수 있었더라면 얼마나 좋았을까 생각했지만 그런 사치는 나에게 허용되지 않는 것일 뿐이었다. 이 낯선 세계에서 모든 것은 나 홀로 헤쳐 나가야 했다.

다음 날 나는 부모님과 친구들 그리고 전에 다니던 대학의 교수분 들께 나의 도착을 알리는 편지를 썼다. 편지에 나는 안전하게 도착하였다고 썼을 뿐 낯선 외지에서의 어려움에 대해서는 언급하지 않았다. 브란다이스대학교는 설립된 지 얼마 안 되는 상대적으로 작은 연구중심 사립대학으로 보스턴에서 14km정도 떨어진 메사추세츠주 왈덤이라는 곳에 위치해 있는 인문계 중심 학교였다. 기존의 미들섹스(Middlesex)대학 자리에 1948년에 새로이 설립된 학교인데 편파성 없는 남녀 공학의 기관이었다. 이름은 미국 연방 대법관을 지낸 루이즈 뎀비츠 브랜다이스(Louis Dembitz Brandeis)(1856-1941)의 이름에서 연유되었다. 내가 수혜 받은 장학금 이름은 뷔엔(Wien)국제장학금이었는데 이는 대학원 이전의 일반대학과정의 학생들을 대상으로 하는 것이었다. 그 장학금은 1958년 로렌스 에이(Lawrence A) 그리고 메 뷔엔(Mae Wien)에 의해 만들어졌는데 내가 그 첫 번째 수혜자 중 한 명이 된 것이다. 뷔엔 가문의 장학금 사업은 세 가지 목적을 가지고 만들어졌다. 그 하나는 국제적 이해 증진의 폭을 넓힌다는 것이었고 그 둘은 미국에서 공부할 기회를 외국 학생들에게 마련해준다는 것, 셋째는 유학생들로 하여금 브란다이스에서의 지적, 문화적 생활을 풍요롭게 하도록 돕는다는 것이었다.

교정은 참 아름다웠다. 주변환경 역시 평화로웠는데 때는 마침 가을이라 단풍이 들기 시작해서 교정전체가 마치 색색의 수실로 자수해놓은 작품 같았다. 기숙사 창에서는 울창한 숲이 보였다. 숲으로부터 갈까마귀들이 까악까악 우짖는 크고 거친 소리들과 뒤따라 이어지는 둔탁한 메아리 들이 아련하게 들려왔다. 미국과는 달리 한국에서는 까마귀를 흉조라 생각하기에 이들이 집 근처에서 얼씬 거리면 집에 좋지 못한 일, 심하면 가족원 누군가가 죽는 일이 생길지도 모른다는 미신이 있다. 반대로 까치가 찾아들거나 집안에 있는 나무에 집을 지으면 이를 길조로 여겨 집안에 좋은 일이 일어날 것이라고 여긴다. 숲에서 들려오는 이 까마귀 소리들이 나로 하여금 건강이 안 좋은 어머니 걱정을 하게 만들고 있었다. 미국에서 많은 세월이 흘렀지만 나는 지금도 까마귀들을 좋아하지 않는다.

교정은 학문 연구를 위해서만 있는 존재여서 학생들이나 교수들의 행적들에 관심을 쏟는 눈이나 귀는 없었다. 어느 누구도 정치 이야기를 하지 않았고 아무도 다른 사람들을 상대로 음모를 꾸미려 하지 않았다. 내가 할 수 있는 것은 오직 학업에 집중하는 일뿐이었다. 대학이라는 곳은 고등 교육을 위한 상아탑 같은 곳으로 밖으로부터 어떠한 방해도 받지 아니하고 오직 지적 탐구에만 전념할 수 있도록 세상과는 떨어져 있어야 한다고 생각한다. 한국의 현실은 대학들이 외부의 간접적 개입에 의해 질적 교육의 기초가 흔들리고 있었다.

다음 날 나는 외국에서 온 학생들의 자문역을 찾아갔다. 공부할 과목을 선정하고 등록을 하고 그리곤 나처럼 1년짜리 문화교류프로그램에 참여해서 많은 외국 학생들을 만났다. 그들은 주로 유럽인들이었다. 그들은 모두 젊고 머리 좋아보였지만 대부분은 그저 1년 동안 즐겁게 미국 생활을 하고 다시 고향으로 돌아갈 학생들이었다. 그런 까닭에 그들 대부분은 음악 또는 예술이나 영어, 아니면 심리학 등 가벼운 과목들을 택했다. 나의 처지는 전혀 달랐다. 나는 그저 한 해 미국을 즐기는 것으로 끝낼 수 있는 처지가 아니었다. 대학원과정에 들어가 진보된 분야의 학위를 받아야 하는 나로서는 미국에서 공부를 계속할 방법을 서둘러 찾아야 했다. 당시 나는 그것 이외는 아무것도 다른 것은 생각조차 할 수 없었다. 그래서 나는 어려운 화학과정에 등록을 하고 잘해보자고 다짐하며 스스로의 믿음을 키워 갔다. 교환프로그램에 참여한 학생들을 위해 학교 당국에서 환영파티를 열어주었다. 외국에서 온 학생들은 노래하고 춤추고, 악기를 연주하는 등 공연에 능숙함을 보여주었는데 한 번도 악기나 음악적 기예를 배운 적이 없는 나는 이 공연상황이 무척이나 당황스러웠다.

학교에는 같은 장학프로그램으로 온 것은 아니지만 한국에서 온 다른 학생들도 몇명 있었다. 그 중 한 명이 차를 가지고 있었는데 같이 보스턴 관광을 가자고 제안하기에 그와 함께 관광에 나섰다. 우리는 캠브리지 구역에 있는 하버드대학교에 갔다. 아버지가 6.25동란 전인 1950년도 초에 이곳에서 몇 년 공부하겠다고 기획하셨던 학교다. 아이비 리그의 일원이고 미국에서 고등 교육을 위한 기관으로는 제일 오래된 학교다. 하버드 가까이 같은 캠브리지 구역 내에 MIT도 있었다. 한국의 공학도들이면 누구나 오고 싶어 하는 세계적으로 명성이 있는 학교다. MIT의 교정이 찰스 강의 강둑을 따라 거의 2km가까이 펼쳐져 있는 장면을 목도하고 나는 말을 잃었다. 다음에 우리는 그 유명한 미국독립전쟁의 효시가 된 1773년 보스턴티파티 사건의 현장인 항구로 갔다. 옛날 교수형과 마녀화형식이 거행되었던 50에이커에 달하는 드넓은 보스던 대광장(Commons)에도 갔다.

나는 미국이라고 해서 항상 부유하고 평화로운 민주국가였던 것이 아니었다는 것을 알게 되었다. 대영제국으로부터 독립하기 위해서는 식민지인들은 싸워야만 했다. 독립 후에는 내전(1861-1865)이 있었다. 군인 60만 명과 셀 수 없을 정도로 많아 완전히 그 정확한 숫자가 밝혀지지 않은 민간인들이 희생된, 미국 역사상 가장 많은 피를 흘린, 그야말로 죽음의 내전이 있었던 것이다. 내전이 끝난 후 노예는 해방되었고 연방은 회복되었다. 회복된 연방정부의 역할은 전쟁 전보다 강화되었다. 오늘날의 초강대국이 된 전기가 이때 이 내전의 결과로 이루어진 것이었다. 지금 내가 보고 있는 아름다운 공원, 놀라울 정도로 모든 것을 갖춘 연구 기관 그리고 거대한 도서관이 있는 대학들, 식품점에 전시된 다양하고 방대한 식품들, 주로 미국에서 제조된 갖가지 화려하고 다양한 의상들이 전시된 백화점 쇼윈도우, GM이나 Ford에서 만든 다종의 자동차들, 이들 모두가 미국이라는 나라의 부를 웅변하고 있었다. 미국은 충분히 모든 것을 자급자족할 수 있는 나라로 일본처럼 생존을 위해 식민지를 필요로 하는 나라가 아닐 것이라고 나는 생각했다.

무엇보다도 미국인들은 다양한 인종들이 섞여 살고 있는 이 커다란 나라를 잘 경영하고 있는 듯했다. 그들은 선진 과학과 기술로 경제를 일으키고 세계의 지도 국가가 되었다. 이것들이 내가 1960년 미국에서 받은 첫 인상들이었고 그것은 매우 깊게 나에게 각인되었다. 세계의 수많은 문제들과 함께 너무나 많이 변한 미국의 오늘날 모습을 생각할 때마다 나는 내가 60년 전 미국에 도착했을 때 받았던 이 첫인상을 생각하고 향수에 젖곤 한다.

나는 첫 수업인 유기화학 시간에 들어갔다. 교수의 강의내용을 받아적으려고 했으나 너무 빨라 열 중 아홉은 놓치고 있었다. 그는 벤젠의 화학구조를 배 모양 또는 의자 모양을 그려가며 설명하고 있었는데, 나는 그때까지 한 번도 접해본 적이 없는 것들이었다. 내가 알고 있던 벤젠의 구조는 C6H6로서 반지처럼 둥근 여섯 개의 탄소원자와 이들 원자들을 붙들어 매고 있는 세 개의 이중으로 된 연결막대가 부피감 없게 평면상에 그려진 것이었다. 나는 1960년 이전에 한국에서 배운 화학교육이 부적절한 것이었음과 내 앞에 어려운 앞날이 기다리고 있음을 직감했다. 생물학 실험시간에 교수가 퀴즈를 냈다. 실험실에는 많은 작업대가 있었는데 조교들이 그 작업대 위에 현미경들을 올려놓았다. 렌즈 밑에는 작은 유리판이 놓여져 있어 현미경으로 관찰할 수 있게 해놓았다. 수강자들은 그 유리판 안에 있는 것이 무엇인지 밝힌 다음 그 다음 순서로 넘어가게 되어있었다. 제시된 문제는 교수가 시험지에 언급한 예시물과 내가 현미경에서 보고 있는 예시물이 '서로 상응하는지' 하는 것이었는데 '서로 상응한다'는 영어 "mate"가 무엇을 하라는 이야기인지 나는 의미를 이해하지 못해 하는 수없이 손을 들고 그 의미를 물었다. 몇 명의 수강생들은 키들거리며 웃고, 조교는 어떻게 설명을 해야 할지 몰라 당황하는 기색이 역력했다. 그가 무어라 설명하는데 이번에는 내가 그 설명을 알아들을 수가 없었다. 하는 수 없이 나는 다음 표본 유리판으로 넘어갔다. 다행하게도 나는 그 퀴즈에 답변하지 않고도 A를 받았다. 그러나 나는 전반적으로 유기화학 과목을 잘 따라가지 못해 결과적으로 기말에 C를 받았다. 그때까지 나는 어디에서도 C라는 학점을 받은 적이 없었다. 그것은 나에게는 정신이 번쩍 들게 하는 경종이었다. 이렇게 한 학기가 지나가고 겨울 방학이 시작되었다.

나와 기숙사 방을 같이 쓰고 있던 미국인 친구 애비가 방학 동안 뉴욕에 오지 않겠는지 물었다. 뉴욕에는 애비의 부모님들이 한 아파트에 살고 계셨다. 나는 그들 생활을 방해하지 않으려고 그 초청을 거절했다. 학교당국에서는 나처럼 문화교류프로그램에 참가하고 방학기간 중 다른 곳에 갈 곳이 없는 학생들을 위해 교정 내의 다른 집에 머물도록 마련해주고 있었다. 이 기간 중 케네디(John F. Kennedy)와 그의 부인 재클린 여사가 학교의 모임에 초대되었다. 이 부부는 교수들 그리고 별도로 초대된 학 외 VIP 인사들과 같이 어울렸다. 그것은 케네디와 닉슨이 출마했던 대통령선거전을 위한 모금모임이었다. 당일 초대된 VIP들은 케네디에게 큰 금액을 정치 헌금할 수 있는 사업가들이었다. 우리 학생들은 그 모임에 참관자로 입장이 허용되어 우리는 그 진행 과정을 관찰할 수 있었다. 학생들 모두는 유창한 연설로 사람을 설득하는 힘이 있는 젊고 잘 생긴 지도자와 그의 아름다운 부인에게 빠져들었다. 이것은 그야말로 암살 등의 수단으로 경쟁 상대를 제거하는 것 대신에 어떻게 민주국가가 지도자를 선출하는가를 보여주는 살아있는 교육 현장이었다. 고집 세고 불평 많은 노회한 대통령 이승만과 얼마나 다른가!

겨울방학이 끝나 봄학기가 시작되었다. 우리 모두는 곧 있을 봄방학에 대한 기대에 부풀었다. 내가 참여하고 있던 프로그램 속에 영국식민지시절인 1616년부터 1698년까지 82년 간 수도였던 제임스타운(James Town), 기타 역사적 장소들을 돌아보는 순서가 있었던 것이다. 이 도시는 영국계 이민자들이 최초로 터를 잡고 안착한 장소였다. 우리가 방문한 또 다른 곳은 1781년 독립투쟁시절 전투가 있었던 요크타운(Yorktown)이었다. 이 전투에서 콘월리스(Lord Cornwallis) 경이 이끄는 영국군은 조지 워싱턴 장군과 프랑스의 로샴보 장군이 지휘하는 연합군에게 결정적으로 패배를 한다. 우리 모두는 제임스타운과 요크타운에서 옛 식민지 시절의 의상을 입고 출연한 배우들의 연출 모습을 보며 즐거워했다. 그리고 나서 화장실을 찾아 갔을 때다. 놀랍게도 백인용과 유색인종 용이 따로 따로 표시되어있었다. 때는 1960년도였고 장소는 1790년 7월 16일부터의 미국의 수도인 워싱턴 DC와 바로 이웃한 버지니아주였다.

워싱턴 DC는 포토맥 강의 북쪽 편 언덕에 위치해 있었는데 남서쪽 편은 버지니아주와 그리고 북동쪽 편은 메릴랜드주와 맞닿아 있다. 우리가 워싱턴 DC에 도착했을 때 같이 갔던 학생들 전부가 힘을 모아 인종차별적 화장실 구분운영에 항의하는 편지를 써서 워싱턴포스트지 앞으로 보냈다, 워싱턴포스트지는 당시 워싱턴 DC에서 가장 발행부수가 많고 영향력 있는 신문이었다. 동시에 이 신문은 국제관계와 미국내 정치 분야에 있어 가장 영향력 있는 신문 중 하나로 여겨지고 있었다. 그렇지만 그 후 우리는 이 신문의 어떤 면에서도 우리의 항의 편지를 언급한 기사를 읽을 수 없었다. 시간이 흐르고 생활 형태가 바뀌어 20세기 후반에 이르자 사람들의 인간에 대한 이해가 증진되고 같은 시대를 살아가는 다른 사람들을 공정하게 대우해야 한다는 생각 역시 자리 잡으면서 미국을 더욱 문명화된 사람 사는 나라로 만들고 있다.

4월이었기에 워싱턴DC의 국립공원은 만발한 벚꽃무리로 장관을 이루고 있었다. 이 국가적 규모의 벚꽃축제는 일본 도쿄시장, 유키오 오자키가 1912년 3월 27일 미일 양국의 친선 증진과 영속할 친교의 증표로 워싱턴 DC에 선물한 벚나무들을 기념하기 위한 것이었다. 선물이 이루어진 시기는 한일합방이 이루어진 뒤 2년 후의 일이었다. 일본인들은 국제관계를 다루는데 있어 매우 영리하게 대처했다. 일본이 이런 식으로 미국에 접근했으니 한일 합방 후 전국적으로 일어난 3.1만세운동

전후 수천 명의 대한제국 사람들이 살해당하는 상황이 되었음에도 미국으로부터 아무런 도움을 받지 못했다는 것은 놀라운 일이 아니다. 이 운동이 미국 대통령 우드로우 윌슨의 14개조성명에 기인했음에도 미국은 선혀 반응을 보이지 않았던 것이다. 그 다음 우리는 스미소니안 박물관(Smithsonian Institution)을 방문했다. 이 박물관은 1846년 미 의회에 의해 공인된 엄청난 규모의 교육용 시설로 재단 설립이후 줄곧 미국을 대표하는 워싱턴DC 소재, 공공 박물관이며 미술관이라는 위치를 지키고 있는 곳이었다. 미국정부도 부분적으로 재단기금 형성에 기여하였기에 이 박물관은 일반 대중에게 무료로 개방되고 있었다. 그러나 당시에는 아쉽게도 우리는 이곳을 다 둘러볼 충분한 시간이 없었다. 박물관의 소장품이 엄청났던 것이다. 여러 해가 지난 후 나는 다시 이곳을 찾았었다.

우리가 타고 있던 버스가 우리의 다음 목적지에 가까이 다가가고 있을 때 우리는 뉴욕시의 스카이라인을 볼 수 있었다. 버스 안에서는 야단스럽게 탄성 소리들이 터져 나왔다. 나는 한 번도 이처럼 하늘을 찌를 듯 줄지어 솟아오른 높은 건물들이 하늘에 그려 놓은 아름다운 선을 본 적이 없었다. 뉴욕시는 그야말로 세계적 도시였다. 세계의 상거래나 금융, 문화 그리고 공연 산업에 이르기까지 거의 모든 분야에 걸쳐 주도적 역할을 하고 있는 도시인 것이다. 우리 일행은 국제연합(UN)을 방문했다. 국제법상의 상호협력을 증진함은 물론 국제간의 안보와 경제발전, 사회 발전과 인권의 증진, 그리고 세계의 평화를 위해 국제사회가 손잡고 설립한 국제기구다. 이 기구는 1945년 2차 세계대전 직후 미래에 있을 지도 모르는 국가 간의 전쟁을 사전에 예방하고 전쟁 대신 평화적 대화의 장으로 유도하기를 기대하고 만들어진 기구였다.

고등학교시절 영어교과서에 유엔(UN)과 관련된 장이 있었다. 그래서 나는 미국에 오기 전에 이미 이 국제기구에 대해 잘 알고 있었다. 유엔은 6.25동란 시 그 명예로운 희고 푸른 유엔 깃발 아래 자유대한민국을 공산세력의 침략으로부터 지키기 위해 훌륭히 대처하였다. 우리 일행은 불행히도 뉴욕에서 제일 높다는 엠파이어스테이트빌딩의 전망대에는 가보지 못했다. 우리가 찾아갔던 1960년 당시는 엠파이어스테이트 빌딩보다 더 높은 무역센터가 지어지기 전이었다. 우리는 19세기 후반과 20세기에 걸쳐 미국으로 들어오는 수많은 이민자들을 맞아주던 맨해튼 항구 입구의 자유여신상에도 갔다. 우리는 맨해튼 구역에 있는 월스트리트에도 갔다. 이차 대전 이후 세계금융의 중심이 되어있는 이 거리에는 뉴욕증권거래소도 있었다. 당시만 해도 나는 이 주식시장이 어떻게 미국과 세계의 여러 가지 현상에 밀접하게 관계가 되는지 알지 못했다. 나에게 뉴욕은 평화가 깃든 천국이었고 뉴욕 센트럴파크에는 고요함이 깃들어있었다.

그 흥미롭던 여행에서 돌아와 나는 2학기 학습에 골몰하였다. 내 영어 이해력이 상당히 향상되어 학업이 많이 편해졌다. 내가 사용하는 기숙사 층의 대표인 쥬디 레빈(Judy Levine)과 나는 좋은 친구가 되어 나는 한때 그녀의 부모의 뉴욕 집에서 며칠을 보내기도 하였다.

하루는 쥬디가 내 방에 오더니 "한국 소식 못 들었어? 어쩌면 한국 국민들은 부대통령과 그의 가족을 죽일 수가 있지?"라고 하는 것이었다. 나는 내 방에 라디오나 TV가 없었기에 그 소식을 모르고 있었다. 나는 이승만 대통령이 그만 하라는 국민들의 목소리에도 불구하고 그의 4번째 임기를 위해 헌법을 개정하고 있다는 것을 알고 있었다. 1960년도의 대통령 선거는 그의 4번째 임기를 위한 것이었다.

4월혁명은 1960년도의 일로 학생들이 중심이 된 국민적 항거였다. 그 결과 이승만 대통령의 관료적 제1공화국은 무너졌다. 발단은 마산에서 발견된 최루탄이 눈에 박힌 학생의 시체였는데. 이 시체는 3월 달에 있었던 부성선거에 대한 항거운동 중 경찰에 의해 발사된 최루탄이 그 원인이었다. 이 대통령은 그의 후계자로 여겨지던 이기붕이 부통령에 당선되기를 원했다. 그러나 6.25동란 시 주미대사를 지낸 장면 박사와 경쟁하던 이기붕이 이상할 정도로 큰 차이로 승리하자 반대하는 사람들의 눈에는 이 선거가 부정선거였다는 것이 명료하게 보였다. 부정선거였다는 사실은 지역별로 계층별로 국민들의 분노에 찬 항거의 기폭제가 되었다. 경찰이 마산에서의 시위참가자들에게 발포하자 서울에서 4.19 학생 의거가 일어났고 그 결과 4월 26일 이승만 대통령의 하야로 이어졌다. 학생들이 이기붕을 죽인 것이 아니었다. 살해한 사람은 이기붕의 아들이었다. 정부가 전복될 것이라 생각한 아들은 그의 아버지와 기타 전 가족을 죽이고 본인도 자살했다. 이 행위가 이기붕이 원해서 그리 되었는지 아니면 그의 아들의 독단적 결정이었는지 알려 진 것은 없다. 이기붕은 죽지 않고 그냥 부통령직을 사임할 수도 있었을 터인데……, 어찌되었든 이것은 비극적 결과였다.

이어지는 4월 28일 미 CIA에 소속된 DC-4기 한 대가 하야한 이승만 대통령을 태우고 서둘러 한국을 떠났다. 그 비행기는 겉으로는 대만의 중화항공 소속이었으나 실은 미 CIA소속으로 극동지역에서의 은밀한 비밀작전용 항공기였다. 재무부차관이던 김영갑에 의해 나중에 밝혀진 일이지만 이승만 대통령이 국고에서 $2천만을 횡령해가지고 갔다고 했다.[22]

22) 이것은 믿어지지 않는다. 미국에 의해 하와이로 옮겨진 이승만의 생활은 가난

나는 그 사실에 놀라지 않았다. 왜냐하면 그가 상하이 임시정부의 수반이던 시절 그는 어렵게 모금된 독립운동을 위한 자금을 횡령한 과거가 있었기 때문이었다. 이 횡령사건이 김구와 기타 사람들로 하여금 그를 임시정부 수반 자리에서 물러나게 하는 원인이 되었다.

제2차 세계대전 이후 한반도의 남쪽에서 일어난 일들을 하나하나 다시 되돌아볼 때 이승만 대통령의 모든 잘못에도 불구하고 신생독립국 대한민국의 지도자로서의 그의 고집스런 추구는 번영하는 오늘날의 선진 대한민국에 대한 중요한 공헌이었다 할 수 있다. 같은 기간에 북한은 3대 김씨 왕조를 만들고 반역자로 간주되는 사람들을 수용하기 위해 노동 수용소를 건설하는 등 최악의 인권침해행위를 자행했고 이런 상황은 지금 현재도 진행 중이다. 당시를 돌아보면 세계공산화를 추구하던 소련이 연합군의 핵심구성원이었고 이미 북한지역을 점령하고 있는 상황에서 통일된 한국을 건설할 가능성은 거의 없었다.

역사를 쓸 때는 항상 다른 관점이 있다. 나는 내가 한국에서 이승만 대통령 밑에서 자랐을 때의 경험과 그가 의지했던 사람들, 특히 김창룡, 도날드 니콜스 같은 비인간적인 사람들에 대한 연구와 경험을 바탕으로 이야기를 썼다. 공정하여야 한다는 입장에서, 나는 아래에 나의 동생 '수'가 제기한 논쟁을 이곳에 정리하여 이 책의 일부로 삼는다.

"독립운동 자금 횡령 의혹 역시도 시각의 차이일 뿐이다. 이 자금은

바로 그 자체였다. 그가 세상을 떠났을 때 그의 재산은 성경책 한 권뿐이었다고 한다.

미주, 주로 하와이에서 모금된 자금으로 이승만은 장기적 관점에서 이민 온 사람들의 어린 자식들을 교육해야 한다고 믿고 학교설립과 운영비용에 주로 이 돈을 썼다. 그가 횡령했다고 주장하는 사람들, 박용만 등은 그 자금은 미국에서의 독립군 즉 대 조선국민군단 양성자금으로 쓰여져야 했다고 주장하는 것이다. 이승만을 지지하는 사람들, 특히 하와이에서 그와 함께 교육 사업에 힘을 쏟은 사람들은 미국에서의 독립군 양성이라는 것은 허황된 꿈일 뿐이었다고 평가하고 이승만의 방향이 옳았다고 생각하고 있다.

이승만의 양아들 이인수 교수는 이 대통령이 하와이로 황급히 떠난 후 후손이 없는 그를 걱정하여 문중에서 중론으로 천거한 아들로서 당시 이 대통령과 같이 살지 않았다. 이기붕을 죽인 그의 아들이 바로 이 대통령의 양자였으나 그 역시 자살했기 때문에 이 대통령에게는 후손이 없는 상황이었다. 양자까지 포함하여 이들이 하와이에서 편안한 생활을 하였다는 것은 아마도 저자의 잘못된 인식인 듯하다. 단지 한때 양아들인 이인수 교수가 문안 차 이 대통령을 찾아 간 적이 있었는데 당시 식사 기도문, 즉 “다시는 노예의 멍에를 메지 않도록 해달라”는, 나라를 걱정하는 기도문이 지금까지 전해지고 있다.

독립운동 지사들과 불화하였다는 것은 독립운동 방향의 차이에서 오는 것으로 보인다. 이승만은 폭력적 방법에 의한 독립운동의 실효성에 의문을 가지고 있었다. 정부수립 이후 불화를 야기한 그의 고집스런 주장들 역시도 세계의 흐름을 읽고 있던 이승만과 그렇지 못한 이들 간의 대립이 야기한 불화로 보인다. 오래도록 쇄국의 과정을 거쳐 다른 나라의 통치를 받던 나라의 갑작스런 독립, 그렇게 독립된 나라의 초대 대통령이 직면한 혼란과 무질서, 모든 분야에 침투한 공산주의 세력, 아무런 기반이 없던 경제 상황 그리고 참혹한 동족상잔의 전쟁 등, 이런 여건 하에서 초대 대통령이 취할 수 있는 태도는 무엇이었을까? 다소 무리가 있더라도 강력한 리더십으로 나라를 끌고 가는 것, 그것 이외에 무엇이 있었을까? 그러면서도 그는 자유 민주주의적 토양을 이 나라에 심어 민중은 그를 대통령의 자리에서 내려오게 하였다. 오늘날 우리가 누리는 자유는 해방 후 초기 정부가 뿌린 토양에서 자라난 것임을 우리는 부인할 수 없다."

이승만은 1965년 7월 19일 하와이의 군 병원에서 심장마비로 세상을 떠난다. 그의 시신은 한국 정부에 의해 서울로 운구되어 같은 해 7월 27일 동작동 국립묘지에 안장된다. 독립운동시절 그가 다른 독립지사들과 불화하고 정부수립 이후에도 여타의 지적 지도자들과 조화를 이루지 못하며 그의 대통령으로서의 임기를 계속 연장하려 한 것은 불행한 일이었다. 그는 후대에 본을 보이기 위해 2차 임기가 끝났을 때 대통령의 자리에서 내려온 미국의 조지 워싱턴 대통령의 예를 따랐어야 했다.

제1공화국이 무너진 후 1960년 7월 29일 새로운 국회를 구성할 총선거가 실시되었다. 제1공화국에서 야당의 위치에 있던 민주당이 쉽사리 제1당이 되었고 이로서 제2공화국이 출발되었다. 새로운 헌법은 내각 책임제를 그 근간으로 하였는데 이 헌법 하에서 대통령은 국가를 대표하는 상징적 역할만 하도록 되어있었다. 1960년 8월 13일 윤보선 씨가 대통령으로 당선되었고 정부를 실질적으로 이끌어갈 국무총리는 장면 씨가 선출되었다. 아버지는 그들 모두가 아주 잘 교육받은 훌륭한 인물들로 진정한 민주국가를 만들 수 있는 지도자라고 생각하고 계셨다. 장면 씨와 아버지는 그들의 철학과 미래의 한국을 위한 지향하는 목표에서 많은 유사성을 가지고 있었다. 장면 씨는 새로운 나라를 이끌어갈 미래의 지도자들은 오로지 젊은이들의 교육에서만 배출될 수 있다고 믿고 있었다. 일제강점기통치 시절 장면 씨는 1919년부터 1921년까지 사이에 용산에 있던 젊은이들을 위한 천주교리 학교교사로 재직했었다. 그리고 1931년부터 1936년 연간에는 동성상업학교 교사로 그리고 내가 앞에서 언급하였지만 태평양전쟁 중에는 내가 다니던 천주교 혜화동 유치원의 원장으로 재직했었다. 장면 씨의 사진이 전쟁 중 망실된 나의 유치원 졸업 사진 속에 있었다.

윤보선 씨는 나의 아버지처럼 충청도에서 태어났다. 그 후에 스코틀랜드의 에딘버러대학교에서 수학하고 1930년에 경제학석사 학위를 받은 분이다. 해방 후 그는 정계에 투신하여 이승만 대통령에 의해 서울시장으로 임명된다. 1년 후 다시 그는 상공부장관이 된다. 그런 직후 그는 이승만의 독재적 통치에 반기를 들고 사임한다. 그가 1954년 국회의원이 되기까지 사이에 그는 대한 적십자사 총재로 재직한다. 몇 년 후 그는 정권의 통치정책에 반대하는 사람들과 민주당을 결성한다. 윤보선 씨와 나의 아버지는 같은 교회, 안동 장로교회의 교인이었다.

장면 씨는 미국 맨해튼대학교를 졸업한 독실한 천주교 신자였다. 1949년부터 1951년까지 사이에 그는 초대 주미대사가 된다. 이어서 1950년에서 1956년 연간에 이승만 정부에서 두 번째 국무총리로서 봉직하고 1956년에는 부통령에 당선된다. 학생들의 민주항쟁으로 인해 이승만의 제1공화국이 무너지자 그는 내각책임제 신헌법 아래서 국무총리가 된다. 그들의 훌륭함을 알고 있던 나의 아버지는 처음에는 이들의 민주 정부 아래서 진정한 민주국가가 만들어질 것이라는 낙관적 희망을 가지고 계셨다. 그뿐 아니라 미국정부도 장면 씨의 지도력에 대해 매우 낙관적인 견해를 가지고 있었다. 그들은 장면 씨가 대한민국 역사에 새로운 장, 진정한 의미의 민주국가를 이룰 것이라고 믿고 있었다.

제2공화국 아래서 아버지는 체신부로부터 아버지가 6.25동란 직전의 화재 사건 이후 떠났던 체신학교 교장 직을 다시 한 번 맡아 달라는 요청을 받는다. 학생들의 민주항쟁 이후 모든 질서가 무너진 학교를 다시 한 번 일으켜달라는 요청을 받은 것이다. 나의 추측이지만 화재사건 당시 학교에서 축출된 준군사조직이었던 반공청년단원들은 정부로부터의 경제적 지원 종료로 이승만정권의 몰락 이전에 이미 경제적 어려움에 처해졌을 것을 것이었다. 체신학교로 다시 돌아온 아버지는 학교 교지에 그 화재 사건에 관한 전후 상황을 회고하는 기록을 남기셨다. 1950년 화재 당시에는 누가 범인이었는지 몰랐었으니 아버지는 그 후 그 사건에 대한 별도의 추적을 통해 진실을 알고 계셨던 듯하다. 이를 통해 반공청년단의 개입이라는 실체가 들어 났다.

2학기 동안 나는 하버드를 포함한 몇 학교에 생화학 분야의 장학금 기회가 있는지 문의하느라 바빴다. 60년대의 하버드대학교는 백인, 그것도 남성위주의 학교였지만 대학원만큼은 여성도 또 유색인종도 차별 없이 입학할 수 있었기에 2차 대전 이후에는 상당히 다국적화되어 있었다. 하버드의 입학신청서 양식을 받아 들고 나는 깜짝 놀랐다. 신청서 상의질문 중에 "당신의 아버지나 할아버지가 하버드 동창생인가?"라고 묻는 항목이 있었기 때문이다. 하버드 동창생의 후손들은 입학 우선권이 있었던 것이다. 이런 불공정한 제도는 있어서는 아니 될 존재였다. 이런저런 노력의 결과 그해 나는 뉴햄프셔대학교로부터 다음 학기 동안 연구조교 장학금을 얻게 되었다.

나는 브랜다이스에서의 2학기를 마쳤다. 대부분의 외국계 학생들은 고향으로 돌아갔지만 나는 여름동안 보스턴에서 일거리를 찾아야 했다. 당시 내 비자는 학생 비자여서 직업을 구하는 것이 어려웠다. 아버지의 제자 중에 친척이 남 캘리포니아에서 농장을 하고 있는 이가 있었다. 내가 원하면 그곳에서 여름방학 동안 나를 받아줄 의사가 있음을 아버지가 알려 오셨다. 그래서 나는 캘리포니아에서 여름을 보내기로 하였다. 미국은 큰 나라였다. 캘리포니아는 보스턴에서 4,800km나 떨어져 있었다. 어떻게 그곳까지 가느냐가 또 문제였다. 나의 재정사정은 어려웠다. 어느 날 나는 학교 공고 판에서 샌프란시스코까지 차편으로 같이 가고 싶은 학생을 구하는 광고를 보았다. 한 명의 대학원 재학중인 학생이 방학 동안 샌 프란시스코 집까지 차로 귀향하고자 하는데 비용을 절약하기 위해 동행을 구하는 것이었다. 나는 연락을 했다. 그의 이름은 루디였다. 당시 이미 두 명의 다른 학생들이 합류하고 있다고 했다. 한 명은 나와 같은 문화교류프로그램에 참여하고 있던 독일계 남학생 '로니'였는데 고향으로 돌아가기 전에 미국을 좀 더 보고 싶어 대륙횡단 기회를 찾고 있었던 것이다. 또 다른 한 명은 여성인 대학원생, '샌디'였다. 동행들의 구성에 만족한 나는 합류를 결정하고 비용 중 내가 분담할 금액을 선 지불했다. 우리는 출발일자를 정했다.

5월 말이 되어 두 번째 학기가 끝났다. 나는 4,800km 미대륙횡단여행을 시작했다. 미국은 정말 큰 나라였다. 국경을 가깝게 맞대고 있는 유럽인들에게는 선망의 대상이요, 영토와 관련하여 수 세기에 걸친 분쟁으로 고통받아온 아시아인들에게는 더 말할 것도 없이 미국은 부러움의 대상이었다. 그저 놀라움뿐이었다. 대륙을 횡단하며 우리는 여러 차례 시계를 지역 시간에 맞추어야 했다. 루디와 로니가 교대로 운전하며 우리는 쉬지 않고 나아갔다. 여행 도중 오직 하루 밤만 멈춰서 잠을 자고 일주일 후 어느 늦은 저녁 시간에 우리는 샌프란시스코에 도착했다. 일행은 내가 여름방학을 보낼 농장의 주인 아들 집에 나를 내려놓고 떠나갔다. 다음날 그 집 주인이 나를 안내하여 샌프란시스코 시내관광에 나섰다. 샌프란시스코는 세계적으로 유명한 관광지다. 금문교 및 한 번 들어 가면 탈출이 불가하다는 알카트라즈(Alcatraz)감옥이 있는 섬 알카트라즈, 케이블카와 높은 코이트타워(Coit tower), 차이나타운, 그리고 오르막내리막으로 유명한 언덕진 도로들,등 알려진 명소들이 많이 있다. 도시는 또한 다양한 인종들이 모여 사는 국제적 도시로도 유명하며 동성연애인 같은 성 소수자들의 집단 거주지가 있는 곳으로도 유명하다. 이 도시에 대한 나의 첫 인상은 그저 놀라움이었다. 어쩌면 공기가 이리도 맑다는 말인가! 거의 매일 찾아오는 바다안개가 도시의 공해를 태평양으로 쓸어 가기에 공기가 항상 맑다는 것이었다. 2차 대전(태평양전쟁) 당시 샌프란시스코는 전장으로 가는 수많은 군인들의 출발점이었다.

다음 날 나는 나의 최종 목적지인 프레스노(Fresno)까지 차로 안내되었다. 프레스노는 로스앤젤레스로부터 북으로 약 320km, 그리고 샌프란시스코로부터 남쪽으로 약 300km에 위치한 도시로서 미 중부의 심장 격인 광활한 중앙계곡지대에 자리 잡고 있었다. 나는 그곳에서 여름 동안 정씨 가족과 함께 보냈다. 이들 노부부는 원래 노동자 이민을 온 분들로 2차 대전 당시 하와이를 거쳐 미 본토로 옮겨왔는데 이곳에서 성공하여 자신 소유의 농장이 있는 중산층 영농사업가가 되어있었다. 농장에서는 포도와 멜론 그리고 여러 다른 과일들이 생산되고 있었다. 그 분들은 참으로 친절하신 분들이어서 내가 머무는 동안 나에게 잘 대해 주셨다. 나는 3개월 동안 그곳에서 복숭아를 포장하는 일을 하여 다음 학기에 필요한 돈을 저축할 수 있었다.

어느 사이 여름은 지나가고 9월이 되었다. 나는 뉴잉글랜드에 있는 학교로 돌아갈 준비를 하고 있었다. 비행기로 가면 샌프란시스코 또는 로스앤젤레스로부터 보스턴까지 약 5시간 걸리는 거리였으나 나는 경비를 아껴야 해서 대륙횡단버스를 타고 가기로 하였다. 버스여행은 1주일이 소요되며 잠은 버스 속에서 자야 하는 것이었다. 이 버스는 밤이 되어도 멈추지 않고 계속 달렸다. 그러다보니 여행은 힘들고 같이 얘기할 친구도 없어 도무지 재미없는 여행이었다. 보스턴에 가까이 왔을 때 우리는 보스턴 지역에 폭풍우가 치고 있다는 뉴스를 듣게 되었다. 나무들이 뿌리 채 뽑히고 지붕들이 날아간 집들도 있었다. 캘리포니아로부터의 길고 긴 여행은 끝났다. 그러나 나는 또다시 뉴햄프셔의 더함(Durham)으로 가는 버스로 갈아타야 했고 긴 여행 끝에 마침내 지친 몸을 이끌고 내가 머물 학교 기숙사에 도착했다. 그리곤 골아 떨어져 16시간 동안 잤다. 그 후로는 다행스럽게도 이런 길고 힘든 버스여행을 하지 않았지만 이 대륙횡단여행은 나에게 좋은 경험이었다. 덕분에 미국 중부의 붉은 지대를 볼 수 있는 기회였다.

뉴햄프셔의 겨울, 무너진 제2공화국

뉴햄프셔의 겨울, 무너진 제2공화국

가을학기가 시작되었다. 때는 1960년 9월이었다. 뉴햄프셔대학교의 교정은 유명한 뉴잉글랜드의 가을에 걸맞게 아름다운 단풍으로 가득했다. 걷다 보면 도서관 입구 높은 곳에 각인된 명문이 보였다. 그 명문은 "네가 진리를 알면 진리가 너를 자유롭게 하리라."였는데, 나는 "그래, 우리가 열심히 공부하는 이유도 진리를 알기 위해서다. 그래야만 우리는 무엇을 또는 누구를 믿을 것인가를 몰라 혼란스러워 하는 일이 없게 될 것이다."라고 생각했다. 이 명제가 바로 많은 한국의 젊은 사람들이 안고 있는 문제였다. 뉴햄프셔대학교는 고등교육 전문가들에 의해서 공립학교 부분 아이비(Ivy)리그 대학교로 인식되고 있었다. 이 대학교는 뉴잉글랜드지방에 있는 공립학교 중 유일하게 풀부라이트(Fulbright) 장학금이 주어지는 학교로 상위 10번째 안에 드는 학교였다.

나는 상담 차 담당역인 티리(Teeri)박사를 찾아갔다. 그는 내가 택하려는 생화학과의 과장이기도 하였다. 그는 매우 친절하였고 내가 대학원 과정의 첫 학기 등록을 하는데 많은 도움을 주었다. 나는 12학점을 당시 나의 주요관심 연구 분야인 생화학, 그리고 수준 높은 유기화학과 영양분야 과정에 신청했다. 미국에서 1년을 지냈다는 것이 나를 크게 달라지게 하였다. 학업시간에 받아 적는 것이 훨씬 쉬워졌고 교수나 동료들과 대화하는 것도 많이 편해졌다. 나의 연구 분야는 다양한 물고기 종류들에 있어서의 영양분, 특히 단백질의 역할에 관한 것이었다.

대학원 기숙사는 남녀공용이었다. 한쪽 편 빌딩은 남성용, 반대편 빌딩은 여성용이었으나 두 개 빌딩의 입구는 하나였고 그런 까닭에 입구 라운지에서 남녀 같이 어울리는 파티를 열기도 하였다. 겨울이 다가오고 있었다. 뉴잉글랜드의 겨울은 매우 춥고 눈이 많이 오는 곳이었다. 하루는 아침에 일어나 창문 덮개를 여니 창문 자체가 눈 속에 파묻혀 있는 것이었다. 마치 내가 에스키모의 이글루 집속에 들어있는 것 같았다. 내 방은 테라스에 이어진 방이었는데, 그 테라스에 눈이 밤새도록 내려 쌓인 것이었다. 내가 일어나 아침식사를 하러 식당을 찾아 아래층으로 내려가니 다른 학생들이 웅성거리고 서 있었다. 현관문을 열 수가 없었던 것이다. 밤새 쌓인 눈에 문이 파묻혀 버렸던 것이다. 그날 밤의 적설량이 3m이상이었다고 사람들은 얘기하고 있었다. 하는 수 없어 우리는 제설차를 불렀고 제설작업이 끝난 오후가 되어서야 우리들은 식당에 갈 수가 있었다. 식당 역시도 그날은 조리작업을 할 수가 없었기에 우리들은 간편식인 대니쉬 빵과 커피로 아침식사를 대신할 수밖에 없었다.

나는 열심히 학업에 정진했다. 그리고 물고기들의 아미노산 구성비와 그들의 영양적 가치를 분석하던 나의연구를 진행해나갔다. 한 가지 기대하지 않았던 결과는 사람들에게 인기 있어 식전 맛을 돋우기 위해 자주 먹는 굴이나 조개 같은 종류에는 일반 물고기들보다 단백질성분이 더 적다는 것이었다. 이렇게 대학원 1학기가 지나갔다. 나는 전 과목에서 좋은 성적을 시현했다. 나의 그간의 노력이 긍정적인 결과를 가져오고 있다는 사실을 나는 깨닫고 있었다. 그것은 매우 고무적인 일이었다.

다시 한국 이야기로 돌아가자. 아버지는 한국의 미래에 대해 매우 열광하고 계셨다. 그 까닭에 미래세대를 위해 더 나은 세상을 만들어주기 위해 다시금 모든 힘을 쏟아 붓고 계셨다. 나라는 아직 높은 인플레율과 실업사태로 고통 받고 있었지만 제2공화국은 민주사회가 되기 위해 아버지처럼 높은 이상을 가지고 있는 존경받아 마땅한 훌륭히 교육된 지도자들에 의해 인도되고 있었다. 정부는 나라를 재건하고 번영으로 이끌 5개년 경제개발계획을 수립하고 있었다. 그러나 불행하게도 제2공화국은 이 경제개발계획을 실현할 충분한 시간을 갖지 못했다. 나의 두 번째 학기가 끝을 향해가고 있던 어느 날 나는 한국에서 날라온 놀라운 소식을 접하게 된다. 1961년 5월 16일 군사 쿠데타가 일어났다는 것이었다. 나는 TV를 시청하기 위해 기숙사의 로비로 내려갔다. 육군참모총장 장도영 장군이 TV 화면에 나오고 있었다. 그가 그 쿠데타를 지휘하고 있는 것처럼 보이는 장면이었다. 그러나 쿠데타 경과에 대해서는 아무런 설명도 없었다. 짐작 컨데 하룻밤 사이에 아무런 저항 없이 이 쿠데타는 이루어졌고 장군은 아침이 되자 TV 방송국에 나와 그 놀라운 사실을 그저 알리고 있는 듯했다. 나는 그 사실을 믿을 수 없었다.

나중이 되어서야 우리는 그 쿠데타가 박정희 소장에 의해 이루어졌고 참여한 인원도 3,600명에 불과한 적은 인원이었다는 것을 알게 되었다. 쿠데타세력은 저항을 받지 않았는데 그 이유는 국가를 보위하겠다고 선서한 대통령 윤보선이 그 중차대한 반역의 순간에 이를 진압하기 위한 군사행동을 저지했기 때문이었다. 거기에 더하여 대통령은 미8군과 한국군 지휘관들에 대하여 이 쿠데타세력을 진압하지 말도록 권유하였다. 이렇게 되어 쿠데타는 무혈혁명이 되었다. 박정희 소장을 권좌에 올려놓은 쿠데타 당시 미국무부의 한국담당이었던 마샬 그린(Marshall Green)

씨가 주한대리대사로 부임했다. 부임 후 대사는 쿠데타로 밀려난 장면 총리의 민주정부를 다시 회복시키려고 일관된 노력을 보여주었다. 그러나 미군으로서는 주재국 대통령의 동의 없이는 쿠데타 세력에 압박을 가하는 단독행동을 할 수는 없는 일이었다. 다른 사건에서처럼 이 일에 미 CIA가 관여되었다는 많은 소문이 돌았으나 사실은 그렇지 않은 것으로 나중에 비밀이 제된 정보들은 간접적으로 이야기 하고 있었다.

박정희는 장도영을 전면에 내세워 미8군의 있을지도 모르는 견제를 피해갔다. 장도영이 미국에서 교육되어 미군에 잘 알려진 인물임을 이용했던 것이다. 박정희는 좀 어두운 경력을 가지고 있었다. 그 하나는 그의 만주 군 경력이다. 그는 1940년 군국일본의 괴뢰국이었던 만주국 군관학교에 입학했다. 예과 2년을 우수한 성적으로 마쳤기에 그는 일본 육사에 편입되어 본과 과정을 마치고 3개월간의 현장 근무를 거쳐 1944년 만주군 소위로 임관된다. 그의 만주군 경력은 제5군관구에서 시작되고 1945년 일본의 패망과 함께 동년 9월 2일 끝난다. 그 후 그는 고향에 돌아와 낙담한 채 1년여를 보낸다. 1946년 그는 한국 육군 사관학교에 입학하여 단기 6개월 과정을 마친 후 12월에 대위로 임관된다.[23)]

박정희는 1948년 여순반란사건에 연루되어 공산당과 협력했다는 혐의로 체포되고 기소되어 재판을 받은 후 형을 선고받았으나 협 집행 정지로 풀려나며 강제 예편되었다. 그 후 6.25동란이 발발하자 다시 군에 복귀한다. 복귀 시 계급은 소령이었다. 그 후 그는 전쟁 기간 중 빠르게

---

23) 저자는 박정희 소위가 일본군 관동군구에 근무한 것으로 이해하고 있으나 사실은 만주군 제5관구였기에 바로잡는다. 아마도 지역이 같은 만주이고 만주국이 일본의 괴뢰정부였다는 사실 때문에 관동군구 근무로 표현한 듯하다.

승진한다.

장면은 여러 해 동안 이승만의 독재적 통치에 항거해온 사람이다. 그는 진정한 민주주의 신봉자였다. 무엇보다 장면 정부는 한국인 모두에게 그 혜택이 돌아갈 것이 틀림없을 5개년 경제개발계획을 입안하고 있었다. 이 경제개발계획은 후에 박정희 정권에 의해 차용된다. 박정희는 5.16쿠데타 후 한국의 경제발전을 위해 사실상 거의 같은 내용의 경제개발 계획을 집행했다. 장면 정부는 1961년 일본과의 미래지향적 협약을 위해 일본과의 대화 재개를 시도했었다. 그 협약 안에는 한일 간 외교관계의 정상화를 위한 8가지 항목이 들어있었다. 그러나 이 정상화 대화는 5.16쿠데타로 인해 중단되고 장면 씨는 1년도 못되는 짧은 기간의 국무총리 직에서 물러나게 된다.

아버지는 매우 화가 나 계셨다. 그리고 특히 윤보선 대통령이 대통령으로서 당연히 수행해야할 국가와 헌법의 수호의무를 다하지 못하고 군사정권에 나라를 넘겨준 것에 대해 크게 실망하고 계셨다. 후에 윤 대통령은 피 흘리는 것을 예방하기 위해 그리 하였다고 하였지만 쿠데타를 분쇄할 수 있는 충분한 군사력이 당시 그의 명령을 기다리고 있었다. 쿠데타를 지지하지 않았던 1군 사령관 이한림 중장의 20개 사단이 전투대기 상태였다. 그가 국가를 대리하여 쿠데타 진압에 나섰더라면 이 쿠데타는 진압되었을 것이다. 예상했던 바이지만 이한림과 장도영은 그 후 모두 해직된다. 내가 1970년 한국에 잠시 돌아갔을 때 나는 일요일 예배 시 안동장로교회에서 윤보선 대통령을 볼 수 있었다. 아버지와 그는 같은 교회 교인이었다. 윤 대통령은 연약하고 늙어 보이는 매우 조용한 신사 분이었다. 군사 쿠데타를 분쇄하기 위한 과감한 결정을 할 수 있는 강단이 있는 그런 분은 아닌 것으로 보였다. 이런 저런 과정을 거쳐 박정희는 대한민국 제3공화국의 대통령이 된다. 그것은 1963년의 일이었다.

한 독재자가 가면 또 다른 독재자가 나타나는 것, 그것이 바로 근대 한국이 걸어온 길이었다. 그러면서도 끈질기게 민주화를 추구해온 국민들은 이들 독재자들과 싸워왔다. 새로운 경력을 쌓으려는 아버지의 의도는 또다시 군사정권에 의해 좌절되었다. 정권이 학교학사에 관여하여 수많은 총 학장들을 새로이 임명하였다. 박정희는 군인들에 의한 정권 찬탈에 항거하는 사회의 지도자급 인사들을 아주 조직적으로 제거해나갔다. 한 걸음 더 나아가 그는 교육 지도자들이 학생들과 접촉하는 기회 자체를 아예 없애 버렸다. 이들 교수들이 군사정권에 대한 항거를 주도하는 학생들에게 영향을 끼칠 것을 염려했기 때문이었다. 이화여자대학의 총장 김활란 박사나 연세대학교 총장 백낙준 박사 같은 지도급 인사들이 학교로부터 내 몰린 것이 바로 그것이었다. 아버지 역시 체신대학 학장직에서 물러나야 했다.

한국과 일본 간의 국교정상화는 1965년에 이루어졌다. 그 외교 교섭 과정 중에 있었던 일들을 기록한 대한민국 정부의 1,200쪽에 달하는 문서가 40년 만에 비밀 해제되어 2005년 일반에게 공개되었다. 그 문서에 의하면 일본 정부는 일제통치 시 희생된 민간인들에 대해서 개별적으로 본인들에게 직접 보상하겠다고 주장하였으나 한국정부는 개별 희생자들에 대한 보상은 한국정부가 맡아 개별처리 할 터이니 강제징용과 군대에 징집된 모든 민간인들의 보상액을 묶어 3억6천만 불을 국가 대 국가 배상액에 포함하여 지불하라고 주장하였다는 것이 밝혀졌다. 담판 과정에서 130만 명에 달하는 개별 피해자들에 대한 보상액수는 1인당 약 300불씩 총 3억불로 결말이 지워졌다. 개별 당사자들의 입장에서 보면 이 금액은 결국 별 보상이 없거나 아주 조금 보상된 것이었다. 박정희 정부는 이 금액을 사회간접자본의 건설, 예를 들면 경부고속도로, 소양강 댐 및 포항제철 건설 등에 사용했다. 결국 이 보상액은 나라 전체의 경제개발에 공여된 셈이 되었으니 개별 희생자들에게 제대로 보상이 이루어졌는지 의문을 남기게 되었다.24)

한편 뉴햄프셔에서의 나의 첫 학기가 종료되어 여름방학이 시작되었다. 나는 보스턴 지역에서 여름방학 동안 아르바이트 직을 구하기 위해 여러 곳에 편지를 보내 문의하였다. 나는 그들로부터 친절한 답장을 받았으나 모두 학생비자 소지자에게는 일을 줄 수 없다는 것뿐이었다. 하는 수 없어 나는 보스턴 시에 가서 보스턴글로브사의 구직난 광고를 샅샅이 살펴가며 여러 기관의 인사과를 찾아 인터뷰를 요청하곤 하였다. 나의 이러한 구직 노력은 여름철만의 계절직은 없다는 이유로 연속적으로 거부되었다. 계절직이 안 된다면 아예 정규직을 구하자라고 생각한 나는 석사과정을 마치기 위해 대학교로 돌아가야 했지만 일단 임시로 정규직을 구하자고 마음먹었다. 나는 하버드대학병원을 찾아가 화학임상실험실 담당책임자와 인터뷰를 하였다. 그는 젊은 병리학자였다. 그에게 나는 실험실 기술요원직을 구한다고 말했다. 그는 나에게 몇 가지 화학치료에 대한 질문을 하고 다음 학기에 학교로 돌아가겠는지 물었다. 내가 아니라고 답하자 즉석에서 나는 고용되었다. 그는 나의 비자 상황에 대해 묻지 않았고 병원인사과 역시 같은 것을 묻지 않았기에 나는 압박에서 해방되었다. 나는 보스턴 시내에서 여러 여인들이 모여 사는 마치 학교기숙사 같은 숙소를 발견했다. 침실은 각기 독립되어있었

24) 대 민간인 보상은 정부에 의해 원화보상으로 이루어졌다. 정부가 경제개발용으로 사용한 분은 결국 외화 형태였다.

으나 주방과 화장실은 공용이었다. 여름 기간만이기에 그 장소는 그런대로 있을 만했다. 결국 나는 나의 연구 분야와 관련이 있는 직종에서 한 단계 나아간 일을 하며 여름을 보낼 수 있게 되었다. 냄새나는 통조림공장 아르바이트도 아니고, 급여도 더 좋은 데다 새로운 것도 배울 수 있으니 그야말로 꿩 먹고 알 먹는 격이었다. 나는 그곳에서 처음으로 자동화된 혈액분석기를 보았는데 그 기계는 뉴욕 테리타운에 있는 Technicon이라는 회사, Big T의 제품이었다. 당시만 해도 나는 내가 그로부터 몇 년 후부터 내 일생의 많은 시간을 그 회사에서 근무하며 더 정밀한 혈액분석기를 만드는 일에 종사하게 될 줄은 몰랐다. 당시까지만 해도 실험실에서 이루어지는 대부분의 화학적 방법에 의한 혈액분석은 하나같이 손으로 이루어졌다. 대부분 양을 재는 기구로 양쪽 끝이 터져 있는 유리관인 피펫, 역시 유리로 된 용기인 프라스크, 액체의 흐름을 재는 작은 유리관인 뷰렛, 여러 시험관들, 빛의 양을 재는 광도계(flame photometers), 색을 재는 색체계(colorimeters) 등이 사용되었는데 이런 기구들은 후일에 다파장분석기(multi-wavelength spectrophotometers)나 흐름세포측정기(flowcytometers) 등으로 대체된다.

그해 여름에 나는 하버드나 MIT에 유학 온 한국 학생들로부터 초청을 받아 보스턴공원에서 열린 소풍행사에 참가하였다. 그곳에서 오랜만에 해방감을 맛보며 마음 편하게 오후 한때를 보냈다. 우리들은 그해 여름 기간 동안 더 많은 모임과 사회활동들을 했다. 방학기간이었기에 모든 유학생들은 학업걱정 없이 긴장을 풀고 여름을 즐겼다. 9월이 되었다. 나는 하버드대학병원을 사직하고 학교로 돌아왔다. 그리곤 수업과 연구 과제 등을 전부 완수하며 드디어 나의 첫 번째 생화학분야 석사학위를 받게 되었다.

당시 나는 당면 문제를 해결하기 위한 계획, 거기에 더하여 가깝고 먼 미래에 대한 보다 장기적이고 구체적인 계획을 세워야 했다. 당면 문제로 나는 장학금으로 주어지는 적은 액수보다 더 많은 돈이 필요함을 느끼고 있었다. 자동차나 주거용 아파트 얘기가 아니다. 당시 나의 현실은 체면을 지켜줄 옷조차 다 낡아 입을 것이 없는 형편이었다. 나는 전에 언급한 여행 시 보았던 다양한 문화 활동들이 있고 온갖 편의시설들이 가득했던 뉴욕시에 있던 에너지 넘치는 뉴욕대학교를 생각해 내였다. 그래서 나는 직업을 구하기 위해 뉴욕으로 많은 편지를 보내게 된다. 그러던 중 나는 한 연구실 책임자였던 솔로몬 박사를 알게 되었는데 그와의 인터뷰에서 한 제안을 받게 된다. 즉, 내가 바쁜 그의 연구실 운영을 대신 책임져주면 그가 나의 영주권 비자를 받는데 후원을 해 주겠다는 제안이었다. 그는 너무 바빠 연구실에서 일어나는 모든 일상의 일에 일일이 관여할 수가 없는 사정이었던 것이다. 그는 나를 위해 과학자와 기술자들을 대상으로 한 영주권 신청에 필요한 서식을 구해 필요 사항을 기입하고 이를 미국연방정부의 이민국에 제출했다. 그 결과가 나오는데 7년이나 걸릴 것이라는 것을 당시에는 생각도 하지 못했다.

한편 나는 Ph.D.학위를 희망해서 맨해튼의 콜롬비아대학교의 야간 과정에 출석하고 있었다. 그러나 학교에서는 부분적으로 출석하는 과정으로는 학위를 받을 수 없다며 전체과정에 참여할 것을 요구했다. 그렇지만 나는 당시 경제형편 상, 내가 지금껏 해온 형태의 생활을 계속할 수밖에 없었다. 일상생활에 필요한 것들을 구하며 살아가려면 돈이 필요했던 것이다. 그 대신 나는 지난 세월 나의 엄혹한 성장과정에서 잊고 살았던 문화적 요소, 음악, 발레, 그림 등과 관련된 소양을 뉴욕의 첨단 선진문화활동에서 습득하기로 마음먹었다. 브로드웨이 쇼, 미술관, 그리고 여러 다른 기관들에서 행해지는 문화이벤트들이 나의 교육현장이었다. 한국에서 성장할 시 전쟁 등으로 인해 문화적 요소들에 가까이 갈 수 없었기에 이 분야는 다른 사람들에 비해 내가 가장 뒤쳐지는 분야였다. 식구 많은 한 가정이 집을 잃는 등 생각지도 않던 재앙을 만났을 때 그 재앙상태에서 경제적으로 회복하는데 많은 시간이 소요되는 것은 불문가지다. 불행하게도 많은 한국의 가정들이 그런 상황에 처해졌다.

제3공화국 시절의 고국 방문

(1968-1969)

제3공화국 시절의 고국 방문
(1968-1969)

영주권 발급을 기다리는 기간 동안 미국을 떠 날 수가 없었기에 부모님과 형제들을 못 본 지 여러 해가 되었다. 그래서 나는 2년전 미국에 와서 부룩클린 공과대학(Brooklyn Institute of Technology)에 재학 중인 내 동생 준을 홀로 남겨놓고 잠시 한국을 방문하기로 하였다. 한국이 얼마나 변했는지 나는 무척이나 궁금했다.

그때 한국은 제3공화국 헌법 하의 박정희정부 시절이었다. 박정희는 1961년 5월 16일 군사쿠데타에 의해 제2공화국을 무너뜨리고 집권하였다. 집권 후 그는 1961년 6월 19일 중앙정보부를 설립하여 국내외의 반쿠데타세력과 잠재적 위협이 되는 요소들을 압박하며 반정부적 활동을 미연에 방지했다. 한국의 중앙정보부는 정보부장 김종필 밑에서 계속 세력을 키워 경제와 외교 업무에도 관여하게 되었다. 김종필은 박정희와는 사촌 간이었고 그들은 쿠데타를 최초 계획한 동지였다. 쿠데타 직후에는 정권의 정통성을 유지하기 위해 윤보선 대통령으로 하여금 대통령직을 수행하도록 하였으나 윤 대통령이 1962년 3월 스스로 사직하고 자리를 떠나자 박정희는 군인 신분을 유지한 채 국가재건 최고회의 의장으로 명실상부한 국가최고권력자가 되었다. 민간정부를 회복하라는 미국 케네디정부의 압력이 계속되자 박정희는 1962년 헌법을 개정하여 대통령중심제로 정부체제를 바꾼 후 대통령에 출마하여 1963년 15만 표라는 근소한 차이로 윤보선 후보를 이기고 당선된다. 박정희는 새로이 창당한 민주공화당 후보였고 윤보선은 민정당 후보였다. 정부를 장악한 박정희가 1967년 또다시 선거에서 이기는 것은 별로 어려운 일이 아니었다. 이때에도 그는 윤보선을 패퇴시킨다. 그가 대통령이던 시절 20개 사단이라는 대규모 병력이 그의 명을 기다리고 있었을 때는 피 흘리지 않겠다고 쿠데타를 사실상 인정한 후 사후에 새삼스럽게 대통령 후보로 출마하는 수고를 두 번씩이나 하였다는 사실은 무언가 앞뒤가 맞지 않는 면이 있었다.

내가 탄 비행기가 한반도에 접근하였을 때는 황혼 무렵이었다. 나는 아래에 펼쳐지는 고국산천을 내려다보았다. 그곳에는 내가 기억하는 초가지붕 대신 푸른 지붕들이 보였는데 전통적으로 내려오던 초가지붕이 푸른 색 기와로 대체된 듯했다. 김포공항에서 나는 외국에서 들어오는 모든 승객들을 세밀히 살피는 중앙정보부 요원을 대하게 된다. 그는 나에게 이것저것 물으며 실제 필요한 시간보다 더 길었을 시간 동안 나를 붙들고 있었다. 나는 솔직히 그가 무엇을 나에게서 찾아내려 하는지 알 수 없었다. 그때는 몰랐으나 중앙정보부 요원은 심문권한은 물론 체포권한도 있었으며 반정부적 행위가 의심되는 기미가 있으면 감금할 수도 있는 권한이 있음을 나중에 알았다.

내가 귀국한 1968년은 박정희가 제3공화국을 통치해온지 7년이 되는 해였다. 그는 수출에 기반을 둔 산업화에 집중함으로 한국경제의 발전을 이룩하고 그 공적을 인정받고 있었다. 1961년 그가 쿠데타로 집권하였을 때 한국의 1인당 GDP는 $72불에 불과했다. 그런 반면 북한은 전쟁의 참화에서 회복하여 상당한 경제력과 국방력을 이루어놓고 있었다. 이것은 주로 일제강점기 통치시의 산업구조로 인한 것인데 북한 지역이 남쪽보다 산업화되어있었기 때문이다. 북한 또한 소련이나 다른 공산국가들, 예를 들면 동독이나 폴란드 같은 나라에서 대규모 경제지원, 기술지원 등을 받았다. 박정희의 지도력 밑에서 놀라운 경제성장이 이루어지고 가계의 평균 생활수준도 눈에 띄게 좋아졌다. 그런 중에도 그의 한일관계 정상화라는 외교정책은 국민들로부터 극도로 인기가 없어 이로 인해 국가전체가 불안정한 상태에 있었다. 일제강점기 하 35년간의 포악한 식민통치의 기억이 아직 국민들의 머릿속에 살아 있었던 것이다.

일본이 태평양 전쟁의 참화에서 짧은 기간 내에 경제를 회복한 것은 한국 전쟁 때문이라는 것이 일반적인 인식이다. 한국전쟁, 즉 6.25동란 당시 일본은 엄청난 양의 전쟁물자를 생산하여 한국과 일본주둔 미군에게 팔았다. 한일관계정상화로 일본의 보상자금 이외에 일본의 투자자금도 제약 없이 들어올 수 있게 되었다. 많은 한국인들은 이 보상자금과 차관 액수가 그들의 35년간의 고통에 비해 너무 적다고 비판을 하고 있었지만, 이 자금과 미국의 원조자금은 분명 황폐화된 한국의 산업자본을 다시 일으키는 역할을 하고 있었다.

당시 북한의 경제규모는 남한보다 더 크고 약동적이어서 박정희 정부의 선택의 여지는 좁았고 국교정상화협의에 있어서도 일본으로부터 사과와 경제지원을 더 많이 만족스럽게 받을 수 있도록 압박하며, 버티기에는 마음이 급했던 것은 사실일 것이다. 오늘날에도 이 문제는 여전히 한일 관계에서 역병처럼 운위 되고 있다. 박정희 정권은 6.25동란 시절로 돌아간 듯 국가 비상사태를 선포하고 개인의 자유를 크게 제약하였다. 헌법상의 표현과 출판의 자유는 자주 제약되었고 중앙정보부는 체포와 구금과 관련하여 광범위한 권한을 가지고 있었다. 정치적 반대 세력에게는 멋대로 구금과 고문이 행해졌다. 선거제도 역시 집권당인 민주공화당에 이롭게 고착되어있어 국회의 구성은 여당이 쉽사리 다수당이 되도록 설계되어 있었다.

나는 어머니로부터 집권당인 민주공화당과 관련하여 매우 흥미로운 일화를 들었다. 민주공화당은 대학생들을 청년당원으로 모집하기 위해 노력 중이었는데 이를 위해 학교캠퍼스를 돌며 학생들로 하여금 당에 가입하도록 권유하고 있다는 것이었다. 당시 서울대학교 법과대학에 재학 중이던 내 동생 '수'가 집에 와서 말하기를 그가 막 민주공화당에 입당하였다고 했다는 것이다. 아버지는 가족 중 어느 누구에게도 정당에 가입하는 것을 반대하셨다. 조선시대 정쟁의 결과 권력을 잃은 편 사람들의 가족들에게까지 미친 참혹한 복수극을 잘 알고 있었기에 아주 엄격히 가족들의 정계진출을 금하셨던 것이다. 아버지는 '수'의 행동에 대단히 분노하셨고 '수'는 바로 다음날 그 가입을 취소하였다.

항상 그렇지만 반대당은 정권으로부터 여러 형태의 압제를 받는다. 1967년 선거에서 박정희는 윤보선에게 근소한 차이로 이겨 당선되었다. 1962년에 개정된 헌법은 대통령의 연임을 두 번으로 제한하고 있었다. 당시는 박정희의 두 번째 연임기간이었다. 독재자는 절대로 권좌에서 스스로 물러가지 않는 것이니, 2연임 기간이 끝나면 그가 어떻게 할지 지켜보는 것은 흥미 있는 일이 될 것이었다.

대통령직에 있는 동안 박정희는 북한의 증가하는 위협으로부터 근원적으로 벗어나기 위해 대량살상무기를 갖게 되기를 희망했다. 한국을 방어하겠다는 미국의 의지가 점차 불신을 사며 박정희의 이 희망은 주변의 지원을 받게 된다. 이 일은 언론에 널리 공개되지는 않았다. 1974

년 말경 박정희는 핵개발을 위한 기술개발계획을 승인한다. 박정희는 그 동안 미국의 요청에 의해 월남파병 등 협조를 하였으나 미국이 한국 방어를 포기할지도 모른다는 의심을 가지고 있었다. 북한의 압박은 어느 때보다 심하게 이루어지고 있었다. 1968년 1월 일군의 북한특공대가 휴전선을 넘어 청와대공격을 시도하였고 그 사흘 후에는 미해군 프에블로함이 북한에 의해 동해상에서 나포되는 일이 발생했다. 이 두 사건은 한반도에 공포 분위기를 조성하기에 충분했다. 거기에 더하여 1974년부터 1975년 사이에 북한이 판 남침용 땅굴들이 휴전선의 지하에서 연이어 발견된다. 1974년 북한을 추종하는 암살자가 박정희 대통령을 살해하려 권총을 발사하였으나 그 총알이 영부인 육영수 여사를 타격하여 영부인이 사망하는 사건이 또한 발생한다. 이런 상황 아래서 박 대통령의 적에 대한 증오심은 분명 더욱 끓어올랐을 것이다.

한국의 미국에 대한 신뢰는 점점 흔들려갔다. 1977년 1월 26일 새로이 당선된 지미 카터 미 대통령이 한국에 주둔 중이던 미 제2사단과 배치되었던 핵무기의 철수를 명령하였을 때 더한층 그 불신은 깊어졌다. 1976년 1월 박정희 대통령은 프랑스와 벌이던 핵물질처리기술 도입을 위한 회담을 포기하여야 했다. 그 후 1976년 12월에 이르러서는 미국의 계속된 압력에 굴복하여 궁극적으로 핵개발프로그램을 중단할 수밖에 없었다. 오늘날 북한은 남한을 자기들이 개발한 향상된 핵무기로 위협하고 있다. 한국인들은 미국이 한국방어용 주둔군을 철수해가면서 다른 한편 외부로부터의 침략에는 한국 스스로 방어할 수 있어야 한다는 그들의 논리에 의아함을 느끼고 있다. 핵무기로 위협하는 북한과의 형평을 기하기 위해서는 남한도 핵무장을 하여야 함이 당연하고 이는 마치 러시아의 핵무기에 대항하여 미국이 핵무기를 유지하는 것과 같은 것이다. 이 이론을 정당화하는 것이 바로 적대하는 두 강대국 간의 대량살상무기의 균형을 맞추어 다 같이 망한다는 전략이론, MAD 이론이다. 그리 되면 지구는 머지않아 생명이 없는 소행성처럼 될 것이라는 이론인데 그리 되는 것을 나는 믿지 않지만, 핵무기를 개발하는 것은 한국이 해야 할 일이라고 생각한다.

나는 또한 묻는다. 미국은 북한의 핵무기개발을 사실상 방관하고 있는 중국과 러시아의 술책에 대하여 왜 진지하게 문제를 제기하지 않는가? 한반도에서 힘의 균형이란 어디에 있는 것인가? 미국이 북한을 상대로 이런 저런 제약을 가하는 등 조바심 치고 있는 속에서 북한은 오불관언 계속 핵무기와 미사일의 능력을 키워가며 한국과 미국을 위협하고 있는 것이 현실이다. 이를 보며 중국과 러시아는 속으로 즐기고 있는지도 모른다. 두 번째 한국전쟁은 아마도 미국이 북한을 일정 제약 속에 가두어놓을 수 없다는 미국의 한계를 북한이 알아채는 순간 일어날 것이다. 이것이 바로 북한이 사실상 지금까지 견지해온 전략 전술로 보인다. 미국의 한계를 알아차리는 순간 미국 서부의 항구도시, 시애틀에서 몇 km 떨어지지 않은 곳에 시험 삼아 미사일 한 방울 떨어트릴 수 있을 것이며 북한은 그럴 준비가 되어있다. 현재 미국이 이란의 핵무장화에 끝없이 신경 쓰고 있지만 사실 더 큰 핵 재앙은 임박한 제2차 한국전쟁일 것이다.

나는 마침내 공항 밖으로 나올 수 있었다. 자유로움이 느껴지며 행복감이 몰려왔다. 나는 전세 버스를 대절해서 온 많은 사람들의 환영을 받았다. 그들 대부분은 부모님이 다니는 서울의 안동교회 교인들이었다. 한국인들의 대다수는 기독교인이 되어있는 것처럼 보였다. 물론 많은 불교신자도 있고 또 다른 교인들도 있겠지만 그날은 그렇게 보였다. 이

제 확연히 연세가 들어 보이는 양친을 보는 것은 감성을 자극하는 일이었다. 지난 10년 가까운 세월 동안 동생들은 훌쩍 자라 있었다. 바로 밑 여동생 '옥'은 이화여자대학교를 졸업하고 사업가와 결혼한 상태였고 남동생 '수'는 서울대학교 법과대학에 재학 중이었고, 또 다른 남동생, '철'은 고려대학교 역사학과에 재학 중이었다. 나는 이토록 많은 부모님의 친구 분들이 지난 세월 한 번도 본 적이 없는 나, 한 젊은 여인의 입국을 환영하러 공항까지 나와 주신 것에 감격했다.

이번 여행은 짧은 기간이 될 것이라고 생각하고 왔었다. 그러나 미혼 상태로 다시 미국으로 돌아가게 할 수 없다고 결심하신 어머니는 귀국한 김에 결혼까지 하고 가야 한다며 열화같이 나의 미국행에 반대를 하셨다. 그러면서 친지들이 소개해주는 좋은 남편감을 만나보아야 한다고 강권하셨다. 나는 이미 오래전에 독신으로 살 것을 결심하였었다. 그런 나에게 중매에 의한 결혼까지 얘기하시니 나로서는 심각할 수밖에 없었다. 그러나 어머니는 포기하지 않으셨다. 그래서 나는 빨리 서둘러 생길 수도 있는 큰 잘못은 최소한 피해야 되겠다고 생각했다. 결국 시간이라도 벌자는 생각에 한국에서 직업을 구하기로 하였다. 나는 몇 군데와 인터뷰를 한 끝에 동아제약 강신호 박사의 제의를 받아들이기로 하였다. 그는 독일에서 박사학위를 받은 분이었다. 당시 동아제약은 자기들 제품 이외에 미국의 스퀴브(Squibb)제약사와 계약을 하고 그들의 제품을 생산 및 판매하고 있었다. 그곳에서 나는 많은 젊고 친절하며 명석한 두뇌의 직원들을 만날 수 있었는데 그들은 서울지역의 일류대학에서 약학을 전공한 이들이었다. 그들 중 일부는 6.25동란의 희생자가족들이었다. 한 여자 직원은 아버지가 북한으로 납치되어 소식이 없고 또 다른 이는 폭격으로 아버지가 죽었다고 했다. 또 다른 한 직원은 서울대

▲ 동아제약 R & D 팀. 1)강신호 박사 2) R & D 팀장 3)저자

학교를 졸업했는데 폭력이 난무했던 제주도 출신이었다. 그들 중 어느 누구도 정치적으로 영향력이 있거나 잘 지내는 군인가족은 없었다. 동아제약은 위에서 말한 스퀴브제약사 제품 말고도 일본의 한 제약사의 제품인 항생제 카나마이신을 생산하고 있었다.

그 외에도 회사는 자신들의 백신을 만들어내기 위해 연구 중이었다. 그들은 시험용 원숭이들을 수입해서 관리하고 있었는데 하루는 이 원숭이 중 하나가 탈출을 해서 온 동네를 휘젓고 다니는 사건이 발생했다. 이 녀석을 잡아오느라고 너무 힘들어 종국에는 경찰의 힘을 빌려야 했다. 때는 추운 겨울철이라 이 원숭이 녀석은 아마 자유를 즐기지 못했을 것이다. 직원들은 모두 참으로 열심히 헌신적으로 일했다. 경영진들은 몸을 낮추고 현장에서 직원들과 좋은 관계를 유지하고 있었다. 그곳에는 뒤에서 검은 정치를 하는 그런 무리는 없었다. 정치권력이나 군대의 무력과는 무관한 이들 젊고 지적인 사람들과 같이 일하게 된 것이

나는 기뻤다. 나의 한국에 대한 부정적인 인상은 아마도 정치적으로 혼란스러웠던 무법의 시대에 은연중 나에게 심어진 것일 수도 있다. 아니면 나의 가족이 특별히 그러한 부정적 상황 속에 던져진 것인지도 모르겠다.

한국의 경제사정은 내가 약 8년 전 도미할 때에 비해 비약적으로 향상되어 있었다. 그러나 독재상태가 계속되는 정치적환경이 마음에 들지 않아 나는 일 년 이상 머물고 싶지 않았다. 한 가지 내가 집에 머무는 동안 행복했던 것은 부모님과 같이 지낼 수 있었다는 것과 나의 급료 전액을 형제들의 비싼 학비를 위해 공여할 수 있었다는 것이다. 막내 동생 미미는 아직 유치원생이었다. 위에서 얘기한 것처럼 아버지는 윤보선과 장면의 제2공화국이 출발하면서 서울로 올라오셨다. 이승만 정권 시 학생들의 봉기로 온통 흐트러진 학사질서를 바로잡아 달라는 요청에 응하셨던 것이다. 아버지는 체신부계통 학교 전체의 책임자로 부임하셨다. 그러나 5.16쿠데타 후 제2공화국이 무너지자 아버지도 이화여대 김활란 박사나 연세대 백낙준 총장들처럼 학장직을 사직하셨다. 이처럼 아버지에게는 평생 불운이 따랐다. 무언가 새로운 길에 들어서면 이내 정치적인 손들이 그의 노력을 반복적으로 물거품으로 만들었다. 그것이 어머니로 하여금 항상 집안의 재정운영에 어려움을 겪게 했다. 그런 상황 아래서도 동생들 전부를 대학까지 공부시킨 부모님을 재정적으로 도울 수 있었다는 것은 나에게는 큰 즐거움이었다. 이렇게 가족을 도우며 지낸 일 년이라는 시간은 내가 가족을 위해 할 수 있는 작은 봉사기간이었다. 내가 미국으로 돌아온 후에도 필요로 할 때에는 언제든 집에 재정적인 지원을 하곤 하였다.

어머니는 내가 한국에 머무는 동안 결혼해야 한다며 요지부동이셨다. 내가 이에 따르지 않으면 나의 미국행을 저지하실 태세였다. 나는 결국 이에 순종하여 부모님이나 친지들이 소개하는 미래의 남편감들을 만나보기 시작했다. 우리 모두는 짧은 기간 내에 중매에 의해 짝을 찾는 것이 얼마나 어려운 일인가 잘 알고 있다. 나는 오직 부모님을 기쁘게 해드리려고 중매에 응하고 있었다. 나의 하나의 조건은 결혼 후 미국에 거주할 수 있는 사람이어야 한다는 것이었다. 지금도 그 이유는 모르고 있으나 당시로서는 미국이 왠지 내가 있어야할 곳 같았기 때문이었다. 미국은 내가 자유롭게 살며 나의 경력을 발전시킬 수 있는 곳이었다. 그곳은 민주주의가 꽃피고 있었고 개인의 권리보호는 한국보다 한참 멀리 와있었다. 내가 미국에서 본 아름다운 대학을 세울 정도로 한국이 따라오려면 시간이 얼마나 소요될지 까마득하기만 했다. 여성과학자에게 기회는 한국에서보다 미국이 더 많이 있었다. 아마도 그 공포스러웠던 나의 한국에서의 어린 시절 기억이 나의 정신세계에 깊이 각인되어 있었는지도 모르겠다. 더구나 나는 나의 공부를 아직 마치지 못한 상태였다. 그래서 나는 나의 최종목표를 달성하기 위해 미국으로 돌아가야만 했다.

마침내 나는 아버지가 재직하시던 대학의 어느 교수를 만나게 되었다. 그는 문화교류프로그램으로 위스콘신대학에 유학할 계획으로 있었다. 그가 받은 장학금은 1년간 유효한 것이었으나 원하면 재연장이 가능한 조건이었다. 나는 그 정도면 출발이 좋다고 생각했다. 그래서 우리는 형식적이지만 한 달간 데이트를 했다. 그 데이트는 미국 기준으로는 아주 형식적인 것이었지만 그는 매우 지적이며 품위도 갖춘 그런대로 잘 생긴 외관의 인물이었다. 어머니를 가장 만족시킨 요소는 그가 명문

▲ 1968-1969 기간 중 한국체류 시 촬영된 아버지 생신기념 가족모임 사진, 중앙에 앉아계신 분이 아버지, 그 옆 왼편 좌석에 어머니와 손자(옥의 아들), 아버지 뒤 서 있는 부부가 옥과 옥의 남편, 그 왼편에 저자, 그 옆이 역자인 '수', 그 옆이 막내 남동생 '휘', 아버지 우편 서있는 이는 남동생 '철', 앉아있는 여자 아이는 막내 여동생 '미'양 옆 착석중인 분들은 어머니 여동생들과 그 남편들

양반 가문 출신이라는 점이었다. 나는 한 번도 명문 가문 출신에게 가점을 준 적이 없었다. 그들은 열심히 일해서 명성을 얻은 것이 아니고 가문의 핏줄에 의해 물려받은 무엇이었기 때문이었다. 그러나 어머니의 관점은 달랐다. 그들은 어렸을 때부터 잘 교육받아 어른을 공경할 줄 알고 사회적으로도 좋은 관계를 유지할 수 있다는 주장이셨다. 그리고 그들은 통상 좋은 학교에서 잘 교육받는다. 마침내 우리는 결혼을 하기로 하고 결 반지를 사기위해 큰 백화점에 가게 되었다.

나는 동아제약에 사표를 제출하였다. 내가 겨우 1년 근무하고 떠나게 되었음에도 강 박사는 따스하게 그 결과를 받아들였다. 그 1년 동안 그는 나에게 여러 종류의 특혜를 베풀었다. 그는 나의 결혼식에 참석해서 축하해주었다. 같이 근무했던 다른 동료들도 많이 왔다. 결혼식은 성대했다. 부모님은 500명이 넘는 축하객을 초대했다. 아버지가 많은 분들과 친교를 가지고 계셨고, 어머니 역시 교회에서 인기가 많았기 때문이다. 교인들도 많이 오셨다. 식후 우리 부부는 첫날밤을 우이동의 기독교계통 숙소에서 보냈다. 우리는 그 다음날 미국 콜로라도주의 볼더(Boulder)로 떠나야하는 일정이었다. 볼더는 남편이 여름 한 학기를 보내게 되어있는 곳이었다. 우리가 침실에 들 때쯤 남편의 대학교 교수동료들이 찾아왔다. 그들은 포도주와 기타 강한 술들을 들고 와서는 다음날 미국으로 출국하기 전에 우리를 전송하고 싶다고 했다. 그들은 술을 마시고 밤늦도록 얘기들을 나누었다. 나는 그들이 어떻게 이 장소를 알았는지 의아했고, 또 왜 그 침탈행위가 첫날밤을 맞은 신혼부부에게 의해 환영 받을 것으로 그들이 기대했는지 도무지 이해가 가지 않았다. 그러나 그들은 그렇게 했다. 이렇게 첫 날밤은 지나갔다. 오래 지속 가능할 결혼관계에 불길함이 서린 것이었다.

미국 위스콘신주에서의 삶

미국 위스콘신주에서의 삶

1969년 가을, 결혼식 다음 날 많은 수의 양가의 가족들과 친지들이 김포공항까지 나와 우리를 전송하였다. 나는 나의 어머니에게 두 번째 이별을 고하고 비행기에 올라 콜로라도주 덴버시로 향했다. 비행기에서 지상을 내려다보며 신랑은 끊임없이 감탄사를 연발했다. "얼마나 축복받은 나라인가! 땅덩이는 크고 아름다운 산들과 계곡, 그리고 광활한 농장들이라니!" 어느 누구든, 그들이 세계의 어느 대륙 출신이든 미국에 처음 오며 하늘에서 밑을 내려다보면 똑 같은 감흥을 느꼈을 것이다. 막상 미국에 사는 사람들은 자기들이 행운 속에 살고 있다는 것을 모르고 있지만 미국은 그 위치와 지질적 상황, 풍부한 지하자원 등 많은 면에서 정말로 축복받은 나라다. 우리 부부의 목적지인 콜로라도대학교가 있는 볼더는 덴버의 북서쪽 40km에 위치한 해발 1800m 고원지대였다. 덴버공항에 도착한 우리는 볼더 행 셔틀버스를 탔다. 볼더계곡은 로키산맥이 대평원을 맞는 그 지점이었다. 볼더는 숨이 막힐 정도로 아름다운 곳이었다. 대학교에서 교환교수에게 제공하는 집 역시 아주 지내기 좋았다. 식당에서 점심용으로 제공하는 음식들은 여러 육류와 신선한 과일, 그리고 채소들로 그야말로 풍요로웠다. 점심을 그렇게 잘 먹고 나면 사람들은 낮잠을 즐기는 것이었다. 이 낮잠 시간에는 학사 일정이 없었다. 그야말로 모두가 잠든 공간이었다. 당시는 몰랐지만 이 학교는 6명의 노벨상 수상자를 배출하고 7명의 맥아더의 동료(장군)들과 17명의 우주인들이 학생 또는 연구 인력이나 교수로 재학했거나 재직했던 곳이었다.

볼더에서 여름을 별 스트레스 없이 낮잠을 즐겨가며 보내는 것은 편안하면서도 즐거운 일이었다. 아직 본격적인 학기가 시작되기 전 코스 안내 정도가 이루어지고 있던 때이기에 신랑에게는 별 부담이 없었던 듯하다. 미국을 처음으로 온 그는 그 새로운 환경을 즐기는 듯했다. 하루는 미국의 다른 주에서 온 여름 학기 참가자가 경관 좋은 로키산맥 국립공원까지 드라이브하지 않겠냐 하여 우리는 그와 합류하여 관광에 나섰다. 오! 이 장엄함이여! 북쪽 공원과 남쪽 공원 사이에 중간 공원이라 불리는 지대가 있었다. 그곳은 U자 형으로 드넓은 평평한 계곡이 이를 둘러싸고 있는 거대한 연봉들 사이에 들어앉아 고원지대의 심장이 되어있었다. 이 고원지대에 속한 넓은 계곡은 그 나무 하나 없이 탁 트인 광활한 모습으로 인해 남부로키의 가장 특출한 존재인데 콜로라도 고원목장지대의 심장으로 일컬어지고 있었다. 농업경제에 특화되어있던 나의 신랑은 놀라 말을 잃었다. 수천의 육우와 젖소들이 그 넓은 계곡 지대에서 무심하게 몰려다니는 모습에서 작은 땅덩어리 한국에서의 소규모 목장과 장대한 미국의 목장산업이 비교되며 할 말을 잃었던 것이다. 더 놀라운 것은 우리가 운전해가며 고원지대로 올라갈 때 나타난 또 다른 넓은 계곡과 그곳에 있는 마을들이었다. 그들은 마치 우주목장에 만들어 흩어놓은 케이크 같았다. 우리는 하루 종일 운전해갔다. 나는 지금도 정적이 감돌던 초원지대, 수많은 산봉우리들이 만드는 스카이라인 사이로 넘어가던 석양빛을 잊지 못하고 있다. 그것은 콜로라도주가

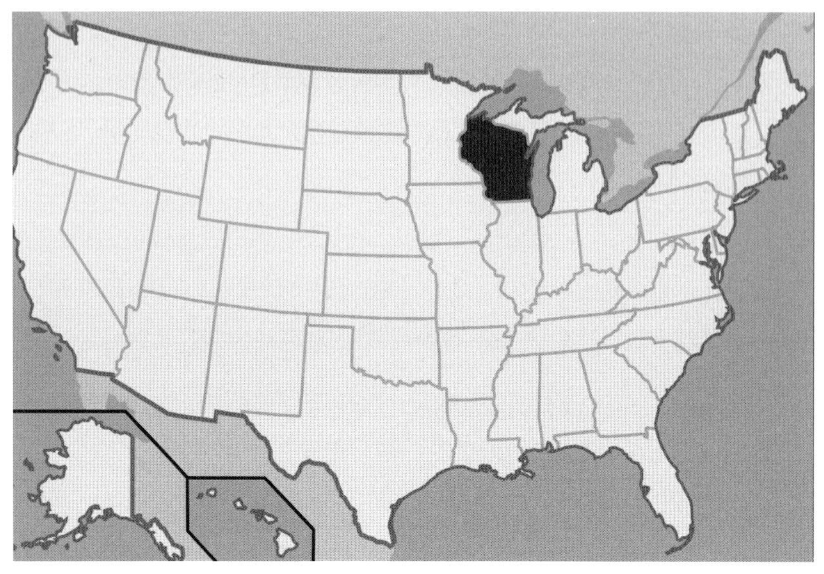

▲ 위쪽 까만 부분이 미국 위스콘신주다.

그날 여행에서 나에게 선물한 아름다운 추억 중 하나였다.

우리는 교환 교수 프로그램이 제공하는 편안한 숙소에서 맑고 깨끗한 공기를 즐기며 여름을 보내고 있었다. 나는 대학도서관에서 빌려온 인류를 위해 공헌한 위인들의 자서전을 보며 한가한 시간을 보내고 있었다. 그러나 나는 언제까지나 그런 한가한 시간을 보내고 있을 수는 없었다. 오랜 동안 휴식 없는 인격체를 만들어왔던 까닭에 나는 항상 무엇인가 건설적이고 보다 어렵고 더욱 스스로를 발전시킬 수 있는 무엇인가를 무엇이 될지는 모르나 나의 미래를 위해 해야만 했다. 그래서 나는 열흘 이상의 휴식 시간을 가져본 적이 없었다. 나는 학교 내에서 할 수 있는 일을 찾았다. 그러나 아무것도 주어지지 않았다. 신랑이 이 프로그램에서 받는 월수입으로는 학교기숙사에서 생활하기에는 충분했으나 보다 편하고 넓은 아파트를 구하는 데에는 부족했다.

볼더에서 한 달을 지난 후 나는 여름프로그램을 마치도록 신랑을 현지에 남겨두고 뉴욕으로 날아갔다. 내 동생 '준'은 스티븐슨재단이 기숙사로 운영하던 2차 대전 참전군함에 기숙하고 있었다. 그 군함은 당시 허드슨 강 뉴욕시의 건너편에 정박해있었다. 케네디 공항까지 '준'이 출영을 나와 나를 태우고 뉴욕에 살고 있는 내 여자 친구 아파트까지 왔다. 나는 그곳에서 두 달을 지냈다. 나의 전 직장 상사인 솔로몬 박사가 나에게 내가 전에 일했던 실험실에서 여름 동안 같은 일을 해줄 것을 제안해왔다. 여름기간이라 많은 직원들이 휴가를 떠났기 때문이었다. 가을이 오자 신랑이 뉴욕으로 왔다. 이번에도 동생 '준'이 공항에 출영하여 우리를 태우고 위스콘신의 메디슨시까지 멀고 먼 길을 갔다. 내가 한국으로 귀국할 때 맡겨놓은 짐도 모두 찾아 차에 싣고 갔다. 이렇게 해서 신랑이 위스콘신대학교에서 그의 교환교수프로그램을 수료하는 기간 동안 편안한 신혼 생활이 시작되었다.

우리는 대학교 교정에 도착했다. 여러 자원봉사자들이 새로이 도착하는 사람들을 위해 숙소를 알아봐주고 있었다. 학교 근처의 살집을 찾던 우리는 가까운 곳에 있는 새 아파트를 한 채 발견했다. 신랑이 자신이 택한 과정의 장을 만나 등록을 하고 있는 사이 나는 취직할 곳을 찾았는데 이내 하나 발견하였다. 위스콘신주의 보건부에서 운영하는 연구실 소속 화학자 연구원 일이었다. 내가 할 일은 위스콘신 주민들의 혈액구조를 분석하는 일이었다. 그 연구실은 재정적으로 든든하게 뒷받침되고 있는 듯 매우 넓은 3개 층을 사용하고 있었으며 여러 부서가 있었다. 이곳에서 나는 핵물리학자 메리를 만나게 된다. 그녀와는 내가 위스콘신을 떠난 후에도 여러 해 친하게 지냈다. 그 연구실은 주 내의 이곳저곳에서 요청해오는 분석용 혈액견본의 수요에 즉응할 수 있도록 최신

기종인 다채널혈액분석기를 구매할 예산을 확보하고 있었다. 연구실의 책임자는 나를 그 혈액분석기 제조사인 뉴욕 테리타운에 있는 테크니콘(Technicon)사 현장에 파견하기로 결정하였다. 목적은 구매하려는 신형 혈액 분석기 SMA12/60의 운용 훈련 과정에 참가하는 것이었다. 나는 이내 그곳이 내가 1961년 여름 하버드대학교 의료원에서 일하던 시절 보았던 단채널자동혈액분석기 제조사와 같은 곳임을 알았다. 테크니콘이 운영하는 그 SMA12/60반은 수강자들로 붐비고 있어 강사가 부족하다고 느껴질 정도였다. 분명 그들이 출하한 신제품은 인기가 많아 많이 팔리고 있어 그 수요를 따라가지 못하고 있는 듯했다. 나는 속으로 모든 회사가 이처럼 일감 넘치는 상황을 만나면 얼마나 좋아할까 하고 생각했다.

테크니콘사는 아주 간단한 착상 하나에 입각해서 시작되었다. 많은 다른 발견들이 그런 것처럼 스케그스 박사(Dr. Leonard T. Skeggs)가 사고시 우연히 마주쳐 생각해낸 공기방울 형태의 기술이었다. 이 단순한 기술에 입각해 탄생한 그 기기는 세상에 나오자마자 대성공을 불러왔다. 당시 단채널이었던 기기는 같은 기술에 입각한 다채널분석기기로 발전해있었다. 간단히 설명하면 분석대상이 된 혈액견본들 상호간이 오염되지 않도록 연속적으로 흐르는 혈액 가운데에 공기방울을 주사하는 형태였다. 이곳에서 나는 발명의 힘을 알게 되었다. 그것이 아무리 간단한 착상에서 연유된 것이라 할지라도 생산성을 크게 향상시키며 기존의 기술을 차원 높게 올려놓을 수 있다는 것을 배운 것이다. 과학과 기술의 진보는 미국성공스토리의 핵심이었다. 이 미국적 성공에 비추어보면 우월한 군사력을 이용하여 다른 나라의 영토로 침략해 들어가 자신들의 영토를 넓힌 20세기 초반의 영국, 프랑스, 러시아, 그리고 일본 같은 이들의 노력은 지금은 다 헛된 꿈이 되어있고 또 그것은 어떤 면에서는 야만적인 행위로도 보인다.

위스콘신의 겨울은 혹독했다. 얼어붙은 도보는 겨우내 풀리지 않아 도보 위를 걷는 것은 언제나 위험했으니 운전은 말할 것도 없었다. 나는 무척이나 바빴다. 처리해야할 일은 항상 쌓여 있는 상황에서 나는 다른 사람들처럼 2진법으로 이루어지는 컴퓨터 언어를 학습해야 했다. Line-8를 비롯한 컴퓨터 프로그램 개념들은 컴퓨터 시대의 시작을 선도하고 있었고 연구실들은 그 추세에 맞추어 모든 자료들을 컴퓨터 정보화하기 위해 노력하고 있었다. 다른 얘기도 좀 하자면 나는 이 위스콘신 주의 보건부에서 만난 많은 사람들, 특히 연구실장이었던 론 레스그 박사(Dr. Ron Ressieg)와 보건부장관 프라이 박사(Dr. Price)들의 친절을 지금껏 소중히 간직하고 있다. 프라이 박사는 오스트리아 출신으로 깊고 푸른 눈을 가지고 있었는데 참 친절한 품성의 소유자였다. 1년 후 내가 사직했을 때 그는 자기 집에서 커다란 환송파티를 열어주었다. 보건부에 속한 대부분의 인력은 위스콘신대학교 출신이었는데 그들 대부분은 평생을 통해 한 번도 위스콘신 밖으로 나가 본 적이 없는 사람들이었다. 캘리포니아와는 달리 이곳에서는 아시아인들을 보기가 어려웠는데 아시아계 이름에 익숙하지 않은 이곳 사람들은 이상한 이름의 편지가 오면 으레 나에게 가지고 오곤 했다.

그러나 향기에는 파리가 끼기 마련이었다. 신랑은 학교생활은 물론 미국생활에 적응하지 못하고 숫한 작은 일에 불평하곤 하였다. 1970년이 끝나갈 무렵 주에서 주최하는 파티에 부부동반으로 참석한 일이 있었다. 매우 춥고 눈이 오던 날이었으나 대부분의 사람들이 참석하였다. 술 마시고 잡담도 하고 농담도 하며 그들은 즐겼다. 뉴욕과는 달리 이곳 위스콘신의 메디슨 시에는 일과 후에 즐길 일이 별로 없었다. 그래서인지 사람들은 파티나 축구게임 같은 기회를 놓치지 않고 참석했다. 아마도 술을 많이 마셔 취했을 한 여인이 신랑에게 와서 "어떻게 당신 부인은 영어를 잘 하는데 당신은 그렇지 못해요?"라고 했다. 나는 황급히 "나는 이미 몇 년 동안 미국에서 살아왔지만 남편은 그렇지 못하고 방금 도착했다." 고 설명했다. 나는 그 여자와의 일을 대수롭지 않게 생각했고 곧 잊어버렸다. 그러나 신랑은 그녀의 말에 화가 많이 나 있어서 저녁 내 분노를 표출하고 있었다. 나는 그에게 술 취한 그 여자는 자신이 한 말도 기억하지 못할 거라며 신경 쓰지 말라고 했다. 거기에 더해 나는 그 여자 말이 결국 '부인인 나를 추켜세운 것이니 기분 나빠하지 말고 오히려 자랑스럽게 생각해야 되는 것 아니냐?'라고도 했다. 그러자 그의 분노는 점점 악화되어 폭력적으로 되어갔다. 다행히도 맞지는 않았으나 그는 나에게 가위마저 집어던졌다.

그날 밤까지 나는 우리의 결혼생활에 대해 심각하게 생각해보지 못했다. 나는 항상 내 일에 사로잡혀 있었고 새로운 환경에 안착하는 일과 새로운 친구를 사귀는 일에 보내는 시간은 어쩔 수 없는 변화를 위한 시간이라고 생각해왔다. 나나 그가 행복했던 그렇지 못했던 그리고 결혼 생활이 제대로 굴러가는 지의 여부 같은 것들은 나의 뇌리 속에 없었다. 그러나 이런 생각들이 돌연 나의 사고를 바꾸어놓기 시작했다. 온갖 부정적인 요소들이 표면에 등장하기 시작했다. 예를 들자면 그는 나를 지나치게 통제하려고 했다. 나의 개별 인격을 존중하려 하지 않았다. 그는 항상 내가 그에게 순종하기를 바랬다. 내가 직장이 있기 때문에 빨래를 밀어놓고 일주일에 한 번 주말에만 하는 것도 못마땅해 하였고 내가 출근을 위해 머리를 손질하며 내는 헤어드라이어소리도 그의 잠을 깨운다며 불평하는 등 그의 불평은 끊이지 않았다. 나의 무의식 속에서는 이미 오래 전에 결정을 하고 있었는지 모르겠으나 이제 결정을 할 때가 되었다고 생각 했다. 결혼 관계를 청산할 때가 된 것이다. 많은 생각들이 쏟아지듯 솟아올랐다. 나의 결혼은 어머니의 압력 하에 이루어졌었다. 어머니만 아니었다면 이 결혼은 이루어지지 않았을 것이다. 어찌되었든 그는 나와 함께 미국에 오는 것에 동의했었고 한국에서 사는 것에 나는 동의한 적이 없었다. 아이를 갖는 것은 또 다른 문제였다. 자! 그러면 이제 어쩌자는 것인가? 당시는 나는 그에게 아무 말도 하지 않았다. 시간은 빠르게 흘러 그의 미국에서의 학사일정 첫해는 끝나가고 있었다. 그는 학교강의를 위해 한국에 돌아갈 것을 계획하고 있었다. 나는 함께 귀국하는 것에 동의하지 않고 있었다. 그 파티 날 저녁있었던 폭력행위에 대한 기억을 나는 마음속에서 지우지 않고 있었다. 폭력은 한 번이면 족하다 생각했다. 두 번의 경험을 할 필요가 없었다. 나는 결혼 관계에서 가능한 한 빨리 벗어나야 했다. 스스로 생계를 꾸려나갈 수 있던 나에게는 이혼위자료 문제는 관심사가 아니었다. 나의 자유, 오직 그것만이 내가 원하는 것이었다.

내 기업경력의 시작

내 기업경력의 시작

내가 뉴욕 지역에 보낸 취업 희망 편지에 대해 답변이 왔다. 테리타운에 있는 테크니콘社 그리고 마운트시나이종합병원(Mt. Sinai Medical center) 등 두 곳으로부터였다. 특히 테크니콘은 뉴욕 행 왕복항공권까지 보내왔다. 테크니콘은 혈액분석기 분야의 개척자요 선두주자였다. R & D 책임자인 혹흐스트라우스 박사(Dr. Hochstrauss)와 세 명의 다른 프로젝트 담당, 그리고 인사부서 책임자가 나와 인터뷰를 하였다. 나는 예상외로 많은 보수를 제시 받았다. 다음날 나는 시나이병원 실험실 책임임원과 인터뷰를 하였다. 그는 나에게 예상되는 직책과 관련한 몇 가지 기술적인 질문을 하더니 나에게 임상실험실의 현장책임자 자리를 제시하였다. 이 두 가지 제안 중에서 나는 테크니콘의 제안을 받아들이기로 하였다. 테크니콘은 나의 이사비용 모두도 부담해주었다. 이와 같이 하여 1971년 나의 기업경력이 시작되었다. 당시 주거지는 뉴욕주의 웨스체스터(Weschester)카운티였다.

여러 새로운 분야에의 개척, 많은 명석한 기술자와 저명한 기술상담역들과 같이 일하는 것은 참으로 즐거운 일이었다. 나는 이 새로운 일이 매우 즐거웠으며 매일 새로운 것을 배웠다. 나의 미국에서의 경력발전 과정에 많은 영향을 끼친 이는 우리 기술 상담역이자 마운트시나이의과대학 병리학교수였던 레오나르드 오른슈타인(Leonard Ornstein)박사였다. 그는 의료과학 분야의 저명한 인사로 대단히 명석하면서도 관대하기도 한 천재였다. 회사는 매우 성공적으로 경영되고 있었다. 직원들의 의료보험료와 치과보험료, 기타 의료부분 보험료 역시도 회사에서 전부 부담하고 있어 그렇지 않은 일반회사와 비교하여 개인들은 적지 않은 금전적 이득을 받고 있었다. 직원들에게는 그야말로 좋은 시절이었다. 나는 그 회사에서 20년 넘게 일했다. 그러나 원래 소유자가 회사를 판 후 계속되는 합병과 직원들의 해고 등을 거치며 회사환경은 점차 악화되어갔다. 나는 많은 동료들을 잃었다. 소유자가 바뀔 때마다 합병 등에 관계한 월스트리트의 변호사들만 부자가 되어갔다. 이 사태는 아마도 오늘날 우리가 보는 현상, 미국 중산층의 부가 상위 1%의 손에 넘어가는 변화과정의 시작이었던 것 같다.

한국으로 다시 눈을 돌리자, 1972년 박정희는 또다시 계엄령을 선포한다. 그리곤 헌법을 개정하여 전제적 요소를 대폭 강화한 형태의 제4공화국을 탄생시킨다. 바로 유신헌법이다. 몇 차례인가의 암살 시도로부터 살아남은 그는 아직 대통령직을 그만 둘 생각이 없었다. 그는 반대 세력, 예를 들면 김대중 같은 야당 후보를 모든 수단을 다해 억압하며 자신의 대통령직을 이어갔다. 개인의 자유를 중요시하던 아버지는 크게 당황하고 그 사태에 대해 많이 불편해하셨다. 그러나 이를 바꿀 힘이 없었기에 어머니와 같이 교회 일과 봉사활동으로 그 불편한 심기를 달래고 계셨다. 마음에 평화를 찾고자 하셨던 것이다. 나는 부모님들의 환경을 좀 바꿔드려야겠다고 생각해 두 분을 미국으로 초청하였다. 당시 코네티컷주에서 직장생활을 하고 있던 동생 '준'과 나는 두 분을 미국으로 모셔 한 동안 편안하게 지내시게 하고 싶었던 것이다. 당시 교회 일에 바빴던 아버지는 자리를 비울 수가 없어 결국 1974년 어머니 혼자 미국으로 오시게 되었다. 나와 동생 '준'은 직장에서 휴가를 내고 어머니를 모시고 뉴욕과 뉴저지주, 그리고 코네티컷주의 여러 명소들을 보여드렸다. 나는 어머니가 한국과는 완연히 다른 미국의 환경과 우리의 최선을 다하는 돌봄에 기뻐하셨다고 생각한다.

어느 날 한 쇼핑센터에 갔을 때다. 전혀 기대하지 않던 광경에 어머니는 즐거워하며 웃음을 멈추지 못하셨다. 알몸으로 거리를 뛰어가는 스트리킹이 유행하던 시절이었다. 몇 명의 젊은이들이 오직 투명한 비옷만을 걸치고 알몸으로 빠르게 우리들 곁을 스쳐갔다. 너무나 순간적으로 발생한 의외의 일에 우리는 놀랐지만 우리의 눈에 그만 아주 모든 것이 다 들어왔다. 보기에 즐거운 일이었다. 당시 그곳 쇼핑센터에 있던 모든 사람들이 이 사태를 보며 미소 짓고 있었고 누군가의 신고에 의해 출동한 경관들도 별로 그들을 제지할 생각이 없는 듯하였다. 당사자들 역시 그 행위를 즐기고 있는 듯 보였다. 어머니도 즐거우셨는지 "그 녀석들 참 몸이 훌륭하네"라고 하셨다. "아니 그렇게 자세하게 보셨단 말이에요?"라고 나는 농담 겸 질문을 했다. 어머니가 모든 것을 잊고 자식들에 의해 만들어진 변화를 즐기는 모습에 나도 행복해졌다. 그러나 휴가는 빨리 끝나가고 있었다.

나는 다시 직장으로 돌아가야 했다. 겨울이 가까이 다가오고 있었다. 어느 날이었다. 근무 중이었는데 주변 사람들이 웅성거리며 일찍 퇴근을 서두르고 있었다. 폭풍설이 예보 되어있다는 것이었다. 뉴욕과 뉴잉글랜드 지방에는 매년 한 차례 또는 두 차례 정도 폭풍설이 몰아치는 날이 지속돼왔다. 다른 사람들의 동요에도 불구하고 나는 예년보다 일찍 초겨울에 찾아온 폭풍설이 의아하기도 했고 일중독상태였던 터라 하던 일을 끝내야 되겠다고 생각했다. 그래서 나는 어머니에게 전화하여 만일 눈이 많이 오면 늦겠다고 알려드렸다. 그것은 정말로 바보 같은 실수였다. 오후 세시 경이 되자 큰 눈이 쏟아지기 시작했다. 모두가 다 떠나고 있었다. 나 역시 차에 타고 운전을 시작했다. 이미 도로는 꼬리를 문 차들로 가득 차 있었고 눈은 세차게 내리고 있었다. 차들은 꼼작 못하고 있었다. 나 역시 그냥 차 안에 앉아있었다. 직장에서 집까지는 단지 8km정도에 불과했는데 도저히 어찌 해볼 수가 없었다. 당시만 해도 휴대 전화가 없을 때라 어머니에게 상황을 알려드릴 수도 없었다. 눈이 쌓이기 전에 눈 치우는 차들이 작업을 했어야 했지만 워낙 많이 단시간 내에 내린 눈이라 그렇지 못했고 그래서 도로는 차로 완전히 막혀 있었다. 집에 도착하는데 3시간이 걸렸다. 어머니의 얼굴은 눈처럼 창백해져 있었고 손은 얼음장처럼 차가웠다. 내가 교통사고라도 나서 죽었는지도 모른다고 걱정했던 것이다. 항상 그러셨지만 어머니는 불행한 일의 원인이 자신에게 있다고 생각하셨기에 이번에도 자신이 뉴욕에 와서 일이 벌어졌다고 자책하고 계셨던 것이다. 나는 왜 어머니가 그처럼 항상 불행한 가정사 때마다 자신을 자책했는지 그 이유를 모르지만 아마도 기독교의 가르침 때문일 것이라고 생각한다. 우리 모두는 신 앞에 죄인이다. 신이 그 죄를 용서해주시기 전까지는……, 뭐 그런 믿음 때문이었을 것으로 생각한다.

눈이 오기 전에 일찍 퇴근한 헤이젤이라는 나의 동료가 어머니가 불안에 떨고 있을 때 우리 집에 전화를 하였다, 그런데 그 전화가 영어를 제대로 이해할 수 없었던 어머니를 더 불안하게 만들었다. 그 전화를 나의 사고와 사망을 알리는 전화로 짐작하셨던 것이다. 한 가지 어머니를 조금이나마 안심시켰던 것은 헤이젤이 전화를 끊기 전에 어머니가 잘 알아듣지 못하니까 키들거렸다는 사실이었다. 만일 나쁜 일을 알리는 전화라면 키들거리지는 않았을 것이다 하고 몇 번이고 스스로 위로하고 계셨던 것이다. 이처럼 언어 문제는 어머니가 미국에 계시는 데 장애가 되고 있었다. 내가 직장에 가 있는 동안 어느 누구 하고도 얘기할 수도 없고 가까운 곳에 누구 부를 사람도 없고 아무 곳으로도 운전해갈 수도 없는 상황이었다.

어머니가 한국으로 돌아가신 후 부모님으로부터 소식이 왔는데 내 동생 '휘'가 불량배들과 어울려 다닌다는 것이었다. 고등학교 졸업반이었던 '휘'는 학업 시간에 빠지고 이들과 어울려 등산도 하고 다른 일들도 벌리고 다닌다는 것이었다. 부모님은 어찌할지 모르고 계셨다. 또 무엇인가 대책을 마련할 에너지도 남아있지 않은 두 분이었다. 나는 '휘'가 아주 어렸을 때의 일을 기억하고 있었다. 아마도 그가 네 살 때였을 것이다. '휘'는 저보다 몇 살 더 위인 아이들, 아마도 유치원생이었을 형들과 어울려 놀고 있었다. 추운 겨울날이었다. 나는 유리 창문을 통해 들어오는 따스한 햇살을 맞으며 있었다. 아이들은 글자놀이를 하고 있었다. 마당에다 분필로 글자도 쓰고 숫자도 쓰고 하며 놀고 있었는데 놀랍게도 '휘' 역시 다른 아이들처럼 글자와 숫자를 알고 있었던 것이다. 아직 어려서 아무도 가르쳐 주지 않은 글자와 숫자를 이 어린 아이가 알고 있었던 것이다. 나는 놀랐다. 아마도 어울려 놀던 친구들로부터 배웠던 것 같다. 그 일이 있은 후 나는 '휘'에게 문자나 숫자, 영어 알파벳 등을 보여주며 시험해보았다. 그는 내가 한 번 보여준 것들을 모두 기억했다. 같은 문자나 숫자 등을 신문에서 가려내기도 했다. 나는 어머니에게 천재 한 명이 가족 중에 있다고 얘기했다. 그는 아마도 아버지의 천재성을 이어받은 모양이었다. 어머니는 "그럼 네 머리는 나쁘냐?"라고 말씀하지는 않으셨지만 아마도 그렇게 생각하셨을 것 같다. 나는 '휘가 가족의 좋은 머리를 이어받았나 봐요'라고 얘기했어야 했다. 그러나 나는 이러한 외교적 언사를 사용한 적이 없었다.

내가 최초로 한국을 떠나올 때 '휘'는 아직 미취학 상태였다. 그 후로 무슨 일이 그에게 있었는지 나는 정확하게는 몰랐지만 집안 환경 때문에 그가 학업에 대한 흥미를 잃었을 것이라고 나는 거의 확신한다. 부모님은 점점 연세가 들어가고 형제들은 바람에 대한 충족이 되지 않아 항상 불만이고 거기에 더하여 어머니는 물리적으로 지쳐 계셨을 것이다. 좋은 직업들이 많아져 가사 일을 도울 사람 구하는 것은 점점 어려워지던 시절이었다. 이런 저런 상황 분석을 한 나는 부모님께 '휘'를 나에게 보내라고 말씀드렸다. 분명 그는 여전히 어렸을 때의 그 명석한 머리를 아직 가지고 있을 것이니 내가 그를 도와 바람직한 길로 가도록 하겠다고 마음먹은 것이다. 나는 직장에서 프로젝트 책임자로 어디로 뛸지 모르는 영업 사원들이나 영악한 전문 세일즈 맨 집단들 하고도 일을 해 보았기 때문에 나의 동생을 옳은 길로 인도하는 일은 훨씬 쉬운 일이라고 생각했다. 나의 방법은 간단했다. 그로 하여금 공부 이외는 다른 생각을 할 수 없도록 완전히 다른 환경에서 대학 과정을 마치게 하는 것이었다. 나는 그가 그 과정 중에 얻는 것이 있을 것이며 그 자신을 스스로 돌보게 될 것이라고 확신했다.

'휘'는 나에게 와서 같이 사는 것에 흔쾌히 동의했다. 그것은 좋은 신호였다. 또한 학업을 계속하는 것에도 동의하였으며 그것 역시 좋은 전망을놓게 신호였다. 그러나 한국 법에 따라 그는 군역을 먼저 마쳐야 했다. 그래서 고등학교를 졸업한 후 해군에 자원입대하였다. 그는 매력

있고 잘 생겼으며 사람들하고 잘 사귀는 성격이라 군에 있는 대부분의 기간 동안 함장의 당번병으로 있었다. 그러면서 함정의 취사병들과도 친하게 지냈다. 그의 군복무기간은 3년으로 일반징집의 경우보다 더 길었는데 그것은 해군에 자원입대했기 때문이었다. 1977년 마침내 '휘'가 미국에 왔다. 영어공부 기간이 1년은 필요하다는 그의 주장을 무시하고 나는 즉각 그를 웨스체스터카운티대학에 입학시켰다.

나는 그가 해군에 있을 때 평생 잊을 수 없을 공포스런 경험을 했던 사실을 모르고 있었다. 당시 우리가 살고 있던 뉴욕주 하츠데일(Hartsdale)의 집에는 거실에 커다란 어항이 하나 있었다. 아름다운 색색의 열대어를 키우는 어항이어서 그 자체로 하나의 실내 장식이었다. 어느 날 나는 두 마리의 죽은 물고기가 물 표면에 떠있는 것을 발견하고 내가 밖에 나간 사이에 그 두 마리를 치우라고 '휘'에게 얘기하고 나갔다 왔다. 몇 시간 후 내가 집에 돌아왔을 때 그 두 마리가 여전히 물 위에 떠 있는 것을 발견했다. 그래서 나는 왜 치우지 않았는가 물었다. '휘'가 말하기를 그가 해군에 있을 때 북한군과의 교전에서 죽은 북한군의 시체를 갑판에 실은 적이 있었는데 그 죽은 두 마리의 물고기가 그 시체를 연상케 해서 도저히 손을 댈 수 없었다고 했다. 당시 그가 타고 있던 함정이 휴전선 근처 에서 적대행위를 해오던 북한군 함정을 만나 이내 교전을 하게 되었고 승리하였다는 것이다. 전투가 끝난 후 북한군 시체를 바다에서 건져 올려 갑판에 안치한 후 밤을 새워 모항으로 돌아왔다는 것이었다. 나는 그 사건이 그의 감성에 그토록 큰 영향을 주었다는 것을 모르고 있었다.

이 상황으로 미루어 나의 형제들은 어느 누구도 강한 성격이 아닌 것으로 보였다. 어머니는 나에게 항상 "네가 형제들 중 제일 강하다"고

하셨다. 어머니 짐작에 그것은 아마도 태어난 곳이 달라서 일 것이라고 하셨다. 나는 평양에서 태어났다. 그 평양은 1948년 이후 북한의 수도가 되어있다. 흥미로운 이야기이지만 그렇게 얘기 한 사람이 또 한 명이 있다. 나의 전 직장 상관 한 사람이 어느 날 나에게 "당신은 틀림없이 북한의 스파이일 것이다. 남한 사람이라고 하기에 당신은 너무 드세다."라고 말 한 적이 있다. 그렇다. 나는 때때로 부정직한 사람들이거나 요리조리 미꾸라지처럼 빠져 다니며 자질 있고 존경받아야할 동료들을 해하며 오직 승진의 사다리를 잡으려는 실력도 자격 없는 사람들에게는 특히 강하게 상대해야만 했다. 직장에서의 이 쥐들의 경쟁에 대해 나는 책 한 권을 쓸 만한 이야기 거리가 있다. 다윈의 생존을 위한 제1 법칙을 기억하자.

그럼에도 '휘'는 미국에서 아주 잘 적응해 나갔다. 대학을 졸업하며 컴퓨터 분야의 학위를 받았다. 그리고는 후일 그는 월스트리트에 있는 한 투자회사의 CFO가 되었다. 뉴욕의 그 어려운 금융업무를 하면서도 그는 여전히 잘 버티고 있다.

두 번째 쿠데타와 5.18

두 번째 쿠데타와 5.18

1979년 10월 26일 나는 집에서 한가하게 TV 저녁 뉴스를 보고 있었다. 갑자기 긴급뉴스가 방영되고 있었는데 나는 내 귀를 믿을 수가 없었다. 대통령 박정희가 중앙정보부장 김재규에 의해 피살되었다는 뉴스였다. 거친 군사훈련에 의해 단련된 박정희는 매사에 주도면밀한 사람이어서 항상 그의 안전에 세심한 주의를 기울였었다. 중앙정보부의 경비요원들에 의해 잘 보호받고 있다고 믿고 있었을 그가 바로 그 부서의 장이며 분명 그의 오랜 친구였을 사람에게 피살되었다는 것은 진정 있을 수 없는 일이었다. 그러나 뉴스에서는 더 이상의 아무런 상세한 보도가 없었다. 나는 속으로 생각했다. 불가능한 일이 현실화된다면 이는 분명 한국에서 일 것이다. 사건의 상세한 진행과정은 점차 밝혀졌다. 조금씩 조금씩, 그리고 매일 매일.

분명 김재규는 박정희의 오랜 친구였으며 그가 매우 신뢰하던 사람 중 한 명이었다. 그들은 동향이었고 사관학교도 같이 다녔다. 김재규는 육군 중장 시절 보안부대의 장이었고 중앙정보부 차장이었다. 박정희가 대통령이 된 후 당시 중앙정보부장이었던 김형욱이 미국에서 코리아게이트 사건의 와중에 망명해버리자 김재규는 박정희의 전제정권 아래에서 막강한 힘을 행사하던 중앙정보부장에 취임하게 된다.

코리아게이트란 한국의 정치가들이 미국의회 내 10명의 지도급 인사들에게 접촉하여 그들을 회유하려던 사건이었다. 한국 중앙정보부가 사업가 박동선을 가운데 두고 의원들을 뇌물과 특혜로 유혹하여 미국의회 내에서의 한국관련 사안들에 우호적 분위기를 조성하려 공작했던 것이다. 이 사건의 이면에는 정치적, 사회적, 그리고 재정적 이유가 숨어있었다. 박 대통령을 비롯한 한국의 지도자들은 닉슨 대통령의 한국주둔군 철수계획에 대해 매우 걱정을 하고 있었다. 한국주둔 미군의 유지는 한국에게 매우 긴절한 사안이었고 그렇다 보니 지지세력을 의회 내에 확보하는 것이 급하게 요구되었던 것이다. 당시 한국정부는 미국으로부터 한국군 현대화를 위한 커다란 지원보따리를 받으려 시도하고 있었다.

코리아게이트 사건이 일반에게 알려지자 한국과 미국의 관계는 크게 휘청거렸다. 한국당국은 그 내용이 미국의 언론에 의해 크게 과장되고 왜곡되었으며 만들어진 것이라고 믿고 있었다. 양국의 정치분야 전문가들도 이 의혹이 제랄드 포드(Gerald Ford)의 대통령 만들기의 일환으로 전략적으로 부풀려져 정계에 던져진 것이 아닌지 의심했다. 이 해석에 따르면 포드 행정부가 닉슨의 워터게이트 사건과 그 이후 대통령이 된 포드의 닉슨 사면 등 행위를 민주당에서 파헤치려 하자 이에 물을 타기 위해 민주당의 주요 인사들과 코리아게이트 사건을 연결 지으려 공작했다는 것이다.

어처구니없게도 박 대통령의 시해는 중앙정보부장 김재규가 마련한 안가에서의 저녁모임 중 주최자 본인에 의해 행해졌다. 김재규는 박 대통령과 경호실장 차지철에게 총을 발사했다. 김재규는 그 후 이내 육군참모총장 정승화에 의해 체포된다. 정승화 자신도 나중에 전두환에 의해 대통령시해사건에 연루되었던 것으로 의심되어 체포된다. 시해사건이 일어난 직후에는 이 사건은 감정이 순간적으로 폭발하여 일어났던 것으로 여겨졌으나 수사가 진행되자 치밀하게 사전 계획된 사건이었음이 알려지게 된다. 재판과정에서 김재규는 이 사건이 거리로 뛰어나온 학생들, 바로 대통령의 적들을 피로 목욕시키려고 한 대통령의 계획을 저지하기 위해 하는 수 없이 자행된 것이었으며 그것이 한국의 민주주의를 회복하기 위한 유일한 길이었다고 진술했다. 전두환 장군에 의해 주도된 정부의 수사 결과 이 사건은 김재규가 오직 자신의 권력을 유지하기 위해서 벌인 일이라고 결론지어지고 재판결과 김재규와 그의 조력자였던 정보부의 요원 네 명은 사형이 선고되고 이내 형이 집행되었다.

김재규와 그의 조력자들이 모두 처형된 상황에서 과거에도 여러 차례 그랬던 것처럼 우리는 그 진실을 더 이상 알 수가 없게 되었다. 그러나 박정희 자신이 대통령직에서 내려올 생각이 없었다는 것과 거리로 나온 학생들을 모든 방법을 동원해서 제압하려 했다는 사실은 명확하다. 그 저녁 모임에서 김재규와 차지철 간에 치열한 논쟁이 있었던 듯하다. 상대적으로 온건주의자였던 김재규는 통제되지 않는 학생들에 대한 거친 처리에 반대하고 좀 더 온건한 방법을 사용할 것은 주장하였고 반면 차지철은 이런 온유함을 비난하며 강력한 제압을 주장하였던 듯하다. 민간 정부였던 제2공화국을 무너뜨리며 등장한 군 쿠데타에 대해 어느 한 시기에도 동의하지 않았던 아버지는 이 사건이 중앙정보부와 군 세력 중 권력에 굶주린 사람들에 의한 단순한 권력다툼에 지나지 않는다고 평가하고 계셨다. 아버지는 또한 그 모든 일에 대해 역겨워하셨기에 더 이상 이 사건의 이면에 관심을 두지 않으셨다.

대통령으로서의 그의 1.2차 재직기간을 통해 박정희는 경제재건이라는 과제를 짊어졌다. 대한민국의 경제구조를 수출주도산업으로 탈바꿈

시키며 나라경제를 발전시켜 나갔는데 그 중심에 대통령 박정희가 있었다고 인식되고 있다. 그의 지도력은 대한민국의 산업을 놀랍도록 변모시켰으며 그 결과 일반국민들의 생활수준을 크게 향상시켰다. 그렇지만 6.25동란 시 행해졌던 국가비상사태를 연장하며 헌법이 보장하는 국민들의 언론과 출판의 자유를 때때로 억압했다. 중앙정보부는 체포, 구금의 광범위한 권리를 가지고 있어 반대세력은 잡혀와 고문당하곤 하였다. 선거제도 역시 집권세력에게 일방적으로 유리하게 되어있어 항상 의회의 다수당이 되게 되어있었다. 야당의 지도자들은 여러 형태의 압박 속에 견뎌야 했다.

박정희는 1967년 근소한 차이로 윤보선 후보에게 이겨 재선되었다. 1963년 제정된 헌법은 대통령의 임기를 한 차례의 연임에 국한하고 있었다. 그럼에도 불구하고 중앙정보부의 공작으로 국회의 협조자들은 헌법을 개정하여 대통령의 3연임이 가능하도록 만들어 박 대통령으로 하여금 세 번째의 임기에 나서게 하였다. 1971년 선거에서 김대중에게 근소한 차이로 이겨 그의 세 번째 임기가 시작되었다. 취임선서 직후인 그는 또다시 위험스런 국제환경을 이유로 국가 비상사태를 선포한다. 1972년 10월이 되어 박정희는 국회를 해산하고 헌법을 정지시켰다. 그 후 12월에 소위 유신 헌법으로 알려진 새 헌법이 협잡스런 국민투표를 거쳐 제정되었다. 이 새 헌법은 박정희의 권력을 거의 무한대로 확장하여주었다. 대통령선거는 별도의 선거단인 통일 주체 국민회의에서 행해지게 되었다. 대통령의 임기도 7년으로 늘어났고 연임제한도 철폐되었다. 새로운 헌법은 박정희의 전제적 통치의 길을 합법적으로 열어주었다. 이 헌법에 의해 박정희는 1972년과 1978년 경쟁자 없이 대통령에 당선되었다. 이 일련의 사태가 바로 학생들을 거리로 나와 정부 타도를 외치게 한 원인이었다. 학생들은 민주제도의 회복을 요구했다. 의심의 여지없이 박정희는 대통령직에서 내려올 의사가 전혀 없었다. 이를 미루어보면 김재규가 재판정에서 한 말인 데모 중인 학생들에 대한 잔혹한 대처계획을 미연에 방지하기 위해 대통령을 시해하였다는 것이 진실에 부합되는 듯도 보인다.

박 대통령 시해사건 관련자들의 재판과 처형에 주도적 역할을 한 전두환 장군은 육군사관학교 11기생으로 1955년 임관되었다. 그는 당시 막후에서 막강한 힘을 행사하던 육군 내의 소위 하나회 회원으로 하나회는 그의 모든 행동을 뒷받침하였다. 보안 부대 장으로 전두환은 박 대통령 시해사건의 수사책임을 맡게 되었다. 1979년 12월 12일, 소위 12.12사태로 알려진 하극상 사건이 발생한다. 전두환이 참모총장이요 계엄사령관이었으며 시해사건 직후 김재규의 체포를 지휘했던 정승화를 시해사건 연루혐의로 체포한 것이다. 정승화는 이에 저항하였고 참모총장 공관과 국방부는 피 흘리는 총격사건의 현장이 된다. 다음 날 아침이 되자 전두환과 그의 육사11기 동창들인 9사단장 노태우 소장, 그리고 정호영 소장 등이 군부를 장악하게 된다.

정승화 장군은 박 대통령이 시해된 후 전두환 노태우 등 하나회 회원들에 의해 기획되고 추진된 정권장악음모의 죄 없는 희생양이었다. 정승화는 당시 혼란스런 정치상황 속에서 가장 힘이 있는 위치에 있었다. 6.25동란 시 그는 대구방어전투에 투입되어 공을 세웠다. 1961년 그는 장군이 된다. 군내에서의 그는 신망이 높았으며 정직했고 부정을 멀리하였다. 1979년 그는 육군참모총장이 되었다. 그 후 그는 하나회의 영향력을 약화시키려고 노력한다. 시해사건 이후 정승화는 헌정질서를 지키며 국무총리 최규하를 대통령이 되도록 협조한다. 정권탈취를 노리는 하나회로서는 이런 정승화가 장애가 되었고 목적을 달성하기 위해서는 그를 제거하지 않으면 안 되었던 것이다.

전두환과 기타 정치인들의 압력에 굴복하여 대통령 최규하는 1980년 4월 전두환을 중앙정보부장에 겸임 발령을 한다. 계엄사령부는 5월 17일 밤 계엄포고령 10호를 발해 모든 정치활동을 금지하고 대학에 휴교령을 내린다. 이로써 겉만 민간정부라는 허울을 벗어버리고 전두환은 사실상의 통치자로 등장하게 된다. 좌파적 정치인인 김대중을 비롯하여 수많은 정계인사들이 체포된다. 미국의 우려 표명에도 불구하고 김대중은 그 후 군법회의에서 사형선고를 받게 된다. 미국의 지속적 항의에 나중에 무기징역으로 감형되지만 전국적인 시민의 저항은 더욱 억압을 받게 된다. 이 시절 나는 TV를 통해 거리에서 벌어지는 데모광경과 특별한 장비를 갖춘 데모 진압경찰의 모습을 자주 보게 된다. 이들 경찰은 데모대로부터 자신들을 보호하기 위해 특별한 모자를 쓰고 특수 장비를 휴대하고 있었다. 광주시민들이 들고 일어나 김대중에 대한 사형선고와 무기로의 감형조치 등에 대해 격렬한 항의를 하게 된다. 데모군중은 군대무기고에서 탈취한 무기와 군차량으로 장비화되어 있었다. 전두환은 이들 무장 시민들과 협상하지 않고 강제로 진압, 분쇄하기 위해 군부대를 파견한다. 정확히 집계된 숫자는 알지 못하지만 외국의 통신들과 전두환의 비평가들의 추정에 의하면 이 과정 중에 사망한 시민들의 수자가 1,000명에서 2,000명 정도 될 것이라고 한다. 당시 광주에 살고 있던 나의 이모나 삼촌에 의하면 사망자의 수가 1,000명은 한참 넘을 것으로 추정된다고 했다. 다른 사람들도 아니고 정부군에 의해 죽임을 당한 청년들을 보는 것은 슬픔 그 자체였다고도 했다.

1980년대는 한국에서 반미운동이 거세진 해인데 그 시발점이 바로 이 5월의 광주사태다. 군 작전권을 가지고 있던 미군이 시민들의 민주화 운동을 지원하기는커녕 오히려 전두환 편에 서서 그로 하여금 무장한 군대를 파견하여 자기들의 민주항쟁을 폭력으로 진압하게 했다고 광주의 젊은 세대들은 믿고 있다. 그 결과 그 많은 세월 이어져온 미국의 대 한국지원과 한미협력이라는 아름다운 구조는 반미정서에 의해 무너져 내렸다. 이 문제는 지금도 논쟁거리다. 당시 주 한국대리 대사였던 글라이스틴(William Greisteen)이 차후 1982년 뉴욕타임즈에 보낸 편지에 언급되어있듯이 소위 폭도들에게 점령된 광주의 탈환을 위해 군대를 파견하는 작전 계획을 미국이 승인하였다는 것은 매우 명료하다. 미국정부는 이 군사작전을 사전에 알았는지에 대해서는 항상 부정적 입장을 취해왔다. 특히 1989년 6월 19일 백악관문서는 이들 글라이스틴과 기타 인사들의 당시 상황에 대한 성격 규정을 다시 한 번 반박하고 있다. 그 진실이 무엇이든 지에 관계없이 당시 한국 군부의 정치 세력들이 불법적으로 정권을 탈취할 목적으로 광주사태를 이렇게 저렇게 이용하겠다는 의도로 민주시민들을 죽음으로 몰고 갔다는 것, 그것은 변하지 않는 사실이다. 미국정부는 전두환으로 하여금 선 협상 후 진압이라는 보다 온건한 방법을 권할 수도 있었을 것이다. 그렇게 먼저 협상팀을 보내 주로 학생들로 구성된 폭력현장의 긴장을 완화하기 위한 노력을 할 수도 있었을 것이다. 이 사건은 한국인들 사이에 반미정서를 유발시킨 미국의 또 다른 불행한 한국사태 개입사건으로 기록될 것이다.

전두환 정권 하에서 이 광주항쟁사건은 공산세력의 사주에 의해 일어난 반역적 사건의 대명사로 인식되어 있었다. 그것은 한국에서는 시민들을 죽일 때에 사용해온 오래된 지겨운 변명이었다. 이 더러운 술책은 한국에서 이미 오래 동안 내려온 것으로 미국정부를 바보로 만들고 민주화항쟁을 하던 죄 없는 민간인들을 강압적으로 눌러 권력을 장악하려면 의례히 등장했던 항목들이다. 광주는 나의 어머니의 고향이다. 어머니의 형제자매들이 피로 얼룩진 5.18사태의 목격자들이다. 나는 그 사태가 있은 지 여러 해 후 어머니의 장례식 때에 그들을 만났다. 그들은 당시 사태를 얘기하는 내내 눈에는 눈물이 그치지 않았다. 많은 젊은이들이 죽어 가던 그 잊을 수 없는 현장의 생생한 기억들이 고통으로 되살아났던 것이다. 이 사태는 여운형, 김구의 암살과 같은 사건처럼 보다 나은 미래를 위해 투쟁해온 능력 있고 자애로웠던 인사들이 폭력으로 희생되어온 한국역사의 비극과 고통의 연장선상에 있는 무엇이다.

모두가 알고 있었던 바대로 로봇이 되어있던 최규하 대통령은 하나회의 압력에 굴복하여 1980년 8월 17일 대통령직을 사직하게 된다. 전두환은 대장으로의 진급과 전역을 8월 한 달 사이에 해치우고 그리곤 박정희가 평생 집권을 위해 만들어낸 통일주체국민회의라는 대통령 간접선거단의 형식적 결의에 따라 같은 달 27일 대통령으로 선출되어 9월 1일 제11대 대통령으로 취임한다. 같은 해 10월 27일 개정된 헌법[25)]

25) 이 헌법이 제5공화국 헌법이다. 이 헌법은 10월 22일 시행된 국민투표에 의해 승인되고 공포되었다. 10.26시해사건 이후 정국은 그야말로 한치 앞도 알 수 없는 상황이었다. 그 상황은 다음의 일지에서도 알 수 있다. ₩

· 1979년 10월 26일 : 박 대통령 시해
· 1979년 12월 12일 : 하나회 일당에 의한 참모총장 정승화 강제 연행, 전두환 군부 실권 장악
· 1980년 4월 : 사북탄광 노동자 폭력 파업
· 1980년 5월 : 학생 데모 시작
· 1980년 5월 17일 : 비상계엄 전국 확대
· 1980년 5월 27일 : 계엄군 광주 투입
· 1980년 5월 31일 : 국가보위 비상대책 위원회 발족
· 1980년 8월 7일 : 전두환 대장 진급
· 1980년 8월 14일 : 김영삼 정계은퇴 선언
· 1980년 8월 17일 : 최규하 대통령 하야

이 공포되는데 이 헌법에 의해 그는 1981년 2월 민주 공화당의 후신인 민주 정의당 후보로 출마하여 대통령에 당선된다. 그는 아마도 박정희로부터 대통령이라는 자리에 어떻게 체계적으로 기어오르는 가를 배웠던 모양이다. 비극적으로 끝난 셰익스피어 연극의 현대판 같다. 이것이 한국 국민들이 겪어온 일들이다. 대한민국은 아직도 민간이 구성하는 민주정부를 갖는다는 목표로부터 멀리 떨어져 있었다. 또 다른 길고도 핏빛 감도는 험난한 여정이 기다리고 있었다. 광주에 사는 나의 이모들과 삼촌들은 전두환이 박정희보다 더 나쁘다고 했다. 박정희가 윤보선 대통령 때문에 무혈 쿠데타로 집권했던 점과 비교한 것이다. 실제로 박정희의 긴 통치기간 중 희생된 사람들보다 더 많은 인명이 전두환에 의해 일거에 희생되었다.

내가 전두환 통치기간 중 서울에 갔을 때 일이다. 당시 한국에는 전두환을 꼭 닮은 코미디언이 한 명 있었다. 이마가 크게 벗겨지고 얼굴이 전두환을 아주 닮은 그는 시민들을 몹시 웃겨 극도의 인기를 끌고 있었다. 그는 거의 매일 저녁 TV에 나와 전두환을 흉내냈는데 전두환이 기자회견 하며 그의 반대세력들을 거칠게 몰아붙이는 장면을 모사하곤 하였다. 그는 매우 우스웠고 국민들은 그런 그를 보며 즐거워했다.

· 1980년 8월 24일 : 전두환 전역
· 1980년 8월 27일 : 통일주체 국민회의에서 11대 대통령 선출
· 1980년 9월 1일 : 전두환 11대 대통령 취임
· 1980년 10월 22일 : 헌법 개정 국민투표 실시
· 1980년 10월 27일 : 제5공화국 헌법 공포
· 1981년 1월 25일 : 비상계엄 해제
· 1981년 2월 26일 : 통일주체 국민회의에서 전두환 12대 대통령 당선
· 1981년3월 3일 : 전두환 12대 대통령 취임
- 이상 자료는 각기 해당일 조선일보 기사에서 발췌함.

그러던 그는 어느 날 말없이 TV에서 사라졌고 그의 TV쇼는 문을 닫았다. 독재자가 그를 웃음의 재료로 삼는 것을 용인하지 않은 것이다. 자! 미국에서 방영되는 토요일 밤 쇼에 나오는 배우들이나 봅시다.

아버지는 광주사태로 인해 극도로 분노하고 계셨다. 오래 지속된 군부 독재 체제의 끝이 보이지 않았기 때문이었다. 더 중요한 것은 이 범죄적 정권을 끝낼 민주적 절차가 마련되어있지 않았다는 점에서 아버지는 몹시 허탈해 하셨다. 독재자가 정권을 잡으면 일반 시민들이 무엇인가 할 수 있는 영역은 거의 없다. 러시아, 중국, 그리고 북한의 예에서 보듯이 이들 공산주의 왕국들에서는 최악의 인권침해 상태가 반백 년 이상 지속되어 왔고 현재도 북한은 핵으로 대한민국과 미국을 위협하며 그 상태는 개선되지 않고 있다.

이런 때야 말로 현재 살고 있는 곳에서의 모든 현실 문제들을 놓아두고 마음을 비운 채 훨훨 성지 순례를 떠나 아직 이루어지지 않은 꿈을 위해 기도할 때가 아니겠는가? 아직 살아 있을 때, 그리고 여행할 수 있는 힘이 있을 때.

성지순례, 캘리포니아의 꿈

성지순례, 캘리포니아의 꿈

나는 부모님을 뉴욕으로 오시게 해서 미국에 있는 우리 3명의 식구들과 같이 얼마간 시간을 보내실 수 있게 했다. 그때는 1983년이었다. 나는 회사 테크니콘에서 휴가를 얻어 부모님과 함께 이스라엘 성지 순례에 나섰다. 우리가 벤구리온국제공항에 도착했을 때 우리 일행은 한동안 격리, 구금되었는데 그 이유는 아무도 설명해주지 않았다. 우리가 마침내 풀려났을 때 우리는 택시를 타고 호텔로 향했다. 1번 고속도로를 타고 시내로 향하던 우리 눈앞에 유명한 성전 산과 바위 위에 건설된 돔형의 황금사원 등 파노라마가 펼쳐지는 것이었다. 날씨는 매우 덥고 건조했고 눈부시게 내려 쪼이는 하얀 햇살로 눈을 뜰 수 없을 지경이었다. 이곳이 바로 여러 종교 세력들이 그토록 차지하려 싸우던 현장이라는 말인가? 나는 의아했다. 나에게는 사람이 살기에도 적당치 않은 곳으로 만 보였다. 그럼에도 예루살렘을 자신들 믿음의 고향이라 여기는 많고 다양한 사람들에 의해 이곳은 지구상에서 가장 성스러운 장소로 받들어지고 있다. 예루살렘에 있는 이 유태교의 오래된 성전은 예수가 12살 때 군중에게 가르침을 주었다는 곳이다. 우리가 예루살렘에 있는 동안 한 유태계 가이드가 우리를 곳곳으로 안내하며 각 장소에 얽힌 역사적 사건들을 설명해주었다. 놀랍게도 아버지는 그 사건들을 거의 다 알고 계셨다. 대학생 시절 미국계 선교사들과의 성경공부에서 습득한 성경 속 이야기들을 기억하고 계셨던 것이다. 우리는 구 시가지를 탐방하며 이틀을 보냈다. 겟세마네 동산이며 올리브 산, 최후의 만찬이 있었다는 마가의 다락방이 있던 장소에 세워진 교회를 거쳐 이슬람의 창시자 마호메트가 승천했다는 장소에 건립된 이슬람 건축의 가장 오래된 작품 중 하나인 황금사원 등을 돌아보았다. 약한 신체의 소유자인 어머니는 힘들다는 얘기 한마디 없이 그 기간 내내 마치 신과 영적으로 연결되어 침묵 속 대화를 하고 있는 듯하였다. 통곡의 벽 앞에서 어머니는 종이에 무엇인가를 적어 바위틈에 끼워 넣으셨다. 남들이 알아서는 아니 되는 그 내용이 무엇인지 나는 참으로 궁금하였다.

다음 날 우리는 전세버스를 타고 사해의 연변을 따라 가다 아무런 사고 없이 남부 이스라엘의 고대 성채인 메사다에 도착했다. 제1차 유태 - 로마 간의 전쟁 시 로마군에 의해 온 나라가 점령되자 항전세력 중 일부가 헤롯이 이집트의 침략에 대비하여 난공의 성으로 건설해놓은 이 성채로 들어온다. 로마군이 이곳마저 점령하자 끝까지 항전하던 965명의 저항군들과 그 가족들이 항복하여 노예로 사는 것보다 자유가 있는 사후세계를 선택하겠다며 집단 자살을 한 현장이다. 우리는 푹푹 찌는 더운 날씨에 케이블카로 그 성채까지 올라 이곳저곳 걸어 다녀야만 했다. 몸이 약한 어머니는 에어컨이 있는 버스 속에 계시도록 하고 아버지와 나만 성채 위에 올랐다. 어머니는 비록 동행하겠다고 고집하지는 않으셨지만 우리들의 조치가 마음에 안 드시는 눈치였다. 서력 기원후 73년에 있었던 그 집단자살사건이 있기 직전까지 로마에 대항하여 끝까지 항전한 질럿(Zealots)들의 투쟁현장에 올라 아버지와 나는 이곳저곳을 둘러보았다. 우리가 버스로 돌아왔을 때 우리는 슬프게 울고 있는 어머니를 발견했다. 신체가 약해져 우리와 같이 동행하지 못하고 혼자 버스에 남겨져 간절히 보고 싶었던 성지들을 보지 못하는 형편을 슬퍼하셨으리라. 어머니는 생의 마지막 날까지도 마음만은 젊음을 유지하고 계셨다.

우리의 다음 목적지는 사해였는데 그곳에는 세계에서 처음으로 생긴 건강 휴양단지가 있었다. 물속에 함유된 풍부한 광물질들과 꽃가루 등 알레르기 항원이 적은 대기, 평지보다 약한 자외선, 이 해발 높이에 특유한 높은 대기압들이 특별한 건강 유발 효과가 있다는 장소다. 우리는 이곳이 어머니의 건강에 좋을 것이라고 생각하고 모두 물속으로 들어갔다. 그러나 너무 짜서 나는 오래 있기가 어려웠다. 물에서 나온 후 나는 소금에 절인 인간 정어리가 되지 않으려고 오랜 시간 샤워를 해야만 했다.

나자렛이 위치한 갈릴리 호수가 우리의 다음 목적지였다. 이곳은 이번 순례 여행 중 내가 제일 가보고 싶었던 곳이다. 갈릴리에 가까이 가자 신선한 공기가 느껴지고 탁 트인 호수로부터는 불어오는 따스한 바람이 나의 얼굴을 부드럽게 어루만지는 것이었다. 예수의 대부분의 전도 행위는 이곳 갈릴리 호숫가에서 이루어졌다. 마가복음서와 마태, 누가 복음서는 예수가 시몬이라 부르던 베드로와 그의 형제 안드레 그리고 요한과 야고보를 그의 제자로 받아들인 곳이 이곳이라고 적고 있다. 유명한 산상복음 역시 이곳 갈릴리 호수가 내려다보이는 언덕바지에서 이루어졌다. 많은 기적적 행위, 예를 들면 물위를 걷고 폭풍을 잠재우며 5병2어[26]로 5,000명을 먹이는 것 같은 기록들의 살아 있는 현장인 것

26) 성경에서 예수가 일으킨 기적 중의 하나. 예수가 다섯 개의 떡과 두 마리의 물고기로 5천 명을 먹였다는 데에서 나온 말이다.

이다. 나는 이들 모든 광경이 연상되었다. 예수의 제자들이 이곳에 앉아 부드럽게 불어오는 따사로운 바람을 느끼며 신선한 공기 속에서 예수의 설법에 귀기울이는 제자들의 평화롭고 아름다운 모습이 떠오르는 것이었다. 그는 인간이라는 완전치 못한 존재에게 그야말로 참된 가르침을 준 위대한 선생님이었다. 예수의 신격에 대해서는 사람들마다 각자의 생각이 다를 수 있다. 세상의 모습이 '어떻게 되어야 한다.' '어떻게 될 수 있다.'는 등 예수가 가지고 있던 세계관에 대해서도 우리가 논쟁하기는 어렵다. 특히 남북한의 독재자들 같은 인물들 그리고 그들의 사상이 초래했고 초래하고 있는 슬픔과 비극적 현상과 비교할 때 예수의 평화사상에 대해 논쟁하는 것은 더욱 무의미한 일이다. 기독교인이던 아니던 예수의 가르침대로 사는 사람들이라면 평화롭게 잘 살 것임은 분명한 일이다. 사후의 세계라는 것 역시 논쟁할 필요 없이 사실 그대로 존재하거나 또는 존재하지 않을 것이며 성경의 가르침을 구현하고 나면 우리는 비로소 우리의 선택이 어때야 하는지 알게 될 것이다. 나자렛은 북 이스라엘의 중심이요 제일 큰 도시이고 이스라엘을 구성하고 있는 인구 중 다수를 차지하고 있는 아랍계 주민들의 수도이기도 하다.

다음으로 우리는 하이파로 갔다. 하이파에서 우리는 지중해 상의 여러 성지를 순례하는 그리스의 에피로티키(Epirotiki) 계열 크루즈 선박에 승선하도록 되어있었다. 항구도시 하이파는 성경시대까지 올라가는 오랜 역사를 가지고 있는 도시였다. 비잔틴 세력, 아랍 및 오토만 세력과 이집트와 영국에 이르기까지의 다종의 세력에게 정복되고 통치되기를 반복하며 오늘에 이르렀다. 하이파는 지중해성 기후였다. 아버지는 바다에 들어가 수영을 즐기셨고 어머니와 나는 호텔 방에서 창을 통해 아버지가 수영하시는 것을 바라보고 있었다. 다음 날 우리는 크루즈 선에 승선하여 페트모스(Patmos)와 에베소(Ephesus)로 향했다. 이 호화 선박의 시설은 말 그대로 대단했다. 아버지는 움직임을 우리가 인지하지 못하는데도 배가 항해하고 있다는 것에 흥분하고 계셨다. 변화 과정을 알리기 위해 아버지는 선실을 드나들며 상황을 우리에게 알려 주곤 하셨다. 감미롭고 졸음을 불러오는 지중해성 기후 탓인지 육지에서 불면증에 시달리던 어머니는 선실에서 깊은 잠에 빠지셨다. 이 상황을 보고 아버지는 지중해의 호화선박에서만 잠이 드는 귀 부인이라며 어머니를 놀리셨다. 우리는 항해 도중 선상에서 잊지 못할 그야말로 장중한 지중해의 석양빛을 만나 수많은 사진을 찍었다. 나는 부모님이 즐거워하시는 것을 보고 행복했다. 신은 항상 살아가는 대가로 고통만을 요구하는 것은 아니었다는 것을 나는 깨닫고 있었다.

맛보(Patmos)는 요한 계시록에 언급된 곳으로 기독교 순례경로에서 빼 놓을 수 없는 장소다. 우리는 성 요한이 꿈을 통해 계시를 받은 현장, 아포칼립스동굴과 요한에게 바쳐진 몇 개의 수도원을 방문했다. 동굴은 몹시 어두웠다. 도무지 무엇인가 한 글자라도 쓸 수 있을 빛이 없어 보였다. 관광객들을 위해 전깃불을 켜 놓았는데도 동굴은 어둡기만 했다. 거기에 더하여 공기가 잘 순환되지 않아 동굴 내 공기가 몹시 탁하여 호흡에 어려움을 느낄 정도였다. 성 요한은 어떻게 이런 곳에서 글을 쓸 수 있었는지 이해가 되지 않았다. 탁한 공기가 그의 환상을 더하게 한 것이 아닐까?

우리의 다음 목적지는 아나톨리아의 고대 도시, 에베소였다. 에베소는 잠깐이라도 그곳을 방문한 사람들이라면 평생 잊을 수 없을 것 같은 아주 인상적인 그런 곳이었다. 내가 땅에 발을 내딛자 말자 나는 마치 시간속을 여행하여 1세기 때의 고대도시로 온 듯한 느낌을 받았다. 내가 걷는 길바닥은 대리석으로 깔려 있었고 양 옆에는 역시 대리석 인물상들이 늘어서 있었다. 그곳에는 로마시대 셀서스(Celsus)도서관의 유적이 있었고 아우구스투스 황제의 문, 하드리안 성당 그리고 엄청난 규모의 야외 원형극장 등이 줄지어 있었다. 우리를 인도한 가이드의 설명에 의하면 이곳은 로마유적 중에 제일 큰 규모인데 지금까지 발굴된 면적은 전체 도시의 15% 정도에 불과하다고 하였다. 그 15%에 불과하다는 눈으로 볼 수 있는 유적만으로도 번영했던 이 도시의 규모를 짐작할 수 있고 이런 저런 유적에 붙여진 이름을 통해서는 지난 세월 이들의 화려했을 생활상이 연상된다. 도로포장에 사용된 대리석 판들의 위에는 방향을 표시하며 사람들을 어느 한 곳으로 인도하는 화살표들이 연속되고 있었다. 그곳은 무엇을 하던 곳일까? 놀랍게도 그 화살표들은 고대 에베소의 유명한 한 장소, 사창가를 가리키고 있었다. 매춘은 예로부터 존재했던 오래된 직종이었던 것이다.

셀서스도서관은 AD 125년에 가이우스 율리우스 아퀼라가 그의 아버지를 기념하기 위해 세웠는데 당시 12,000개의 두루마리를 소장할 정도로 큰 규모였다고 한다. 에베소는 또한 많은 검투사들이 묻힌 곳이기도 하였다. 로마 최초의 기독교 황제이기도 했던 콘스탄티누스 1세는 이 도시의 대부분을 재건했다. 도시가 건립된 후 이 도시는 숱한 전쟁의 현장이 되었다. 그 결과 서로 다른 수많은 정복자들의 손을 거치다가 마침내 15세기에 이르러 버려지게 되면서 옛 영광을 잃게 된다. 나는 이곳 역사를 얘기 들으며 서로 다른 종교의 정복자들에 의해 수시로 유린되었을 이곳 주민들의 고통스러웠을 생활상이 연상되었다. 바울 사도는 그의 세 번째 전도여행 기간 중 2년을 이곳에서 보낸다.

다음 목적지는 에게 해변에 위치한 터키의 휴양지인 쿠사다시였다.

그곳에는 매우 붐비는 시장이 있었다. 나는 그곳에서 아주 아름다운 청록색의 터키석 반지와 이에 어울리는 펜던트를 샀다. 로마제국이 기원전 2세기에 차지한 이곳 해안지대로 초기기독교시절 예수의 어머니 마리아와 예수의 사도 성 요한이 옮겨온다. 마리아의 거주사실을 들으며 나는 예수의 존재에 대하여 더욱 확신을 갖게 되었다. AD 1086년 이곳 일대는 터키의 통제 하에 들어간다. 그리곤 이 에게해의 항구는 동방으로 가는 대상들의 출발지가 된다. 그렇지만 십자군 전쟁 시 터키 세력은 쫓겨나게 되고 이곳은 AD 1280까지 비잔틴 제국의 통치 하에 들어간다. 참으로 복잡한 역사다. 이 쿠사다시는 AD 1413년 다시금 오토만 제국의 손에 들어간다. 오토만들은 이 도시에 외곽 성벽을 만들고 캐라반 대상들 용 숙소를 건설하는데 이 건물들이 지금까지 남아있다. 근세에 들어와 터키 독립전쟁이 일어났을 때 쿠사다시는 1919년부터 1922년 사이에 처음에는 이탈리아에 의해 그 다음에는 그리스에 의해 각기 점령되었다가 최종적으로 1922년 9월 7일 터키에 의해 다시 탈환된다.

우리 여행의 마지막 기착지는 아테네였다. 아테네를 끝으로 우리는 미국으로 돌아오는 여정이었다. 아테네는 유럽의 어느 도시보다 오랜 역사를 가지고 있다. BC 1세기에 이르러 아테네는 그리스 도시국가 중에서 가장 지도자적 위치에 오르게 된다. BC 5세기에 이룩한 아테네의 문명은 서구 문명의 초석이 된다. 아버지는 그의 사고에 영향을 크게 미친 그리스 철학자들의 가르침을 존중하여 종종 우리들에게 이를 인용하여 말씀을 하곤 하셨다. 소크라테스는 환경이 어떻게 변하든 옳다고 믿는 바를 따라 행동하여야 한다고 가르쳤다. 플라톤 역시 서구의 사고에 큰 영향을 끼친 철학자다. 그가 남긴 초기의 대화록은 지식을 습득하는 방법에 대하여 주로 언급하고 있는데 반하여 그의 후기로 가면 정의와 실천적 윤리에 대한 부분이 많다. 아버지는 이솝 우화도 좋아하셨는데 이는 당시 그리스의 노예 신분으로 이야기꾼이었던 이솝(Aesop, BC 620-560)에 의해 전해진 것들이었다. 아버지는 종종 우리들에게 이솝의 지혜를 배워 행동하라고 우화들을 예를 들며 가르치셨다. 그중 몇 개를 나는 지금도 기억하고 있다. 거짓으로 늑대가 왔다고 외친 소년의 이야기며 차가운 북풍에 옷깃을 여미고 따스한 햇살에 옷을 벗는다는 이야기 등.

우리가 아테네를 향해 접근해 가자 선상에서 처음으로 눈에 들어오는 것은 높은 언덕위에 세워진 아크로폴리스, 세계에서 제일 유명한 언덕위의 도시였다. 이곳 이외에도 그리스에는 몇 곳 더 같은 이름의 언덕위의 도시가 있지만 아테네의 이 아크로폴리스의 중요성 때문에 마치 고유 명사처럼 '아크로폴리스'하면 이곳을 의미할 정도가 되어있다. 고고학적 유물들이 아크로폴리스로 들어가는 입구 통로를 차지하고 있었다. 이 기념비적인 통로는 프로필라에아(Propylaea)라고 불리고 있었다. 이 모든 성전들은 그리스의 신들을 모시는 장소였는데 유사한 곳이 여러 곳이 있었다. 아크로폴리스를 방문한 후 우리는 호텔로 돌아왔다. 몹시 피곤했던지 어머니는 이내 잠이 드셨다. 이번에는 선상이 아닌 육지에서 잠이 드신 것인데 우리는 여전히 졸음을 부르는 지중해성 기후 아래 있었던 것이다. 아버지는 아테네 시내를 더 보시겠다고 외출을 하셨고 나는 오후 내내 어머니 옆을 지켰다. 아버지는 높은 연세에도 불구하고 여전히 학구열에 불타는 학생이었다. 언제나 새로운 것에 호기심을 일으켰고 또 끝없이 배우려고 하셨다. 아버지의 그러한 성벽은 나에게도 유전자로 남아있는 듯하다.

다음 날 우리는 뉴욕으로 돌아왔다. 부모님은 남은 휴식 기간동안 나와 같이 지내실 수 있었다. 이번 여행은 아마도 내가 부모님들이 여행을 다닐 수 있을 신체조건일 때 해드릴 수 있는 최선의 선물이었을 것이다. 긴 여행 끝내 부모님들은 아직 독재체제 하의 한국으로 귀향하셨다.

하루는 퇴근하여 집에 와 메시지를 확인하니 매우 기다란 전언이 녹음되어있었다. 때는 1991년 9월 어느 날이었다. 전화를 한 사람은 자신을 번 첩프(Vern Chupp)이라고 소개하고 있었는데 아주 흥미 있는 시스템으로 진행하는 새로운 프로젝트의 담당자라는 것이었다. 그가 설명하는 시스템은 전자동세포측정기 관련이었는데 레이저에 기초를 둔 생물물리학적기술로써 세포의 수를 계산하고 분류하고 혈류의 흐름 과정에서 흐름을 늦추거나 전자적 탐지 기구 속을 통과시켜 세포의 생물학적 특성을 찾아내는 그런 기술이었다. 그 기술 체계는 일초 당 수 천건의 물리화학적특성을 찾아낼 수 있는 동시 다매체분석시스템으로 세포 속의 단백질 연구가 중심이 된 혈액학과 면역학 모두에 관련이 있는 것이었다. 그런 기술은 일반적으로 실험실에서의 진단 목적으로 사용되는 기초 과학 분야에 속해 있었다. 그는 누군가 그 시스템 진척을 위해 과학 분야를 담당해 줄 사람을 찾고 있었던 것이다. 그는 주제와 관련된 기술 특허 내용을 조사하다가 내 이름을 발견하고 나에게 전화를 하였던 것이다. 그는 이야기 끝에 덧붙여서 말하기를 내가 바빠서 캘리포니아까지 오기 어려우면 회사의 대리인을 뉴욕으로 보내 나와 인터뷰를 할 용의가 있다고 하였다. 그 전화는 실리콘밸리의 세코이아 터너(Sequoia Turner)로부터였다.

당시는 내가 뉴욕의 의과 대학(Medical college)에서 세포 생물학과 해부학 분야의 박사학위를 취득한 바로 직후였다. 나의 직업에 무엇인가 변화를 갖기에는 그야말로 적기였다. 나는 박사학위 취득에 여러 해가 걸렸다. 낮에는 직장인 바이엘(Bayer) 사에 프로젝트 관리자로 매여 있었기 때문이다. 박사학위가 없어도 좋은 직업을 가지고 있었지만 나는 나의 부모를 돕고 차를 사고 집을 사기 위해 연기된 나의 학업 목표를 반드시 이루어야만 했다. 잘 알겠지만 어느 대학교도 파트타임 박사과정을 허용하는 곳이 없었기 때문에 박사학위에 대한 꿈을 이루지 못하고 내가 생물화학 분야의 석사학위를 받은 후 많은 시간이 흘러버렸다. 그래서 나는 석사과정을 전부 다시 밟아야만 했다. 그러나 이 과정은 나에게 많은 도움이 되었다. 내가 석사학위를 받은 후 많이 진전되어 훨씬 복잡해진 생물화학분야, 특히 분자차원의 연구 결과인 새로운 지식으로 채울 수 있는 시간이었기 때문이다. 나는 혈액학과 조직학, 배아학 그리고 면역학과 해부학 그리고 이와 관련된 실험까지 전 분야를 다시 공부해야 했다. 그리고 나서 나는 뉴욕 의과대학 Ph.D 과정에 들어가기 위한 협상에 들어갔다.

그때까지 나는 회사의 신상품개발에 많은 공헌을 하였고, Bayer가 이 회사에 합류하기 전 20년 전부터 개발 상품들을 보호하기 위한 특허 역시도 여럿 가지고 있는 등 실적이 있었기에, 회사는 뉴욕 의과 대학장에게 편지를 내어 회사가 나의 박사학위 과정에 필요하다면 야간학급에 더하여 낮 동안 이루어지는 세미나에도 참석하는 것을 허용하겠다는 확약을 한다. 거기에 더하여 나의 박사학위 과정을 위해 필요하다면 회사가 가지고 있는 유체세포분석기를 사용해도 좋다고 확약하였다. 이런 확약서에 더하여 내 연구와 관련된 분야의 교수들 추천서가 3개 필요했다. 하나는 뉴욕 대학교 밖에서 그리고 둘은 학교 내에서 구하여 제출했다. 또 하나 행운이었던 것은 바이엘(Bayer)이 합류하기 전 회사였던 테크니콘(Technicon)사가 그 전성시대에 직원 복지로 시행했던 수업료보상제도가 아직 살아있었다는 점이다. 요건은 평균 B+의 학점이었다. 내가 과정을 끝냈을 때 나의 종합 집계 성적은 4점 만점에 3,85였다. 이 시절 나는 거의 탈진 상태였다. 나의 면역체계는 극도로 악화되어 나는 매 겨울마다 감기에 시달리곤 하였다. 뿐만 아니라 수면부족과 과로로 평상시답지 않게 감정적으로 예민해졌다. 나는 어느 날 라디오에서 흘러나오는 노래를 듣다가 흐느껴 울기도 하였다. 박사 과정을 마친 후 나는 그 노래가 무슨 노래였는지 궁금하여 찾아보았다. 그 노래는 리오넬 리취 (Lionel Richie)의 'Say You, Say Me'였다. 나는 그의 CD를 사서 반복해서 듣곤 하였는데 더 이상 눈물이 나오지는 않았었다. 참 아름다운 노래였다. 나는 지금도 그의 노래들을 좋아한다.

나는 번 첩(Vern Chupp)이 전화에서 언급한 캘리포니아에서의 새로운 기획 일에 마음이 움직였으나 내가 나의 전문가 인생의 대부분을 보내고 경력의 대부분이 이루어진 이 직장을 떠난 다는 것 역시 몹시 주저되는 상황이었다. 다른 한편 당시 직장상황은 나를 불만족스럽게 만들고 있었다. 회사의 소유자는 벌써 세 번인가 네 번 바뀌었고 그때마다 종전의 소유자는 회사를 쥐어짜 가지고갈 것은 다 가지고가고 새 소유자는 적절한 이윤을 못 만든다고 직원들을 비난하며 다시 쥐어짰다. 그런 상황은 참으로 얼토당토않은 것이었다. 실제로는 우리 직원들은 항상 하던 것처럼 열심히 일했고 실제로 매우 성공적으로 H1같은 혈액분석 시스템을 시장에 내놓아 당시의 시장 예측치보다 세배나 많은 실적을 올리고 있었다. 새로운 소유자가 나타날 때마다 우리가 예측가능한 일정 형태의 일이 행해졌다. 그것은 바로 열심히 일해 온 직원들을

▲ 뉴욕 의과대학 박사학위 수여식 날(왼편으로부터 조카, 본인, 동생 휘, 동생 준)

대량 해고하는 일이었다. 내가 해고당하지 않고 살아남은 것은 나는 항상 회사가 새로이 시작한 핵심사업의 주요 위치에 있었기 때문이었다. 미국 직장사회에서 전해오는 속담 같은 것이 있다. "네가 네 직장 경력을 보장받으려면 소유자가 너를 필요로 하게 하라. 네가 사랑받든 아니든 그것은 중요치 않다." 그 필요의 다른 이름은 바로 '이익'이었다.

결과적으로 나는 실리콘밸리의 이 회사, 세코이아 터너(Sequoia Turner)에 대해 조사해보기 시작했다. 소문은 에보트(Abbott)연구소가 이 회사를 사려고 하고 있다는 것이었다. 그래서 나는 에보트연구소에 대해 알아보았다. 그 연구소는 당시로서는 진단학 분야에서 세계 제일의 회사였다. 이번에는 내가 있는 바이엘에 대해 조사해보았다. 바이엘은 같은 분야에서 세계 랭킹 2위였다. 그렇다면 2등에서 1등으로 가는 것은 한층 더 승격하는 것이 아닌가? '안 바꿀 이유가 없지 않나?'라고 생각한 나는 그 인터뷰 제안을 받아들이기로 하고 그해 12월 예정되어있던 콜로라도 덴버에서 열리는 아메리칸 소사이어티 주최 혈액학대회 참석 후 만나기로 하였다.

그 대회가 끝난 후 나는 항공편으로 샌프란시스코로 갔다. 비행기 속에서 나는 세코이어 터너의 의학분야 책임 임원인 비랜드 폰 베렌(Wieland von Behrens)박사를 알게 되었다. 그 역시 덴버의 그 대회에 참석하고 오는 길이었다. 그는 나에게 자기 집에서 하룻밤 묵어갈 것을 권하며 이튿날 아침 나와 같이 회사로 가지고 하였으나 나는 호텔이 편하다며 그의 친절한 권유를 사양했다. 그는 매우 친절하였고 호주 출신이었다. 그의 부인은 샌프란시스코 지역의 의사였다. 다음 날 아침 베렌 박사는 호텔에서 나를 태우고 280번 고속도로로 회사가 있는 실리콘밸리로 향했다. 그 도로는 클리스탈호수와 겨울비가 내린 직후여서 산들은 푸르러진 산들을 보며 달리는 경치 좋은 길이었다. 회사가 있는 마운틴 뷰에 도착 했을 때 나는 태평양에서 불어오는 부드러운 바람에 나부끼는 종려나무들을 보았다. 순간 나는 "내가 뉴욕에서 무엇을 하고 있지?"하고 생각했다. 바로 며칠 전 나는 눈 폭풍이 몰아쳐 앞이 안보이던 라과디아공항을 떠나오지 않았던가? 이것이 샌프란시스코만 지역에 대한 나의 첫인상이었고 나는 속으로 이미 나의 여생을 이곳에서 보내자고 마음먹고 있었다. 회사의 신규사업담당 번 첩(Vern Chupp)은 깊고 푸른 눈을 가진 아주 솔직하고 허세가 없는 좋은 사람이었다. 나는 그에게 신뢰가 갔고 같이 즐겁게 일할 수 있는 사람이라고 생각했다. 에보트 연구소는 기대했던 대로 1992년 1월 세코이아 터너 회사를 샀고 나는 그 들로부터 서면 제안을 받았다. 이사비와 내가 영구주택을 구할 때까지 임시 숙소를 제공해주겠다는 약속이 부가되어 있었다.

이제 나는 20년간 다니던 회사를 사직하고 4,800km를 날아 캘리포니아로 갈 것인지 최종 결정을 해야 했다. 생각했던 대로 바이엘사가 대량 해고를 할 것이라는 소문이 돌았다. 나는 캘리포니아에서 집을 살 수 있을 정도의 해고 수당이 따라올 자진 퇴직신청을 했다. 나는 독일의 바이엘 본사로부터 온 최고경영진과 약속을 잡았다. 강당에서 연설을 할 때마다 화난 듯 큰 소리를 내는 까닭에 연설이 끝나면 모든 직원들이 그 앞에서는 감히 아무 것도 묻지도 못하고 숨조차 제대로 쉬지 못할 정도였다. 그의 이름은 힐러(Hiller) 박사였다. 직원들은 농담으로 아마도 그의 이름 중에서 'T'가 빠진 것일 것이라고 얘기하곤 하였다. 즉 히틀러에서 T가 빠져 힐러가 되었다고 우스갯소리로 그를 표현하였었던 것이다. 회사를 바이엘이 매수하기 전 소유자였던 레브론 & 쿠퍼(Revlon & Cooper)가 알맹이를 다 빼내어 가서 바이엘이 지불 한 금액에 상응하는 자산이 없었던 까닭에 바이엘 측은 몹시 화가 나 있었다. 그래서 그들은 손익을 맞추기 위해 대량 해고를 계획하고 있었다. 그러나 이번에도 그 잘못은 직원들에게 있지 않았다. 소문은 이랬다. 바이엘이 당시 레브론 밑에 있던 테크니콘 사를 사서 바이엘의 진단분야 사업부 본사를 뉴욕에 두고 그들이 2차대전 직후 미국에서 인기가 없을 때 스터링(Sterling) 회사에 팔았던 바이엘 아스피린에 대한 권리를 다시 사들이려 한다는 것이었다. 독일 인들은 타고나기를 매우 철저하고 사소한 것도 놓치지 않는 성품들이었다. 그들은 회사 빌딩전면에 붙어있던 테크니콘사의 상징이던 'T' 표지마저 떼어내고 그 대신 바이엘이라는 이름을 붙이려 하고 있었다. 그것은 내가 20년 근무한 애정 어린 테크니콘사의 종말을 얘기하는 것이었고 나 역시 그것으로 이 회사와는 끝이었다.

무슨 이유에서 인지 나는 내 인사권을 쥐고 있는 최고 임원에게 나의 이야기를 함에 있어 조금도 두려움을 느낀 적이 없다. 내친 김에 나는 힐러 박사를 만나 희망퇴직을 하겠다고 얘기하려고 그와 면담약속을 잡았다. 내가 그의 사무실로 걸어 들어가자마자 나는 기쁜 놀람을 경험한다. 그는 나에게 커피, 크림, 설탕,등을 권하며 아주 기분 좋게 나왔다. 커피를 내왔고 내가 설탕도 우유도 없는 블랙커피를 마시는 것을 칭송했다. 나는 왜 그가 나에게 그렇게 친절하게 나오는지 이유를 몰랐다. 나는 내가 대량 해고 계획에 대한 소문을 들었는데 차제에 희망퇴직을 하고 싶다고 말했다. 놀랍게도 그는 말하기를 이미 내 경력을 조사하여 내가 그동안 회사에 크게 기여해왔음을 잘 알고 있다며 나의 퇴직희망을 받아들일 수 없다고 하는 것이었다. 나는 그의 반응에 크게 실망하였다. 왜냐하면 나의 다년간의 회사근무로 내가 퇴직할 경우에는 최소 $100,000을 받을 수 있었기 때문인데 그 희망이 사라지려 했기 때문이었다. 그 돈이면 내가 미국 내에서 가장 부동산 가격이 비싸고 또 끊임없이 상승기류를 타고 있는 캘리포니아에 집을 구매하기 위한 전도금을 낼 수 있는 금액이었기 때문이다. 그래서 하는 수 없이 나는 한 달 간의 사전 예고를 통해 회사에 사직을 통보하기에 이른다. 나는 뉴욕의 내 집을 시장에 내놓고 나의 새로운 모험을 위해 캘리포니아로 옮겼다.

제6공화국과 햇볕정책

(1993-2003)

제6공화국과 햇볕정책
(1993-2003)

잠시 한국으로 돌아가자. 대통령 전두환은 강한 중앙집권적 정부를 지향하는 정책을 유지하고 있었고 박정희시대의 급속한 경제성장도 변함없이 이어지고 있었다. 1981년 새로이 개정된 헌법은 그 전 헌법인 1972년 제정된 소위 유신헌법보다는 덜 하였지만 여전히 전제적 요소가 강하게 남아있어 대통령에게 폭 넓은 권한을 부여하고 있었다. 그러나 중요한 조항 하나가 있어 대통령의 임기를 단임인 7년으로 못 박고 있었다. 특이하게도 전두환은 이 헌법 조항의 개정을 시도하지 않았으며 이어서 1987년 선거에 출마하지 않았다. 이 조항을 개정하려고 하였으면 할 수도 있는 상황이었는데도 그리하지 않은 것은 아마도 박 대통령 사후 정부 장악을 도모하였던 일련의 행동에서 그와 뜻을 같이 해온 노태우와 간에 정권이양에 관한 내부합의가 있었지 않나 짐작된다. 그들은 또 그 7년 동안 충분한 재물을 확보한 후 대통령직에서 퇴진하리라 생각하였던 듯하다. 1983년 10월 전두환이 방문예정이었던 버마의 국립묘지에서 폭발이 일어난다. 그 결과 내각의 장관들을 포함한 21명이 목숨을 잃는다. 전두환은 불과 2분 차이로 참변을 면한다. 북한의 짓이었음이 광범위하게 의심되었고 결국 그렇게 판명된다.

대통령직에 있으면서 전두환은 뇌물, 기타 여러 형태와 방법으로 막

대한 재물을 손에 쥐게 된다. 통화 가치가 유지되는 가운데서도 경제는 지속적으로 발전되었는데 그럼에도 불구하고 1986년에 이르자 전두환 정권에 대한 저항 움직임이 국민들 간에 일어난다. 그 중심 세력은 운동권 학생들이었다. 1987년 6월 전두환은 노태우를 1987년 대통령 선거의 여권 후보로 지명한다. 생각했던 대로 전국적인 저항 운동이 물 끓듯 일어났다. 그 달에 미국의 레이건 대통령은 전두환에게 편지를 보내 미국은 한국이 민주적 제도를 세우는 것에 지지를 보낸다고 태도를 명백하게 한다. 그런 상황 속에서 6월 29일 노태우는 대통령직접 선거와 정치 활동이 금지된 김대중을 포함한 인사들의 권리 회복 등 몇 가지 민주화 조치를 취할 것을 공개적으로 요구한다. 이로서 노태우는 전두환과 차별화를 기하고 야권의 김영삼과 김대중의 분열을 노려 대통령 선거에서의 자신의 당선 가능성을 높인다. 실제로 그는 헌법 개정 후 실시된 직접 선거에서 최다 득표를 하여 전두환의 뒤를 이어 대한민국의 대통령으로 취임한다.

전두환과 마찬가지로 노태우는 1955년 그의 군 생활을 시작한다. 지속적인 승진을 해 오던 그는 1979년 소장으로 진급한다. 그 해 후반에 이르러 그는 군내 비밀조직이었던 하나회 회원으로서 전두환의 쿠데타에 중요하고도 예민한 지원에 나서 그로 하여금 한국의 사실상 통치자가 되게 한다. 전두환을 도와 1980년 광주민주화항쟁 현장에 군을 파견하게 하는 일에도 관여한다. 1987년 6월 전두환은 노태우를 여당인 민정당의 다음 대통령 후보로 지명한다. 노태우가 그해 대통령직을 가지고 마치 작전하듯 하였다는 인식은 넓게 퍼져 있다. 1987년이 되자 민주화를 요구하는 대규모 군중집회들이 서울 및 기타 주 도시에서 격발되었는데 노태우는 6월 29일 그중 한 집회에서 민중 앞에 서서 광범

위한 개혁을 약속하는 연설을 한다. 새로운 민주적 제도를 위한 헌법 개정, 특히 국민들의 자유로운 보통선거에 의한 대통령의 직접선출을 주요내용으로 하는 헌법 개정을 천명한 것이었다. 이렇게 되어 헌법이 개성된 후 실시된 선거에서 주요 야당의 후보들인 김영삼과 김대중은 둘 간의 의견 차이를 극복하지 못하고 각자의 길을 가다가 야당 표가 분산되어 결국 근소한 차이로 노태우를 대통령으로 당선시킨다. 이로써 노태우는 오랜만에 진정한 의미의 직접 선거에서 선출된 대통령이 된다.

대부분의 새로 나온 세계백과사전들과 위키피디아에서는 노태우의 정부를 민간정부인 6공화국으로 지칭하고 있으나 진정한 의미의 민간정부는 그의 다음을 이어 출발한 1992년 김영삼정부부터였다고 할 것이다.

노태우의 치적은 1988년 서울올림픽을 성공적으로 주최한 것과 종전의 정부들과 크게 차별화된 그의 북방정책에 있다. 특히 그의 북방정책은 대표적 정책으로 북한의 전통적 우방인 중화인민공화국과 소비에트연방을 비롯한 동구권 국가들과의 외교관계정상화를 궁극적 목표로 한 것이었지만 경제발전이라는 측면에서도 대한민국에 크게 기여한 정책이 되었다. 이 정책은 북한을 고립시키게 되어 북한이 개방과 군사적 긴장의 축소 방향으로 나갈 수밖에 없도록 만든 정책이었다. 그 정책은 당시 공산정권 하의 동독을 대상으로 한 서독의 동방정책에서 이름을 빌려온 것이었다. 서독의 동방정책은 두 개의 독일 간의 관계정상화를 목표로 한 것이었다. 이 북방정책은 후에 햇볕정책으로 계승되는데 서독의 동방정책과 많이 유사한 정책이었다. 노태우는 그의 말을 지켜 민주적 개혁을 단행하였으니 그는 전두환보다 훨씬 세련되게 통치한 것이었다.

일부 한국인들 간에 미국이 한국의 군사정권을 지원하였다는 믿음이 있으나 미국은 결코 한국 내의 군사쿠데타를 지원한 적이 없다. 단지 주둔국의 대통령의 동의 없이 쿠데타를 제압할 행동을 할 수가 없었을 뿐이다. 그렇지만 한 번 쿠데타가 성공하고 나면 미국정부는 새로운 정부와 협상을 통해 민간정부로의 회복을 유도하였을 뿐이다. 박정희 전두환 두 경우 모두 그랬다. 미국은 그들의 아시아 지역에서의 성공 사례로 대한민국을 민간이 주도하는 민주적 반공산주의 국가가 되기를 원해 왔을 뿐이다. 민간이 주도하는 정부를 만들라는 미국의 지속적 압력이 없었더라면 아마 한국의 군사정부는 더 오래 지속되었을 것이다.

미국정부의 압력이 없었더라면 김대중 대통령이라는 존재도 없었을 것이다. 박정희의 유신헌법에 반기를 든 김대중이 도쿄에 머물고 있던 1973년 8월 그는 한국 중앙정보부 요원에 의해 납치된다. 한국 중앙정보부의 계획은 김대중을 대한 해협 상에서 죽여 바다에 버리려던 것이었으나 그들을 감시하는 헬리콥터가 상공에서 배회하며 따라오자 행동에 옮길 수가 없었다. 김대중은 1980년 전두환의 쿠데타와 광주에서의 그 유명한 항쟁 사태 발발 초기 다시금 체포되고 이어서 사형 선고를 받는다. 이유는 그의 정치적 기반인 광주에서의 폭동선동과 정부전복 음모였다. 미국 정부의 개입으로 그의 형은 사형에서 20년 징역형으로 감형되고 나중에는 석방되어 미국 망명길에 오르게 된다. 그는 보스턴에 임시 거처를 마련하고 1985년 그가 귀국할 때까지 하버드대학의 국제관계센터에서 방문교수로서의 역할을 하게 된다.

해방 후 반세기라는 세월이 지났음에도 대한민국은 아직 공고한 민주

정부를 가지고 있지 못했다. 많은 죄 없는 시민들의 생명이 민주주의를 위한 투쟁과정에서 희생되었다. 그런 희생에도 불구하고 한국의 민중은 군사정권을 끝낼 때까지 투쟁을 멈추지 않았다. 박정희정권시절 야당 국회의원이었던 김영삼이 미국을 방문하여 뉴욕타임즈와 인터뷰를 했을 때 독재정권에 대한 미국의 지원을 중단하라고 요구하였다고 하여 김영삼은 귀국 후 가택연금이 된다. 카터 정부는 한국의 증대되는 인권유린 상황에 대하여 우려를 표시하고 야당의원들을 부당하게 억압하지 말라고 강한 경고를 보낸다. 1979년 10월 김영삼이 국회에서 제명되어 야인이 되었을 때 미국은 주 한국 대사를 소환하고 김영삼이 소속되었던 신민당의 의원 66명이 국회의원 직에서 자진 사퇴를 한다.

여당 측이 그들 사퇴한 의원들을 개별 심사하여 그 중 일부만 사표를 수리하려 하자 김영삼의 정치적 고향인 부산에서 대규모 항의시위가 일어났다. 그 시위로 30개의 경찰관서가 불에 탔다. 독재정권의 종식을 외치는 학생들과 시민들에 의한 이 시위는 이승만대통령시절 이후 최대의 규모로 커져갔고 마산 등 여타의 도시로 번져나갔다. 이 같은 소요가 10월 26일 박정희시해사건을 촉발하는 하나의 계기가 된다. 시해사건의 장본인인 중앙정보부장 김재규는 사태가 악화되면 발포하여 시위를 진압하라고 명령을 받았을 것으로 보이는 그 당사자였다.

1992년에 김영삼이 대통령에 당선되었다. 그는 지난 30여년의 독재적 정부를 끝내고 민주적 선거에서 당선된 최초의 민간인 대통령이었다. 그는 1993년 2월 25일 대통령에 취임한다. 여러 번씩 연임한 대통령들을 각기 1명으로 계산하였을 때 그는 7번째의 대통령이 된 것이었다. 나는 부모님께 전화를 해서 마침내 민주적 민간정부가 들어선 나라에 살게 된 것을 축하한다고 말씀드렸다. 그 축하의 뜻으로 제주도 여행을 하자고 제안드렸다. 부모님은 새 대통령 김영삼에 대하여 많이 알지 못하셨다. 전두환, 노태우를 상대로 그가 곧 대규모 반부패투쟁을 전개할 것이라는 것을 알지 못하셨다.

그 해 여름 나는 휴가를 얻어 한국에 와서 부모님을 모시고 거대한 휴화산인 한라산이 그 중심에 자리 잡고 있는 아름다운 섬 제주도로 갔다. 그런데 막상 이 아름다운 섬의 주민들은 오랜 세월 동안 수많은 비극을 겪어야만 했다는 사실은 슬픔 그 자체이다. 당시에는 나는 제1공화국 시절 있었던 대량 학살행위로 수많은 죽음들이 이 한라산의 동굴들에 묻혀 있다는 것을 알지 못하였다. 그 사실은 오랜 동안 국가의 1급 비밀로 되어있어 그 사태가 발생한 후 오랜 시간이 흐르는 동안에도 그 비밀이 지켜지고 있었기 때문이다. 그 사태 이야기를 하는 것 자체가 위법 행위여서 어느 누구든 그 사실을 누설하는 이는 기소되어 처벌되었다. 그 결과 이 희생자들, 남자, 여자, 심지어 어린이들의 백골은 폐쇄된 비밀 동굴에 말없이 누워 정의를 부르짖기는 고사하고 그 존재조차 알려지지 않은 상태로 오랜 시간이 흘러갔다. 내가 방문했던 1992년 당시 이 아름다운 섬은 관광 붐이 일어 호화호텔과 공연장 그리고 아름다운 식당들로 가득했다. 섬 일대는 온갖 꽃으로 덮여 있었다. 한라산의 어두운 동굴 속 주검들이 기쁨을 만들어내는 사람들의 야단스러움 속에 수면으로 떠오르고 있었다.

김영삼은 5년 단임의 대통령직을 수행하였다. 그 기간 동안 대규모의 반부패정책을 시행하였는데 그 피날레는 전직의 두 대통령, 전두환과 노태우를 구속하는 것이었다.[27] 1995년 12월 20일 소급 입법인 광주 5.18민주화운동에 대한 특별법이 국회에서 통과 되었다.[28] 헌법재판소

27) 노태우는 11월 16일, 전두환은 12월 3일 각기 구속되었음, 출처 : 조선일보 기사

에 계류 중이던 시효 문제는 11월 16일 청구인들이 소를 취하하여 종결되었고 검찰은 수사를 재개하여 1995년 12월 3일 전두환과 16명의 공범을 반란과 그 모의 혐의로 체포한다. 이들 두 대통령의 재임기간 동안에 이루어진 부패행위에 대한 수사 역시 동시에 개시되었다.

1996년 3월 이들에 대한 공개재판이 시작되었고 같은 해 8월 26일 서울 지방 법원에서 그 1심 판결이 있었다. 전두환에게는 사형이 노태우에게는 징역 22년 6월이 각각 선고되었다. 전두환에 대해 선고된 사형은 항소심에서 동년 12월 16일 무기로 감형되었다. 서울고등법원은 무기형에 병과하여 추징금 2,200억 원을 선고하게 된다. 1997년 4월 대법원의 최종판결이 내려진다. 반란을 주도하고 모의한 것, 이에 참여하고 위법적인 명령을 내려 군대를 이동하고 계엄 하에서 직무를 유기하고 상관살해를 기도하였으나 미수에 그친 것, 통제 하에 있던 부대를 통해 반역목적의 살해를 자행하고 뇌물을 받았다는 등 여러 범죄의 경합범으로 처벌된 것이다.

형이 확정되자 전두환은 형기를 시작하였다. 1997년 12월 22일 김영삼 대통령은 차기 대통령으로 선출되어있던 김대중의 권유에 따라 전두환의 종신형을 면제하는 사면을 단행한다. 그 명분은 국가의 혼란을 방지하고 성공적인 민간민주정부를 만들어가기 위해 국민간의 단합이 필요하다는 것이었다. 그러나 전두환에게는 아직 대규모의 미납 추징금이 남아있었다. 그 당시까지 납부된 추징금은 530억 원에 불과했다. 전체 추징금 규모에 비하면 미미한 납부실적이었다. 나머지 1,672억원은 당시에는 추징 불가한 상태였다. 5.18민주화운동 특별법에 의하면 당시

---

28) 특별법의 주요 내용은 12.12와 5.18 관련자들의 공소 시효를 노태우 대통령 재임기간인 1993. 2. 24일까지 그 소멸을 정지시키는 것이었다. 출처 : 조선일보 기사

5,18사태 진압과 관련된 서훈은 전부 무효가 되고 메달은 국가에 반납하게 되었으나 회수되지 않은 메달이 9개가 있었다.

이 징수되지 않은 1,672억 원의 회수를 위해 검사와 국세 징수관 그리고 다른 수사관들로 구성된 약 90명의 팀이 2013년 7월 동시 다발적으로 전두환과 그 가족들의 집 그리고 그들의 사무실 등을 급습하였다. 그 여러 곳 중에 전두환의 큰 아들 전재국의 창고에서 350개가 넘는 한국 예술가들의 작품들이 쏟아져 나왔다. 개중에는 시가 10억원으로 평가되는 작품도 있었다. 국회는 소위 전두환법이라 칭해지는 법을 새로이 제정하였는데 그 법은 공무원들에게 선고되었으나 징수되지 않은 벌금 기타 추징금 등의 회수 유효기간을 연장하는 내용이었다. 기존 법령에 의하면 전두환에 대한 강제징수 가능기간은 2013년 10월까지였는데 신법에 의해 2020년까지 그 가능 기간이 연장되었다. 뿐만 아니라 가족들의 자산이라 할지라도 만일 그것이 전두환의 불법 자금에서 연유된 것으로 증명되면 무엇이든 압수할 수 있도록 그 법은 규정하고 있다.

1998년 김대중이 한국의 8번째 대통령으로 취임한다.[29] 김대중 정부는 그의 유명한 햇볕정책을 입안하여 시행하는데 이는 이솝우화의 '북풍과 해님'에서 연유했다. 정부가 내세운 국가안보의 3대 목표는 "1. 북한의 무력도발은 용서되지 않는다. 2. 남한은 어떠한 경우에도 북한을 흡수합병하려 하지 않는다. 3. 남한은 북한과의 협력을 추구한다."였다.

남북한이 협력하는 사업들이 재개되었다. 그 중에는 남북철도의 연결, 금강산지구 관광 등이 있는데 후자의 경우 매년 수천 명의 남한 사람들

29) 이는 연임을 계산하지 않고 사람 수로만 계산한 것임.

이 참여하고 있었다. 2000년이 되자 남북한 정상, 김대중과 김정일 간의 정상회담이 이루어진다. 아버지는 독재자를 믿지 않으셨다. 그리고 김정일이 남북한을 적화통일하겠다는 변함없는 정책을 모르고 김대중이 너무나 천진하게 남북문제를 풀어간다고 걱정하셨다. 나 역시 김대중이 해방 직후 김구 선생이 북한에서 경험한 일을 알고 있는지 궁금했다. 당시 남북협상을 위해 북한을 방문 중이던 김구 선생을 응대하며 김일성은 선생에 대한 존경을 표하기는커녕 거짓으로 남한에 대한 전기공급과 구금된 조만식 선생의 석방을 약속한다. 김일성 일가의 분명한 단 하나의 목표는 남북통일이 아니고 그들 일가의 권력 장악이었던 것이다.

2000년 9월 15일 나는 남북한의 운동선수들이 시드니올림픽 개회식에서 공동으로 입장하고 있는 모습을 TV로 보고 있었다. 그들은 각개의 국가이름 대신 Korea라는 팻말을 들고 있었다. 남북한의 선수와 임원 180명은 같은 복장을 하고 국가 대신 민속음악에 맞춰 행진해 들어왔다. 그 Korea라는 팻말 바로 뒤로 국기 대신 흰 바탕에 한반도가 그려진 소위 통일기가 행진자들의 머리 위에서 자랑스럽게 펄럭이고 있었다. 관중들 속에서 우레 같은 환호가 터져 나왔다. 모두 기립하여 다른 팀에게 보다 더 오래도록 박수를 치며 이들 남북공동팀을 따스하게 맞이주고 있었다. 악단이 정감 넘치는 민속음악, 아리랑을 계속 연주하고 있는 가운데 IOC위원장 안토니오 사마란치와 다른 임원들이 모두 일어나 박수를 치고 손을 흔들어 이들 하나 된 Korea팀을 환영해주었다. 그들의 행복한 모습에 나 역시 감동이 되고 나도 모르게 두 눈에서 눈물이 흐르고 있었다. 왜 이들 몇 명 안 되는 권력에 굶주린 인물들 때문에 당연히 귀속되어야할 국민들에게 나라가 돌아가지 못하고 오히려 주인인 이들이 이토록 오랜 기간 고통을 받고 있어야 하는가? 나는 묻고 있었다.

김대중은 그의 2000년도에 있었던 노벨평화상 수상식 기념연설에서 다음과 같이 말했다. "한국 중앙정보부 요원이 나를 호텔에서 납치하여 해안선에 정박 중이던 선박으로 데려 갔다. 두 손은 묶여 있었고 눈은 가려졌으며 입은 막혀 있었다. 그들이 나를 막 바다에 던져놓으려 했을 때 놀랍도록 명료한 모습의 예수 그리스도를 나는 보았다. 나는 그에게 매달려 나를 구해달라고 애원하였다. 바로 그때였다. 비행기 한 대가 하늘에서 내려와 나를 죽음에서 구해주었다. 그 비행기는 김대중의 생명을 구하려고 애쓰고 있던 미국 (CIA)의 헬리콥터였다."

아직도 반미감정을 가지고 있는 한국인들에게 나는 이 말 한마디는 꼭 하고 싶다. 지속적으로 군사정권을 압박하여 민간에 의한 민주정부로 돌아가도록 한 장본인이 바로 미국이라는 것을……. 세계적 힘을 행사하고 있는 미국정부의 한 가지 일관된 정신은 바로 '인권보호'다. 미국은 이 정신을 온 세계에 확산시키려 노력해 왔다. 중공이나 러시아가 언제 김일성 일가에게 민주주의의 실현을 위해 이제 그만 권좌에서 내려오라고 압력을 행사한 적이 있었나? 그들은 북한 정권이 공산세계의 일원으로 남아있는 것이 중요할 뿐, 국민들의 인권 상황에는 아무런 관심도 없는 것이다.

2000년 있었던 정상회담 이후 남북한의 대화는 다시금 정체되었다. 햇볕 정책에 대한 비판이 크게 일고 한국의 통일부장관에 대한 해임안이 2001년 9월 3일 국회에서 결의된다. 2001년 9월 11일 있었던 뉴욕 무역센터 등에 대한 테러공격이 있은 후 미국의 죠지 부시 대통령은 북한이 이란, 이라크와 함께 이 지구상에 존재하는 악마의 한 축이라고 선언했다. 이에 북한은 남한과의 대화를 단절하는 것으로 응수한다. 2002년에 발생한 북방한계선 부근에서의 해상충돌로 네 명의 남한 해군 병사들이 희생되는 사태가 발생하자, 남북 관계는 더욱 식어간다. 김대중 정부가 2000년 남북대화를 추진하는 과정에서 대화를 전제하고 수 억불을 북한에게 지불하였다는 믿을 만한 주장이 새어나와 사람들의 관심을 끌게 되었다. 김대중을 이은 노무현정부 역시 2002년과 2003년 같은 정책을 밀고 나갔다. 북한의 핵 보유 여부의 문제는 미국 측의 약속 불이행이라는 북한이 그린 형틀 속에서 희석되었다. 노무현 정부는 김대중의 정책 속에 들어앉아 인도주의의 이름으로 대북지원을 계속하였다. 김대중 정부에서 시작된 사업들은 계속 진행되었고 2005년까지 개성 공업단지의 가동을 위해 남한정부는 324억불이 넘는 자금을 북한을 위해 쏟아 붇는다. 세대와 정치적 견해의 차이 그리고 서로 다른 지역이라는 현실을 외면한 채 북한을 돕자는 친북주의의 흐름이 남한 전체를 덮고 있었다.

많은 정책 평론가들 사이에 햇볕정책이 한미 간의 전통적 우의를 해치고 있다는 견해가 나오기 시작했다. 남한정부가 북한의 이익을 한미 간 동맹의 이익에 우선하고 있었던 것이다. 남한정부는 북한을 자극하지 않으려고 그 들에 의해 희생된 한국군인들 문제마저 무관심으로 일관하여 결국 자신들의 안전은 물론 미국과의 동맹 관계에도 좋지 않은 영향을 초래하고 있었다. 북한의 인권상황을 규탄하는 유엔결의에 북한을 의식한 한국정부가 누년으로 불참하자 국내외 적으로 비난이 일어났다. 노무현정부는 그 비난에 대하여 남북문제라는 변명으로 일관하였다.

2006년 10월 9일 북한은 핵실험과 미사일발사시험을 동시에 단행한다. 이에 한 정부는 대북지원을 중단한다. 햇볕정책에 찬동하는 사람들마저도 이렇게 북한이 도발을 하는 상황 아래서 남북협력사업을 계속한다는 것은 의미가 없다고 얘기하기 시작했다. 마침내 2008년 3월 새로이 들어선 이명박정부는 대북강경정책을 택하기 시작하였다. 정부는 선언하기를 개성공업단지에서의 협력사업은 북한당국이 핵에 매달려 스스로 자초한 국제적 고립상태가 해소되어야 진행될 것이라고 하였다. 남북관계는 다시금 소원해졌고 북한은 일련의 단거리미사일시험으로 협박을 계속해왔다. 2009년에 있었던 북한의 핵실험으로 남북관계는 다시금 긴장상태로 돌입하였다. 한국정부는 핵관련물질의 대북선적을 금지하는 유엔의 핵비확산결의에 서명하는 것으로 북한의 핵실험에 대응하였다. 2010년 11월 한국정부는 공식적으로 햇볕정책이 실패했음을 인정하고 이어서 그 종지부를 찍는 조치들을 시도한다.

남북한의 통일은 이런 까닭에 북한의 경제가 전면적으로 붕괴되었을 때 핵무기로 남한을 침공하느냐 여부에 달려버린 듯하다. 현재의 북한정권에 의한 남북통일은 남한에게는 자살행위나 마찬가지가 될 것이다. 서울이 세계의 디자인수도가 되는 등 세계 속에서 대한민국이 현재의 발전된 나라라는 위치까지 오는 데는 많은 세월이 걸렸다. 나의 미국친구들 중 몇 명은 북한주민들은 왜 그토록 잔인한 압제에 저항하여 남한 주민들처럼 봉기하지 않는가 묻는다. 매우 당연한 질문이다. 북한주민들은 유년 시절부터 비평적으로 생각하는 기회가 주어지지 않는다. 또한 세계 다른 나라들의 현실을 관찰하고 배울 기회마저 없다. 그런 까닭에 소련의 고르바초프나 중공의 자오지양(趙紫陽) 같은 개혁을 외친 지도자가 북한에 나타날 가능성은 매우 희박하다. 나는 이들 지난 시기의 두 지도자들을 높이 평가한다. 그들 둘은 모두 어려서부터 공산주의 사상을 교육받았음에도 불구하고 자기들 통치체제가 문제가 있다는 것을 인식해낼 정도로 지적 수준이 높았기 때문이다.

무슨 이유로 러시아나 중국의 지도자들이 북한을 변화시키기 위해 더 많은 노력을 하지 않는가? 이들 두 나라는 처음부터 북한에 김일성을 뿌리내리게 하고 권력을 그에게 집중하게 하는데 도움을 준 근본적 책임이 있다. 따라서 그들 둘은 당연히 북한을 해체할 합리적 책임 역시도 있는 것이다. 중국은 하려고만 하면 북한을 변화시킬 힘이 있다. 김일성 왕국은 공산주의 사상과는 이미 멀어져 있다. 그들의 관심은 오직 권력의 장악과 자신들 왕국의 영속성에 있을 뿐이다. 중국은 자유민주주의국가, 대한민국과 국경을 맞대는 것을 두려워할 필요가 없다. 대한민국은 중국의 정치체제를 변화시키는데 아무런 관심이 없기 때문이다. 중국의 많은 국민들은 이미 해외여행을 통해 자유세계사람들의 생활상을 맛본 상황이다. 대한민국과 국경을 맞댄다면 오늘날의 수많은 탈북월경자들이 사라질 것이니 중국으로도 더 좋은 일이 될 것이다. 미국군이 주둔하고 있는 나라와 국경을 맞대는 것을 중국이 불편해한다는 것을 우리 모두 알고 있다. 그러나 이 시나리오는 심각하게 재검토되어야 한다. 통일대한민국이 되면 한반도에 미군의 주둔이 더 이상 필요치 않을 것이다. 통일한국은 북구라파 국가들의 예를 따르면 될 것이다. 자유시장경제와 광범위한 복지가 실현되는 국가, 국가차원의 집단적 평등이 실현되는 국가가 되는 것이다. 미국도 러시아도 이들 북구라파 국가들과 거래하는데 아무런 불편을 느끼고 있지 않다. 북한이 핵무기로 남한을 위협하는 한 남한은 미군을 주둔시켜 자신들을 보호하려할 것이다. 결국 통일된 대한민국의 존재는 중국을 위해서도 이익이 될 것이다. 그러니 중국의 지도자들은 북한에 대한 그들의 정책을 재검토해야 한다.

양친 생애의 마지막 날들

(1995-2002)

양친 생애의 마지막 날들
(1995-2002)

나의 부모님들은 자기 일을 크게 떠벌리는 성격은 아니셨다. 오히려 인생 후반으로 들어서며 점점 내성적이 돼가셨다. 두 분은 모두 8명의 자식들을 대학까지 보낸 것에 대해 스스로 만족스러워하셨다. 특히 살아온 세월 겪어온 그 수많은 어려움들을 고려할 때에는 이 사실은 정말 대단한 성취였다. 내 남동생 '준'과 '수'는 국립대학교를 다녔기에 얼마 안 되는 수업료를 내고 다녔지만 다른 형제들은 모두 사립학교를 다녀 그 부담은 클 수밖에 없었다. 나의 두 여 동생들은 모두 이화여자대학교를 다녔고 남동생 '철'은 고려대학교, 그리고 '석' 역시 사립학교를 다녔지만 다행히도 아버지가 교수로 재직 중이던 학교였기에 수업료 면제 혜택을 받았다.

'준'과 나를 제외한 다른 형제들은 모두 우리 둘이 자라던 환경과는 다른 사회 환경에서 자라났다. 당시 한국은 어른에 대한 존경이 강조되는 가부장적 전통사회에서 물질중심의 자본주의사회로 급격히 변모하고 있었기에 노년기의 부모를 모셔야 하는 자식들의 책임감에도 변화가 일어나고 있었다. 아버지가 아이들의 요구에 대응해나온 과거의 결과들을 보며 나 역시도 부모를 존경이라는 이름 아래 극단까지 부양하는 것에는 부정적 요소들이 있음을 알고 있다. 어떤 문화권에서는 나이 든 부모들이 어른에 대한 존경이라는 이름을 빌미로 자기들이 받아야할 것 이상으로 대접해줄 것을 요구하기도 한다는 것을 알고 있다. 부모들에게 의존했던 자신들의 어린 시절과 자기 자신의 가족들을 책임지고 또 동시에 대접 받아야 하는 어른으로서의 자신, 이들 둘 가운데 적절한 선에 휴전선 같은 것이 설정되어야 한다고 믿는 자라나는 세대가 있음을 나는 알고 있다.

내가 1970대 초까지 한국의 부모님 집에 머물며 동아제약에 다니고 있을 때 나의 어린 동생들이 집안의 재정적 상태와는 무관하게 지속적으로 부모님께 재정적 요구를 해오는 것을 보았다. 부를 얻고 그리고 인생을 즐기자는 서구의 개인주의적 사고가 지배하는 사회로 변모되어 가는 한국에서 자라며 동생들은 자기 또래의 친구들의 씀씀이에 맞춰 요구를 해올 뿐, 부모들의 건강이나 재정적 상황에는 별로 신경을 쓰지 않고 있는 듯했다. 한국의 놀라울 정도의 경제적 발전도 나의 부모님 연배의 사람들에게는 별 도움이 되지 못하고 있었다. 그들은 한참 일할 나이 즉, 돈을 벌 나이 대를 지나 나라의 경제적 발전이 가져온 소득증대라는 상황의 이점을 취할 수 없었던 것이다.

동생 '휘'가 미국으로 온 1977년 당시 어머니의 마지막 임무는 막내딸 '미미'가 대학 과정을 마치는 것이었다. 미미가 이화여자 대학교를 졸업하고 의사와 결혼하고 나자 비로소 어머니는 자신을 위한 시간을 갖을 수 있었다. 그러면 그렇게 얻은 자유 시간에 어머니는 무슨 일을 하셨을까? 어머니는 장로교 신학대학교에 입학하여 신학공부를 하시고 끝내 졸업을 하셨다. 목사가 되는 것은 꼭 필수적인 과정은 아니었다. 내가 그 즈음 한국을 방문하였을 때 어머니는 구약 성경에 나오는 아브라함 가계 인물들의 이름을 외우느라 애를 쓰고 계셨다. 나는 어머니가

▲ 어머니 아버지의 사진

노년에도 여전히 기억력이 좋으신 것을 보고 놀랐다. 어머니가 신학교를 졸업하신 후에는 안동교회로 부터 가끔 설교해줄 것을 요청받곤 하셨다. 나는 어머니가 자기 꿈을 포기하지 않고 젊은 시절 아이들을 보호하고 키우시던 때의 정열을 유지하고 계신 것이 몹시도 자랑스러웠다. 내가 어머니에게 "성경 속에 쓰여 있는 것을 다 믿고 10계명을 지키며 살아가실 건가요? 사후에 천당이 없다는 것을 발견하고 나면 아마도 유감스러울 텐데요?"라고 농담 삼아 말했을 때 어머니가 화를 내시던 순간을 아직도 기억하고 있다. 어머니가 평생 믿고 의지해 오던 것들을 내가 공격했을 때 어머니의 분노가 폭발했던 모양이다. 나는 어머니께 사죄하고 내 자신을 가르치기 위해 성경을 읽겠다고 어머니와 약속을 했다. 나는 그 약속을 지키기 위해 성경의 앞표지에서 뒤 표지까지 다 읽었다. 그렇지만 아직도 내가 읽은 것을 모두 믿지 못한다. 나는 예수라는 인물이 정말 존재하였으며 위대한 철학자요, 교육자였다는 것은 믿는다. 특히 우리가 성지 순례를 다녀온 후에는 더욱 그 믿음이 깊어졌다. 나는 또한 믿는다. 기독교가 복수가 아닌 사랑과 용서에 기반을 둔 극상의 종교라는 것을.

내가 실리콘밸리에 살고 있던 어느 1995년 봄날 한밤중에 전화가 걸려왔다. 나의 4번째 남동생 '석'으로부터 온 전화였다. 아버지가 갑작스럽게 정신을 잃고 쓰러지셔서 병원입원 상태인데 심각한 상황이라고 했다. 나는 급히 서둘러 대한항공에 예약하고 나의 직장 상급자 '번 첩' 박사에게 전화 메시지를 남기고 보스턴에 살고 있던 남동생 '준'에게도 연락하여 상황을 설명하였다. 그리곤 다음 날 아침 샌프란시스코 공항에서 서울로 출발하였다. 서울은 캘리포니아에서 8,400km 상거한 거리로 항공으로 10시간 소요되었다. 나는 아버지와 같이 보낸 순간순간들이 연속적으로 떠올라 잠을 이룰 수가 없었다. 아버지는 잘못된 시기에 잘못된 장소에 태어나 그의 크디 큰 능력을 다 발휘하지 못한 분이다. 아버지는 엄청난 고통의 회오리에 빠져서 죽을 고비를 몇 번이나 넘기며 인생의 한창 시절을 보낸 분이다. 그러나 아버지는 한 번도 그가 처한 상황에 대해 불평하신 적도 없고 또 생을 포기하신 적은 더더구나 없었다. 일생을 통해 8명의 자식들을 키우고 다 대학까지 졸업시키고 그중 반은 대학원 과정까지 마쳤다. 깊은 지혜와 한국역사에 대한 폭넓은 지식으로 우리를 인도하여 우리가 정치적 구호의 희생물이 되지 않게 하셨고 많은 한국의 젊은이들이 겪는 순간적인 대중화 성향에 난

타 당하지 않게 우리를 보호하셨다. 나는 영원히 이에 감사한다.

비행기는 김포국제공항에 도착하였다. 공항에서부터 나는 많은 변화를 감지하고 있었다. 그곳에는 우선 도착자마다 감시하며 통행을 막고 아무거나 질문하며 겁을 주던 지난 세월 내가 경험한 중앙정보부 요원이 없었다. 당시는 진정한 의미의 민간 정부라 할 수 있는 김영삼 정부 시절이었다. 동생 '수'와 '석'이 공항에 나와 나를 맞으며 아버지에게 무슨 일이 생겼는지를 설명했다. 아버지는 평소처럼 큰 은행나무가 있는 우리 집 정원을 청소하시다가 돌연 쓰러지셨다는 것이다. 의식이 없는 채 발견되어 긴급 호송차로 곧 고려대병원으로 이송되었다고 했다.

자동차 안은 고요가 흐르고 있었다. 각자 깊은 생각에 잠겨 있었다. 나 역시부모님에게 특별한 의미가 있는 그 은행나무를 생각하고 있었다. 그 나무들은 사람들이 느낄 수 있을 정도로 공기 정화 역할을 했다. 그 나무들 밑에 서면 특별한 무엇인가를 느낄 수 있었다. 그 두 그루의 나무들은 남녀 한 쌍이었는데 아버지의 먼 조카가 되는 비구니 승이 주지로 있던 사찰에서 가져온 나무였다. 그 스님은 6.25동란 시 남편과 형제들을 잃고 나서 불교에 귀의한 분이었다. 그 비구니 스님이 심은 은행나무들은 크게 자라서 맑은 공기를 부모님에게 선물하며 그들의 생명을 연장시켜주고 있었다.

공항에서 집으로 가는 도로에서 나는 차량들이 많은 것에 놀란다. 오래 한국을 떠나 있었기에 이곳의 변화를 나는 모르고 있었다. 서울의 대부분 가정에는 한 대 또는 두 대의 지동차들이 있는 것으로 여겨졌다. 내가 한국을 떠나던 1960년도에는 보통의 가정으로 차 한 대를 소유하고 있는 집은 거의 없었다. 내가 잠시 귀국하였던 1970년도 전후에도 도로상에는 이처럼 많은 차들이 있지는 않았다. 사람들이 차를 소유하고 있다는 것은 그만큼 경제가 나아진 것이라 나는 기뻤다. 그렇지만 많은 사람들이 대중교통편을 이용하지 않고 차를 끌고 나와 교통 정체를 유발하는 것은 이해가 되지 않았다. 얼마 전 내가 일본 고베를 혈액학회 참석 차 방문하였을 때 나는 거리에서 택시 이외에는 별로 볼 수 없었다. 아마도 일본인들은 주로 대중교통을 이용하는 모양이었다.

마침내 집에 도착하였다. 어머니는 인내하며 나의 도착을 기다리고 계셨다. 지난번에 보았을 때보다 더 나이 들어 보였고 쇠약해진 듯했다. 내가 부모님을 모시고 성지 순례를 했던 때가 벌써 12년 전이었다. 어머니는 눈물을 흘리셨다. 나는 위로하려 하였으나 별 소용이 없었다. 장거리를 뜬 눈으로 새우며 왔기에 몹시 피곤하였으나 아버지를 보러 모두와 함께 병원으로 갔다.

산소마스크로 얼굴이 덮인 아버지는 응급실에 누워계셨다. 그의 심장 박동수는 EKG(심전도측정기)에 의해 측정되고 있었다. 나는 침대 곁에 서서 주의 깊게 아버지의 상태를 살펴보았다. 아버지는 반 무의식 상태였다. 그렇게 여러 기계들에 연결되어 누워계시는 아버지를 보는 것은 가슴 저미는 일이었다. 나는 그때 생각했다. "이것이 모두가 나이 들면 겪는 그런 일이라는 말인가? 신에게는 착하게 살아온 피조물들을 평화롭고 즐거운 상태에서 그의 곁인 영생의 장소로 데려가는 방법은 없다는 말인가?" 나는 내 쪽으로 놓인 아버지의 손을 꽉 잡았다. 아버지 역시도 내 손을 잡아오는 것이 아닌가? 눈은 살그머니 뜨셨으나 말씀은 못하셨다. 내가 캘리포니아에서 날아와 그의 곁을 지킨다는 것을 아버지가 인식하신 듯해 나는 기뻤다. 그날 내가 얼마나 오래 그곳에 있었는지는 기억이 없다. 다만 오랜 시간 동안이었다. 아버지의 의식이 돌아왔다가 나갔다 해서 우리는 아버지와 통신을 할 수가 없었다. 미국과 같지 않아 우리는 의료 행위 이외 아버지를 사적으로 돌볼 개인 간호인력을 채용해야 했다. 다 지난 후의 일이지만 개인 간호 인력을 운용하는 것은 참으로 어려운 일이었다.

그 다음 날, 보스턴에 살고 있던 동생 '준'이 도착했다. 우리는 다시 아버지를 뵈러 갔다. 동생은 말을 잃은 채 깊은 사념에 잠겨 있었다. 아마도 아버지가 의식이 있을 때 무엇인가 해드리지 못한 것에 죄의식을 느끼고 있는 듯했다. 아버지는 그러나 한 번도 자식들의 부모 모시는 행태와 관련하여 불평하신 적이 없었다. 아버지는 부처 같은 분이셨다. 말씀이 몹시 적으셨고 불평이라곤 그 대상이 무엇이든 하신 적이 없다. 아버지는 항상 "행복은 만족함 속에 있다"를 마음에 품고 사신 분이었다. '준'이 아버지 손을 잡으니 아버지 역시 '준'의 손을 꼭 잡으셨다. 마치 그의 큰 아들을 알아보시기라고 하는 것 같았다. '준'은 격동되는 듯하였으나 그들의 교감은 그것이 다였다.

안동교회의 교인들이 매일 아버지를 찾아와 그의 회복을 위해 기도하고 있었다. 그러나 아버지의 의식은 돌아오지 않았다. 2주가 지났다. 병원의 집중치료비용은 믿을 수 없을 정도로 눈덩이처럼 커지며 매일매일 누적되고 있었다. 당시만 해도 한국에는 의료보험제도가 없었기에 능력이 되고 의지가 있는 4명의 자식들인 '준', '수', '석' 그리고 내가 각기 분담하여 병원비를 감당하고 있었다. 우리 모두는 이 부담을 계속할 뜻이 있었으나 그러나 그 끝이 언제일는지 모르고 한없이 계속된다면 과연 우리가 경제적으로 버텨낼 수 있을 것인지 거기에는 분명 한계가 있었다. 그렇다고 해서 죽음 직전에 놓인 사람이나 재정적으로 아주 어려운 사람들만 가는 호스피스로 아버지를 모실 수도 없었다. 집으로 모시는 방법이 있었으나 연로한 어머니 상태를 고려하면 그럴 수도 없고 한국에 살고 있던 다른 형제들 역시 자신들의 가정이 있으니 아버지를 집에 모신다는 것은 어려운 일이었다.

한 세대가 더 내려간 3세대 아이들은 또 그 부모들인 2세대들과 사고형태가 크게 달랐다. 늙은 부모나 죽음을 눈앞에 둔 병든 조 부모를 직접 돌보아야 한다는 생각은 아예 없는 듯했다. 한국의 문화가 내가 떠나 있던 35년 동안 많이 변했음을 실감케 해주고 있었다. 의사였고 집안에서 당뇨치료 센터를 운영하고 있던 막내 여동생 '미미'의 남편이 아버지를 집으로 모실 것을 권했다. 사회에서 존경받는 다른 가정들의 예를 따르자는 뜻이었다. 그런 제안 이외에는 '미미'는 아버지를 모실 생각도 집에까지 매일 와서 아버지를 돌볼 간병인 비용을 부담할 생각도 없었다. 그 아이는 전혀 다른 문화의 산물이었다. 어머니는 울면서 하소연하셨다. "나는 8명의 자식들을 키웠고 그들이 아프면 정성을 다해 돌보았는데 이제 침대에 누어있는 병든 아버지를 돌볼 자식이 한 명도 없구나!"라고 하셨다. 그렇다. 어머니 말씀이 옳았다. 그러나 그것이 당시 현실이었다. 나도 죄책감을 느껴 어머니께 말했다. 내가 만일 한국에 살고 있다면 내 집으로 모시겠다. 그러나 나는 미국에 살고 있고 직장도 미국이니 아버지 의료비용을 계속 대려면 미국으로 돌아가야 한다고.

내가 맡고 있던 프로젝트의 공동 수행자들인 미국의 직장 동료들로부터 자신들이 당면하고 있는 문제들을 어떻게 해결해야 하는지 묻는 이메일을 나는 여러 날 계속 받고 있었다. 그들은 나의 귀환 일을 몹시 기다리고 있었다. 그래서 한국에 더 이상 머물 수가 없는 상황이었다. 당시 나는 아주 중요한 프로젝트의 책임을 맡고 있었는데 이를 완성하여 그 시스템 전체를 시장에 내놓아야할 아주 중요한 단계에 와있었다. 동생 '준' 역시도 자기 회사에서 연구개발 담당임원이었기에 그 역시 황급히 미국으로 돌아가야 했다. 우리는 의논했다. 다른 형제들도 있었으나 우리 둘은 장남 장녀였기에 이 상황에서 모든 일을 어머니 에게 맡기고 미국으로 돌아가는 것에 죄의식을 가지고 있었다. 마침내 어머니와 한국에 있는 형제들은 우리 둘이 미국으로 돌아가야 한다는 현실을 받아들이고 변화가 있으면 또 연락하기로 하고 알려주기로 하였다. 그래서 병원집중치료실에 누워계시는 아버지를 뒤로 하고 우리 둘은 미국으로 귀환하였다. 돌아와서 나는 병원비 명목으로 큰 액수의 돈을 송금했다. 미국에 사는 이들은 노인들의 병치료를 위해 의료보험제도가 있는 것이 참 다행스러운 일이다. 한국도 현재는 미국보다 더 나은 의료보험제도를 채택하고 있다.

얼마 후 아버지는 어머니가 혼자 계시는 집으로 모셔졌다. 병약한 어머니가 집으로 방문해주는 간병인의 도움을 받아 아버지를 돌보게 된 것이다. 한국의 여름은 몹시 덥고 습해 하루 종일 병상에 누워있어야 하는 환자에게는 대단히 어려운 계절이다. 아버지는 이런 상태로 여러 달 더 연명하셨다. 1995년 7월 15일 미국에 있던 우리에게 아버지의 별세 소식이 전해졌다. 안동교회의 목사와 신도들이 장례를 주도하여 아버지는 우리가 여러 해 전 가족 묘지로 마련해놓은 서울에서 얼마 멀지 않은 아름다운 공원묘지에 안장되었다. 한국에 있는 동생들이 전해오기를 날씨가 너무 더워 시신을 오래 보존할 수가 없어 장례를 서둘렀다고 했다. 이런 이유로 '준'과 나는 장례에 맞춰 한국에 갈 수가 없었다. 이 점이 항상 죄스러웠던 나는 어머니가 위급한 상황에 처해지면 그 경우에는 꼭 가겠다고 스스로에게 약속했다. 어머니는 아버지보다 7년 아래였다. 노년기에 접어들어 어머니는 아버지에 비해 항상 병약한 상태였다. 그래서 아버지는 농담 삼아 "당신은 틀림없이 나보다 7년 더

살 것이요."라고 하셨는데 정말로 어머니는 아버지 사후 7년을 더 살고 돌아가셨다.

아버지가 세상을 떠나신 후 우리는 어머니를 조금 더 편한 곳으로 모셔야 했다. 당시어머니가 살고 계시던 곳은 지은 지 오래된 단독주택이었는데 수리해야할 일이 많았다. 점점 높아지는 연세를 생각하면 아들 가까이에 계시는 것이 더 좋을 듯하였다. 교회에 집착하며 교인들과도 깊게 교류하시던 어머니는 그런 까닭에 미국으로 오시는 것에는 부정적이었다. 영어에 서툴고 어머니가 매일 즐겨하시는 가까운 이웃들과 전화 통화를 할 수 없는 미국은 어머니의 선택지에는 없었다. 그 점에서 나와 어머니는 달랐다. 나의 통화는 매우 간결하였고 나는 항상 핵심적인 이야기만 하고 끊었다. 어머니는 나에게 한국으로 와 같이 살자고 하였으나 노년기에 경제적으로 고통 받던 부모님을 보아온 나였기에 그 결정은 쉬운 것이 아니었다. 나는 은퇴 후에도 경제적으로 독립하고자 했다. 나는 자식들이 꼭 늙은 부모들을 모셔야 한다고 생각하는 것은 아니지만 나에게는 노후에 의지할 자식도 없기에 더욱 경제적 자립이 필요 했다.

이 목표를 달성하기 위한 오직 한 가지 방법은 은퇴 전에 내가 전 생애에 걸쳐 발전시켜온 한 가지 경력을 완성하는 것, 그 이외는 없었다. 나는 기후 좋은 곳에 은행 저당 없는 집 한 채를 가지고 사회보장 번호 401에 의한 충분한 연금과 모든 의료보험이 보장되는 상태에서 은퇴하고 지금 사는 것처럼 지나치지 않지만 그런대로 궁색하지 않은 노후 생활을 하겠다는 목표가 있었다. 나는 나의 한창 시절을 미국에서 보내면서 독신자에게 부과되는 고율의 소득세를 미국 정부에 냈다. 한국에 있는 부모님들에게 보내는 금액은 미국법에 의하면 부양가족 비용이 아니었기에 아무런 세액공제를 받지 못했다. 나는 때때로 50%가 넘게 세금으로 공제된 급여를 받는 경우도 있었다. 나는 이곳 미국에서 수십 년간 쌓아올린 것들을 다 포기하고 한국으로 옮겨갈 수는 없었다. 한국에서의 취직에 대한 보상이 없는 상황에서는 더욱 그랬다. 어머니에게 내가 한국으로 올 수 없다고 말하는 것이 너무나 죄스러웠다 하지만 나 이외에도 한국에는 세 명의 자식들이 있어 적은 희생으로 어머니를 돌볼 수 있지 않은가?

나는 한국에 있는 두 명의 남동생인 '수'와 '석'과 더불어 어머니를 어디로 모실 지 의논하였다. '수'는 자기가 사는 곳으로 모셔야 한다고 했고 '석' 역시도 자기가 사는 곳 인근으로 모시는 것이 좋겠다고 했다. 나는 이들 둘의 주장에 고마운 생각이 들었다. 역시 한국에 사는 형제들이 미국에 사는 우리 넷보다 더 낫다고 생각했다. 샌프란시스코에 살고 있던 '옥'과 나는 어느 날 어머니 집을 옮겨 드리자고 한국에 같이 왔다. 우리는 '석'이 살고 있는 수원에 적당한 아파트 한 채를 발견하고 어머니를 그곳으로 옮겨드렸다. '석'은 어머니를 매주 교회에 모시고 가겠다고 우리에게 약속했다. 당시 주일예배에 참석하는 것은 어머니에게 있어 매우 중요한 일정이었다. 아버지가 세상을 떠나신 후 하느님은 밤낮을 가리지 않고 어머니의 오직 하나의 의지였으며 일상생활에 있어 마음에 위로를 가져다주는 커다란 존재였다.

1999년이 되어 나에게 일본 고베에 갈 일이 생겼다. 고베에서 열리는 국제혈액학회에서 내가 연사로 발표를 할 일이 생긴 것이다. 나는 차제에 회사의 한국지점 사람들도 둘러보고 어머니와도 같이 시간을 보내고자 여행노선을 한국까지 연장하였다. 당시 한국에서 막 마케팅이 시작된 신규시스템의 운영과 관련하여 수많은 이메일 문의가 한국 지점으로부터 쏟아지고 있는 형편이었기에 나의 여행지를 한국까지 연장하기에 아주 좋은 기회였다. 나는 지점 근처의 호텔에 머물게 되었는데 그 장소는 어머니 집과 상당히 멀리 떨어진 곳이었다. 호텔에서 나는 어머니에게 전화를 하여 나의 도착을 알리고 일이 끝나는 대로 찾아뵙겠다고 했다. 그러나 어머니는 그때까지 기다릴 수 없다고 호텔로 찾아오겠다고 하셨다. 내가 말렸지만 85세가 되어 많이 약해진 어머니는 분명 지하철을 몇 번 갈아타야할 어려운 길을 굳이 오시겠다며 전화를 끊으셨다. 하는 수 없이 나는 호텔에서 어머니를 기다렸다.

얼마를 기다렸는지 생각이 나지 않지만 내방 문을 똑 똑 두드리는 소리가 들렸다. 나는 문을 열었다. 그곳에는 나이 들어 많이 약해진 그러나 여전히 섬세한 아름다움의 소유자인 어머니가 정말로 서 계셨다. 우리는 서로 껴안았다. 나는 어머니에게 나가서 좋은 식당에서 식사하자고 제안하였으나 어머니는 별로 식사에는 관심이 없으셨다. 어머니는 그저 얘기 하고 싶어 하셨고 그래서 끊임없이 얘기하고 얘기하셨다. 나는 죄스러운 생각이 들었다. 8명이나 되는 자식이 있는데 왜 어머니를 더 잘 모시지 못하는가? 옛날 같이 장남이 모시고 살았더라면 이런 상황은 생기지 않았을 것이다. 나는 룸서비스를 시키고 어머니에게 하룻밤 내 방에서 같이 지내자고 제안하였다. 마침 침대가 둘이었기에 어머니가 주무실 침대가 있었다. 그러나 어머니는 내일 아침 있을 나의 지점 방문일정을 방해하고 싶지 않다며 늦은 밤에 호텔을 나서 귀갓길에 오르셨다. 다음 날 아침 일찍 지점 사람들과 회의가 있던 나는 어머니를 집까지 모실 수가 없었다. 나는 걱정이 되었다. 어머니는 높은 연세였지만 아직 마음은 젊었고 정신은 명료하였으며 전체적으로 보아 활발하셨다. 그 밤늦게 어머니가 전화해서 집에 도착했음을 알려 오셨다. 그

제서야 나는 안심할 수 있었다.

다음날 아침 회사에서의 공적 일을 마친 나는 어머니 집으로 갔다. 그리곤 어머니와 일주일을 같이 보냈다. 어머니는 이것저것 한국의 형제들과 얽힌 이야기를 하시며 이런 저런 어려움을 호소하셨다. 등에 통증이 있어 고통스럽다며 아마도 수원에서 서울 안국동의 교회까지 차를 타고 가는 여정이 너무 길어 생긴 현상일 것이라고 스스로 진단하셨다. 나는 정확한 진단을 위해 병원에 가실 것을 권하고 항상 그랬던 것처럼 이번에도 죄의식을 느끼며 한국을 떠나 왔다.

그 다음해, 2000년이 되었을 때 나는 어머니가 살아 계실 때 더 많이 시간을 같이 보내야 하겠다고 생각했다. 크리스마스 전후하여 3주간의 휴가를 얻었다. 그렇게 되면 크리스마스와 신년 사이 회사 자체의 휴무일과 자연스럽게 연장되어 총 4주간의 휴가를 보낼 수 있게 되기 때문이었다. 나는 한국에 가서 12월 한 달 동안을 어머니와 같이 보내며 교회도 가고 좋은 식당에서 외식도 하고 저녁 식사가 끝나면 어머니를 모시고 집 근처의 공원을 산책하기도 하였다. 병원에 가서 건강상태도 점검하였는데 어머니는 뒷등의 왼편에서 느껴지는 통증이 사라지지 않는다며 하소연하셨다. 그러나 의사는 그 통증의 원인을 집어 내지 못하고 있었다. 나는 내부 신체 조직의 상황을 알 수 있는 MRI를 찍어보면 어떻겠냐고 의사에게 한 번 얘기해보라고 어머니께 권했다.

나의 4주 휴가는 이렇게 끝났고 다음 해인 2001년 1월 2일 직장으로 귀환하기 위해 한국을 떠나게 되어있었다. 그러나 그날 큰 눈이 내려 모든 항공기가 취소되는 사태가 발생했다. 언제라도 여건이 되면 항공기는 출발할 계획이었기에 그래서 하룻밤을 공항에서 보내게 되었다. 다행스럽게도 나는 VIP실로 안내되어 밤을 편하게 보냈다. 그날 나는 어머니에게 전화를 하지 않았다. 내가 전화하여 사정을 알리면 어머니는 분명 공항까지 오시려 할 것이기 때문이었다.

미국 집에 도착하자 나는 어머니께 전화해서 도착 사실을 알리며 한국 공항에서부터 출발이 지연되었던 경위를 말씀드렸다. 어머니하고 같이 있던 동안 내가 어머니께 약속한 것들이 있었다. 성경을 첫 쪽부터 끝 쪽까지 통독을 할 것, 어머니가 매일 기록하고 나에게 넘겨주신 일기를 출판할 것 그리고 형제들이 합심하게 할 것 등이었다. 성경을 읽고 매일의 고통과 근심을 글로 기록하는 일은 어머니에게 있어 하나의 치료 행위였다. 생활 속에서 발생하는 고통과 근심을 글로 쓰며 어머니는 하느님 안에서 평온을 느끼셨던 것이다. 나는 이때의 나의 머무름이 어머니의 기억력이 약에 의해 흐릿해지기 전 맑은 정신 상태에서 같이 있을 수 있던 마지막 시간이 될 줄은 몰랐다. 내가 이 글을 쓰려고 결심한 이유 중 하나는 어머니가 기록으로 남겨놓으신 고통들의 일부 나마 이 책에 옮겨놓고자 했기 때문이다. 어머니 일기를 출판하려던 계획은 동생들의 반대에 부딪쳐 좌절되었다.

내 생각에 2001년 10월경이었다고 생각된다. 하루는 '석'의 처로부터 전화를 받았다. 어머니의 MRI결과가 나왔는데 폐와 등에 자라나는 것이 있는데 의사의 설명에 의하면 암의 일종이라고 한다는 것이었다. 어머니를 자극하지 않으려고 의사는 아직 어머니에게 그 사실을 얘기하지 않았다고 했다. 어머니는 생에 대한 의지가 강한 분이셨기에 그 사실이 어머니에게 충격이 될 것을 염려한 것이다. 더 나쁜 것은 그 악성 종의 위치가 수술하기 어려운 부분이라는 것이었다. 의사는 화학 요법도 어머니가 견디기 어려울 것이라고 했다 한다. 오직 하나 의사가 한 처치는 통증을 줄이는 작용을 할 모르핀과 먹는 약이었다. 그것도 아마 어머니의 마지막 1년 기간 동안 그가 할 수 있는 유일한 처치라고 했다. 이 무슨 황망한 소식이란 말인가! 나는 너무나 놀랐다. 우리 가족력에 암에 걸린 사람은 없었기 때문에 더욱 그랬다. 어머니의 친정 부모님들은 그야말로 장수하셨다. 그리고 다섯 명의 형제자매들은 모두 생존해 있었다. 무엇이 암을 유발했을까? 나쁜 공기 때문일까? 어머니의 감성적 상태 때문일까? 아니면 다른 무엇이? 나는 올케에게 내가 12월에 지난번처럼 한 달 휴가를 내서 어머니와 함께 보내겠다고 말하며 집에 체류하며 어머니를 돌볼 간병 인력을 한 명 채용하라고 했다. 그러나 어머니에게 병명을 말씀드리지는 못했다. 암이라는 것을 아시면 어머니는 가까이 온 죽음을 감지하고 두려워하실 것이 분명했기 때문이었다.

12월이 되었다. 만사를 제쳐놓고 어머니 곁으로 간 나는 점점 심해지는 통증에 맞춰 처방된 모르핀으로 인해 정신이 황폐화되어 가는 어머니를 옆에서 지켜보게 된다. 내가 첫날 어머니가 누워 계시는 병실로 걸어 들어갔을 때 어머니는 나를 알아보지 못하고 조카아이와 혼동하셨다. 얼마 후 정신이 맑아지는 순간에 어머니는 나를 알아보시고 "오래 기다렸는데 이제 왔구나."라고 하셨다. 그리곤 이내 다시 정신이 몽롱해지셨다. 어머니는 사물을 보면서도 마치 그것이 실제로 존재하지 않는 무엇인 듯 환각증세를 보이고 있었다. 어머니는 오래전 학창시절 일제 강제점령 시 경험하신 1929년 있었던 광주학생사건의 한 장면을 떠올리고 계셨다. 이 기억은 한 번도 우리에게 내보이신 적이 없었는데 그 동안 뇌의 어느 한 구석에 깊이 잠겨 있다가 72년이 지나 돌연 표면으로 표출된 듯하다. 환각 속에서 어머니는 오래 된 영상을 살리는 일 말고도 자신이 하고 싶었으나 이루지 못한 꿈을 현실 속에 다시 꾸고 계셨다. 이 역시 우리에게는 한 번도 얘기하신 적이 없던 것인데 어머니는 한때 국제적으로 활동하는 보도 사진기자가 되고 싶으셨다는 것이다. 나는 모르핀이 무슨 역할을 하였기에 그토록 오랜 기간 뇌 속에 깊이 잠겨 있던 것들이 되 살아나오는지 의아할 뿐이었다. 의식이 돌아왔다가 나갔다가 하는 것을 옆에서 지켜보는 것은 공포스러운 일이었다. 위험했을 것이지만 수술하는 쪽을 선택했어야 옳았는지도 모르겠다. 다른 어느 것도 정신을 잃어가는 어머니를 옆에서 보는 것보다 나은 선택이었을 것만 같았다.

어머니를 위로 해드리려고 8,400km를 넘게 날아왔지만 어머니와 정상적으로 대화하는 것은 불가능하였다. 병원의 처치가 오직 모르핀을 주는 것이라면 병원에 입원해있을 필요가 없다고 생각이 되어 어머니를 집으로 모시고 왔다. 올케가 24시간 간병인을 구했다. 집에 왔지만 어머니는 전혀 변화가 없었다. 한순간 어머니로 돌아왔다가 다음 날 아침이면 다른 사람이 되어버리곤 하였다. 어머니는 침대 가까이 창문에 쳐진 커튼 상의 꽃과 잎사귀 무늬 쪽에 계속 눈을 돌리고 계셨는데 막상 생각은 다른 일을 생각하고 계신 듯했다. 더 곤란한 일은 위장장애였다. 식사를 준비하는 일이 무척 어려웠다. 교회 분들이 자주 찾아와 어머니가 좋아하시던 찬송을 부르고 기도를 하곤 하였지만 역시어머니는 그분들도 알아보지 못하셨다. 나는 하느님께 물었다. 왜 어머니를 이런 공포스런 상태에 놓아두시냐고. 때가 왔다면 이렇게 고통상태에 놔두지 말고 평화롭게 빨리 불러 가실 수는 없는 것인지도 물었다. "하느님이시어 당신의 가르침대로 10계명을 지키며 착실히 살아온 이 생령으로 하여금 더 이상 아무런 고통 없이 에덴동산의 평화와 평온함 속에 머물게 하소서!" 나는 간절히 기도했다. '빨리 어머니를 데려가시라.'고. 이렇게 나의 한 달이 지나갔고 또다시 나의 직장으로 돌아가야만 할 시간이 되었다. 내가 작별을 고하자 어머니는 현관문에 기대어 서서 손을 흔들며 빨리 회복해서 나를 보려고 미국으로 오시겠다고 말씀하셨다. 나는 그것이 어머니의 꿈일 뿐, 현실은 결코 그렇게 되지 않을 줄을 알았기에 그저 슬플 뿐이었다. 간병을 맡은 송 부인이 잘 돌봐드릴 것으로 믿고 나는 미국으로 돌아왔다. 나는 지금 이 순간에도 현관에 서서 나에게 손을 흔들며 곧 나에게 오겠다고 하시던 어머니의 모습이 눈에 선하다.

미국에 도착하자 나는 동생 '준'에게 전화하여 상황을 설명하고 직장에서 몇 주 휴가를 얻어 어머니께 가보도록 권했다. 그것이 그가 그 동안 하지 못한 효도를 할 수 있는 마지막 기회가 될 것이기 때문이었다. '준'은 그 제안에 동의하고 한국에 가서 몇 주간 동안 어머니 곁을 지켰다. 모르핀으로 인해 어머니의 정신 상태는 더 이상 정상이 아니었지만 그들은 서로 마지막으로 가치 있는 시간들을 함께 보낸 것이다. '준'이 다녀오자 나는 이번에는 여동생 '옥'에게 전화하여 어머니가 떠나신 후 후회하지 말고 지금 어머니께 가보는 것이 좋을 것이라고 권했다. 한국에 다녀온 '옥'은 나에게 말했다. 어머니가 죽음을 무척이나 두려워하시니 어머니는 기독교인이 아닌가보다고 했다. 기독교인이라면 하늘에 계시는 주님께 가는 것을 기뻐해야할 것 아니냐 고도 했다. '옥'은 그야말로 성경의 구절 구절을 쓰인 그대로 믿는 어머니 같은 기독교 신자였다. 나 역시 왜 어머니가 그토록 죽음을 두려워하시는 지 그 이유를 몰랐다. 추측이지만 대부분의 사람들은 신자 여부와 관련 없이 기뻐하며 죽음을 맞이할 것이라곤 생각되지 않는다.[30]

---

30) 어머니의 죽음에 대한 두려움은 아마도 아버지의 마지막과 관련이 있을 것이다. 아버지가 식물인간 상태로 병석에 누워 계신 지 1년 가까이 되던 어느 날

집안에 무슨 안 좋은 일이 생기면 어머니는 항상 자신의 잘못 때문이라고 자책하셨다. 자식들 중 어느 누구라도 다치거나 아프거나 아니면 무슨 불행한 일에 처해지면 어머니는 항상 자신을 책망하셨다. 암에 신음하는 지금도 아마 어머니는 신이 자신의 무엇인가 잘못된 행동 때문에 벌을 내리시는 것이라고 믿고 계실 듯했다. 우리가 비록 암이라고 병명을 알리지 않았지만 알게 되신다면 분명 그리하실 것이다. 아마도 그것이 어머니가 죽음을 두려워하시는 까닭이리라. 나는 어머니에게 말을 했어야 했다. 어머니는 그야말로 천사이시다고. 내가 아는 한 어머니는 어떠한 잘못도 하지 않으셨다고. 내 생각이지만 하느님으로부터 용서를 받을 때까지 모든 인간은 신 앞에 죄인이라는 기독교 교리는 믿음으로 최선을 다하는 신자들에게는 그리 건강한 교리가 못 되는 것 같다.

토요일이었던 2002년 9월 21일 올케로부터 전화를 받았다. 어머니가 위급하시다는 전갈이었다. 내가 즉시 출발해서 어머니가 돌아 가시기 전에 도착하겠다고 다짐하며 대한 항공에 자리를 구하려 하였으나 다음 날이나 되어 출발할 수가 있었다. 공항에는 동생 '석'이 나와 있었다. 서둘러 병원에 도착하였지만 이미 대화하기에는 너무 늦은 상태였다. 45분 전만 해도 깨어 계시며 우리를 기다리셨다는데 우리가 도착했을

어머니는 아버지에게 이제 그만 가시는 것이 좋겠다고 얘기하셨다 한다. 그 말을 듣고 아버지가 눈물을 흘리셨다고 했다. 그 후 어머니는 교회 목사 분을 초치하여 영결예배를 보고 그날 밤 아버지와 연결되어있던 산소호흡기를 떼어 내신다. 오늘날 개념으로 연명에 대한 자기 결정권을 행사하신 것이다. 아버지가 이렇게 돌아가시자 어머니는 아버지의 친구 분 의사를 찾아가 사망진단서를 발급받게 된다. 그 친구분은 처음에는 진단서발급을 거절하였으나 어머니가 간곡히 얘기하셔서 발급을 받게 된다. 어머니는 이 일련의 과정에 죄의식을 가지고 계셨다. 그래서 생의 마지막 순간이 되자 사후 지옥에 갈 것에 두려움을 느끼신 것일 것이다.

때는 이미 의식이 없는 상태였다. 나는 어머니를 잡아 흔들며 "어머니 나 왔어요. 내 말 들려요?"라고 하였지만 답이 없었다. 나는 그저 옆에 서서 어머니를 바라볼 수밖에 없었다. 숨은 쉬고 계셨는데 손은 차가웠다. 내가 지난번 어머니하고 같이 있을 때 성경을 읽으라고 얘기하시던 일이 생각났다. 나는 내가 약속을 지켜 성경을 읽었다고 얘기하려 하였으나 어머니를 깨울 수가 없었다. 한 시간 뒤 '준'이 보스턴에서 왔다. 그 역시어머니를 깨우려 하였으나 역시나 소용이 없었다. 그래서 그 역시어머니께 마지막 인사를 하는 기회를 잃었다. 나는 의사에게 잠시라도 어머니를 깨울 수 있는 무슨 주사 같은 것이 없는지 물었으나 의사는 그저 없다고 했다. 우리들은 그저 그곳에 말없이 앉아 있었다. 얼마나 오랫동안이었는지 기억하지 못하지만 어머니의 상태는 변화가 없었다. 시간이 지날수록 어머니의 호흡은 거칠어져 갔다. 나는 임상적으로는 죽었다가 기적적으로 다시 살아난 사람들이 그 마지막 순간에 방안에서 본 일들을 이야기하던 것들이 생각났다. 나는 어머니가 지금 옆에 와있으며 어머니와 말을 해보려고 애쓰고 있는 우리들을 알아보시는 지 궁금했다. 만일 신이 있어 어머니의 의식을 잠시나마 돌려주신다면 우리들이 어머니를 사랑했노라고 알려드리고 싶었다. 어머니 얼굴이 평화스러워졌다. 찌푸렸던 얼굴 주름들이 모두 사라졌다. 어머니에게 더 이상의 고통은 없었다.

동생들이 돌연 나의 사념을 깨웠다. 자기들이 지킬 터이니 일단 어머니 집에 가서 좀 눈을 붙이라는 얘기였다. 무슨 변화가 있으면 연락하겠다며 권하기에 나는 집으로 와서 잠이 들었다. 얼마 후 전화가 왔다. '어머니가 돌아가셨다.'는 것이며 '병원 측에서 어머니를 영안실로 옮겨달라고 한다.'는 것이었다. 나는 어머니가 찬 것 특히 냉동되는 것을 싫어하실 것이니 자연적으로 체온이 식도록 다음 날 아침까지 그냥 방에 놔두면 안 되겠느냐 하였으나 안 된다는 것이었다. 병원 측에서는 입원실 공기를 악화시킬 우려가 있다고 생각하는 듯하였다. 다음 날 아침 '석'은 가족과 친지 그리고 교인들에게 사실을 알리며 장례준비를 시작했다. 많은 화환들이 부모님의 친지분들, 교인들 그리고 '수'와 '석'의 친지들로부터 보내져왔다. 어머니의 사진이 꽃들 속에 놓여졌다. 나는 혼자 생각했다. 어머니가 그것을 좋아하고 계실 것이라고. 이러한 안배는 문상 온 분들이 망인의 사진에 절을 하며 예를 표하도록 하기 위한 것이었다. 예를 표하고 상주에게 위로를 보낸 후 문상 온 분들은 좌석에 앉아 음식을 드는 것이 순서였다. 우리 형제들은 번갈아가며 상주 역할을 하였다. 어머니의 자매들과 그들의 자식들, 즉 사촌형제들도 왔다. 내가 그들을 본지가 오래되어서 나는 마치 찰톤헤스톤이 주연한 영화에 나오는 '유인원들의 혹성'에 와 있는 것 같았다.

한국의 장례예절 중 하나로 문상객들은 십시일반으로 조위금이라는 것을 봉투에 담아 수구에 접수시키는데 이는 후에 장례경비로 쓰인다. 장례 절차는 안동교회의 목사에 의해 착착 진행되었다. 어머니가 좋아하시던 찬송이 불려졌고 목사의 기도가 있은 후 예상 외로 상가대표의 인사말 순서가 있었는데 준비 없이 있던 '준'이 갑자기 그 일을 담당하게 되었다. 문제는 아무도 사전에 이를 알려 주지 않았다는 데 있었는데 그런 까닭에 한국사정에 밝은 '수'가 하는 것이 좋을 듯도 했지만 "수'는 장자인 형에 대한 예의로 이를 사양하여 결국 '준'이 하게 되었다. 나는 일어나서 어머니가 6.25동란 시절 가족을 지키기 위해 헌신하신 일을 밝히고 자식들이 얼마나 어머니로부터 은혜를 입었는지 이야기하고 싶은 충동이 일었지만 여식이 일어나 대표로 말 하는 것 자체가 한국관습 상 보기가 좋지 않을 듯하여 참았다. 마침내 꽃이 가득 올려진 관이 영안실로부터 나와 영원히 잠들 장소로 운구되기 위해 차에 실렸다. 우리 모두는 여러 대의 차에 나누어 타고 우리 가족묘지가 있는 천안의 봉항산으로 갔다.

약 10년 전이었다. 어머니가 전화하셔서 아름다운 계곡이 내려다보이는 공원묘원이 있는데 그곳에 가족 묘지터를 사놓자 하셨다. '준'과 나 그리고 '수'와 '석' 이렇게 4명이 분담하여 6명이 들어갈 수 있는 묘지터를 확보하게 되었다. 부모님을 포함하여 다섯 명의 아들들이 저 세상으로 간 후 부부 합장을 할 경우 묘역이 6개가 필요 했던 것이다. 물론 그들이 동시에 세상을 뜨지는 않을 것이고 또 미국에 있는 두 명의 남동생들이 그곳으로 가려고 할지는 의문이었지만 만일의 경우를 생각해 6묘역이면 충분한 공간이었다. 아버지는 어머니가 떠나신 시점으로부터 7년 전 그곳으로 모셔졌다. 봉항산은 풍수 학자들에 의해 소위 길지로 평가받고 있던 곳으로 독실한 기독교인이던 어머니도 풍수설에 따라 후손들의 번영을 위해 그곳을 택하신 것이다. 어머니는 현장을 여러 차례 답사하시고 눈 아래 내려다보이는 아름다운 전경을 흡족해하셨다. 얼마나 그 전경을 좋아하셨는지 아버지 사후 이곳으로 이사 오고 싶다고 까지 하셨었다. 우리 일행이 공원 묘원의 입구에 들어섰을 때 높다랗게 세워진 아름다운 탑 하나가 눈에 들어왔다. 그것은 1997년 8월 6일 있었던 대한항공 801편의 괌공항 충돌사건의 희생자들을 기리는 위령탑이었다.

장례의식은 안동교회 대표목사의 집전으로 여러 친지들이 참여한 가운데 순조롭게 진행되었다. 어머니의 관이 안장을 위해 내려질 때 나는 묘한 평화를 느꼈다. 이제 어머니는 더 이상 고통 하지 않고 평생을 통해 믿고 의지해온 주님이 계신 천국에서 7년 전 먼저 가신 아버지와 함께 하시게 된 것이다. 나는 기도하였다. 어머니가 믿으셨던 그대로 그곳에서 평화스러움과 고요함을 누리시기를. 생각해보면 어머니는 참으로 특출한 용기의 소지자였다. 인간들이 만든 극단의 범죄인 전쟁이라는 시 공간을 거치면서 자식들과 남편을 보호하기 위해 그야말로 지옥 세계를 겪어온 여인이었다.

(끝)

부록

저자 후기

이 책을 쓰는 일은 나에게 있어 일생일대의 가장 중요한 프로젝트 중 하나였다. 나는 자식들을 잘 훈육하신 지적이고 존경받아 마땅한 부모님을 둔 것을 명예스럽게 생각해왔다. 우리 자식들은 어느 누구도 상상하기 싫은 공포스런 범죄의 세계 속을 지나오면서도 부모님의 가르침으로 인해 범죄 세력에 굴종하지 않고 살아남을 수 있었다. 유감스럽게도 나는 아버지 생전에 한 번도 아버지께 감사를 드릴 기회가 없었다. 이 책을 마치며 이제 나마 아버지께 감사를 드린다. 이 책은 나의 부모님들, 고용된 암살자들에 의해 죽임을 당한 민중의 사랑을 받던 신생 대한민국의 지도자들 그리고 단 한 번의 재판도 없이 범죄적 당국자들에 의해 죽임을 당한 수많은 민간인 희생자들에 대한 나의 최소한의 기여이다.

식민지배를 받던 나라가 해방이 되고 폭력과 암살, 전쟁, 그리고 시민들의 봉기 등을 경험하며 보낸 지난 60년 동안 숨겨졌던 비밀들이 점차 세상에 나와 이 책의 내용 역시도 계획에 없던 변용을 겪게 되었다. 말할 필요도 없이 상호 정치적 이념이 다른 두 강대국들에 의해 나라가 분단된 것이 한국이 해방 후 암흑 속 폭력 세계로 빠져 든 근본 이유이다. 그러나 나를 더욱 충격으로 빠져들게 한 것은 동족들에게 행해진 비인간적 행위들이었다. 특히 군 관계자들에 의해 저질러진 여인과 아이들을 포함한 죄 없는 민간인학살 사건은 누가 그 명령을 내렸느냐와 관계없이 도저히 있을 수 없는 범죄사건이었다.

내가 아는 한국인들, 특히 우리 가족이 6.25동란 전까지 살던 지역의 이웃들은 참으로 친절하고 정의로운 사람들이었다. 부모님들의 모든 친구분들과 교회 분들 역시 서로 이해하고 이웃을 사랑하는 분들이었다. 그렇다면 도대체 김창룡이나 염응택, 그리고 보도연맹을 만들고 운영한 사람들, 전쟁 초기 우리가 살던 집 주변의 인간들 같은 사악하고 비열한 인간들은 어디서 왔는가? 통계는 아주 흥미로운 사실을 일반화하며 보여준다. 이들 대부분은 일본의 경찰이었거나 군인 또는 정보요원들이었으며 일본의 법체계를 지키기 위해 종사하며 한국독립군들을 잡아들이던 사람들이었다. 해방 후 이들은 김일성의 잔혹함을 피해 남으로 내려왔다. 그들은 남으로 내려온 후 군 수사요원이나 염응택이 만든 비밀 준군사조직의 암살단원이 되었다. 그렇게 된 후 이들은 권력에 의탁해서 국가보위라는 이름 아래 민간인들을 불법으로 체포, 구금, 고문하고 심지어는 암살행위마저 서슴지 않았다. 이승만정권이 이들 민족반역자들을 고용하여 죄 없는 민간인들을 상대로 만행을 자행할 수 있도록 국가의 경찰권력을 쥐어준 것은 분명 잘못된 정책이었다. 이들은 대부분의 선량한 한국인들이 경멸하는 부류의 인간들이었으나 불행하게도 이들은 2차대전이 끝나고 해방이 되자 이승만 밑에서 발을 붙이고 권력을 행사했다. 나는 미국 역시 민간인학살사건에 못 본 채 눈을 돌린 책임이 있다고 생각한다.

한반도 전체를 그의 권력 아래 두려고 했던 김일성의 야심에 찬 전쟁

행위는 남쪽의 민간인 학살을 촉진했다. 그가 일으킨 전쟁이 휴전으로 수습되자 김일성은 전쟁 패배의 책임을 물어 남쪽에서 북으로 올라간 남로당원들을 처형한다. 그 중에는 북한 초기정권에서 외무부장관과 부총리를 지낸 박헌영도 포함되어 있었다. 공산주의를 구세주로 믿었던 순진한 한국사람들은 남에 있었거나 북에 있었거나 가리지 않고 모두 그들의 생명을 잃었다. 무엇보다 김일성이 소련의 협력 아래 일으킨 전쟁으로 한반도 인구의 20%가 감소했다. 국민 개개인의 인권이나 개인의 자유가 허용되지 않는 폐쇄된 정치체제는 정치적 이상이나 수사적 선전에 관계없이 잘못된 정권이다. 국부를 늘리고 인권과 균등한 기회 그리고 개인의 자유를 보장하는 것은 정부가 총력을 집중해야할 요소들이며 국민들이 정부와 대립하며 싸워서라도 쟁취해야할 권리이다.

미국에서 잊혀진 전쟁으로 일컬어지고 있는 6.25동란은 20세기에 있어 가장 핏빛 어린 전쟁이었을 것이다. 미국국방부의 통계에 의하면 미국은 전쟁기간 중 33,686명의 전사자와 2,830명의 비전투요원 희생자를 냈다. 남한정부의 발표에 의하면 373,599명의 민간인 희생자와 137,899 명의 군인 전사자를 전쟁 기간 중 냈다 한다. 서구 정보통에 의하면 중공군은 400,000명이 죽고 486,000명이 부상을 당했으며 북한군은 215,000명이 죽고 303,000명이 부상을 입었다고 했다. 김일성이 핵으로 무장한 3세손을 왕국의 통치자로 남기며 늙도록 살아있는 동안 한반도의 통일이라는 근본 문제가 해결되지 않고 있었다는 것은 우리에게는 비극이다.

독재적 통치, 피로 물들인 전쟁, 민간인들의 대량학살, 두 번에 걸친 군부쿠데타 등은 물론이고 그 이외에도 셀 수 없이 많은 장애가 있었지만 이에 굴하지 않고 끝없이 저항하며 포기하지 않았던 대한민국의 국민들은 마침내 개인적 자유를 누리게 되었고 또 진정한 의미에서의 민간 주도의 정부를 갖게 되었다. 그것은 1993년의 일이었다. 대한민국의 탄탄한 경제는 한강의 기적이라 일컬어지던 30년 동안 연평균 10%이상의 성장을 계속해왔다. 그 결과 1995년이 되자 세계에서 11번째의 경제대국으로 올라섰고 아시아에서 가장 높은 수준의 소득평준화를 이룩하며 선진된 발전도상국의 위치에 들어서게 되었다. 2021년 현재 대한민국은 UN에 의해 선진국으로 분류되어 있다. 오랜 세월 가져보고 싶어 하던 열린 통신, 그리고 투명함과 혁신에의 집중적 노력은 마침내 대한민국에게 성공이라는 과실을 가져다주었다. 이러한 노력 덕분에 대한민국은 불룸버그가 발표하는 혁신지표(BII)에서 상업용 연구개발투자 분야 세계 1위라는 위치에 오르며 세계에서 가장 혁신적인 나라가 되어있다. 나는 자유를 위해 투쟁해온 한국 국민들에게 경의를 표한다. 나 자신은 현재 미국 국민이 되어있지만 열심히 일하며 지적이기도 한 한국 국민들에게 오직 평화와 번영이 함께 하기를 소망한다. 우리 모두는 지옥이라는 터널을 지나왔다. 정부에 항상 만족하지 못하는 현세의 대한민국 젊은이들은 우리들이 자라던 과거 대한민국의 환경이 얼마나 열악했었는지를 돌아보아야 하고 지난 세월 이 나라가 이룩해온 모든 성취에 감사하며 이를 지키기 위해 노력해야 한다. 현재의 상태가 영속되리라는 보장은 어느 곳에도 없다. 북한은 어느 때라도 핵무기를 들고 남침할 수 있다.

북한에서 일어나고 있는 일 역시 항상 주의 깊게 살펴야 한다. 강제노동수용소를 유지하며 추방과 사형행위를 비일비재하게 집행하는 21

세기의 유일한 공산주의왕조인 이 무리들은 그 성격상 언제든지 무슨 일이든 벌릴 수 있다. 북한에 살고 있는 주민들은 아직도 인권유린과 굶주림, 개인 자유의 박탈, 강제노동수용소와 공개처형에 대한 공포에 떨고 있다. 유엔의 인권위원회에서 밝힌 것처럼 북한은 이 세기에 남아있는 공산주의정권들 중에서도 가장 저열한 국가가 되어있다. 이것은 분명한 사실이다. 김정은의 핵무기위협은 심각하게 다루어져야 하고 그것도 조속히 해결되어야할 일이다. 시간이 약이라는 말이 있지만 이 상황은 시간이 지난다고 저절로 개선되지 않는다. 김의 부친 김정일이 생존해있을 때 그의 가까운 참모인 '박 모'에게 말하기를 "전쟁이 나면 핵이 마지막 수단이 될 것이다."라고 했다는 것이다. 그런 박 씨는 수 년 전 탈북하여 현재는 남한에 살고 있다. 김정일은 한미연합군에 패배하는 것보다 차라리 핵무기를 터트려 다 같이 죽는 것을 선택하려 했다는 것이다. 김정은이 만일 그의 아버지와 같은 사고의 틀을 가지고 있다면 그 역시 패배하여 권력을 빼앗기기보다는 핵재해를 선택할 것이다. 엄청난 파괴를 가져올 핵사고 역시도 발생할 수 있는데 김정은이 그것 역시도 인식하고 있는지에 대해 우리는 확신하고 있는가?

한반도를 그들의 영향과 정치적 이념 아래 두기 위해 김일성을 데려와 앉힌 것은 소련이었다. 6.25동란을 통해 거의 사라질 형편에 있던 북한 정권이 김일성에 의해 다시 부활할 수 있었던 것은 마오쩌뚱 중공의 협력이 있었기 때문이었다. 많은 정세분석가들은 중공의 경제적 도움과 변화하는 정세의 매순간마다 정치적인 보호가 없었더라면 북한 정권은 유지될 수 없었을 것으로 이야기하고 있다. 북한으로 부터 핵을 제거하는 것은 중국 정부 자신을 위해서도 이익이 되는 일일 것이다.

▲ 현재 서울의 야경. 전쟁으로 완전히 폐허가 되었던 옛 상흔이 전혀 없다. 지금은 항상 창조적 변혁이 살아 꿈틀거리는 도시가 되어있다.

'미래에 있을 전쟁의 양상이 어떻게 되든지'와 관계없이 어떤 전투 세력이 핵무기를 가지고 이를 사용한 결과는 중국 본토 대부분 지역까지 그 영향이 미칠 것이다. 북한은 통제 안 되는 핵대포 그 자체다. 북한이 미국본토에 도달할 미사일을 개발할 때까지 미국이 지켜만 보고 있으리라고 중국이 생각한다면 그것은 오산이다. 미국 본토까지 미사일이 미칠 그 순간까지는 오직 짧은 기간만이 남았을 뿐이다. 그런데도 중국은 그 순간이 중국 자신의 국경에서 일어나는 날을 기다리고 있는가?

한반도가 민간이 주도하는 민주적인 현재의 남한정부에 의해 통일이 된다면 굶주림을 면하려 먹을 것을 찾아 중국으로 흘러드는 북한 난민들은 더 이상 없을 것이다. 중국이 현재 북한에 제공하는 것 같은 경제적 원조는 통일된 한국에서는 필요하지 않을 것이다. 중국과 통일한국

간에는 친구 사이의 무역이 이루어질 것이다. 중국이 가장 신경 쓰는 주한 미군은 더 이상 없을 것이다. 이것이야 말로 중국에게도 이로운 발전 모델이다. 왜 더 늦기 전에 이 모델을 따르려 하지 않는가?

한국인들은 말한다. "6.25동란 시 죽은 한국인들의 피가 한강물을 붉게 만들었다."라고. 신은 더 이상 한반도에서 피 흘리는 사태를 용인하지 않을 것이다.

독자의 평 · 1

Fabius Y. K. Moon

5.0 out of 5 stars I had read through this book with a great surprise and much fun

Reviewed in the United States on April 25, 2017

다음은 미국 Amazon.com에 게재된 독자 평입니다. 평점은 1-5까지로 구분되어있는데 독자는 최고점인 별점 5를 주며 추천하고 있습니다.

나는 대한민국 시민입니다. 크게 놀라고 무척이나 흥미를 느끼며 이 책을 읽었습니다. 나도 모르게 책 속의 이야기에 빠져들어 나는 이 달콤한 봄날 밤잠을 설쳤습니다. 이 책은 작가 가족의 역사를 날줄로 하고 한 나라의 정치사를 씨줄로 한 잘 짜인 직물 같다는 생각이 드는 작품입니다.

As a Korean citizen, I had read through this book with a great surprise and much fun. This book has a strong attraction, which disturbed my sleep in this spring night. This book is like a well-woven cloth with author's family history as warp and that of Korean politics as weft.

이 책은 한국인들이 쉽게 접근할 수 없는 근대 한국의 정치사에 관한 많은 정보를 담고 있습니다. 동시에 해방 전후 시점으로부터 현재에 이르기까지의 한국 문제를 다루어 왔던 미국 정계의 관점을 낱낱이 보여주고 있습니다. 사회과학을 공부한 본인으로서는 자연과학자가 이처럼 정치와 역사에 대한 깊은 글을 쓸 수 있다는 것에 경이로움을 느낍니다.

This book provides some precious information on politics of modern Korea which people in Korea could not approach easily, and shows the angle of view with which American politicians handled Korean affairs. I, as a man who studied social science, surprised at the fact that a natural scientist can write such a profound book on politics and history.

특히 작가는 가족의 역사와 관련하여 마치 사진을 보듯하는 명료하게 있었던 일들을 기록하고 있는데 그 까닭에 독자로 하여금 마치 그 현장에 있었던 같은 착각을 일으키게 합니다. 제일 흥미로운 부분은 저자 가족의 아름다웠던 집을 한국 정보부대의 고위 인사에게 빼앗기는 대목입니다. 사람들은 때로 이야기합니다. 사실이 소설보다 더 극적이라고. 이 책의 이야기가 바로 그렇습니다. 그 장본인은 현대 한국의 역사에서 한국인들에게 부정적으로 뇌리에 새겨진 인물이며 부하에 의해 암살된 인물입니다.

In her family's history, author described every details very vividly with a photographic memory, so I felt as if I were at the scene. The most interesting part was the process of being snatched family's nice house by then Korean CIA's high ranking official. People say that sometimes, fact is more dramatic than novel. This story is that case. That official was very infamous to all Koreans and, later, assassinated by military.

나는 이 부분이 한국 역사에 기록되어야할 사항이라고 생각합니다. 8명의 형제들 중 맏이로 자라며 저자는 공포스러웠던 한국 현대사의 환경 속에서 그의 타고난 역량을 다 펼치지 못하고 저승으로 가신 걸출했던 아버지에 대한 깊은 애정과 존경을 표하고 있습니다.

I think that this part can be a good source for history. As the eldest child among eight siblings, author shows a deep respect, love and understanding toward her eminent father who could not explore his enormous potential enough under terrible circumstance of modern Korea.

2017년 4월 25일

Fabius Y. K. Moon

독자의 평 · 2

이 책은 사실에 바탕을 둔 탐정소설이라 할 수 있다. 한국의 역사를 기술하였다는 것에 더하여 한 가족의 영화 같은 생존 투쟁의 이야기이기도 하다. 전장이라는 광장에서는 정치가 만들어낸 증오가 5,000년을 이어온 문화민족도 둘로 쪼갤 수 있다면 이런 혼란과 광풍은 세계 어느 곳에서 든 일어날 수 있다. 지금 여기 미국에서도 일어날 수 있다. 좌익 미국과 우익 미국? 악한과 선인? 옳은 사람과 틀린 사람? 사악한 사람과 그렇지 않은 사람? 이런 모양의 양분된 분열은 언제 어디서나 일어날 수 있다는 것을 이 책은 이야기하고 있다. 이 책에는 오늘 현재 미국사람들이 귀기울여야할 교훈이 있다. 책을 읽어 보시라. 많이 배우실 것이다. 우리에게 주어진 시간은 얼마 없다. 이것이 현실이다.

"For the reader 'The Long Road' may be a non-fiction thriller. But it is important beyond Korean history, or even the cinematic story of a family's struggle to survive. If political hatreds can divide a culture with a 5,000 year history to the point of war, chaos and madness could the same happen elsewhere? Here? Left America and Right America? Bad people? Good people? Correct people? Wrong people? Evil people? Anything sound familiar? There are many lessons in "The Long Road" for Americans of 2017. Read this book. Much is to be learned. Time is short. It's for real.

- W. Griffin

이 책을 읽으신 분들께

제2차 대전 이후의 한국의 역사에 대하여 공부하기 위해 귀한 시간을 내어주신 독자 분들께 감사를 드립니다. 저자는 전쟁 후라는 혼란스러웠던 시기와 환경 속에서 어린 시절을 보냈습니다. 이 책은 서로 다른 이념을 가지고 있는 강대국 사이에 낀 불행한 한민족의 이야기입니다. 우리 모두 눈을 부릅뜨고 지켜보지 않으면 이런 불행한 사태는 언제 어디에서든 다시 재발할 수 있습니다. 우리는 미래의 어느 시기에 닥칠지도 모르는 이런 재앙을 미연에 방지하기 위해 옳은 지도자를 선택해야 합니다.

독자 여러분께서 나의 이 이야기를 읽고 질문을 주신다면 감사히 그 답을 보내드리겠습니다.

E-mail : Youngkay43@gmail.com

한 가족의 삶에 드리운

100년 동안의 폭풍우

초판발행일 2021년 11월 22일

지은이 : Dr. Young Ran Kim
옮긴이 : 김영수
펴낸이 : 김순진
편집장 : 전하라
디자인 : 김초롱
펴낸 곳 : 도서출판 문학공원
주　소 : 서울 은평구 통일로 633 녹번오피스텔 501호
전　화 : 02-2234-1666
팩　스 : 02-2236-1666
홈페이지 : www.munhakpark.com
이메일 : 4615562@hanmail.net

※ 책값은 뒤표지에 있습니다.